Franz von Holtzendorff

Das Verbrechen des Mordes und die Todesstrafe

Criminal-politische und psychologische Untersuchungen

Franz von Holtzendorff

Das Verbrechen des Mordes und die Todesstrafe
Criminal-politische und psychologische Untersuchungen

ISBN/EAN: 9783744633345

Hergestellt in Europa, USA, Kanada, Australien, Japan

Cover: Foto ©Suzi / pixelio.de

Weitere Bücher finden Sie auf **www.hansebooks.com**

Das Verbrechen des Mordes

und

die Todesstrafe.

Criminalpolitische und psychologische Untersuchungen.

Herausgegeben auf Grundlage

öffentlicher in Berlin und München gehaltener Universitätsvorträge

von

Franz von Holtzendorff.

Berlin, 1875.

C. G. Lüderitz'sche Verlagsbuchhandlung.

Carl Habel.

Den parlamentarischen Vorkämpfern

gegen die Todesstrafe

Eduard Lasker
in Berlin

und

P. St. Mancini
in Rom

gewidmet.

Inhaltsverzeichniß.

Erstes Kapitel.

Einleitung.

Wer es gegenwärtig unternimmt, über die Todesstrafe zu schreiben, muß darauf gefaßt sein, daß ihm aus dem Kreise der Lesenden gleichsam der Schlußruf derjenigen entgegentönt, welche meinen, es lasse sich zur Sache nichts Neues mehr anführen. Die Aussichten, irgend ein unbekannt gebliebenes Argument aus der Verborgenheit auszugraben, sind in der That gering. Jedermann meint, die Untersuchung des Gegenstandes sei soweit vorgeschritten, daß auf Grund des vorhandenen Materials das Urtheil „nach innerster Ueberzeugung" gefällt werden könne. Angesichts einer seit hundert Jahren in das Unermeßliche und Unübersehbare angewachsenen Literatur fühlt Mancher sich versucht, zu meinen, daß einem Gegenstande ein Uebermaß von schriftstellerischen Arbeitsleistungen gewidmet worden sei.

ebenso häufig angegriffen wie vertheidigt worden, ohne daß die
Berufung auf eine vermeintlich bessere Logik einer der kriegführenden
Parteien von erheblichem Nutzen gewesen wäre. Ohnehin ist es
vergeblich, von der Annahme einer ausschließlichen Strafrechtstheorie
für Gesetzgebungszwecke einen entscheidenden Erfolg zu erwarten,
so lange thatsächlich im öffentlichen Leben verschiedene Theorien
neben einander sich den Platz streitig machen, und so lange die
Rechtslehre außer Stande ist, einer einheitlichen Grundanschauung
über das Wesen der Strafe zum Siege zu verhelfen und die
Gesetzgebung, unbekümmert um den Streit der Schulen, es ver=
meidet, sich darüber auszusprechen, welches unter den verschiedenen
Strafprincipien die Grundnorm für ihre einzelnen Satzungen bilden
soll. In diesem Zustande der Ungewißheit in Beziehung auf die
Anwendbarkeit eines einheitlichen Strafprincips befindet sich sowohl
die Gesetzgebung, wie die Rechtslehre sämmtlicher Europäischer
Staaten, und sie werden nothwendiger Weise darin verbleiben, so
lange unter derselben Ueberschrift und demselben Namen sehr un=
gleiche und mannigfach verschiedene Dinge von der Theorie abge=
handelt werden. Vom Standpunkte der Praxis aus sind die so=
genannten Strafrechtstheorien nichts anderes, als Vorstellungsweisen,
welche in verschiedener Ausdehnung und unter gelegentlich hervor=
tretendem Uebergewicht der einen über die andern, neben einander
im Volke hergehen, oder wissenschaftliche Hypothesen, welche die
Doctrin zum Zwecke einheitlicher und systematischer Abschließung
ihrer Lehrsätze erschaffen hat. Deswegen ist es nöthig, das Verhältniß
der Todesstrafe zu den verschiedenen Strafrechtstheorien gleichzeitig
zu erörtern, wobei sich möglicherweise ergeben könnte, daß sie einer
von diesen Theorien entspräche, einer anderen aber zuwiderliefe.
Da ferner in der Gegenwart über die Todesstrafe in ihrer All=
gemeinheit wenig gestritten, sondern meistentheils die besondere
Beziehung zum Verbrechen des Mordes von ihren Vertheidigern

festgehalten wird, so kann eine Klärung der Ansichten nur dann gehofft werden, wenn, gründlicher als bisher, die eigenthümliche Natur des Mordes sowohl im Verhältniß zu den übrigen Verbrechensarten, als auch im Vergleich zu den darauf gesetzten Strafmitteln erforscht wird. Unter den hierbei zu brauchenden Beweismitteln spielt die Strafstatistik eine hervorragende Rolle. Auf allen Seiten wird ihre Bedeutung begriffen. Während Mittermaier in seiner Schrift gegen die Todesstrafe, die in den vier bedeutendsten Europäischen Sprachen herausgegeben worden ist[1]), die reichhaltigsten Materialien gegen die Todesstrafe aus den strafstatistischen Publicationen entnahm, ist neuerdings von Oettingen[2]) zum Theil auf Grund gleichartiger Beweisstücke die entgegengesetzte Schlußfolgerung gezogen worden. Die Zahlen der Statistik gleichen den consonantischen Buchstaben der semitischen Sprachen, zu denen der Lesende die Vocale zu ergänzen hat. Nimmt man jedes vereinzelte Wort und jede einzelne Ziffer für sich, so kann nach dem Standpunkte des Erklärenden ein ganz verschiedener Sinn in den Text hineingelegt werden. Erst, wenn der Zusammenhang, in dem das Einzelne erscheint, richtig erklärt wird, läßt sich aus den strafstatistischen Zahlenreihen eine bestimmte Schlußfolgerung mit annähernder Sicherheit gewinnen, im entgegengesetzten Falle wird es geschehen, daß den sich widersprechenden Strafrechtstheorien auch noch sich widersprechende Zahlenreihen und Tabellen zur Seite treten. Wie wenig mit den nackten Ziffern für die Zwecke der Vergleichung strafstatistischer Erfahrungen zu gewinnen ist, zeigt sich am deutlichsten dann, wenn man die Begriffe gegenüberstellt, welche nach dem Stande der einzelnen Europäischen Strafgesetzgebungen an die einzelnen Abarten der Tödtungsverbrechen, zumal an den Mord, geknüpft werden.

Ein gründliches Studium der Strafstatistik verschiedener Rechtsgebiete führt zu der Ueberzeugung, daß wir es im sittlichen

Leben der Völker nicht mit einer durchweg gleichartigen Boden-
formation zu thun haben, und daß diese sich nicht etwa als Hoch-
und Tiefebne bezeichnen lassen, sondern mit mannigfach geglie-
derten Erhebungen oder Senkungen, deren Profil ein sehr schnell
und häufig wechselndes ist: eine Erfahrung, die uns warnt, daß
die Untersuchung über den Werth der Strafmittel, zumal
der Todesstrafe, unter gebührender Unterscheidung zeitlicher und
räumlicher Verhältnisse, nicht aber nach einem abstracten Schema
zu führen ist.

Unleugbar ist in der zunehmenden Erkenntniß thatsächlich
bestehender, die Rechtsgeschichte der einzelnen Länder bedingender Verschiedenheiten einer der erheblichsten wissenschaftlichen Fortschritte zu erkennen. Andrerseits erweckt gegen die wissenschaftliche
Haltbarkeit und die geschichtliche Fortdauer der Todesstrafe gerade
der Umstand das stärkste und gerechteste Mißtrauen, daß, ohne jede
Rücksicht auf Zeit und Raum, von ihren Anhängern die absolute
Nothwendigkeit und Ewigkeit betont wird, obwohl von der entgegengesetzten Seite die Zahl derjenigen in entschiedener Abnahme
ist, welche versichern, daß die Todesstrafe zu den an der Menschheit gegen das Sittengesetz verübten Missethaten gerechnet werden muß. Der Gegenwart gereicht es zur Ehre, daß sie sich
gegen die Annahme eines solchen Dogmas sträubt, gleichviel ob es
in positiver oder negativer Fassung auftritt. Wir wissen, daß
das heutige Zeitalter weder eine Sklavin der Vergangenheit, noch
auch eine tyrannische Herrin der nach uns in der Zukunft auftretenden Geschlechter sein darf. Andererseits besitzt die fortschreitende Wissenschaft in der Gegenwart auch die Bescheidenheit, der
Vorzeit ihr eigenthümliches Recht zu belassen, ohne ihr eine Verantwortlichkeit nach unserem für uns selbst geltenden Maßstabe
auferlegen zu wollen

Bei einer derartigen Betrachtungsweise dürfte sich sehr wohl herausstellen, daß die Todesstrafe für gewisse Zeiten und gewisse Entwickelungsstufen einzelner Völker gerechtfertigt werden kann, während sie unter entgegengesetzten Voraussetzungen verworfen werden müßte. Jedes Volk hätte sich selbst zu prüfen, die Stelle zu messen, an welcher es auf seiner geschichtlichen Bahn angelangt ist, nachdem die Wissenschaft ihrerseits auf dem Wege der Vergleichung festgestellt hat, unter welchen Bedingungen die Todesstrafe einen Platz in der Reihe der Strafmittel beanspruchen darf. Die Rechtmäßigkeit und die Unrechtmäßigkeit der Todesstrafe gleichzeitig auf geschichtlicher Grundlage zu bestimmen, das Verhältniß von Ausnahme und Regel festzustellen, die Strafen aus den wirklich gegebenen Zuständen des völkerpsychologischen Bewußtseins zu begründen und nach den thatsächlichen Wirkungen ihrer Anwendung zu beurtheilen, ist die Aufgabe, welche die neuere Wissenschaft sich zu stellen hat, indem sie sich von jeder rechtsdogmatischen Formel älterer Systeme einfach lossagt.

In der Geschichte der Völker wie im Leben der Einzelnen ist das Beispiel eine Macht. Der neue Culturproceß der Menschheit hat das Eigenthümliche, daß Fehler und Mängel, Rückschritt und Fortschritt, Vervollkommnung und Verfall viel schneller und leichter über die nationalen Gränzen hinaustreten und unter verwandten Völkern alsbald zum Gemeinguten oder Gemeinschädlichen sich umgestalten. Die beispielgebende Macht derjenigen Staaten, welche die Todesstrafe abschaffen, ist in der Gegenwart aus diesem Grunde eine größere, als ehemals. Der zeitgeschichtliche Vorgang der Abschaffung der Todesstrafe in einzelnen Ländern wiegt darum in seinen Folgen schwerer, als die literarische Arbeit früherer Jahrzehnte. Allein diese folgenschwere Wirkung ist nur dann möglich, wenn die Wissenschaft das Verständniß für den inneren Werth historischer Ereignisse geklärt und jenen Fernblick geschärft hat, welcher die uns umgebenden Dinge nach der großen Perspective der Dauerhaftigkeit oder Vergänglichkeit unterscheidet.

Bis vor verhältnißmäßig kurzer Zeit waren es die Klein-staaten, welche in Europa und Amerika zuerst nach dem un-vergeßlichen Vorgange Toscana's die Todesstrafe abschafften. San Marino, einzelne Schweizer Kantone, die Donaufürsten-thümer und mehrere amerikanische Staaten folgten dem im vori-gen Jahrhundert gegebenen Beispiele des mittelitalienischen Staates. Ebenso waren es einige deutsche Kleinstaaten, welche nach Auf-hebung der deutschen Grundrechte an der 1848 beschlossenen Auf-hebung der Todesstrafe so lange festhielten, bis die politischen Ereignisse des Jahres 1866 ihrem Dasein, oder das deutsche Strafgesetzbuch von 1870 ihren strafrechtlichen Besonderheiten ein Ende machten. Nachdem die Kleinstaaten, deren geschichtliche Lebenskraft so häufig bezweifelt worden ist, den Ungläubigen den Beweis geliefert hatten, daß des Staates und der Gesellschaft Untergang durch den Verzicht auf die Todesstrafe nicht herbei-geführt wird, ergriff das von ihnen ausgehende Beispiel eine Reihe von mittelgroßen Staaten, unter denen Portugal[3]) und Sachsen[4]) hervorzuheben sind.

Endlich verzeichnet die neueste Zeit zwei Ereignisse, welche nicht ohne nachhaltige Wirkungen bleiben können. Das König-reich der Niederlande beseitigte (1870) die Todesstrafe beinahe in demselben Augenblicke, in welchem sie gegen die ursprüngliche Willensmeinung des norddeutschen Reichstages zu einem unerläß-lichen Bestandtheil des deutschen Reichsstrafgesetzbuchs erklärt ward. Zuletzt endlich hat die Schweiz, nachdem sie bereits früher die Todesstrafe für politische Verbrechen in der Bundesverfassung von 1848 beseitigt hatte, in der Bundesrevision am 19. April 1874 sich zu dem entscheidenden Schritte entschlossen, die Todesstrafe

aus den Mitteln der Rechtspflege auszustreichen. Es liegt auf
der Hand, daß die Erfahrungen der Niederlande und der Schweiz,
zweier in der Mitte Europa's gelegener, weit vorgeschrittener und
dicht bevölkerter Culturstaaten, von großer Beweiskraft für sämmtliche Mittel- und Großstaaten werden muß; möglicherweise
sogar von zu großer! Denn wenn auf längere Dauer die Rechts-
zustände der Schweiz und der Niederlande trotz der Abschaffung
der Todesstrafe solche bleiben, daß die öffentliche Meinung sich
bei dem Geschehenen beruhigt, so läßt sich voraussehen, daß die
Furcht derer überall schwinden wird, welche von dem Wegfall der
Todesstrafe die schrecklichsten Folgen für die öffentliche Ordnung
befürchten. Es könnte freilich auch geschehen, daß im Gegentheil
unmittelbar oder bald nach der Aufhebung der Todesstrafe in
den davon berührten Ländern einige Störungen hervorträten,
welche die öffentliche Meinung des Auslandes nicht versäumen
würde, einer des Leichtsinns beschuldigten Gesetzgebung zuzuschrei-
ben, obwohl nichts anderes bewiesen werden könnte, als daß, zeitlich betrachtet, nach erfolgter Aufhebung der Todesstrafe eine
Vermehrung ehemals todeswürdiger Verbrechensfälle zur Erscheinung kam. Es ist die Aufgabe der Wissenschaft, Angesichts dieser
Möglichkeiten vor voreiligen Schlußfolgerungen zu warnen, indem
sie es unternimmt, die Ursachen zu erforschen, von denen die
größere Häufigkeit oder Seltenheit der Verbrechen abhängt, und
zu ermitteln, welche specifische Bedeutung den einzelnen Strafarten im Verhältniß zur Bethätigung oder Unterbrückung verbrecherischer Entschließungen zukommt.

Wenn die unleugbare große Wichtigkeit, welche der Abschaffung der Todesstrafe in den Niederlanden und der Schweiz zukommt, eine noch größere wäre; als sie ist, so wäre doch wegen
der Möglichkeit falscher Auslegung dieser neu entstandenen Thatsachen gerade gegenwärtig der Wissenschaft die bedeutsame Auf-

gabe gestellt, zu verhüten, daß der wahre Werth des Geschehenen nach irgend einer Seite hin verdunkelt werde. Vom politischen Standpunkte aus ist zu wünschen, daß die Todesstrafe nicht nur irgendwo abgeschafft werde, sondern vielmehr auch überall abgeschafft bleibe. Die Interessen, die dabei ins Spiel kommen, sind zu wichtig, als daß sie nach Art eines Tarifsatzes behandelt werden dürfen, welcher nach Ablauf eines Handelsvertrages erhöht oder herabgesetzt werden kann. Für die Gesammtheit aller dabei in Betracht kommenden Angelegenheiten erscheint es am besten, daß die Gesetzgebung nicht nach augenblicklich herrschenden Strömungen des Tages, sondern auf der Grundlage starker und unerschütterlicher Ueberzeugungen sich entschließe. Damit dies geschehen könne, hat die Wissenschaft die Führung und Leitung der öffentlichen Meinung zu behaupten. Ueberall, wo die Abschaffung der Todesstrafe nur ein Werk revolutionärer Bewegungen war, mußte ihre Wiedereinführung auch zu einer Sache der Reactionen werden. Glücklicherweise sind wir in neuerer Zeit wiederum zu jenem Ausgangspunkte der strafrechtlichen Reformen zurückgekehrt, den die Namen Leopold's von Toscana und Joseph's II. von Oesterreich bezeichnen. Es sind wiederum die Regierenden selbst und die an der Staatsgesetzgebung mitwirkenden Organe, welche ernsthaft an die Verbesserung der Strafrechtspflege denken, ohne dabei von einer ängstlichen und mißtrauischen Rücksichtnahme auf ihre Machtfülle geleitet zu sein. Jene Leidenschaftlichkeit, welche die Streitenden vor Jahrzehnten beseelte, hat allmählig einer ruhigeren Stimmung Platz gemacht.

Als ein Glück muß es betrachtet werden, wenn die Beibehaltung oder Abschaffung der Todesstrafe aufhört, als eine bloße Parteiangelegenheit nach den Schlagworten des politischen Liberalismus oder der conservativen Ueberlieferungen behandelt zu werden. Gegenwärtig zählt die Todesstrafe unter den Gemäßigten aller

Parteien neben zahlreichen Gegnern immer noch einige namhafte Anhänger, während die äußersten Flügelstellungen in den Schlachtreihen der heute fechtenden Kämpfer ihr vorwiegend günstig gestimmt scheinen und im Voraus berechnen, welchen Nutzen aus der Vernichtung politischer Gegner die jeweilig zur Macht Gelangenden zu ziehen vermögen. Es verdient wohl beachtet zu werden, daß eine so radicale Natur wie John Stuart Mill die gesammte Gesellschaftsordnung in Frage stellen konnte, indem er den fundamentalen Unterschied der Geschlechter leugnete und das Stimmrecht als einen rechtmäßigen Anspruch der Frauen bezeichnete, während er gleichzeitig auf der andern Seite der Nothwendigkeit der Todesstrafe als ein Bekenner des Abschreckungszweckes das Wort redete. Unter den in religiösen Dingen Radicalen vertheidigte David Strauß die Todesstrafe, obwohl seine in den letzten Lebensjahren eingeschlagene Richtung geschichtswidrig genannt werden darf und bei ihm die Vererbung der strafrechtlichen Institutionen sicher keine Rolle spielte. Von solchen Männern, wie Mill und Strauß, ist freilich mit Gewißheit anzunehmen, daß sie zu einer andern Meinung wahrscheinlich gelangt wären, wenn sie nicht bei den unmittelbaren Aeußerungen ihres individuellen Rechtsgefühls sich beruhigt, sondern mit derselben Gewissenhaftigkeit den thatsächlichen Vorgängen der Strafrechtspflege nachgeforscht hätten, mit welcher sie an die Lösung schwierigster Aufgaben regelmäßig heranzutreten pflegten. Die außerordentliche Schwäche der Gründe, mit denen Mill und Strauß die Todesstrafe aufrecht erhalten wollen, läßt es begreiflich erscheinen, wenn andere, die mit weit geringeren Geistesgaben ausgerüstet waren, sich ohne ein gründliches Studium, lediglich nach persönlichen Eindrücken, nach kurzem Besinnen, sich für oder wider die Todesstrafe erklärten. Sie genügten damit der lange Zeit geltenden Forderung, daß Jeder sich ohne

Weiteres befähigt halte, über ein wichtiges Problem mit Ja! oder Nein! abzustimmen.

Wenn man wahrnimmt, daß so ungewöhnlich hervorragende Männer, wie Mill und Strauß, ohne von den neueren Arbeiten der Strafrechtswissenschaft auch nur im geringsten Kenntniß genommen zu haben, dabei beharrten, einem philosophischen System oder einem Götzenbilde des Abschreckungszweckes zu Liebe eine immer mehr veraltende Grundanschauung vom Wesen der Strafe festzuhalten, ist man versucht, zu glauben, daß die Rechtswissenschaft an sich auf den Entwickelungsproceß der öffentlichen Meinung nur einen geringen Einfluß auszuüben vermöge. Dennoch wird die Macht einer stetig fortschreitenden, im Wechsel der Dinge ruhig forschenden Wissenschaft in zuverläßiger Weise dadurch erwiesen, daß in den beiden Ländern, in welchen die Theorie des Strafrechts und die Criminalpolitik mit größtem Erfolge in der Literatur und an den Hochschulen thätig waren, die Gegnerschaft gegen die Todesstrafe in einem ununterbrochenen Wachsthum blieb. Es sind dies Deutschland und Italien. Andererseits erklärt der Mangel einer durchgearbeiteten Strafrechtswissenschaft, weswegen man in England und Nordamerika fortfährt, die schwierigsten strafrechtlichen Aufgaben nach individuellen Empfindungen oder auf Grund persönlicher Erfahrungen entscheiden zu wollen, wobei es nicht ausbleiben kann, daß jeder Einzelne in seiner Weise verschieden empfindet und mit seinen Augen verschieden beobachtet.

Freilich ist nicht zu vergessen, daß gerade das Strafrecht mit dem Ganzen des Volkslebens enger verwachsen ist, als irgend ein anderer Theil des Rechtes. Es wird niemals möglich sein, alle dabei mitwirkenden Vorgänge aus dem Seelenleben des Volkes in scharfer Begränzung wissenschaftlich zu formuliren. Immer muß man sich gegenwärtig erhalten, was in unübertrefflicher Sprache Jhering sagt:

„Das Strafrecht ist der Knotenpunkt, wo die feinsten und zartesten Nerven und Adern zusammenlaufen, und wo jeder Eindruck, jede Empfindung sich fühlbar macht und äußerlich sichtbar wird: das Antlitz des Rechtes, auf dem die gesammte Individualität des Volkes, sein Denken und Fühlen, sein Gemüth und seine Leidenschaft, seine Gesittung und seine Rohheit, sich kund giebt; kurz auf dem seine Seele sich wiederspiegelt.“

Es liegt außerhalb der Möglichkeit für die Strafrechtswissenschaft und ebenso sehr auch außerhalb ihrer Macht, ohne Bundesgenossen jene Leidenschaften zu bekämpfen, welche „das Antlitz des Rechtes“ in den Strafmitteln entstellen. Sie hat in aller Bescheidenheit anzuerkennen, daß außer ihr noch andere berufen sind, an der Verbesserung der strafrechtlichen Zustände mitzuarbeiten. In welchem Umfange dies bisher geschehen ist, hat insbesondere Prediger Hetzel in seiner culturgeschichtlichen Darstellung der Todesstrafe erwiesen.³) Jeder, welcher auf die Empfindungsweise des Volkes in weiterem Umfange veredelnd einwirkt, wird im Verlaufe der Zeit auch den strafrechtlichen Reformen vorarbeiten. Unsere schöne Literatur und unsere Dichter haben daher einen vollen Antheil daran, daß unsere Gesetze milder geworden sind. Schiller und Göthe ergriffen einzelne strafrechtliche Probleme. Unter den neueren Dichtern war es namentlich Auerbach, welcher in erfolgreicher Weise und mit größtem Nachdruck die Todesstrafe in seinem Volkskalender angefochten hat.

Zu einer nochmaligen Untersuchung des Gegenstandes bestimmen mich die Erfahrungen, welche ich als Lehrer sammelte, als ich zweimal in Berlin und einmal in München in einer Reihe von öffentlichen Vorlesungen die Todesstrafe besprach. Aus der Anwesenheit von über Tausend Zuhörern durfte ich schließen, daß die Jugend auf unseren Hochschulen die Wichtigkeit der Frage, um die es sich handelt, mit lebhafter Theilnahme begreift.

Der von mir innezuhaltende Plan entspricht in der Hauptsache jenen Vorträgen, die ich in Berlin und München gehalten
habe. Ich gedenke daher, unter fortgehender Anlehnung an das
Verbrechen des Mordes die Todesstrafe vom Standpunkte der
hauptsächlichsten Strafrechtstheorien der Abschreckung, der Sicherung,
der Besserung und der Gerechtigkeit zu untersuchen, die Gefahr
irriger Todesurtheile näher zu bestimmen und am Schlusse das
Verhältniß der Begnadigung zur Todesstrafe zu erörtern.

Zweites Kapitel.

~~~~~

Der Abschreckungszweck im Verhältniß zur Todesstrafe I. —
Die Todesstrafe als das schwerste aller Strafübel. — Es ist irrig, der lebens-
wierigen Freiheitstrafe eine größere Härte beizumessen. — Der Tod als natürliches Uebel. Die Abschreckung kann nicht allgemein, sondern nur individuell
wirken. — Die Theorie der Abschreckung muß psychologisch auf Abschreckungsfähigkeit begründet werden. Bedingungen der Abschreckungsfähigkeit verschieden nach Nationalität, Cultur, gesellschaftlicher Stellung und der besonderen
(wirklichen oder eingebildeten) Beziehung bestimmter Personen zu einer ihnen
drohenden Gefahr. —

Obwohl die Mehrzahl der Strafrechtslehrer und die neuere
Wissenschaft von dem Abschreckungszwecke der Strafe nichts
mehr wissen will und ihn zu den „überwundenen Standpunkten"
zählt, lehrt die Erfahrung, daß sowohl die Gesetzgebung, als die
breite Masse des Volkes den Werth der Strafe zunächst überall
nach dem darin vermutheten Grade der Abschreckung bemißt.
Von vornherein bleibt die Menge geneigt, den Schluß zu ziehen:
Je größer das Strafübel, desto stärker und desto allgemeiner die
Furcht davor. Die Wissenschaft wird niemals im Stande sein,
diesen Glauben an die Macht der Abschreckung völlig auszurotten.
Wenn der Gesetzgeber irrthümlich irgend eine Behandlung als ein
Uebel ansähe und dieses vermeintliche Uebel deswegen als Strafe
androhte, eben diese Behandlung indessen, der Meinung des Gesetz-
gebers entgegen, innerhalb der bürgerlichen Gesellschaft als völlig
~~~~~

gleichgültig und nicht benachtheiligend angesehen würde, so hätte
der Gesetzgeber sich nachträglich zu überzeugen, daß seine Androhung
wirkungslos bleiben würde, und den Zweck der Abschreckung ver=
fehlen müßte.

Furcht ist ein allgemein menschliches Motiv, das in zahlrei=
chen Handlungen und noch zahlreicheren Unterlassungen hervor=
tritt. Es ist an sich durchaus richtig, diesen Beweggrund in der
Strafgesetzgebung zu verwerthen. Die Eigenschaft, abschreckend
zu sein, darf den Staatsgesetzen nicht fehlen. Ebenso
wenig ist der Satz zu bestreiten, daß schwere Uebel überall mehr
gefürchtet werden, als minder bedeutende und daß nach der all=
gemein herrschenden Meinung der Tod das denkbar größte Uebel
für den Menschen darstellt.

Die Todesstrafe ist also mit Recht als die schwerste Strafe
zu bezeichnen.

Es wäre vergeblich, dies bestreiten zu wollen. Freilich giebt
es Viele, welche es versucht haben und noch heute versuchen, uns
dies auszureden, indem sie behaupten, lebenslängliche Freiheits=
entziehung und ein elendes, qualvolles Leben im Zuchthause sei
ein härteres Leiden als ein schnell und verhältnißmäßig schmerz=
los eintretender Tod. Solange diese Betrachtung auf dem Gebiete
der theoretischen Vergleichung bleibt, wird sie von vielen mit
Beifall aufgenommen werden. Der Philosoph wird den Lehrsatz
ohne Schwierigkeit vertheidigen und dem Dichterworte zustimmen,
nach welchem das Leben der Güter höchstes nicht ist. Aber
in der Wirklichkeit erscheinen den zunächst betheiligten Menschen
die Dinge Angesichts des bevorstehenden Todes ganz anders.
Auch der Schwerkranke hängt am Leben; die ungeheure Mehr=
zahl altersschwacher Greise wünscht ihr Dasein verlängert zu
sehen. Ehe der Tod ernstlich begehrt wird, muß das Leben
unerträglich und hoffnungslos geworden sein.

Am allerwenigsten ist zu bezweifeln, daß nach der Würdigung des Verbrechers, von seltenen Ausnahmen abgesehen, der Tod als schwerste Strafe angesehen wird.[6] Mögen ihn auf dem Richtplatze Philosophen und Geistliche zu überzeugen suchen, daß lebenslängliche Freiheitsberaubung nach ihrer Ansicht das schrecklichste Leiden bedeute, seine Meinung wird fast immer die sein, daß er die Begnadigung zu lebenslänglicher Zuchthausstrafe vorzieht. In dem Augenblick, da er sterben soll, erscheint ihm das Leben an sich den Vorrang zu haben. Und dieses Leben, das er sich zu erhalten wünscht, ist nicht einmal hoffnungslos in seinen Augen. Aus der lebenslänglichen Haft vermag eine nochmalige Begnadigung ihn der Freiheit wiederzugeben. Wer die Todesstrafe damit zu bekämpfen glaubt, daß er versichert, lebenslängliche Freiheitsentziehung sei ein schwereres Strafübel und werde mehr gefürchtet werden, als Lebensverlust, darf nicht darauf zählen, für seine Ansicht eine größere Anzahl von Anhängern zu gewinnen. Die Delinquenten auf dem Richtplatz und in den Gefängnissen widerlegen ihn. Die Scheu vor dem Tode, dem nächsten Selbsterhaltungstriebe entstammend, ist eine natürliche, menschliche und darum unwiderlegliche Thatsache, welche der Gesetzgeber unbedingt als feststehend anzunehmen hat.

Dennoch wäre es verkehrt, die Bedeutung dieser Thatsache zu übertreiben und die Strafgesetzgebung lediglich auf den Erfolg der Abschreckung begründen zu wollen.

Die Liebe zum Leben und die Furcht vor dem Tode, so allgemein sie in der Menschheit hervortreten, sind nicht immer und nicht zu allen Zeiten die stärksten Triebfedern menschlichen Handelns. Die höchsten sittlichen Beweggründe der Frömmigkeit, der Vaterlandsliebe, des Ehrgefühls treffen mit den stärksten verbrecherischen Trieben darin überein, daß sie sich über Todesgefahr und Todesfurcht hinwegzusetzen vermögen. Der That-

Naturwidrige meiden, wenn dies erweislich zur Verkürzung ihres irdischen Daseins führen würde[7]).

Wenn die Natur nun, wie die tägliche Erfahrung lehrt, bei den allerwenigsten Menschen bewirkt, daß diese von einem ihr zuwiderlaufenden Verhalten um der wahrscheinlichen Lebensverkürzung willen abstehen, wie soll das Gesetz mit seiner geringeren Macht, mit seiner größeren Ungewißheit in der Durchführung, erreichen können, was der Majestät einer weltbeherrschenden Macht versagt ist?

Es ist für eine richtige Entscheidung der die Todesstrafe betreffenden Streitfrage, sogar für die gesammte Criminalpolitik, von großer Wichtigkeit, einen durchschnittlichen Maßstab zu finden, an welchem die abschreckende Kraft der Gesetze gemessen werden kann, den Grad und die Ausdehnung der Furcht kennen zu lernen, welchen der Gesetzgeber entweder vorfindet oder seinerseits hervorzurufen im Stande ist.

Daß der bloße Wille des Gesetzgebers, Furcht hervorzurufen, nicht entscheidend ist und an sich noch wenig bedeutet, liegt auf der Hand. Es ist ein geschichtlich feststehendes Erfahrungsgesetz, daß keine staatliche Institution lediglich durch Furcht und Schrecken auf die Dauer aufrecht erhalten werden kann.

Andrerseits ist ebenso gewiß, daß das Element der Furcht in der Erziehung der Menschen und in der Leitung der Staaten niemals völlig entbehrt werden kann. Nach unseren sittlichen Grundbegriffen veredelt sich die Empfindung der Furcht in der Anpreisung der „Gottesfurcht" und der „Ehrfurcht" vor dem Erhabenen. Jedenfalls ist es eine gesellschaftliche, von der Gesetzgebung nicht zu übersehende Thatsache, daß im Allgemeinen der Glaube an die präventive Macht der Furcht und des Schreckens im Volke viel weiter verbreitet ist, als unter den Regierenden selbst.

Bei der Bestimmung des Abschreckungszweckes kommt daher Alles auf die richtige Begränzung des psychischen und socialen Phänomens der Furchtempfindung an.

Ganz feste und überall zutreffende Ergebnisse werden hier freilich nicht erwartet werden dürfen. Der gesammte Cultur- proceß der Völker greift auch bei dieser Untersuchung mitbestim- mend ein. Gewisse Völker fürchten Dinge und Handlungen, welche in den Vorstellungen anderer gleichgültig sind. Religiöser oder natürlicher Aberglaube sind Quellen der Furchtsamkeit. Der Fatalismus gewisser Religionslehren andererseits zerstört ganze Reihen von Befürchtungen. Ein und dasselbe Volk, welches auf früheren Stufen seiner geschichtlichen Entwickelung furchtsam war, kann sich zu höheren Aeußerungen der Tapferkeit emporheben, oder anbrerseits, wenn es im Proceß des Verfalls begriffen ist, kindischer Angst zugänglich werden. Man hat darauf aufmerksam gemacht, daß gerade der Barbar im Zustande seiner natürlichen Wildheit der furchtsamste unter den Menschen ist.[8]) Und in Wirklichkeit gehört es zu den Anzeichen der Cultur, daß ein Volk immer tiefer von den Grundgedanken der Gesetzmäßigkeit in Natur und Staat erfaßt wird, immer unabhängiger von den Ueberlieferungen des Aberglaubens wird, immer freier von der Furcht vor nur körperlichen Leiden handelt, immer fähiger wird, augenblicklichen Eindrücken des Schreckens zu widerstehen. Im Zustande des Verfalles gedacht, wäre kein Volk verächtlicher, als ein feiges.

Auf die Geschichte des Strafrechts angewendet, würde dies ergeben, daß der Tod, als physisches Uebel betrachtet, überall am meisten von den minder entwickelten und außerdem von den bereits verfallenden Völkern gefürchtet wird; von den minder entwickelten zumal dann, wenn sich irgend welche abergläubische Vorstellungen daran heften. Für die Todesstrafe ist dies insofern von Bedeutung, als sie bei gewissen Völkern und in gewissen Zeitaltern eine thatsächlich größere Wirkung haben kann, als bei anderen Völkern und zu anderen Zeiten.

Die Zeugnisse über das Maß der durch die Todesstrafe hervorgerufenen Schreckenswirkung sind daher überall sorgfältig zu prüfen, ehe ihnen eine andere, als örtlich und zeitlich beschränkte Glaubwürdigkeit beigemessen wird. Eine gewissenhafte Vergleichung muß lehren, in wie weit sie anwendbar sind oder nicht.

Innerhalb eines bestimmten Volkes selbst sind sicherlich bestimmte Schichten mit Rücksicht auf größere oder geringere Empfänglichkeit für die Eindrücke der Furcht zu unterscheiden. Der Lebensberuf und die Gewohnheit, Erziehung und Körperbildung üben hier ihren sehr weitgehenden Einfluß. Wer sich in Beziehung auf Tüchtigkeit, Furchtlosigkeit und Willenskraft den Lebensberuf eines Kriegers, Jägers, Hirten, Landbauers, Seeschiffers und andrerseits kleinstädtischen Krämers oder eines großen Banquiers vergegenwärtigt, wird auf erhebliche Unterschiede stoßen. Für die Criminalpsychologie wäre es also sicherlich geboten zu untersuchen: wie sich diejenigen Gesellschaftsklassen, aus denen erfahrungsgemäß die größte Anzahl von schweren Verbrechern nach den Ausweisen der Statistik hervorgeht, zu der socialen Abschreckungsfähigkeit dem Grade nach verhalten.

Hätte man die Mittel, dies mit einiger Annäherung an die Wahrheit abzuschätzen, so bliebe freilich immer noch daran zu erinnern, daß innerhalb jeder Gesellschaftsklasse zahlreiche Individuen vorhanden sind, die dem Durchschnittsbilde nicht genau entsprechen.

Obwohl es große Schwierigkeiten hat, allgemeine Regeln Angesichts der individuellen Mannigfaltigkeit des wirklichen Lebens aufzustellen, wird eine wirkliche Theorie der Abschreckung auf gewisse Grundregeln der psychologischen Erfahrung zurückgehen müssen:

Der Grad der Furcht und folgeweise auch der möglichen Abschreckung scheint vorzugsweise von folgenden Punkten abhängig zu sein:

1. Von der Größe des in Aussicht stehenden Uebels.
2. Von der Wahrscheinlichkeit und Gewißheit seines Eintretens.
3. Von der zeitlichen Nähe der Gefahr.
4. Von der eingebildeten oder wirklichen Möglich= keit einer rechtzeitigen Gegenwehr.
5. Von den zu bestimmten Handlungen leitenden Beweggründen der einzelnen Personen, die von gewissen Uebeln bedroht sind, wobei in besonderer Hin= sicht auf die vorliegende Frage zu prüfen ist: ob die Motive der Todesfurcht oder der Todesverachtung die individuell stärker wirkenden zu sein pflegen.

Aus dieser Aufzählung ergiebt sich, daß die abschreckende Wir= kung der Strafdrohungen, soweit die Abschreckung in Betracht kommt, theils in objectiven Merkmalen der Strafart, theils in subjectiven und persönlichen Momenten des Verbrechers zu begrün= den ist.

Weiterhin ist aber bei eingehender Prüfung der der Todes= strafe zukommenden Abschreckungswirkungen zu unterscheiden:

Welche Wirkungen die Androhung der Todesstrafe auf die dem Gesetze unterworfene Bevölkerung habe?

Welchen Einfluß die Verhängung der Todesstrafe auf den bereits verurtheilten Verbrecher ausübt?

Und endlich, welches der Eindruck ist, den die Vollstreckung der Todesstrafe auf die bei der Hinrichtung anwesen= den Zeugen hervorbringt?

Diese drei Fragen sind durchaus auseinander zu halten, weil es zum Beispiel völlig unzulässig sein würde, den Eindruck, den die bevorstehende Todesstrafe auf den verurtheilten Delinquenten hervorbringt, mit derjenigen weit schwächeren Wirkung zu verwechseln, den die im Gesetzbuch angedrohte Todesstrafe auf solche hervorbringt, die im Begriffe stehen, einen Mord zu verüben.

Drittes Kapitel.

Der Abschreckungszweck II. — Die Todesstrafe als schwerstes aller Straf-übel. — Die Hinrichtung ein härteres Leiden, als der natürliche Tod, ohne Rücksicht auf Schmerzhaftigkeit. — Nicht nur physisches, sondern auch seelisches Leiden bewirkt die Todesstrafe. — Die Vorstellung des seelischen Leidens als Abschreckungsmittel. — Graf Batthyani und Blind. — Das Element des Glaubens an die Prophezeiung der Strafe durch die Gesetzgebung. — Die moderne Drohung der Todesstrafe im Vergleich zu der altjüdischen Prophezeiung des Todes in der Bibel.

Nach ihrer Größe gewürdigt, steht die Todesstrafe als Uebel, wie bereits auseinandergesetzt worden ist, in der Reihe der staat-lich verfügbaren Strafmittel obenan. Eine weite, fast unermeßliche Kluft ist es, die sie von lebenslänglicher Zuchthausstrafe oder Deportation, den an Schwere nächst anliegenden Strafübeln, trennt. Die schwerste Freiheitstrafe und die einfache Todesstrafe verhal-ten sich zu einander wie die gegenüberliegenden Küsten zweier Continente, zwischen denen ein Ocean fluthet.

Die lebenslängliche Freiheitstrafe, welche der Gesetzgeber für eine Reihe sehr schwerer Verbrechen androht, braucht, wenn vom Richter angewendet, in Wirklichkeit noch nicht ein ganzes Menschen-leben hindurch zu dauern. Sie kann verkürzt werden durch spätere Gnade, gemildert sein durch rücksichtsvolle Behandlung. Und würde die Freiheitsberaubung hinterher wirklich ein unerträgliches Leiden, hätte es der Mensch nicht in seiner Hand, sich selbst durch freiwilligen Tod aus dem Kerker zu erlösen? Keine Obsorge und Wachsamkeit vermag auf die Dauer einem Gefangenen die denkbaren Mittel des Selbstmordes völlig zu entziehen. Dem lebenslänglich Verurtheilten bleibt immer noch jene letzte Freiheit, zu sterben, wenn er dazu entschlossen ist.

Aber der ewig unwiderrufliche Tod mit jenem dunklen Geheimniß, das hinter ihm liegt, und, wenn auch noch so entschieden geleugnet, niemals aus der menschlichen Phantasie völlig ausgetilgt werden kann, ist etwas unvergleichbar anderes, als lebenslängliche Freiheitsberaubung. Jedem dünkt es besser einen Freund lebend in entlegensten Zonen zu wissen, aus denen er wahrscheinlich niemals heimkehren wird, als hinter der nahe gelegenen Mauer des Friedhofs.

Wer mit völliger Klarheit, mit geistiger Ruhe, mit lebhafter Einbildungskraft sich die letzten Augenblicke eines vom Henker bereits ergriffenen Delinquenten denkt, wird nothwendig von Grauen erfaßt werden. — Wenn eben demselben Menschen, nachdem er seine Gedanken mit diesen Bildern des Entsetzens erfüllt hat, darauf der Wunsch käme, späterhin, nach Ablauf einer längeren Zeit ein todeswürdiges Verbrechen zu begehen und er dann nochmals in völliger Klarheit und ununterbrochener Geistesruhe alle Möglichkeiten der Ausführung überlegte, so würde der erdachte verbrecherische Plan wahrscheinlich auf sich beruhen bleiben. Ueber den entfernten, nicht drängenden Wunsch würde das gleichfalls entfernte Schreckbild des gewaltsamen Todes wahrscheinlich überwiegen.

Damit dies geschehen könne, muß man freilich das Uebel, das das Gesetz androht, in seiner wirklichen Größe sehen können. Zwar ist dies Uebel nur der Tod und nicht mehr, der Tod, die Forderung der Natur, ebenso schnell und vermuthlich nicht schmerzvoller, als ein blitzartig niederschmetternder Schlagfluß. Aber dennoch ist es ein Anderes, getödtet zu werden; ein Anderes einfach zu sterben. Wenn einem noch lebenslustigen Kranken der Arzt oder der Geistliche das Herannahen der letzten Lebensstunde verkündigt — ist es dasselbe wie wenn einem Verbrecher im Kerker angezeigt wird, daß er am andern Morgen um 6 Uhr hingerichtet werden soll? Schwerlich!

Im Vergleich zu dem einfachen Lebensverlust ist in der Hinrichtung ein Mehr von Leiden enthalten. Es kommt darauf an, wie die Menschen sterben. Hätte die Vorsehung es jedem Menschen in die Hand gegeben, an einer beliebigen Krankheit nach seiner Wahl zu einer ihm unbekannten Zeit dereinst sterben zu dürfen, so darf man mit einiger Wahrscheinlichkeit vermuthen, daß an sich schmerzhaftere Todesarten als Köpfen und Hängen von den Wählenden bevorzugt werden würden. Für die ruhige Betrachtung knüpft sich an die Vorstellung eines zum Schaffot geschleppten Delinquenten die Reihe entsetzlicher Schattenbilder: die Peinigung eines schuldbeladenen Gewissens, welchem keine hinreichende Zeit gelassen ist, sich mit sich selbst zu versöhnen, völlige Hülflosigkeit vor den Menschen, die dahinströmenden, schnell entrinnenden und hastig gezählten Minuten bis zu dem entscheidenden Schlage der Uhr, die Abwesenheit und Verachtung aller im Leben Nahestehender, die Vergeblichkeit und Frevelhaftigkeit des Unternehmens, wofür das Dasein eingesetzt wurde! Geschäftsmäßig, pünktlich abgerufen, begleitet oder geschleppt, der Verdammniß überliefert, ergriffen und niedergeworfen auf den Block — stückweise zusammengepackt und eingesargt — und vor dem wirklichen Tode bereits lebendig begraben in der eigenen Phantasie! —

Das ist nicht der einfache natürliche Tod, den wir an dem Sterbebette eines Freundes beobachten und beweinen! Es ist auch nicht der gewaltsame und schmerzvolle Tod, den ein auf dem Schlachtfelde zerschmetterter Leib des Kriegers erleidet. Es ist ein qualvollerer Tod, ein größeres Uebel als Lebensverlust schlechthin. Der Tod, den das Gesetz androht, ist schreckensvoller, als ein anderes Lebensende, und zwar durch die begleitenden Umstände. Eben deswegen kann die Todesstrafe nicht lediglich als ein rein physisches Uebel angesehen werden; sie ist außerdem auch ein entsetzliches seelisches Leiden.

Früheren Zeitaltern entging dies offenbar. Man bemühte sich daher, auf alle nur denkbare Weise Schmerzen und Foltern zu ersinnen, durch welche das physische Uebel des einfachen Lebensverlustes gesteigert und geschärft werden möchte: Brennen, Rädern, Viertheilen, Ausbärmen, Zangenreißen.[9]) Man erfand die „gleitende Scala" der geschärften und einfachen, schimpflichen und anständigen Todesarten. Die vergangenen Geschlechter fühlten die Todesstrafe, wie man heute — ohne Mitthätigkeit unserer Phantasie — chirurgische Operationen leichteren oder schwereren Grades mitempfindet, indem man körperliche Leiden anderer Menschen sich vergegenwärtigt.

Die neuere Gesetzgebung verzichtet auf eine Steigerung der physischen Leiden. Nachdem die verstümmelnden Leibesstrafen und sogar die körperlichen Züchtigungen verschwunden sind, hätte es keinen Sinn mehr, schmerzhafte Todesstrafen bestehen zu lassen. Unter den möglichen Mitteln der Tödtung wählt die Strafgesetzgebung der neueren Zeit grundsätzlich dasjenige, welches am sichersten, schnell und schmerzlos zu tödten geeignet ist.[10]) Im Vergleich zum natürlichen Tode wird also zu behaupten sein: daß diejenigen, welche unter der Hand des Henkers enden, durchschnittlich weniger körperliche Leiden zu ertragen haben als die Mehrzahl solcher, die an einer längeren Krankheit zu Grunde gehen. Andererseits wäre der Gesetzgeber auch gar nicht im Stande, die Foltern zu überbieten, mit denen manche Krankheiten den von ihnen Befallnen langsam zu Tode martern.

Das Strafübel der Todesstrafe setzt sich also aus zwei Elementen zusammen: erstens, dem einfachen, verhältnißmäßig schnellen Naturvorgang des Sterbens, insoweit derselbe früher eintritt, als er nach dem Laufe der Natur voraussichtlich eingetreten sein würde, und zweitens, dem ethisch-rechtlichen Moment der gewaltsamen Tödtung von Staatswegen, dessen Wirkung ein tiefgehendes Seelenleiden sein kann.

Daß die natürliche Furcht zu sterben in der Bevölkerung eine möglichst große sei, kann der Staat unmöglich wünschen. Religion und Sittenlehre trachten darnach, den Menschen von der Todesfurcht zu befreien und die Feigheit, die überall für das Leben zittert, wird mit Recht gebrandmarkt. Für die berechtigte Abschreckungstendenz der Strafgesetzgebung bleibt somit nur die voraussichtliche Qual jenes Seelenleidens, welches sich an die Ausführung der Todesstrafe anknüpfen soll. Allenfalls mag sie auch noch darauf rechnen, daß die trotz der Religions- und Sittenlehre übermäßig starke und weit verbreitete Todesfurcht ihren Absichten zu Hülfe kommen werde.

Wenn nun der Schwerpunkt der Abschreckung nicht in dem Gedanken an den Tod, sondern in der Vorstellung des Seelenleidens, das die Vollstreckung begleitet, zu liegen scheint, so würde sich fragen: ob im Allgemeinen diejenige Klasse von Menschen, welche dem Andrange verbrecherischer Motive am leichtesten erliegt, jene Einbildungskraft besitze, welche sie die Schauer der Hinrichtung, wie ein ihnen zeitlich nahe gerücktes Ereigniß, vorausempfinden läßt? Und ob ihr das Uebel eines schimpflichen Todes als eine Möglichkeit durch die Phantasie hinreichend nahe gerückt wird, um in seiner wirklichen Größe erkannt zu werden?

Sicher ist, daß tapfere Männer, die dem Tod auf Schlachtfeldern und in schweren Gefahren ohne Augenblinzeln entgegenschauten, vor dem schimpflichen Tode zurückschreckten, und

öfters sogar den physischen Tod beschleunigten, indem sie durch
Selbstmord ihr Ende herbeiführten, bevor sie dem Henker anheim-
fielen. Wer denkt nicht an die edle Gattin Batthyani's, welche
dem gefangenen Grafen das Federmesser im Gefängniß reichte,
mit welchem er sich die Schlagadern des Halses öffnete, um der
Hinrichtung zu entgehen? Handelte nicht Blind, nachdem sein
Angriff auf Bismarck mißlungen war, in gleicher Weise, obwohl er wegen mißlungenen Mordversuchs gewiß nicht zum Tode
verurtheilt worden wäre?

Das ethische Moment der Todesstrafe wirkt erfahrungsmäßig abschreckend nur auf solche Naturen, die eine höheres Maß
moralischer Kraft besitzen und dazu auch mit starker Einbildungskraft begabt sind. Grade für solche ist aber, wie das Beispiel
Blind's lehrt, der Tod an sich durchaus untergeordnet. Jede
andere schwere und schimpfliche Strafe würde denselben abschreckenden Einfluß auf sie ausgeübt haben, wenn sie überhaupt
abschreckungsfähig gewesen wären, was weder bei Batthyani noch
bei Blind glaublich ist. Von der großen Masse der Menschen
ist bei den heutigen Zuständen der Europäischen Gesellschaft anzunehmen, daß in demselben Maße, als die wirthschaftliche und
intellectuelle Bildung durch das Schulwesen gefördert worden ist,
die natürliche Einbildungskraft sich vermindert hat. Wo der
Einzelne sich in Beziehung zu seiner eigenen Zukunft setzt, geschieht dies entschieden vorwiegend vermöge einer Reihe von
Vorausberechnungen, in der Abwägung von Möglichkeiten
und Wahrscheinlichkeiten. Unsere Phantasie ist nicht mehr in dem
Grade eindrucksfähig, wie diejenige unserer Voreltern: eine völkerpsychologische Thatsache, die, neben anderen Momenten, auch den
sinkenden Einfluß des Dramas erklärt und zum Ergebniß hat,
daß Prophezeiungen, die in der Geschichte aller Religions-
stiftungen eine so große Rolle spielen, verhältnißmäßig noch viel

weniger geglaubt werden, als die aus der Vergangenheit berichte=
ten Wunderthaten der Religionsstifter.

Jedes Strafgesetzbuch enthält eine Reihe von Prophe=
zeiungen. Es verkündet, daß Tod, Zuchthaus, Freiheitsberau=
bung eintreten soll, wenn gewisse andere Bedingungen vorhanden
sind. Unleugbar beruht die ideelle Wirkung der Strafgesetze in
ihrem Zusammenhange mit dem Volksleben zum Theil auf der
Stärke und folgeweise auch auf der Schwäche der Einbildungs=
kraft, welche Voraussagen und Prophezeiungen zu glauben geneigt
ist, so daß überall die Wirkung eines strafrechtlichen Verbotes am
tiefsten eingreifen mußte, wo es in der Umhüllung einer reli=
giösen Satzung in Volksgewissen und Volksglauben eingedrungen
war. Die Prophezeiungen der heutigen Strafgesetz=
gebungen wenden sich nicht mehr an den Volksglauben,
sondern an den Verstand des Einzelnen. Sie sagen nicht,
daß ein gefürchtetes Uebel eintreten werde, sondern eintreten
könne, wenn gewisse Thatsachen vorliegen, über deren Existenz
der Richter, nach dem Maße der ihm innewohnenden Einsicht,
bejahend oder verneinend, entscheiden muß. Das Uebel der
Todesstrafe, mit welchem der Gesetzgeber abzuschrecken sucht, unter=
liegt also in der heutigen Welt der Auslegung im Wege eines
calculatorischen Processes, wobei sich herausstellt,

> daß die Androhung eines objectiv sehr großen Uebels,
> welches durch eine lebhafte Einbildungskraft über seinen
> wirklichen Umfang hinaus vergrößert werden könnte, heut
> zu Tage um so mehr in ihrem Werthe herabgesetzt wird,
> als nach dem Charakter und der Bildungsstufe eines be=
> stimmten Volkes die Berechnung thatsächlicher Vorgänge
> über den blinden Glauben überwiegend geworden ist.

Wer den ungeheuren Abstand zwischen einer auf die Einbil=
dungskraft des Volkes wirkenden Todesdrohung und der modernen

Abschreckung messen will, vergleiche die nüchterne Sprache unseres Strafgesetzbuchs mit einer Satzung des Mosaischen Rechtes.

Für Deutschland verordnet § 211 unseres Strafgesetzbuchs:

„Wer vorsätzlich einen Menschen tödtet, wird, wenn er die Tödtung mit Ueberlegung ausgeführt hat, wegen Mordes mit dem Tode bestraft."

Im 20. Kapitel des 3. Buches Mosis lautet der Eingang:

„Und der Herr redete mit Mose und sprach:

Sage den Kindern Israel: Welcher unter den Kindern Israel, oder ein Fremdling, der in Israel wohnt, seines Samens dem Molech giebt, der soll des Todes sterben, das Volk im Lande soll ihn steinigen. Und Ich will mein Antlitz setzen wider solchen Menschen und will ihn aus seinem Volke rotten! — Und wo das Volk im Lande durch die Finger sehen würde dem Menschen — daß es ihn nicht tödtet: so will Ich mein Antlitz wider denselben Menschen setzen und wider sein Geschlecht und will ihn — aus ihrem Volke rotten."

In der Gegenüberstellung dieser altjüdischen und jener modernen Satzung liegen die polaren Contraste der auf den Volksglauben und andererseits der auf die Reflexion bezogenen Todesdrohung. Bei dem hebräischen Kerith, das die Ausrottung aus dem Volke verhieß, wenn der Richter seine Schuldigkeit nicht thun sollte, ist Jehovah in den Hintergrund aller Strafjustiz gestellt. Dem gläubigen Israeliten war jeder Gedanke eines Entrinnens abgeschnitten, der Fluch für seine Missethat auf das nachfolgende Geschlecht vererbt, und wenn er von seinem Volke verschont blieb, beständige Todesfurcht vor Augen gesetzt.

Der Verschiedenheit dieser uralten und jener modernen Todesdrohung entspricht auch der Unterschied in dem Grade der Furcht, den sie zu erregen im Stande sind.

Viertes Kapitel.

Nächst der Größe des Uebels kommt für den Abschreckungszweck die Gewißheit und Wahrscheinlichkeit seines Eintretens in Betracht. In der physischen wie in der geistigen
Welt gilt dasselbe Gesetz der Optik: die entfernte Möglichkeit läßt
die Dinge kleiner erscheinen, als in der Nähe. Zwischen der
Gewißheit eines in der Zukunft eintretenden Ereignisses und der
Gewißheit seines Nichteintretens liegt eine lange Reihe von all-
mäligen Uebergängen größerer oder geringerer Wahrscheinlichkeit,
mehr oder minder entfernter Möglichkeiten.

Für den strengen Glauben an das unmittelbare Eingreifen
der göttlichen Gerechtigkeit mag die Gewißheit der Ausrottung
für die Kinder Israel vorhanden gewesen sein, für die moderne
Rechnungskunst besteht bei der Androhung der Todesstrafe zunächst
die Ungewißheit und der Zweifel, ob die Prophezeiung eines
Strafgesetzparagraphen eintreffen werde?

In demselben Maße, als die Ungewißheit und der Zweifel dem Grabe nach steigen, fällt die Abschreckung, so daß hier eine umgekehrte Proportion vorliegt. Je stärker der Zweifel an dem wirklichen Eintreten der Todesstrafe, desto geringer die Furcht. Die Furcht wird allmälig dem Nullpunkt gleich kommen, wenn sich zeigt, daß die Gefahr, in Folge eines todeswürdigen Verbrechens das Leben zu verlieren, der Gefahr des natürlichen Ablebens ziemlich nahe kommt, oder mit anderen Worten, daß zwischen beiden Gefahren kein großer und augenfälliger Unterschied mehr bestehen bleibt.

Die Unwahrscheinlichkeit, daß ein todeswürdiges Verbrechen wirklich die Vollstreckung eines Todesurtheils nach sich ziehe, ist nun freilich überall eine sehr verschiedene. Nicht nur nach Ländern und Zeitperioden, sondern auch innerhalb eines und desselben Staates kommen erhebliche Schwankungen vor in der Ziffer der Todesurtheile. Gewisse Bezirke und gewisse Jahre haben deren mehr, andere weniger im Durchschnitt aufzuweisen. Immerhin aber bleibt selbst für die Staaten, deren Criminapolizei und Gerichte gut eingerichtet sind, die Erfahrungsthatsache bestehen, daß die an den Mörder gerichtete Prophezeiung der Todesstrafe wahrscheinlich nicht eintreffen werde. Nur das Eine kommt in Frage, ob die bloße Möglichkeit des Eintretens eine minder entfernte oder sehr entfernte ist.

Mit Leichtigkeit läßt sich darthun, daß die Ferne dieser Möglichkeit des Strafübels für den Mörder eine größere ist, als für viele andere Verbrecher.

Die Frage ist also: Wie sich die Aussicht auf Straflosigkeit des Verbrechers zu der Prophezeiung des Strafgesetzbuchs verhält? Und weiterhin, welche besonderen Umstände die Möglichkeit der Todesstrafe in noch größere Entfernung rücken, als das Eintreten anderer Strafübel?

Zwischen der Begehung jedes Verbrechens und der endlichen Vollstreckung der darauf gesetzten Strafe liegt eine Reihe von Voraussetzungen und Bedingungen; in der Hauptsache nämlich diese:

Erstens, daß das Vorhandensein eines Verbrechens überhaupt, nachdem es begangen worden ist, bekannt werde und zur gerichtlichen Anzeige gelange;

zweitens, daß der Thäter des zur Anzeige gelangten Verbrechens sich soweit verdächtig gemacht hat, daß er von der Polizei und Staatsanwaltschaft zur gerichtlichen Voruntersuchung gebracht werden kann;

drittens, daß die richterliche Voruntersuchung zur förmlichen Anklage hinreichendes Material ergiebt;

viertens, daß das Hauptverfahren mit einer Verurtheilung endigt;

fünftens, daß in einer höheren Instanz die Verurtheilung einfach bestätigt wird, und

sechstens, daß eine Bestätigung des rechtskräftig gewordenen Urtheils auch in der Begnadigungsinstanz erfolgt ist.

Diese sechs Bedingungen für die Anwendung jedes Strafgesetzes sind in den Augen des Verbrechers ebenso viele Aussichten auf Nichtanwendung desselben. Die negativen Bedingungen die ihm zu Statten kommen sind: Nichtentdeckung der That, Nichtermittelung der Thäterschaft, Einstellung des strafrechtlichen Verfahrens wegen unzureichenden Verdachtes, Freisprechung im Hauptverfahren, erfolgreiche Einwendung eines Rechtsmittels — Begnadigung!

Daß an sich jeder Verbrecher eine gewisse Aussicht hat, der Bestrafung zu entgehen, steht für ihn von vornherein fest. Wie weit diese Aussicht reiche, ist zwar nicht genau zu ermitteln, aber

man darf annehmen, daß sie dem Verbrecher selbst weitaus
größer erscheint, als sie in Wirklichkeit sein mag, größer jedenfalls, als einem Nichtbetheiligten.   Denn der Verbrecher selbst
glaubt oder weiß, daß er durch sein eigenes Verhalten die Aussichten auf Straflosigkeit theilweis mitbestimmt.   Es kommt darauf an, welche Veranstaltungen er treffen wird, um die Anwendung des Gesetzes ihm gegenüber zu beeinträchtigen.

Untersuchen wir die einzelnen Punkte in der Reihe der Straf-
barkeitsbedingungen oder Straflosigkeitschancen.

Erstens: Entdeckung oder Nichtentdeckung des Verbrechens.   Wie sich die Zahl der entdeckten Verbrechen zu derjenigen der unentdeckten verhält, läßt sich nicht einmal annähernd feststellen.   Gewisse Verbrechen sind leichter zu entdecken, als andere.
Einzelne werden sogar im Verhältniß zur Häufigkeit ihres Vorkom-
mens fast niemals entdeckt, z. B. Ehebruch.   Holzfrevel in weit ausgedehnten Waldungen, kleine Entwendungen an Feldfrüchten bleiben
unter günstigen Bedingungen ebenso oft unbemerkt, wie sie entdeckt werden.   Was die Tödtungen im Besonderen anbelangt,
so kann das gewaltsame Ableben eines Menschen nur dann unbemerkt bleiben, wenn der Mörder den Leichnam verschwinden ließe
und damit der Zweifel entstände, ob der Vermißte sich am Leben
befinde oder nicht.   In der ungeheuren Mehrzahl der Fälle wird
die Tödtung bald bemerkt und nach der Natur der Umstände in
den nächst betheiligten Kreisen Aufregung hervorgerufen werden.
Ein Unterschied besteht nur insoweit, als gewaltsame Tödtungen
durch Verwundung und äußere Verletzung verschieden sind von
Vergiftungen, die sich unter dem Scheine natürlichen Ablebens
verbergen können.   Die Wirkung mancher Gifte ist in der That
so beschaffen, daß sie mit gewissen Krankheitsprocessen von Unge-
übteren verwechselt werden kann, und auch dem Arzte nicht
einmal erkennbar wird.   Colchicum, Digitalin, Kurare verhalten

sich hinsichtlich der Erkennbarkeit ihrer Wirkungen ganz anders, als Arsenik oder Blausäure. Daß manch' Einer eingescharrt wird, ohne daß Vergiftungserscheinungen vor dem Tode beobachtet wurden, beweist die Thatsache nachträglicher Ausgrabungen der Leiche zum Zwecke gerichtsärztlicher Untersuchung. Sicher ist, daß eine nicht näher zu ermittelnde Anzahl von Vergiftungsfällen mit der Leiche auf immer in Vergessenheit begraben wird; wie viele? das hängt von dem Beerdigungswesen, von der Tüchtigkeit des ärztlichen Standes, von der Einrichtung des Apothekerwesens und zahlreichen anderen Punkten ab, die in verschiedenen Ländern verschiedenartig eingreifen. Für Deutschland muß glücklicherweise zugegeben werden, daß auch bei Vergiftungen die Wahrscheinlichkeit der Entdeckung als eine sehr hohe angenommen werden darf und jedenfalls eine höhere ist, als bei dem alterthümlichen und wenig zweckentsprechenden Verfahren der englischen Todtenbeschauer, denen die nothwendigsten technischen Kenntnisse fehlen.[12])

Unser Ergebniß ist: Tödtungsverbrechen bleiben in der Regel nicht unbemerkt. Der Verbrecher hat sich zu sagen, daß seine That aller Wahrscheinlichkeit nach zur Kenntniß der Behörden gelangt. Die erste Bedingung, die wir gesetzt haben, schlägt zu Ungunsten des Verbrechers aus und wird im Sinne des Abschreckungszweckes erfüllt.

Wesentlich anders verhält es sich mit der zweiten und dritten Bedingung.

Wird der Thäter ermittelt werden, wenn das Vorhandensein eines Tödtungsverbrechens objectiv angenommen worden ist? Und, wenn er ermittelt wird, ist es in allen Fällen möglich, des vermuthlichen Thäters habhaft zu werden? Diese Fragen sind im Allgemeinen schwer zu beantworten. Jedenfalls werden sie aber von einem richterlichen Beamten oder von einem Polizeiagenten anders beantwortet werden, als von dem Verbrecher selbst.

Ihn leitet der Gedanke, daß er höchst wahrscheinlich nicht entdeckt werden wird, seiner Eigenliebe schmeichelt es, sich als den Schlaueren zu betrachten, der den Verfolgungen der Justiz entrinnen wird. Kein Verbrecher glaubt dem Volkssprüchworte, wonach auch die feinsten Gespinnste der menschlichen Bosheit nothwendig einmal an das Sonnenlicht kommen sollen. Im Gegentheil weiß in der verbrecherischen Klasse Jedermann, daß eine ihm aus seinem Erfahrungskreise bekannte Reihe von Missethaten unbestraft und unentdeckt geblieben ist. Je stärker in großen Städten der gesellige Verkehr innerhalb der Klasse gewohnheitsmäßiger Verbrecher ist, desto nachhaltiger wirken die Beispiele straflos gebliebener Verbrechen. Es dürfte nach der Natur der verbrecherischen Klassen nicht zuviel gesagt sein, wenn behauptet wird: ein besonders deutlich hervortretender Fall der Straflosigkeit paralysire die Wirkung von zehn Bestrafungen. Dem allgemeinen Sicherheitsinteresse würde es dienlicher sein, ein Verbrechen nicht zu entdecken, als des entdeckten Verbrechens Thäterschaft hinterher eingestandenermaßen öffentlich als unerforschbar bekennen zu müssen. Je größer die Anstrengungen der Polizei gewesen sind, je mannigfaltiger die Mittel der Verfolgung waren, je aufgeregter das Publicum sich zeigte, desto schlimmer ist der Eindruck, den die Thatsache nicht entdeckter Thäterschaft in der verbrecherischen Welt hinterläßt.

Aus neuerer Zeit sind aus einer größeren Anzahl von Fällen zwei Vorgänge in Erinnerung zu bringen: die Ermordung des Gerichtspräsidenten Poinsot während einer Eisenbahnfahrt und die mit den schrecklichsten Umständen ausgeführte Tödtung des Knaben Corny in den Straßen von Berlin. Im ersten Fall ward der dringend verdächtige Inculpat Namens Jud auf Grund reichlich versandter Lichtbilder von den fähigsten Polizeiagenten sämmtlicher europäischer Staaten gesucht, ohne daß ein anderes Resultat erreicht wurde, als die Verhaftung einer größeren Anzahl von

Individuen, welche eine gewisse Aehnlichkeit mit Jud zu haben schienen, hinterher aber als nicht identisch entlassen wurden. Auch der Corny'sche Fall führte zu mehreren Verhaftungen; das Geheimniß blieb indessen unaufgeklärt, obwohl die Theilnahme des Publicums eine ganz ungewöhnliche war.

Man bedenke, welche außerordentliche Oeffentlichkeit ein Aufsehen erregender Vorgang durch die heutige Presse gewinnt, wie zumal die kleinere Localpresse, den Geschmack ihres Leserkreises kennend, fort und fort darauf zurückkommt, wie lange Zeit hindurch das Interesse des Publicums in Spannung erhalten wird. Schließlich trägt die Presse, ohne es zu beabsichtigen, zur Verbreitung des falschen Eindrucks bei, als ob die Polizei ihrerseits die Schuld der Nichtentdeckung zu verantworten habe. Innerhalb der heutigen Welt der Zeitungsleser bestehen neben einander zwei gleich falsche Meinungen mit gleich weiter Verbreitung. Einmal der Anspruch des Geschäftsmannes, daß die Polizei jedes Verbrechen zu entdecken verpflichtet und befähigt sei, und andererseits die Meinung der Verbrecherklasse, daß die Polizei Niemand entdecke, der sich nicht durch Ungeschick oder Plumpheit selbst verrathen habe.

Der Aberglaube verwerthet eine einmalige schlechte und ungenaue Beobachtung, um auf schwacher Grundlage seine Dogmen zu construiren. Er glaubt an Träume, Weissagungen, Geistererscheinungen, Tischklopfereien, geheime Schutzmittel. Solcher Aberglaube ist in den Kreisen des berufsmäßigen Verbrecherthums häufig zu finden und der Fatalismus an der Seite frecher Ueberschätzung der eigenen Kräfte. Sehr viele Verbrecher glauben, sich durch gewisse Gebräuche schützen, und die Entdeckung abwenden zu können; sie denken sich, jene einzelnen Fälle der Nichtentdeckung schwerer Verbrechen in ihrer Sinnesweise vervielfältigend, in ihrer Schlauheit unüberwindlich und glauben nicht, von der Polizei

überliftet zu werden. Wenn bennoch, ihrer Erwartung entgegen,
täglich Verbrecher bestraft werden, so schieben sie diese Thatsache
auf Ungeschicklichkeit oder ein ausnahmsweise auch den Verbrecher
treffendes Unglück. Jenes in der Verbrecherwelt weit verbreitete
Sicherheitsgefühl, welches besonders bann wächst, wenn die ersten
polizeilichen Schritte kein positives Ergebniß gehabt haben, ist es,
woburch der Strafverfolgung ihre Aufgabe so wesentlich erleichtert
wird. Der Wahn, sich der Entbeckung entziehen zu können, stei=
gert sich naturgemäß bei solchen, denen es in eigener Person be=
reits wiederholentlich gelungen ist, verbrecherische Handlungen un=
entbeckt zu verüben.

Die Thatsache, baß Mörder weitaus seltener die Flucht
ergreifen, als etwa Kaufleute, welche sicher wissen, baß eine von
ihnen in der Kaffenführung verübte Unterschlagung oder ein von
ihnen gefälschter Wechsel mit zwingender Nothwenbigkeit auf ihre
Person hinweist, zeigt deutlich, baß jene Nichtentbeckung als
Regel für sich in Anspruch nehmen und überbies auch barauf
rechnen, bei etwa drohender Gefahr, die sie rechtzeitig zu erkennen
glauben, äußersten Falles noch die Flucht ergreifen zu können.

In besonderer Beziehung zur neueren Zeit, kann es zweifel=
haft erscheinen, ob im Vergleich zu älteren Zeiten die Sicher=
heit in der Entbeckung schwerer Verbrecher in der Zunahme
ober in der Abnahme sich befinbet. Wer die riesige Aus=
behnung des mobernen Verkehrs, das kaum zu übersehenbe
Wachsthum der größern Städte, und ben völlig ungehinberten
Gebrauch der Freizügigkeit beobachtet, kann nicht anders, als bar=
über erstaunen, baß heut zu Tage noch so viele, unter dunklen
Verhältnissen begangene, Morbfälle der Entbeckung anheimfallen.
Im Großen und Ganzen ist aber nicht zu leugnen, baß die
Schwierigkeiten der Ermittelung mehr und mehr anwachsen, je
leichter das Verbrecherthum in der Branbung des großstäbtischen

Verkehrs untertauchen kann. Daher denn eine Klasse von Mord=
thaten besonders häufig der Entdeckung entgeht: es sind diejenigen,
in denen, ohne Vorhandensein persönlicher, auf das Motiv des
Mordes zurückführender Beziehungen, ein Verbrecher völlig unbe=
kannte Personen überfällt. Geschieht dies zum Zwecke geschlecht=
lichen Mißbrauchs gegen Kinder, so fehlen selbst diejenigen Ueber=
führungsstücke, die der Raubmord überall in den entwendeten
Werthobjecten zurückläßt. Eben diese Fälle scheinen sich zu meh=
ren und dem Corny'schen Fall ist inzwischen in Berlin ein
anderer gefolgt, in welchem derjenige unentdeckt blieb, welcher ein
Kind aus den Berliner Vorstadtstraßen weggelockt, auf die nahe=
gelegenen Felder geführt und nach geschlechtlichem Mißbrauch er=
mordet hatte. Mit welchen besonderen Schwierigkeiten die Ent=
deckung des Thäters in dem Zastrow'schen Proceß verknüpft war
und wie verwickelt sich die Beweisführung gestaltete, erweist die
große Zahl derer, denen die Verurtheilung unerwartet kam.

Wie stark die Rechnung auf Nichtentdeckung, selbst unter der
Voraussetzung gewisser für den Verbrecher ungünstiger Umstände
ist, lehrt auch die Häufigkeit des Kindesmordes. Selbst solche
Frauenzimmer, welche sich völlig darüber klar sind, daß ihre
Schwangerschaft von den mit ihnen verkehrenden Personen be=
merkt worden ist, glauben immer noch, durch eine heimlich veran=
staltete Niederkunft den geschehenen Kindesmord erfolgreich ver=
decken zu können. Dieser Glaube ist auch in England völlig
gerechtfertigt, insofern dort die Mutterschaft schwer zu erweisen
ist, weil keine Person verpflichtet ist, sich zu einer körperlichen
Untersuchung herzugeben.[15])

Fünftes Kapitel.

~~~~~~

Verschieden von der Ermittelung des verdächtigen Thäters und dessen hinreichender Belastung durch die wider ihn geführte richterliche Voruntersuchung ist die gerichtliche Ueberführung und Verurtheilung. Es handelt sich also nunmehr um die vierte Bedingung der Strafbarkeit und die auf der andern Seite gegebene Wahrscheinlichkeit der Freisprechung.

Der Verbrecher, welcher seine Gedanken soweit in die ihn erwartende Zukunft vorschob, daß er den Fall seiner Ergreifung vorgesehen hat, kann immer noch darauf rechnen, daß er trotz aller vorhandenen Verdachtsgründe freigesprochen werden wird. Weitaus die Mehrzahl der Mörder denkt indessen nicht so
~~~~~~

weit. Sie hielten bereits ihre Ergreifung für so außerordentlich
unwahrscheinlich, daß ihre Ueberlegung nicht im Voraus auf das
von ihnen später vor Gericht zu beobachtende Verhalten gerichtet
war. Sie dachten einfach, daß der Fall einer gerichtlichen Untersuchung nicht eintreten werde. Wie sehr dies der Fall ist, wird
jeder erfahrene Polizeibeamte bestätigen. Es ergiebt sich dies
außerdem daraus, daß bei der Vornahme der Verhaftung wegen
Mordverdachtes sich die meisten Beschuldigten durch ihr Benehmen, ihre Verlegenheit, ihre unzweckmäßigen Antworten und voreiligen Entschuldigungen selbst verdächtigen. Die Mehrzahl ist
also unvorbereitet, wenn die Thatsache der Untersuchung an
sie herantritt; eine criminalpolitische Wahrnehmung, die nicht ohne
Werth ist und an sich dazu mahnt, daß der verhaftende Polizeibeamte mit besonderer Aufmerksamkeit und unter Anspannung
seiner psychologischen Beobachtungsgabe den entscheidenden Augenblick der Verhaftung für seine Aufgabe ausnutze.[14])

Minder groß, aber der Rechtsordnung um so gefährlicher,
ist diejenige Klasse von Mördern, welche ihre Ergreifung und
Processirung im voraus bedenkend, bedächtig und wohl berechnend
ihren Plan entworfen haben, um eine Verurtheilung zu vereiteln:
den Plan entweder der sorgfältig vorbereiteten Flucht, den sie unmittelbar nach geschehener That ausführen, oder den Plan der
Vereitelung des Belastungsbeweises. Was zunächst das Gelingen
der Flucht anbelangt, so ist freilich das Vertrauen des Verbrechers
auf den davon zu hoffenden Gewinn sehr viel größer, als der
wirkliche Nutzen, der durch die Schnelligkeit der Nacheile, durch
geschickte Benutzung der Telegraphie und durch die Vervollkommnung der Auslieferungspraxis sehr bedeutend vermindert worden
ist. Auf diese Thatsache kommt indessen für die Bemessung
des Abschreckungszweckes weniger an, als auf den Glauben an
die Möglichkeit der Flucht, welcher wiederum fortlaufend seine

Nahrung dadurch erhält, daß die Zeitungen täglich von entkommenden Betrügern und Fälschern melden, deren Flucht, im unmittelbaren zeitlichen Zusammenhang mit einem begangenen Verbrechen, viel mehr vom Verbrecher beachtet wird, als die später gemeldete Auslieferung oder Ergreifung, deren Grund in unsrer schnell lebenden Zeit der Erinnerung schnell entfällt und in weitaus matteren Farben dargestellt wird, als die erste Sensationsnachricht eines interessanten Verbrechensfalles.

Als Mittel zur Vereitelung gerichtlicher Ueberführung werden von besonders gefährlichen Mördern mit bestimmter Erwartung eines sie schützenden Erfolges zur Anwendung gebracht:

1. Vernichtung, Verstümmelung und Unkenntlichmachung der Leiche des Ermordeten zur Verhinderung seiner Identificirung, ein Mittel, das zumal in London neuerdings besonders häufig angewendet wurde und auch bei der Ermordung des Prof. Gregy durch Grothe und Consorten in Berlin eine Rolle spielte.

2. Anwendung solcher Tödtungsmittel, welche die Unterscheidung von Mord, Selbstmord und Unglücksfall im hohen Maße erschweren (Herabstürzen aus den Fenstern, oder von der Treppe, Ertränken bei Nachtzeit). [15])

3. Vorbereitung eines auf Meineid begründeten Alibibeweises, der in Mordprocessen bekanntlich vergleichungsweise häufig unternommen wird.

4. Künstliche Ableitung des Verdachtes auf einen Unschuldigen, wobei am häufigsten eine dritten Personen gehörige Sache am Orte der That zurückgelassen wird.

5. Unkenntlichmachung der eignen Person durch Veränderung der Gesichtszüge, der Kleidung zur Zeit der That, womit die Wiedererkennung im Voraus vereitelt werden soll.

6. Die Simulation von solchen Verhältnissen, welche die Strafbarkeit ausschließen: Geistesstörung, Nothwehr u. s. w.

Der Erfolg derartiger, hinterlistiger Veranstaltungen mag kein so großer sein, wenn diese im Beweisverfahren vor dem Richter ihren Zweikampf mit einer an Wissen, Scharfsinn und Kraft überlegenen Staatsanwaltschaft auszufechten haben. Allein es bleibt zu überlegen, daß der Verbrecher in dem Augenblick, wo er sein Rechenexempel aufstellt, den unsichtbaren Gegner nicht wahrnimmt, der seiner harrt, daß er die Fehler nicht erkennt, die der überlegene Verstand des Rechnungsrevisors dereinst auffinden wird. Unter allen Umständen vertraut die große Masse der Verbrecher auf die Macht der Lüge schon deswegen, weil es sich ihre Spießgesellen nicht immer merken lassen, wenn sie von ihnen belogen worden sind. Die schlausten Verbrecher wissen selten, wie schwer es ist, erfolgreich zu lügen, wenn in einer Untersuchung von vielen Monaten jedes irgendwie bedeutsame Wort zu den Acten genommen worden ist. Somit belügen sie sich selbst in Beziehung auf den Glauben, den andere ihren Lügen schenken sollen. In der täglichen Gewohnheit der Lüge verlernt der gewohnheitsmäßige Verbrecher auch seinerseits die Merkzeichen der Wahrheit. Was gegen ihn an Belastungsbeweisen vorgebracht wird, erscheint ihm in einem ganz anderen Lichte, als den Unbetheiligten. Es ist eine bemerkenswerthe Thatsache, daß die Nachwirkungen der alten gemeinrechtlichen deutschen Beweistheorie, welche zur Ueberführung und Verurtheilung eines Verbrechers entweder das Vorhandensein eines Geständnisses oder ein übereinstimmendes Zeugniß mehrerer Personen verlangte, trotz der längern Gerichtspraxis seit 1848 aus den Vorstellungen der Verbrecher noch nicht völlig verschwunden sind. Noch immer bilden sich diese ein, daß ein von ihnen bestellter Zeuge einen wider sie geführten Indicienbeweis entkräften müsse. Von der Kraft der Indicien in ihrem Zusammenwirken hat der aus der unteren Volksklasse hervorgegangene Verbrecher bei seinem wenig geübten Urtheil keine deutliche Vorstellung. „Beweis“ heißt für ihn immer noch direkter Zeugenbeweis oder Geständniß. Auch weiß ich von völlig glaubwürdiger Seite, daß nicht wenige Verbrecher, der alten Tradition eines längst ver=schwundenen Rechtszustandes folgend, dabei beharren, daß ein nicht geständiger, bis zum letzten Augenblick leugnender, Delin=quent nicht hingerichtet werden könne. Unter allen Umständen und unbestreitbar hat von allen Verbrechern der Mörder, pro-cessualisch betrachtet, die besten Aussichten, nicht in Gemäßheit der wider ihn erhobenen Anklage zum Tode verurtheilt zu werden. Gemeinsam mit allen andern Angeklagten hat er die statistische Durchschnittsziffer sämmtlicher Freisprechungen für sich, freilich eine starke Minderheit gegenüber der regelmäßigen Mehrzahl der Verurtheilungen. [16]) Es tritt aber doch, einem vortheilhaften Preisaufschlage vergleichbar, die Thatsache hinzu, daß erfahrungs=gemäß in allen Ländern mit Schwurgerichtspflege die Zahl der Freisprechungen bei Angriffen auf Leib und Leben eine viel größere ist, als bei Angriffen auf das Eigenthum. In Frank=reich gewinnt der eines todeswürdigen Verbrechens Angeklagte für den Fall der Verurtheilung die weitere Beruhigung, daß in weitaus den meisten Fällen (ungefähr 76 pCt. der Verurthei=lungen) durch Annahme mildernder Umstände die Anwendung der Todesstrafe ausgeschlossen wird. Und er weiß außerdem, daß wiederum in Kapitalsachen mildernde Umstände noch häufiger zu=gelassen werden, als bei Eigenthumsverbrechen.

Wie es sich in Frankreich mit den Freisprechungen und den mildernden Umständen verhält, ergiebt die erstaunliche Thatsache, daß im Jahre 1871 nur 16 Todesurtheile gefällt worden sind. Die Bedeutung dieser Ziffer ist erst dann richtig zu würdigen, wenn man bedenkt, daß das französische Strafgesetzbuch nicht blos den Mord, sondern eine ganze Reihe anderer Verbrechen, insbesondere auch den Kindesmord mit dem Tode bedroht.

Zwar gestattet das deutsche Strafgesetzbuch, in Verleugnung der allgemeinen Rechtsgrundsätze einer überall relativen Strafbarkeit, die Annahme mildernder Umstände bei den Verbrechen des Mordes nicht. Die wahrscheinliche Folge davon ist aber die, daß an Stelle des todeswürdigen Mordes, dessen Vorhandensein die Geschworenen verneinen, auf Grund eventueller Fragestellung nur der Thatbestand des nicht todeswürdigen Todtschlages oder gar der vorsätzlichen, tödtlichen Körperverletzung in Gemäßheit entweder des § 213 oder des § 226 als gegeben erklärt wird. In allen solchen Fällen besteht also das negative Resultat einer der Anklage nicht entsprechenden Entscheidung, sei es nun in Gestalt völliger Freisprechung oder einer Verurtheilung zu einer geringeren Strafe, als derjenigen des Mordes.

Somit entsteht für den angeklagten Mörder folgende Reihe von Proceßvortheilen: Wegen eines geringen Beweismangels, der bei dem Diebe nicht beachtet wird, erfolgt die Freisprechung eines Mörders, weil vom Richter zum Nachweise seiner Schuld ein stärkerer Beweis verlangt zu werden pflegt. Häufiger werden dem Mörder, als dem Diebe mildernde Umstände (in Frankreich) bewilligt. Während für den Dieb im Strafprocesse nur die Wahl besteht zwischen richterlicher Verurtheilung und richterlicher Freisprechung, giebt es zwischen einer Verurtheilung wegen Mordes und einer völligen Freisprechung bei klar erwiesener Tödtung noch zwei mittlere Specialfälle des Todtschlags und der tödtlichen Körperverletzung, auf welche erfahrungsgemäß die Geschworenen in solchen Fällen einzugehen pflegen, in denen noch ein Schimmer eines Zweifels besteht oder die Todesstrafe vor dem Gewissen der Geschworenen besonders hart erscheint.

Ob man diese Erscheinungen der modernen Strafrechtspflege tadelt oder billigt, ist für das Ergebniß deswegen gleichgültig, weil man auch dann, wenn man entschiedene Mißbilligung äußert, immer noch außer Stande bleibt, sie abzuändern. Für Deutschland bleibt wenigstens die eine Genugthuung, daß im Vergleich zu den meisten andern Ländern, insbesondere zu Frankreich, Belgien, Italien und Nordamerika, die Geschworenen verhältnißmäßig am wenigsten durch die Rücksichtnahme auf die Todesstrafe in ihrer Urtheilsfällung beeinflußt werden. Und wenn man es den Geschworenen verwehren will, die Todesstrafe überhaupt in den Kreis ihrer Betrachtungen hineinzuziehen, darf man es ihnen verargen, daß sie im Hinblick auf die eigenthümliche Natur dieser Strafart, ein stärkeres Maß des Beweises verlangen, und einem verhältnißmäßig geringeren Zweifel an der Schuld Gehör geben, die schwankende Gränze der Zurechnungsfähigkeit zu Gunsten des Angeklagten weiter zurückverlegen, das Vorhandensein der für die Todesstrafe und den Mord erforderlichen „Ueberlegung" in der Ausführung der töbtenden Handlung leichter verneinen?

Sicherlich erfüllen die Geschworenen und die Richter nur eine in der menschlichen Natur begründete Pflicht, wenn sie sich mit ihrem Urtheilsvermögen und ihrem Gemüth zu einer Kapitalsache völlig anders stellen, als zu einem geringfügigen Vergehen und wenn sie sich sagen, daß sie durch unterlassene Würdigung geringerer Zweifel sich zu Mitschuldigen am Tode eines unschuldigen Menschen machen können. Es ist mit der Prüfung solcher Anklagen eben nicht anders, als mit der Skala der im Strafgesetz geordneten Verbrechensfälle. Wo es sich um geringere Güter und deren Beschädigung handelt, bestraft das Gesetz nur vorsätzliche Verletzungen, nicht aber auch die bloße Fahrlässigkeit; wo bedeutende Güter, wie Leben und Gesundheit in Betracht kommen, zieht

bereits Fahrlässigkeit Strafe nach sich). Diese verstärkte Ver=
antwortlichkeit fühlt auch der Geschworene bei der Beurtheilung
von Kapitalsachen. Sein Gewissen erzittert bei dem Gedanken
an die hier bestehende Verantwortlichkeit. Vergeblich wäre es, die
Geschworenen daran zu mahnen, daß sie sich um die Folgen ihres
Verdictes nicht zu kümmern hätten. Im Gegentheil, jeder der=
artige Versuch würde wahrscheinlich das Gewissen der Geschwore=
nen noch empfindlicher machen. Das Verhalten der anwesenden
Zuhörer, der Anblick des ihnen gegenübersitzenden Angeklagten,
die feierliche Sprache des Staatsanwalts und des Vertheidigers —
Alles erinnert sie daran, daß es sich bei dem Schuldspruch in
einer Kapitalsache um eine ungewöhnlich große, im Falle des
Irrthums nahezu unsühnbare Verantwortlichkeit handelt. Je leb=
hafter im Verlaufe der Zeit der Widerspruch gegen die Ange=
messenheit, Nothwendigkeit und Gerechtigkeit der Todesstrafe sich
äußert, je gewichtiger die Stimmen, die gegen sie auftreten, je
zahlreicher auch innerhalb des gelehrten Juristenstandes die Be=
denken sich vernehmen lassen, desto peinlicher wird auch die Ent=
scheidung des einzelnen Falles für den Geschworenen werden. —
Wo die Ueberzeugung weit um sich gegriffen hat, daß das Gesetz
eine ungerechte Strafe in grausamer Weise verhängt, werden aller
Wahrscheinlichkeit nach die Geschworenen das Unrecht, das sie
gegen ein als hart erachtetes Gesetz durch Freisprechung verüben,
überall geringer wiegend erachten, als das Unrecht, das sie gegen
ihr eigenes Gewissen verüben, wenn sie mitwirken zur Anwen=
dung eines ihrer Ansicht nach verwerflichen Gesetzes.[17]) Aus dieser
Wahrnehmung erklärt es sich, daß die englischen Geschworenen fast
niemals bewogen werden können, auf eine Anklage wegen Kindes=
mordes mit Schuldig zu antworten, weil nach der allgemein herrschen=
den, von der Gesetzgebung bisher mißachteten Volksüberzeugung, die
Todesstrafe für den Kindesmord eine durchaus unpassende Strafe ist.

Mit der vierten Bedingung eng zusammenhängend ist die fünfte Bedingung der wirklichen Strafvollstreckung: die Aufrechterhaltung eines Todesurtheils in der höheren Instanz. An sich werden freilich verhältnißmäßig sehr wenige Todesurtheile in der Nichtigkeitsbeschwerde materiell reformirt. Das Verbrechen des Mordes zumal ist so beschaffen, daß die Thatfrage, die Entscheidung darüber, ob Ueberlegung vorhanden war, alle anderen Erwägungen in den Hintergrund drängt. Dennoch ist es nicht ganz gleichgültig, wenn den Todesurtheilen der Schwurgerichtshöfe die unmittelbare Wirkung dadurch benommen wird, daß in fast allen Fällen die Nichtigkeitsbeschwerde eingelegt und zuweilen auch mit dem Erfolge durchgeführt wird, daß aus formalen Gründen fehlerhafter Fragestellung (zumal in Fällen einer von der Vertheidigung behaupteten Nothwehr) oder wegen erheblicher Vorstöße gegen die Proceßvorschriften die Kapitalsache zur nochmaligen Verhandlung vor ein anderes Schwurgericht verwiesen wird. Im Hinblick darauf erklärt es sich, daß nach dem älteren englischen Strafproceß, der kein regelrechtes Strafmittelverfahren kannte, die feierliche Verkündung eines Todesurtheils einen viel tiefern Eindruck zu hinterlassen pflegte, als in den continentalen Ländern. In Bayern und anderen Deutschen Staaten findet sogar eine höchstgerichtliche Offizialprüfung der an den Schwurgerichten gefällten Todesurtheile statt, was in Anbetracht der besonderen Umstände und der eigenthümlichen Natur der Strafe zwar durchaus zu billigen ist, dennoch aber dazu beiträgt, die Endgültigkeit selbst solcher Urtheile in Frage zu stellen, die auf einen vollkommen klaren, oder doch scheinbar klaren Thatbestand begründet sind, und die Verkündung eines Todesurtheils abzuschwächen. [18])

Als letzte Bedingung bleibt endlich die Nichtbegnadigung zu würdigen. Jeder Verurtheilte hat es in seiner Hand, die Gnade des Monarchen oder der höchsten Regierungsbehörde anzurufen. Aber nicht nur dies. Unabhängig von einem Antrage des Verurtheilten, wird in Deutschland die Vorlegung der Todesurtheile zur allerhöchsten Bestätigung von Amtswegen bewirkt, so daß selbst derjenige begnadigt werden kann, welcher seinerseits auf Gnade verzichten würde. Naturgemäß ist die Begnadigungspraxis in den einzelnen Europäischen Staaten eine sehr verschiedene. Es giebt Schwankungen zwischen einem Mehr einem Weniger. Als Durchschnittsregel gilt aber die Thatsache: daß Begnadigungen als der weitaus häufigere, Vollstreckungen als der entschieden seltenere Fall vorkommen. Es ist unter unsern gegenwärtigen Verhältnissen ein allgemein auffallendes Vorkommniß, wenn Begnadigungen verweigert werden. Die Hinrichtung ist somit zur Ausnahme geworden und der Verbrecher hat seinerseits völlig Recht, wenn er selbst nach seiner Verurtheilung noch mit Bestimmtheit darauf zählt, daß die volle Strenge des Gesetzes auf ihn keine Anwendung finden werde.

Ueberblickt man noch einmal die Reihe der Eventualitäten, wie sie objectiv in Wirklichkeit bestehen und außerdem in der Betrachtungsweise eines berechnenden Kopfes sich abspiegeln werden, so findet man:

Ungewißheit der Entdeckung des Verbrechens und der Thäterschaft, Ungewißheit der Ergreifung, Ungewißheit der Ueberführung auf Grund ausreichenden Beweises, Ungewißheit einer rechtskräftigen Verurtheilung und äußerste Unwahrscheinlichkeit der Vollstreckung! Und allen diesen Ungewißheiten und Unwahrscheinlichkeiten gegenüber die eingebildete Selbstgewißheit des Verbrechers, daß ihm seine That gelingen müsse und sein ferneres Schicksal lediglich von ihm selbst abhänge.

Wie man Angesichts dieser Thatsachen noch glauben kann, daß die sehr weit entfernte Möglichkeit der Todesstrafe den Verbrecher zu schrecken vermag, ist schwer zu begreifen. Weitaus die

Mehrzahl derer, die überhaupt überlegen: ob sie ein Verbrechen ausführen oder unterlassen sollen, denkt in Wirklichkeit über die ihnen
dargebotene e r st e Chance der Nichtermittelung ihrer Person gar nicht
hinaus; sie beruhigen sich, wie bereits bemerkt worden ist, bei
dieser Aussicht. Wer aber alle Stadien zwischen der Begehung
eines Verbrechens und enblicher Vollstreckung der gesetzlichen Strafe
genau erwägt und sorgfältig überschaut, ist vollkommen berechtigt,
unter dem Vorbehalt eines überall möglichen Irrthums, dem
Mörder zu prophezeien, daß er bereinst eines natürlichen Todes
in der Freiheit oder schlimmstenfalls in der Strafanstalt sterben
werde.

Die allernächste Aufgabe für die praktische Ausnutzung der
im Menschen wirkenden Motive der Furcht wäre also, von Rechtswegen dafür Sorge zu tragen, daß an Stelle der möglichst großen
Ungewißheit eines Uebels, die möglichst große Gewißheit entweder
desselben, oder doch eines andern Strafübels gesetzt werde. Alle
namhaften Criminalpolitiker haben darauf aufmerksam gemacht,
daß die abschreckende Wirkung der Strafgesetze vorwiegend nicht
in der materiellen Art der Strafmittel, sondern in der formalen
Gewißheit der Ueberführung zu suchen sei. Es ist auch nach aller
psychologischen Erfahrung unbestreitbar, daß ein schweres Uebel,
wenn es gewiß oder höchst wahrscheinlich erscheint, dem Bedrohten
sehr viel abschreckender erscheint, als ein noch schwereres Uebel,
wenn es ihm ungewiß oder unwahrscheinlich erscheint. Somit
würde die in der Anwendung wahrscheinlichere Zuchthausstrafe
sicherlich abschreckender sein, als die erheblich unwahrscheinlichere
Todesstrafe.

Kann nun der Gesetzgeber, wenn er diese einfachen Schlußfolgerungen annimmt, dafür sorgen, daß die nachweislich höchst
unwahrscheinliche Todesstrafe mit größerer Gewißheit, als bisher
in den schwersten Verbrechensfällen verwirklicht werde? Sicherlich

liegt dies unter gewöhnlichen Verhältnissen außer seiner Macht. Der Gesetzgeber hat kein Recht und keine Möglichkeit, über die Fälle der Begnadigung oder Nichtbegnadigung im Voraus zu bestimmen, oder die Ausübung des Begnadigungsrechts mit hemmenden Schranken zu umgeben. Das Verhältniß der Begnadigung zur Strafrechtspflege nöthigt somit zu dem Anerkenntniß:

> daß, soweit die Todesstrafe in Betracht kommt und eine eigenthümliche, von den gewöhnlichen Regeln des Rechtslebens abweichende Handhabung der Begnadigungspraxis Statt findet, das Strafgesetz es überhaupt nicht mehr vermag, seine eigenen Wirkungen im Voraus zu berechnen oder zu bestimmen, weil diese völlig abhängig sind von einem außerhalb des Gesetzes liegenden Vorgang.

Unser Mordgesetz ist in dem eigenthümlichen Sinne ein Ausnahmegesetz, daß es gewöhnlich in den Fällen seiner Anwendbarkeit dennoch nicht angewendet wird. Unter allen Ausnahmegesetzen ist es das am meisten abnorme; denn alle anderen Ausnahmegesetze beanspruchen in Wirklichkeit für ungewöhnliche Vorkommnisse strikte angewendet zu werden. Das Gesetz, welches den Mord bedroht, hat umgekehrt zum Erfolge, daß seine Anwendung eine ganz ungewöhnliche wird, wo eine im Verlauf der Dinge gewöhnlich vorkommende Anzahl schwerster Verbrechen durch ein ständiges und regelmäßiges Gesetz im Voraus bedroht ist. Aber auch nach anderen Richtungen hin vermag der Staat nicht, die abschreckende Kraft seiner Strafgesetze durch erhöhte Gewißheit ihrer Anwendung zu steigern. Er könnte freilich die Zahl der Sicherheitsbeamten vermehren, für deren bessere Besoldung, eifrigere Dienstführung und tüchtigere Ausbildung Sorge tragen, kurz ungewöhnliche Mittel aufbieten, um die Ziffer der unentdeckt bleibenden Verbrechen zu vermindern. Er könnte hohe Geldbelohnungen auf die Entdeckung und Ergreifung gefährlicher

Verbrecher anbieten, was von jeher in Ländern mit besonders be=
drohter Sicherheit gegen gefährliche Räuberbanden geschehen ist
und in der Rechtspflege ungefähr dasselbe ist, was in der Finanz=
wirthschaft der Uebergang zu einer Papierwährung mit Zwangs=
cours bedeutet. Eine ungewöhnlich zahlreiche Polizei und ein
System bezahlter Kundschafter haben, trotz der Todesstrafe und
ihrer häufigen Anwendung, im ehemaligen Königreich Neapel
und im Kirchenstaat die öffentliche Sicherheit nicht über das nie=
drigste Niveau emporzuheben vermocht. Denn entscheidend ist
für die Abschreckung durch das Gesetz überall die sittliche Mit=
wirkung der Bevölkerung zur Bethätigung der öffentlichen Ordnung.

Wenn in der Bevölkerung Angesichts der Todesstrafe das
Mitleid mit der Person des Verbrechers stärker geworden ist
als das Mitleid mit einer verletzten Gesetzesordnung, so werden
die polizeilichen Nachforschungen auf jene schlimmste Art des
passiven Widerstandes stoßen, die in der Parteinahme für den
Verfolgten sich kund giebt. Und endlich ist in den Ländern mit
Schwurgerichtspflege durch keine Macht des Gesetzes zu bewirken,
daß die Geschworenen zu einer größeren Strenge belehrt werden.
Mit den Thatsachen, welche sich in der Strafrechtspflege kund
geben, hat die Gesetzgebung zu rechnen. Dieselben Organe, die
dem verletzten Gesetz Genugthuung verschaffen sollen, werden mög=
licherweise zum Asyl für Mörder. Es ist eine zu häufig beob=
achtete und darum nicht zu bestreitende Neigung italienischer Ge=
schworener, daß sie in augenscheinlichen, gar nicht zweifelhaften,
Kapitalsachen lediglich um der Todesstrafe willen freisprechen
und das Volk dann hinterher einen Freigesprochenen feiert, weil
er aus der Todesgefahr errettet wurde.

Unser Schlußergebniß ist: die moderne Gesetzgebung ist außer
Stande, der Todesstrafe praktisch diejenige Gewißheit der An=
wendung zu verschaffen, ohne welche von Abschreckung nicht zu

sprechen ist. Und umgekehrt: Die Abschaffung der Todesstrafe wird, wenn an ihre Stelle lebenslängliches Zuchthaus gesetzt wird, die processualische Gewißheit der Bestrafung und folglich auch die Abschreckung erhöhen, insofern die Zahl ungerechter Nichtschuldsprüche der Geschworenen oder zu gelinder Bestrafungen um die Differenz vermindert wird, welche gegenwärtig in Kapitalsachen durch die Strafrechtspflege fast aller Europäischen Staaten nach=gewiesen wird.

Die objective Wahrscheinlichkeit der Nichtanwendung der Todesstrafe, welche in der subjectiven Auffassung des Verbrechers noch vergrößert wird, stellt sich in dem Musterlande des Ge=schwornengerichts, wie folgt. Nach den amtlichen Tabellen der Strafrechtspflege für England und Wales sind in dem zweijährigen Zeitraum 1867—1868 von der Todtenbeschauer=Jury im Ganzen 516 Verdikte auf Mord gefällt worden. Schon hierbei ist zu erinnern, daß nach den glaubwürdigsten Berichten sachverständiger Beobachter diese Ziffer der Wirklichkeit deswegen wenig entspricht, weil die Todtenbeschauer=Jury jeden irgendwie vorhandenen Au=3=weg benutzt, um an Stelle des Mordes, in ihrem Ausspruch einen Todtschlag (manslaughter) anzunehmen. Bei der Prüfung der vorhandenen Beweismittel durch die Anklagegeschworenen ergiebt sich eine weitere Sichtung klarer und zweifelhafter Mord=fälle. Von den 516 ersten Anschuldigungen werden nur 165 zum Hauptverfahren vor die Urtheilsgeschworenen verwiesen. Nach dem Durchschnitt der Freisprechungen in allen übrigen Criminalfällen würden drei Viertel der gesetzlichen Strafe ver=fallen, was für die auf Mord gerichteten Anklagen ungefähr 120 Todesurtheile ergeben müßte. In Wahrheit wird aber nur ein Drittel der Angeklagten verurtheilt. Nur 48 sind zum Tode verurtheilt, die verbleibende Mehrheit von zwei Dritteln von der Beschuldigung des Mordes losgesprochen. Endlich entging von diesen Verurtheilten wiederum mehr als die Hälfte der Hinrichtung. Zwei und zwanzig sind gehängt worden. Auf dem Wege von der Todtenbeschauer-Jury bis zum Galgen ist die Ziffer 516 bis zu 22 zusammengeschrumpft. Dabei hat man sich gegenwärtig zu erhalten, daß Englische Geschworene anders beschaffen sind, als continentale, insbesondere, daß der Glaube an den Abschreckungszweck nirgends so weit unter Rechtsgelehrten und Laien verbreitet ist, und die orthodoxe Geistlichkeit nirgends so erfolgreich die vermeintliche göttliche Verordnung der Todesstrafe predigt, wie in England. Die Wahrscheinlichkeit, daß ein englischer Soldat auf dem Schlachtfelde oder in einer westafrikanischen Garnison am Fieber zu Grunde geht, ist also weit größer als die Anwendung der Todesstrafe auf die nach der Absicht des Gesetzes darunter fallenden Thatbestände.

Sechstes Kapitel.

Der Abschreckungszweck V. — Einfluß von Entfernung und Nähe der Todesgefahr auf die davon Bedrohten. — Panischer Schrecken und Terrorismus. — Processualische Entfernung der Todesstrafe von der Mordthat. — Mörder fürchten den Widerstand ihres Opfers mehr, als die entfernte Strafdrohung. — Processuale Zwischenacte zwischen der Begehung des Verbrechens und der Vollstreckung der Strafe. — Die Abschreckung durch Todesstrafe richtet sich mehr gegen die Rechtspflege, als gegen den Verbrecher. — Die Voruntersuchung in Kapitalsachen. — Englisches und Deutsches Strafproceßverfahren in Kapitalsachen vergleichungsweise verschieden wirkend. — Mit geringen Mitteln wirkt die Abschreckung in der militärischen Disciplinargewalt wegen des Mangels an Förmlichkeiten. — Verhältniß der alten und neueren Militärstrafen zum Abschreckungszweck.

Angenommen: der Mörder begebe sich wegen der gesetzlich angedrohten Todesstrafe in eine Lebensgefahr, so ist, um den Grad der Abschreckung zu ermessen, auch daran zu erinnern, daß jede Gefahr durch ihre Nähe vergrößert und durch ihre Entfernung verringert wird. Man kann dies auch so ausdrücken: eine wahrscheinliche Todesgefahr in großer zeitlicher Entfernung wirke auf die Vorstellungen der Menschen viel weniger einschüchternd, als eine minder wahrscheinliche Gefahr in großer zeitlicher Nähe. Die denkbar stärkste Abschreckung, welche überhaupt möglich ist, besteht daher in einer unmittelbar bevorstehenden Todesgefahr, wenn dieselbe plötzlich an einen davon Ueberraschten herantritt.

Unmittelbar zusammenhängend mit dieser Thatsache und zu ihrer Erklärung dienend, ist der Hinweis darauf, daß der plötzlichen Ueberraschung gegenüber, die Ueberlegung der zur Abwehr einer Gefahr dienlichen Mittel nicht zur vollen Entfaltung kommt. In dem Wesen der höchstmöglichen Abschreckung liegt daher nothwendig ein Element des plötzlichen Schreckens, ein unwillkürlich Ueberraschendes. Auch der tapferste Mann, der auf zahlreichen Schlachtfeldern gefochten hat und im Kanonendonner ergraute, kann erschreckt werden, wenn ungesehen ein Freund, in mitten friedlicher Beschäftigung, einen Schuß hinter seinen Ohren aus nächster Nähe knallen läßt.

Auf dem Unvermutheten, Unberechenbaren, Plötzlichen und Ueberraschenden beruht die Wirkung des panischen Schreckens, der in der Kriegsgeschichte auf den Schlachtfeldern, in der Volkswirthschaft und ihren Handelskrisen gelegentlich die unerschrockensten Männer zeitweise den Kopf verlieren läßt.[19]) Daß ein solcher plötzlicher Schreck Verstand und Glieder lähmen konnte, erscheint den davon Befallenen hinterher selbst unglaublich. Wie verschieden die Fälle immer scheinen, in der langen Reihe von Vorgängen, seitdem Pyrrhus durch seine Elephanten römische Veteranen in wilde Flucht trieb bis zur Flucht Friedrichs des Großen bei Mollwitz und dem Zusammensturz der alten Kaisergarde bei Belle-Alliance sind es doch einfach dieselben psychischen Eindrücke, welche vorübergehend auch die stärkste moralische Kraft über den Haufen werfen.

Alle Beobachter stimmen darin überein, daß an erschreckender Macht nichts mit den großen südamerikanischen Erdbeben verglichen werden könne. Ohne daß warnende Zeichen vorbereitend eingetreten wären, bricht zuweilen, in die Zeitspanne weniger Minuten zusammengedrängt, widerstandslos die Alles über den Haufen stürzende Vernichtung über diejenigen nieder, welche ruhig ihren Geschäften nachgingen, in den Kirchen beteten, oder aus

tiefem Schlummer plötzlich durch einen Erdstoß emporgeschleudert
werden. Ein solches Naturereigniß, das wie mit einem Zauber-
schlage Paläste umstürzt und Stätten des Wohllebens augenblicklich
zu einem Grabmonumente für deren Insassen umwandelt, bewirkt,
daß die stärksten Männer die Selbstbeherrschung verlieren, gleich
Kindern, welche sich verirrt haben, von einer Stelle zur andern
planlos herumtappen und in die Erdspalte hineinrennen, die sich
eben vor ihnen aufgethan hat. In schwächerem Maße wird man
gleiche Wahrnehmungen bei plötzlich hereinbrechender Feuers- und
Wassersnoth machen können. Sobald der erste Schrecken vorübergegangen und verständige Rettungsversuche unternommen worden
sind, kehrt bei den Anfangs Besinnungslosen die Ueberlegung
zurück.

Daß die Gesetzgebung nimmer diese stärksten Eindrücke der
Furcht und des Entsetzens hervorrufen kann, liegt auf der Hand.
Kein Tyrann der Welt ist dazu im Stande. Das Aeußerste, was
nach dieser Seite hin überhaupt unternommen werden kann, ist
die Aufrichtung einer Schreckensherrschaft, wobei nicht zu
bestreiten ist, daß ein System des Terrorismus vorübergehend
einen bedeutenden Eindruck auf die unmittelbar von Willkür
Bedrohten hervorbringen kann. Die Schreckenstribunale der französischen Revolution und das in ihrem Gefolge wandernde Fallbeil erfüllten eine Zeit lang Frankreich mit Entsetzen. Wo die
bloße Gesinnung des Menschen ausreicht, um auf die Anzeige
eines geheimen Feindes, für jedermann Todesgefahr herbeizuführen,
konnte der Terrorismus nicht ohne tief eingreifende Folgen
bleiben.[20]) Allein es liegt in der Natur der Dinge, daß der
Schrecken niemals ein dauernder Zustand im gesellschaftlichen
Leben werden kann. Selbst die Hasen gewöhnen sich an das
Gerassel eines vorüberrasenden Schnellzuges. Je länger er an-
dauert, desto mehr verliert der Terrorismus von seiner Schreckens-

kraft. Er findet sein natürlich und von selbst eintretendes Gegengewicht entweder an stumpfer Ergebung und fatalistischer Gleichgültigkeit des Bedrohten oder sogar am Gespötte der Menschen.

Von hohem psychologischen Interesse ist das Studium der Erscheinungen, welche die Schreckensherrschaft zur Zeit des Conventes während der französischen Revolutionsepoche begleiteten. Es ist für das Verständniß der Abschreckungsmittel wichtig, die Berichte über die damaligen Hinrichtungen aufmerksam zu studiren, und darauf hinzuweisen, welche Zerrüttung in Frankreich dadurch geschaffen ward. Aus der Guillotine schuf man ein Spielzeug für Kinder.[21])

Ein Gewalthaber, der im Kriege oder zur Unterdrückung eines Aufruhrs den Terrorismus zu Hülfe ruft, hat daher darauf zu achten, daß die Wirksamkeit seiner Abschreckungsmittel vorzugsweise abhängt von der summarischen Procedur in ihrer Anwendung, von der Schnelligkeit in der Durchführung verhängter Todesstrafen und der nicht allzulangen Fortdauer außerordentlicher Machtvollkommenheiten. Jede unnöthige Verlängerung des Belagerungszustandes beschädigt deswegen nicht blos die Rechte der Staatsbürger, sondern auch den Machtvorrath der Regierungen.

Es ist klar, daß die Todesstrafe, welche in den Strafgesetzgebungen für gewisse Verbrechen ein für allemal angedroht ist, niemals diesen höchsten Grad der Abschreckung erreichen kann. Denn es fehlt ihr in der Vorstellungsweise der Menschen der Character der Unvermeidlichkeit und der zeitlichen Nähe. Wenn das zu erwartende Strafübel in weiter zeitlicher Entfernung liegt, erweckt es, sich selbst abschwächend, die Reaction der zu ihrer Abwendung dienlichen Gegenmittel. Und selbst wenn die Vollstreckung einer Todesstrafe an sich zehnmal gewisser wäre, als sie in Wirklichkeit ist, so würde sie bei unseren Strafprozeßeinrichtungen immer noch in größerer zeitlicher Entfernung von der That liegen und auch dadurch einen weiteren Bestandtheil ihrer Abschreckung einbüßen.

Um dies ermessen zu können, ist an diejenigen lebensgefährlichen Erwerbszweige zu erinnern, welche entweder häufige Unglücksfälle im Gefolge haben oder, auf Grund statistischer Beobachtungen, die gewisse Voraussage erlauben, daß die Gesundheit der Arbeiter in kürzeren Zeiträumen zerstört werden wird. Einzelne Beschäftigungen sind so gefährlich, daß sie mit Sicherheit, gleich einer langsamen Vergiftung, die Lebensdauer verkürzen. Dennoch fehlt es solchen Erwerbszweigen nimmer an Arbeitern: eine Wahrnehmung, die beispielsweise in den Stahlschleifereien zu Sheffield seit langer Zeit gemacht worden ist und statistisch mit unwiderleglicher Gewißheit dargethan werden kann. Trotz der Statistik glaubt der Arbeiter, der dem sicheren Tode entgegengeht, daß das in der Zukunft herannahende Uebel in Beziehung auf ihn eine Ausnahme machen werde oder daß er bis dahin auch eines natürlichen Todes sterben könnte. Viele der in solchen Berufszweigen thätigen Arbeiter sind sogar so gleichgültig, daß sie die von der Erfahrung an die Hand gegebenen Schutzmittel einfach außer Acht lassen und darauf verzichten, ihr Leben um einige Jahre zu verlängern.

Von unmittelbar bevorstehender und naher Todesgefahr des Mörders ist keine Rede. Was ihn bei seiner Unternehmung am meisten beschäftigt, ist das Gelingen und die erfolgreiche Ausführung seines Planes. Die erste Besorgniß, welche er auszuschließen bemüht ist, besteht in dem möglichen Widerstand, den ihm sein Opfer leisten könnte. Er wird gewiß nicht außer Betracht lassen, ob der von ihm Anzugreifende bewaffnet ist, oder nicht, und demgemäß seinen Augenblick möglichst gut auswählen. Die Geschichte zahlreicher Verbrecher zeigt, daß der Mörder gleichfalls die entferntere Gefahr der Bestrafung, obwohl sie eine geringe

Wahrscheinlichkeit an sich trägt, viel weniger fürchtet, als den unvermutheten und plötzlichen Widerstand von Seiten desjenigen, den
er zu tödten gedachte. Es ist selten, daß ein Mörder, unter
unmittelbarer Preisgebung seines Lebens, einen wohl
bewaffneten Gegner angreift.[22]) Nur in der Geschichte
politischer Mordthaten, in denen der äußerste Grad des Fanatismus,
um jeden Preis zum Ziele gelangen will, kommen solche Fälle
vor. Obwohl sonach der Mörder, der Regel nach, keineswegs
blind ist gegen nahe Gefahren, läßt er sich dennoch durch die entfernte Todesdrohung nicht schrecken. Ohne genau zu wissen,
wie er sich Angesichts der möglichen Fälle verhalten will, hat er
doch das unbestimmte Zutrauen, daß ihm hinreichend Zeit bleibe,
seinerseits die gesetzlichen Straffolgen der That von sich abzu-
wenden.

Zwischen der Begehung einer Mordthat und der (überdies
nur selten eintretenden) Hinrichtung liegt ein längerer Zwischenraum in der Mitte. Wie viel Zeit vergeht, läßt sich natürlich
nur in einer sehr wenig bedeutenden Durchschnittsrechnung ermitteln. Soviel aber kann für alle Fälle gesagt werden: der
unmittelbare zeitliche und ursachliche Zusammenhang
zwischen der Vollbringung der That und der schließlichen Vollstreckung der Strafe erscheint bei unseren
Proceßzuständen überall durch lange Pausen unter-
brochen. Man kann nirgends behaupten, daß sich die Verurtheilung eines Verbrechers als eine nothwendige Folge seiner That
im öffentlichen Bewußtsein einpräge. Im Gegentheil! Es zeigt
sich, daß auf das endliche Schicksal des Verbrechers manche Zufälligkeiten der Zwischenzeit Einfluß haben, z. B. dessen Verhalten
in der Untersuchung, seine Vertheidigung und Anderes mehr.

In den einzelnen Ländern Europas bestehen nicht unerheb-
liche Verschiedenheiten. Sehen wir von den völlig unberechenbaren

Zufälligkeiten der Entdeckung eines Verbrechens ab — und wer vermöchte zu leugnen, daß in der Ermittelung des verbrecherischen Thatbestandes und der Thäterschaft durch die Polizei der Zufall eine merkwürdige Rolle spielt — so bleibt überall als nothwendige Reihe wesentlicher Proceßacte bestehen: die gerichtliche Voruntersuchung, die Anklageprüfung, das Hauptverfahren, die Rechtsmittelinstanz der Nachprüfung und schließlich die Endentscheidung der Begnadigung. Während die in der Mitte liegenden Rechtsacte: Anklageprüfung, Hauptverfahren und Rechtsmittelinstanz in den Staaten Europas, soweit sie ein auf Mündlichkeit beruhendes Strafproceßverfahren angenommen haben, annähernd gleichgeartet sind, und in ziemlich gleichen Zeitfristen ihrer Natur nach verlaufen, zeigt sich, daß Anfang und Ende in der processualischen Verhandlung der Kapitalsachen von der Rücksicht auf die Todesstrafe in eigenthümlicher Weise beeinflußt werden. Als Richter, Geschworne, Ankläger und Vertheidiger fürchten wir die irrthümliche und ungerechte Verhängung der Todesstrafe in der Rechtspflege unendlich viel mehr, als der Verbrecher seinerseits die mögliche Anwendung auf seine Person scheut. Die Abschreckung des Gesetzgebers richtet sich somit gerade in diesem Falle stärker an die Organe der Rechtspflege, als an die verbrecherischen Klassen.

Dies zeigt sich zuvörderst in der erfahrungsmäßig längeren Dauer, welche eine Voruntersuchung in Kapitalsachen nach deutschem Herkommen beansprucht. Alle irgendwie zu verwerthenden Beweisstücke werden geprüft, die Vorkommnisse aus dem früheren Leben des Delinquenten untersucht, die Zweifel an seiner Zurechnungsfähigkeit geflissentlich beachtet, alle Umstände für und wider erwogen. Ein solches Verfahren, mit größter Gründlichkeit gehandhabt, erfordert Monate. Weil die Todesstrafe in Aussicht

steht, wird die Voruntersuchung über das sonst übliche Maß hin=
aus verlängert. Es gilt das selbst für solche Sachen, die von
vornherein klar zu liegen scheinen.

Ebenso verhält es sich bei uns mit der Bestätigung der
Todesurtheile. Nicht selten vergehen wiederum Monate, zuweilen
sogar Viertel= und halbe Jahre, bevor die Entscheidung des Mon=
archen über Begnadigung oder Nichtbegnadigung an die Gerichte
gelangt. Ehe sie erfolgt, werden neue Ermittelungen angestellt,
Berichterstattungen aus den Gerichtscollegien und den Ministerien
eingefordert. Gerade die gewissenhaftesten Monarchen werden sich
am längsten Zeit lassen, ehe sie eine unwiderrufliche Thatsache
eintreten lassen, die nur zu sehr geeignet ist, ihr Gewissen zu be=
lasten.

An sich sind diese Zögerungen bei der Behandlung von Kapital=
sachen gewiß nicht zu tadeln. Es widerstrebt dem einfachsten und
natürlichsten Menschlichkeitsgefühl, eine Kapitalsache genau in den=
selben geschäftlichen Formen abzuthun, wie die große Masse
der übrigen Kriminalprocesse. Aber verkennen läßt sich nicht,
daß diese peinliche Sorgfalt in der Verschiebung des endlichen
Ausganges dazu beiträgt, die an sich bereits vorhandenen Elemente
der Ungewißheit wiederum zum Schaden eines intensiveren Ab=
schreckungszweckes noch mehr zu verstärken. Denn nun entsteht
der Eindruck, als ob neben der streng rechtlichen Consequenz der
Verbrechensthat zahlreiche auf dem moralischen Gebiet liegende Er=
wägungen sich zwischen den Verbrecher und seine Bestrafung ein=
drängen.

Wenn es daher hauptsächlich um Abschreckung zu thun ist,
dem wäre allen Ernstes die Frage nahe zu legen, ob unser
Strafproceßverfahren in Kapitalsachen nicht erheblich zu verkürzen
wäre? —

In Wirklichkeit gehört es zu den Eigenthümlichkeiten des

englischen Rechts, daß auf eine Voruntersuchung, die schon deswegen, weil Entlastungszeugen zu Gunsten des Angeschuldigten
regelmäßig nicht vernommen werden, nach unseren deutschen Begriffen eine ganz summarische genannt werden muß, ein Hauptverfahren folgt, in welchem wiederum Vertagungen zum Zwecke
der Beweisvervollständigung schwer zu erlangen sind und daß
endlich auch unter Abschneidung mancher bei uns zulässiger Rechtsmittel, die Hinrichtung nach der Verkündung des Todesurtheils
binnen kürzester Zeit durch den Richter anberaumt wird. Bis
zum Jahre 1836 war in England sogar gesetzlich vorgeschrieben,
daß Mörder binnen 48 Stunden nach der Urtheilsverkündigung
hingerichtet werden sollten. Auch das Verhältniß der Begnadigung zur Vollstreckung der Todesurtheile ist in England ein völlig
anderes, als in der Mehrzahl der continentalen Staaten. Die
richterliche Behandlung erscheint dort so sehr als das Entscheidende,
daß der vom Richter bereits im voraus binnen kürzester Frist
anberaumte Tag der Hinrichtung, durch die Begnadigungsinstanz,
wenn sie Zeit zur Ueberlegung der Sache gewinnen will, durch
einen förmlich anbefohlenen Aufschub (reprieve) der Hinrichtung
aufgehoben werden muß. Auf der anderen Seite gilt in Deutschland thatsächlich der Proceßgang in Kapitalsachen als ein In-
formativerfahren zur allseitigen, vollständigen und gründlicheren
Prüfung der Endentscheidung durch den Landesherrn. Ein englisches
Todesurtheil hört sich auch aus diesem Grunde anders an, als
ein deutsches. In den allerschwersten Fällen weist der den Assisen
präsidirende Richter, indem er sein Haupt bedeckt, den zum Tode
Verurtheilten darauf hin, daß er binnen kürzester Zeit aus dem
Leben scheiden müsse und sich keine Hoffnung auf Gnade gestatten
solle; er bezeichnet nach seiner persönlichen Ansicht die Vollstreckung
als gewiß; ein Verfahren, welches bewirkt, daß in der allgemeinen
Rechtsanschauung der unmittelbare Zusammenhang zwischen Mord

und Todesstrafe lebendig erhalten wird. Nicht gering ist des=
wegen die Zahl solcher, welche als Zeugen und Richter in Kapital=
sachen diesen Augenblick der Urtheilsverkündung geradezu
als Maßstab für ihre persönlichen Auffassungen des Abschreckungs=
zweckes festhalten; wobei sie sich indessen in jenem bereits früher
hervorgehobenen Irrthum befinden: daß sie solchen, wahrscheinlich
erschütternden Augenblicken nach ihrer Empfindungsweise gleich=
sam rückwirkende Kraft geben, in Beziehung sowohl auf das
Stadium der vor der Begehung des Verbrechens obwaltenden
Prämeditation, als auch auf eine von der ihrigen völlig ver=
schiedene Individualität, die sich wiederum in dem Augenblicke,
da ihr ein Gerichtsurtheil verkündet werden soll, in einem völlig
ungewöhnlichen Zustande der Spannung und Aufregung befindet.

Wenn sich aber auch eine geringe Steigerung der an sich
bereits schwachen Abschreckung durch eine Annäherung an die eng=
lischen Proceßeinrichtungen erreichen ließe, so würden sicherlich
wenige sein, welche die Verantwortlichkeit bei uns übernehmen
möchten, die denkbar höchste Sicherheit in der processualischen
Gerechtigkeit und der Ermittelung der Wahrheit einem einseitigen
Abschreckungszweck zum Opfer zu bringen. Denn gerade das ein=
seitige Vorwiegen der Abschreckungstendenz im englischen Straf=
recht ist es, aus welchem das englische Verfahren in Kapitalsachen
erklärt werden muß, während in Deutschland selbst die Verehrer
der strafrechtlichen Abschreckung keinen Augenblick bestreiten, daß
das denkbar höchste Maß materieller Wahrheit in der Feststellung
des Thatbestandes die oberste Rücksicht geworden ist, welcher im
einzelnen Fall der Abschreckungszweck des Gesetzes überall unter=
geordnet werden muß.

Wie sehr die Abschreckung durch Gewißheit der Entdeckung
und Schnelligkeit der Strafanwendung gesteigert werden kann, lehrt
das Beispiel der militärischen Disciplinargewalt, welche mit ver=

hältnißmäßig geringen Strafen eine große Armee in Ordnung und Gehorsam zu erhalten vermag. Innerhalb des Dienstverhältnisses hat sich nämlich jeder Soldat zu vergegenwärtigen, daß bei der genauesten Eintheilung der Tageszeiten und dem beständigen Zusammensein mit anderen, dienstliche Verstöße nicht unbemerkt bleiben; ferner, daß der mit der Disciplinargewalt betraute Vorgesetzte nach persönlichem Ermessen entscheidet, ohne an Beweisaufnahme und Vertheidigung irgendwie gebunden zu sein. Nur darauf kommt es an, ob er persönlich die Ueberzeugung von dem Vorhandensein eines dienstwidrigen Verhaltens gewonnen hat. Wird alsdann eine Strafe wirklich ausgesprochen, so erfolgt ihre Vollstreckung, ungehemmt durch Berufungen, wofern ihre Verhängung überhaupt der Art nach, innerhalb der Competenz des Vorgesetzten lag. Die summarisch einschreitende und höchst energisch wirkende Disciplinargewalt ist daher für den Geist der Armeen von den Zeiten des Römischen Imperiums bis zur Gegenwart wichtiger gewesen, als die eigentliche Militärjustiz, welche für die förmliche und gerichtliche Aburtheilung dienstlicher oder gemeiner Verbrechen bestimmt ist.

An sich betrachtet, sind diese militärischen Disciplinarstrafen gegenwärtig nicht mehr übermäßig hart. Die körperliche Züchtigung, nach der Meinung älterer Heerführer vor 1848 in Deutschland unentbehrlich und für Seeleute selbst heute noch von manchen Seiten empfohlen, hat sich, nachdem sie abgeschafft worden ist, hinterher als völlig entbehrlich gezeigt. Es ist Niemand, der ihrer Wiedereinführung das Wort zu reden wagt. Im Gegentheil hat die Ueberzeugung Platz gegriffen, daß mit der allmähligen Milderung der Militärstrafen die Tüchtigkeit, Zuverlässigkeit und Ordnungsliebe in den großen Heerkörpern gewachsen ist, wodurch auf das Unwiderleglichste dargethan ist, daß die specifische Schwere der Strafen an und für sich betrachtet niemals als das Entscheidende bei der Bemessung ihrer abschreckenden Wirkungen an-

gesehen werden darf Auch für die alten Armeen, die mit Spieß-
ruthen und Stockprügeln tractirt wurden, galt nämlich die Thatsache, daß manche Strafe, um ihrer Härte willen, theils aus
menschlicher Rücksichtnahme der Befehlshaber, theils im Hinblick
auf die mögliche Unzufriedenheit der Truppen, unangewendet blieb,
wo in Wirklichkeit der Fall ihrer Anwendung vorhanden gewesen
wäre. Als die Strafmittel gemildert und ihrer grausamen Härte
entkleidet worden waren, sind die Fälle der Anwendung in viel
stärkerem Maße der wirklichen Ziffer der Dienstvergehen angenähert
und damit wiederum die Sicherheit und Gleichmäßigkeit des Ge-
brauchs der Disciplinargewalt erhöht worden. Es dürfte sogar
nicht selten vorkommen, daß in denjenigen Truppentheilen, in denen
einzelne Befehlshaber von ungewöhnlicher Härte in der Handhabung der Disciplin solche Strafen verhängen, welche über das
übliche Maß hinausgehen, geradezu das Gegentheil von dem erreicht wird, was beabsichtigt war, und der Geist der ihnen untergebenen Truppen entschieden verschlechtert wird.

Wie sehr unsere neueren Volksheere von den alten Söldner-
truppen verschieden sind, zeigt auf das deutlichste die für den
Abschreckungszweck lehrreiche Entwickelung des Militärstrafrechts.
Nicht nur wie und womit man bestraft, ist, wie sich hierbei zeigt,
von großer Bedeutung, sondern auch wen man bestraft. Was
ehemals als nothwendig galt, wird heute in der Militärjustiz
nicht nur als überflüssig, sondern geradezu als schädlich angesehen.
Während der geworbene Soldat durch die Beweggründe der Arbeitsscheu und durch Vorliebe für Abenteuer bestimmt wurde,
seinen Beruf zu ergreifen, ist es heute das langsam durch Gene-
rationen herangewachsene Ehrgefühl, wodurch zumeist die Handlungsweise des Soldaten bestimmt wird. Dies führt zu einer
Untersuchung der Verhältnisse zwischen gesetzlicher Strafandrohung
und den Motiven der menschlichen Handlungen.

Siebentes Kapitel.

· · · · ·

Der Abschreckungszweck im Verhältniß zu den verbrecherischen Motiven VI. — Das mittlere Maß der Abschreckungsfähigkeit. — Beweggründe für die Unterlassung der Verbrechen. — Die Furcht als relativ unbedeutendstes Motiv der Unterlassung schwerer Gesetzesübertretungen. — Tödtungen geschehen überhaupt nur aus besonders stark eindringenden Motiven. — Todesfurcht als Motiv der Unterlassung beseitigt durch stärkere Motive zur Vornahme einer Handlung. — Unwirksamkeit der Todesfurcht gegenüber dem Ehrgefühl. — Beweis: die alte Duellgesetzgebung. — Tödtungen aus Rechtswahn kann das Gesetz nicht hindern. — Blutrache in Corsika. — Motive politischer Verbrechen.

Die bisherigen Untersuchungen richteten sich auf die allgemeinen Merkmale und den objectiven Maßstab der der Todesstrafe zukommenden Abschreckung. Es wird nunmehr näher in Betracht kommen, welches die subjectiven Voraussetzungen der Abschreckung sind. Wie die Zurechnung zur Zurechnungsfähigkeit, so verhält sich begriffsmäßig Abschreckung zur Abschreckungsfähigkeit der einzelnen Personen. Zwischen dem höchsten Grade jener Furchtsamkeit, welche bereits vor eingebildeten Uebeln zittert und dem höchsten Grade derjenigen Unerschrockenheit, welche sich über augenscheinliche Gefahren hinwegsetzt, besteht eine Stufenleiter der Abschreckungsfähigkeit, auf welcher der Gesetzgeber für seine Zwecke gleichsam ein mittleres Maß sucht. Er wird seine Strafgesetze weder den furchtsamsten Wesen, noch auch den unerschrockensten Characteren anpassen.

Ein Uebel, welches alle Menschen gleich stark fürchten, giebt es nicht. Weil das der Fall ist, weiß der Gesetzgeber im Voraus, daß seine Strafdrohung mit Rücksicht auf die Größe des Uebels von einer gewissen Anzahl von Menschen nicht gefürchtet werden wird. Er kann also nur darnach trachten, daß das von ihm gesetzte mittlere Maß von möglichst vielen gefürchtet werden möchte.

Denken wir uns die möglichen Gründe, aus denen Verbrechen nicht begangen, also unterlassen werden, so finden wir eine lange Reihe von solchen Gründen: aus Mangel an besonderen Anreizen und verbrecherischer Leidenschaft, aus sittlicher Gesinnung, aus Ehrgefühl und Rechtlichkeit, aus fehlender Gelegenheit, möglicherweise auch aus Furcht vor Strafe. Schätzt man diese Ursachen der Unterlassung nach ihrer wahrscheinlichen Häufigkeit ab, so wird sich herausstellen, daß unter ihnen die Furcht vor Strafe vergleichungsweise das am wenigsten wirksame Motiv ist. Strafloserklärung einer verächtlichen Handlung würde unmittelbar deren Begehung nicht allzusehr vermehren, sondern nur indirekt und langsam auf eine Reihe anderer Motive einwirken und dadurch von Bedeutung werden, daß in der positiven Vorstellung der Erlaubtheit einer früher verboten gewesenen Handlung auch Ehrgefühl und Rechtssinn nach und nach in Beziehung auf eben dieselbe Handlung aus dem Gefühl der Menschen ausgetilgt werden würden. Je tiefer und allgemeiner daher eine Handlung als unsittlich und verwerflich empfunden wird, desto weniger bedeutet das Motiv der Furcht, desto seltener würde die für straflos erklärte Missethat verübt werden. Und umgekehrt, je geringer die Strafbarkeit an sich erscheint, desto mehr bedeutet für die positive Rechtsordnung die Strafdrohung an sich. Eine sehr große Anzahl von Uebertretungen wird lediglich deswegen unterlassen, weil sie mit Strafe bedroht sind und dadurch die Vorstellung des Rechtswidrigen, die von selbst nicht bestehen würde, gleichsam erst künstlich erzeugt wurde. Die Rechtsordnung des Staates besteht somit in erster Linie durch die Stärke und Allgemeinheit der sittlichen Motive, welche zunächst Quelle, in viel geringerem Maße sodann auch Ergebniß der Strafgesetzgebung sind, ferner zweitens thatsächlich durch die Abwesenheit solcher Anreizungen, welche in ihren Wirkungen sich stärker erweisen könnten, als das Durchschnittsmaß sittlicher Kräfte, und zuletzt drittens durch die Furcht, eine vom Gesetz bestimmt angedrohte, gesetzliche Strafe erleiden zu müssen.

Wie groß nun in Anbetracht dieser Verhältnisse ungefähr die Ziffer derjenigen wäre, welche einen Mord begehen würden, wenn diesem jede Strafbarkeit im Gesetz fehlte, läßt sich in Ermangelung irgend welcher Anhaltpunkte oder bei der Unmöglichkeit eines Experimentes nicht einmal vermuthen. Jedenfalls aber wäre die Vorstellung für unsere Verhältnisse durchaus unzulässig, als ob in einem solchen Falle ein allgemeines Morden und Todtschlagen beginnen würde. Daß an sich die Achtung vor dem menschlichen Leben in Deutschland eine sehr hohe ist, läßt sich durch den Hinweis auf die deutsche Kriegführung in den Jahren 1866 und 1870 darthun. Im Vergleich zu früher ist die Zahl der willkürlichen Tödtungen eines bereits wehrlosen Feindes auf dem Schlachtfelde entschieden vermindert, obwohl unnöthige Niedermetzelungen noch gelegentlich vorkommen. Die Genfer Convention zum Schutze verwundeter Krieger ist, obwohl deren Verletzung im einzelnen Fall zu strafrechtlicher Ahndung nicht zu führen pflegt, durch die deutschen Truppen dennoch als eine Gewissenssache angesehen worden. Das Gebot: „Du sollst nicht tödten“! würde immer als eine der stärksten sittlichen Pflichten angesehen werden, auch wenn das Strafgesetz ihm keinen Nachdruck verliehe. Es zeigt sich dies sogar darin, daß solche, die in früheren Zeiten einfach für rechtlos erklärt waren und als Elende oder Vertriebene herumirrten, dennoch nur in seltenen Fällen von irgend einem Beliebigen getödtet worden sind. Ohne ein starkes Motiv würde auch die straflose und erlaubte Tödtung nicht verübt werden. Zahlreich sind die Beispiele der in modernen Kriegen dem bewaffneten Feinde erzeigten Gutmüthigkeit.

In erster Linie kommt es also bei allen schweren Verbrechen, vorzugsweise aber bei dem Morde auf die Natur und die Stärke der Motive an, durch welche die gegenwärtig im Allgemeinen bestehende Achtung vor dem menschlichen Leben zurückgedrängt wird. Alsdann wäre zu erwägen, ob die erfahrungsmäßig am häufigsten im Morde hervortretenden Beweggründe durch die Aussicht auf die möglicherweise bei uns (in Ausnahmefällen) eintretende Todesstrafe gelähmt werden können? Und endlich: ob der specifische Unterschied zwischen Todesstrafe und lebenslänglicher Zuchthausstrafe gegenüber jenen Motiven von entscheidender Bedeutung sein würde? Zur Beantwortung dieses letzteren Punktes verfügen wir über eine werthvolle Analogie: die grausamen Todesstrafen der alten Zeit, als Rädern, Brennen, Viertheilen haben sich für den Schutz des menschlichen Lebens durchaus nicht wirksamer gezeigt, als die einfache Todesstrafe, die nach deren Beseitigung überall angenommen worden ist.

Die Todesstrafe ist bereits oben in zwei Bestandtheile zerlegt worden. Sie setzt sich zusammen aus dem natürlich physischen Vorgange des Sterbens und sodann dem ethischen Moment eines durch den Rechtsakt der Hinrichtung hervorgerufenen Seelenleidens. Nach diesen beiden Richtungen hin sind die Motive des Mörders zu untersuchen.

Zahlreich sind die edlen Triebfedern, welche den Menschen über die Todesfurcht in seinen Handlungen hinausschreiten lassen. Ehrliebe, Pflichtgefühl, Begeisterung, religiöse Ueberzeugung, widerstehen, wo sie eine gewisse Stärke erreicht haben, der Todesgefahr.

in welcher Gestalt sie immer sich zeigen möge. Wo die Pflicht der Hingebung und Aufopferung besteht, erscheint die Scheu vor dem Tode als Feigheit und verachtungswürdige Schwäche. Der Staat erhebt selbst die sittliche Forderung, überall, wo die höchsten Güter des menschlichen Lebens vertheidigt werden sollen, dem Tod als einem verdienstvollen Schicksal entgegenzugehen. In gleicher Weise lehrt die Kirche die Verdienstlichkeit des Leidens für den Glauben. Kein vernünftiges Gesetz kann daher schlechthin sagen: „Ihr sollt den Tod fürchten"! Es würde damit die Macht des Ehrgefühls und der Berufspflicht selbst verleugnen. Der Staat hat es auch nicht in seiner Hand, seinerseits unbedingt und ausschließlich die Reihe derjenigen Güter zu bezeichnen, für welche das Leben eingesetzt werden soll. Er kann in seiner Gesetzgebung collidiren mit Irrthümern und Verkehrtheiten, die sich ihm gleichsam grundsätzlich entgegenstellen.

Die Geschichte der religiösen Verfolgungen lehrt abwechselnd die Erfolglosigkeit staatlicher Gewaltacte zur Unterdrückung der Gewissensfreiheit und wiederum die Möglichkeit der gewaltsamen Hemmung religiöser Bewegungen. Während der antike Staat die christliche Urkirche durch Martyrium kräftigte, gelang es in entgegengesetzter Richtung der Inquisition und den härtesten Bedrückungen, in Spanien, Italien, Oesterreich, Böhmen die reformatorische Bewegung im XVI. Jahrhundert zu unterdrücken. Die Verschiedenheit des Ausganges in der Geschichte der Religionsverfolgungen ist bedingt durch den verschiedenen Grad der Stärke, welchen religiöse Motive erlangt haben. Es kommt darauf an, ob die instinctive Furcht vor dem Tode durch die Furcht vor einem noch größeren Uebel überwunden werden kann. Gottesfurcht ist oft stärker gewesen, als Menschenfurcht, die Furcht vor Schande und Verachtung überwiegt im Soldaten über die Furcht vor dem

Lebensverlust. Die Abschreckungsfähigkeit wird daher noth=
wendig durch stärkere sittliche Motive für längere oder kürzere
Dauer aufgehoben.

Wie wenig der Staat vermag, seinen Gesetzen, ohne Rück=
sicht auf die den menschlichen Handlungen zu Grunde liegenden
Beweggründe eine abschreckende Kraft beizulegen, lehrt die Ge=
schichte der Duellgesetzgebung seit dem XVII. Jahrhundert. Es
war völlig vergebens, den Zweikampf mit der Todesstrafe zu be=
drohen, Güterconfiscation zu verhängen oder gar noch die Be=
schimpfung der Duellanten durch symbolische Ehrenstrafen an=
zubefehlen. Es hatte keinen Erfolg, wenn das Wappen abliger
Duellanten durch den Henker zerbrochen, oder deren Namen an
den Galgen geheftet wurden. Die absolute Monarchie, welche sich
in Frankreich und Deutschland Alles zutraute, und den Abel als
Stand seiner politischen Privilegien beraubt hatte, war ohnmächtig,
als sie in ihren Duellgesetzen versuchte, die Ehrbegriffe und das Ehr=
gefühl des Abels nach ihren Interessen in bestimmte Schranken
zu bannen. Wer sich zum Zweikampf entschloß, gab um der Ehre
willen sein Leben dem Gegner preis. Es war also ein hoher
Grad von Widersinn und Verkehrtheit in der alten Gesetzgebung,
an die Abschreckungsfähigkeit berer zu appelliren, welche durch
ihre Handlungsweise beweisen wollten, daß sie durch unmittelbare
Todesgefahr vom Zweikampf nicht abgeschreckt werden konnten
und überdies entschlossen waren, staatlichen Dekreten einen eigenen,
überlieferten und selbständigen Ehrbegriff entgegenzusetzen. [24]) Wie
der Staat, so hat auch die Kirche mit der Androhung eines un=
christlichen Begräbnisses erfolglos gegen das Duell angekämpft.

Ueberall, wo gewissen Klassen von Verbrechen der Wahn einer
eingebildeten Pflicht oder einer Berechtigung zu Grunde liegt, wird
die Androhung der Todesstrafe nahezu unwirksam sein. Der Zwei=
kampf gehört zu dieser Gattung von Verbrechen. Außerdem giebt

es aber noch manche andere; beispielsweise die Blutrache auf Corsika und in gewissen anderen, in ihrer Rechtsentwickelung zurückgebliebenen Ländern.[24]) Noch heute wird der Zweikampf, weil er aus dem Uebermaß von Ehrgefühl hervorgeht, obwohl seine Strafbarkeit allgemeiner, als früher begriffen wird, sicherlich niemals aus bloßer Furcht vor der gesetzlichen Strafe unterlassen. Von einer Abschreckung kann hier nicht die Rede sein; die Bedeutung einer gesetzlichen Strafdrohung liegt hier lediglich darin, daß nach und nach, in langsamen Uebergängen aus einem verkehrten Sonderrechtsbewußtsein einzelner Gesellschaftsklassen mit Hülfe der Gesetzgebung ein allgemeines Unrechtsbewußtsein im Volke groß gezogen wird, vor welchem zuletzt alle Vorurtheile verschwinden müssen.[26]) Mit Rücksicht auf die Stärke der Motive ist in erregten Zeiten die Todesstrafe völlig ungeeignet, politische Verbrechen zu verhindern oder einen gewaltsamen Aufruhr zu unterdrücken. In Bürgerkriegen denken die bewaffneten Haufen überall nur an die physische Stärke ihrer Gegner und die natürliche Ueberlegenheit ihres Feindes auf dem Kampfplatz. Je nachdem sie sich stärker oder schwächer glauben, richten sie ihre Taktik ein. Wenn sie aber in jedem Augenblick bereit sein müssen, von der Kugel eines Feindes ereilt zu werden, hat für sie die gleichsam theoretisch im Hintergrund wartende Todesstrafe deswegen keine Macht mehr, weil sie den Sieg hoffen. Das Angebot von Amnestien, durch welche den Nachgiebigen für die Niederlegung der Waffen im Voraus Straflosigkeit für ihr bisheriges Verhalten angekündigt wird, gilt daher zu Zeiten eines ausbrechenden Aufruhrs meistentheils als ein Zeichen der Schwäche und pflegt nur dann die endliche Entscheidung zu beschleunigen, wenn der Gegner, dem Amnestie verheißen wird, bereits ins Wanken gerathen ist und seiner eigenen Befürchtung nach wahrscheinlich unterliegen wird. Leider lehrt aber die Geschichte der politischen Bewegungen, daß in diesem späteren Stadium, in welchem die Verheißung einer Amnestie nützlich sein würde, das Rachegefühl einer siegreich vorgehenden Macht die Ueberhand über die Rathschläge der Mäßigung zu gewinnen pflegt.

Den politischen Bewegungen nahe verwandt sind die socialen Kämpfe einzelner Gesellschaftsklassen gegen einander. Wenn die Begriffe von Recht und Unrecht sich in dem Gegensatz bestimmter wirthschaftlicher Interessen zersplittern, pflegt der Haß derjenigen, die sich gesellschaftlich unterdrückt glauben, gelegentlich in Mordthaten zu explodiren. Derartig war das Verhältniß der irischen Grundbesitzer und ihrer Verpächter gegenüber der ländlichen Bevölkerung Irlands. Die sog. Landbauverbrechen (agrarian crimes) konnten durch die Strenge des Gesetzes und durch die Anwendung der Todesstrafe niemals erfolgreich bekämpft werden. Neben den Motiven der Rache und des Hasses derer, die, hinter der Hecke oder im Graben liegend, nächtlicher Weile dem vermeintlichen Unterdrücker auflauern, griff freilich bei den irischen Landbauverbrechen die außerordentliche Schwierigkeit der Entdeckung, die Verbrecher ermuthigend, ein. Jeder dieser Uebelthäter wußte, daß er in seiner Nachbarschaft Verbündete habe und Zeugen gegen ihn nicht leicht zu beschaffen sein würden. Für die Lehre vom Abschreckungszweck ist die in Irland gesammelte Erfahrung deswegen von besonderem Werthe, weil sich mit Bestimmtheit nachweisen läßt, daß die größere oder geringere Häufigkeit der Landbauverbrechen nicht von der Anwendung der Todesstrafe oder der Anzahl der Verurtheilungen, sondern vielmehr von dem gelegentlichen Hervortreten besonderer landwirthschaftlicher Mißstände und socialer Agitationen beeinflußt ward. [27])

Achtes Kapitel.

Was vom Zweikampf, der Blutrache und den iriſchen Landbauverbrechen, ſowie von den im Bürgerkriege gegen einander kämpfenden Parteien geſagt wurde, gilt von allen politiſchen Verbrechen ſchlechthin. Die alten abſoluten Monarchien hatten ſich hinter dem Wahn verſchanzt, daß ſie durch die härteſten Strafgeſetze ſich gegen Umſturzbewegungen ſichern könnten. Die Geſchichte hat aber auf das Deutlichſte gelehrt, daß ſie zu der Zeit, als nur wenige Menſchen an freie Staatsverfaſſungen dachten, auch bei milderen Strafgeſetzen unangefochten beſtanden haben würden, in einer ſpäteren Epoche indeſſen daran ſcheitern, daß einzelne Gegner durch das Bewußtſein eines mächtigen Rückhaltes in der Volksmaſſe trotz aller Abſchreckung dennoch zum

Angriffe gegen vermeintlich oder wirklich unhaltbar gewordene Staatseinrichtungen angetrieben werden. Gegenüber der großen Mehrzahl der politischen Verbrecher ist daher die durch die Todesstrafe zu erreichende Wirkung eine außerordentlich geringe. Angedroht, wird sie nicht gefürchtet, weil sich leidenschaftlich erregte Gemüther und verblendete Köpfe darüber hinwegsetzen und diesen die Androhung selbst nur als ein Act der Tyrannei, nicht aber als ein Postulat des Rechts erscheint und deswegen nach ihrer Ansicht um so größeren Haß verdient. Vollstreckt, wird sie nicht zur Befestigung der öffentlichen Ordnung, sondern im Gegentheil zur moralischen Schwächung derjenigen beitragen, denen man die Beweggründe des Rachegefühls unterschiebt. Die Todesstrafe gegen einen bereits unterlegenen politischen Gegner anwenden, heißt niemals das Rechtsgefühl stärken und die Furcht vor Gesetzesverletzungen mehren, sondern die Erwägung hervorrufen, daß es in vielen Fällen nur der Zufall ist, welcher über den Ausgang politischer Kämpfe entscheidet und damit den Maßstab der Verdienstlichkeit oder Verwerflichkeit eines und desselben Thuns bestimmt.

Es war daher ein vollkommen berechtigter Standpunkt, auf die Abschaffung der Todesstrafe zunächst für politische Verbrechen zu bringen, weil gerade hier die Gefahr ihres Mißbrauchs zu allen Zeiten die größte und auch ihr Nutzen für den Staat der geringste gewesen ist. Die Oesterreichischen Staatsmänner haben es sicherlich oft bereut, 1849 den Eingebungen des Rachegefühls gegen die Ungarischen Heerführer gefolgt zu sein.

Im Vergleich zum ehemaligen Preußischen Strafgesetzbuch zeigt das Strafgesetzbuch für das Deutsche Reich einen unleugbar großen Fortschritt in der gesetzgeberischen Behandlung des Hoch- und Landesverraths. Die Beweggründe, welche in diesen schwersten Staatsverbrechen sich äußern, sind in billiger und menschlich gerechter Weise gewürdigt. Nicht nur die ehemals in Preußen reichlich angedrohte Todesstrafe ist beseitigt. An Stelle der ehemaligen Zuchthausstrafe kann beim Vorhandensein mildernder Umstände auf Festungshaft erkannt werden. In der Mehrzahl der Staaten, welche die Todesstrafe bisher beibehielten, gilt Hochverrath als ein todeswürdiges Verbrechen, sogar in England und Nordamerika. Freilich ist daran zu erinnern, daß mit der gesetzlichen Abschaffung der Todesstrafe allein nicht alles gethan ist. Es wird sich immer fragen, ob die einander bekämpfenden politischen Parteien auch menschlich genug gesonnen sind, in entscheidenden Augenblicken, an dem Grundsatz der Schonung festzuhalten. In Frankreich hat die Abschaffung der Todesstrafe für politische Verbrechen, welche der provisorischen Regierung im Jahre 1848 zur Ehre gereicht, in Wirklichkeit nichts dazu beigetragen, die Gräuel des Bürgerkrieges zu mildern oder dem unterliegenden Theil eine bessere Behandlung zu sichern. Der Juniaufstand im Jahre 1848, der Staatsstreich im Jahre 1851 und die Erhebung der Pariser Commune 1871 lassen erkennen, wie wenig die Absichten Guizot's und Lamartine's oder seiner republikanischen Collegen vom Jahre 1848 mit den Sitten des französischen Volkes übereinstimmen. Unter dem wechselnden Titel der Sicherheitsdekrete, des Belagerungszustandes, der Standgerichte, der außerordentlichen Specialgerichte, der Transportationen in ein mörderisches Klima, der Füsilirungen ist ein schlimmerer Erfolg herbeigeführt worden, als eine gerichtliche Verurtheilung zum Tode nach den Bestimmungen des älteren Französischen Rechts unter Innehaltung der regelmäßigen Proceßvorschriften gehabt haben würde. So entstand denn in Frankreich ein Zustand, welchen man am Besten so beschreiben kann: Das Gesetz hat seit 1848 die Todesstrafe für politische Verbrechen abgeschafft, aber die im Bürgerkriege siegreichen Parteien erklären die

Gegner hinterher außer dem Gesetze, um sie besto sicherer, bequemer und einfacher abthun zu können.[28]

In allen Bürgerkriegen besteht somit die traurige Alternative: Wird während des Kampfes selbst die Todesstrafe, unter dem Titel des Hochverraths, auf gefangene Gegner angewendet, so erfolgt eine Erwiderung solcher Tödtungen unter dem Titel der Repressalie. Spart man den gefangenen Aufrührer bis zu dem Augenblicke auf, wo auch seine Genossen unschädlich gemacht sein werden, so entsteht jene Erbitterung, welche die Rache an einem Wehrlosen hinterläßt, auch wenn sie unter dem Titel des Gesetzes geübt wird. Wiederholen sich derartige Vorgänge in gewissen Zwischenräumen, so würde die Achtung vor dem menschlichen Leben soweit vermindert, daß sich die Gränzen zwischen Mord und legitimer Tödtung im Kriege völlig verwischen, was in moralischer Hinsicht eins der bedenklichsten Zeichen ist. Dieselben Merkmale der Verwirrung sittlicher Grundbegriffe, welche zu Zeiten der römischen Proscriptionen hervortraten und in Rom die äußerste Unsicherheit für das menschliche Leben im Gefolge hatten, sind auch aus Anlaß der Pariser Commune im Jahre 1871 zum Vorschein gekommen, und wiederholen sich in der neuesten Geschichte Spaniens in kurzen Zwischenräumen. Was nach dem Sinne des Strafgesetzes Mord war, erscheint in den Augen der Pariser Aufrührer als nothwendige und erlaubte Repressalie gegen die Widersacher und wird hinterher noch als „Energie" verherrlicht unter dem Vorbehalt, für spätere Zeiten einen noch ausgiebigeren Gebrauch von solchen Mordscenen zu machen. Für den Psychologen kann es nicht zweifelhaft sein, daß die eigenthümlichen Auffassungen der Franzosen vom Kriegsrecht, denen zu Folge es patriotisch ist, als einfacher Bürger mit dem Privilegium der Unverantwortlichkeit und Straflosigkeit auf feindliche Soldaten aus dem

Hinterhalt zu feuern, auf dem Boden der inneren französischen Bürgerkriege aufgewachsen und großgezogen sind.

Angesichts der auch in Deutschland hervortretenden Anzeichen zukünftiger, uns vorbehaltener schwerer Kämpfe gegen sociale Verirrungen oder kirchlichen Fanatismus ist es durchaus an der Zeit, davor zu warnen, daß man den äußeren Machtmitteln der Strafgesetzgebung nicht zu stark vertraue und vor allen Dingen darauf Bedacht nehme, nicht allein gegen die Aeußerungen staatsgefährlicher Gesinnungen das Gesetz anzuwenden, sondern auch durch geistige Ueberlegenheit und Verstärkung unserer Culturmittel gegen die Quellen selbst zu wirken, aus denen gefährliche Irrthümer und hinterdrein Gesetzesverletzungen entspringen.

Mit Rücksicht auf die eigenthümliche Natur der politischen Verbrechen, bleibt der §. 80 des Deutschen Reichsstrafgesetzbuchs zu bedauern.

Derselbe lautet:

> „Der Mord und der Versuch des Mordes, welche an dem Kaiser, an dem eigenen Landesherrn oder während des Aufenthaltes in einem Bundesstaate an dem Landesherrn dieses Staates verübt worden sind, werden als Hochverrath mit dem Tode bestraft."

Es wird jedermann zugeben, daß Mord und Mordversuch gegen das Staatsoberhaupt eine schwerere Schuld einschließen, als Mord und Mordversuch gegen eine Privatperson. Diejenigen, welche in diesem Falle die Todesstrafe bekämpfen, haben eine schwierige Stellung, weil es scheinen könnte, als ob die eigenthümliche Würdenstellung und die staatsrechtliche Auszeichnung des Staatsoberhauptes nicht hinreichend von ihnen beachtet werden.

Wie sich die Bestrafung eines gegen das Staatsoberhaupt verübten Mordversuchs aus dem Gesichtspunkte der Gerechtigkeit zu der Bestrafung des vollendeten Mordes einfacher Staatsbürger verhält, kann hier dahin gestellt bleiben, obwohl mancher die Gerechtigkeit der Gleichstellung von Mordversuch und Mord zum Zwecke gleichmäßiger Anwendung der Todesstrafe bezweifeln möchte. Nach den bei der Berathung des Reichsstrafgesetzbuchs gegebenen Erläuterungen des gegenwärtigen Reichskanzlers kam es darauf an, das Leben der Bundesfürsten mit einem sichernden Schutze zu umgeben und deswegen einen höheren Grad der Abschreckung zu üben. Man glaubte, wie die damaligen Verhandlungen ergeben, daß der Fanatiker, der allenfalls sein Leben daran wagt, einen politischen Mord zu begehen, wenn dessen Gelingen gehofft wird, bei dem Gedanken zurückschrecken würde, auch das mißlungene Attentat mit seinem Leben bezahlen zu sollen.

Hierbei ist aber die eigenthümliche Natur der politischen Verbrechen gänzlich außer Augen gelassen worden. Der politische Mörder will überhaupt nichts versuchen. Ihm vornehmlich sind die Schwierigkeiten der Ausführung ganz besonders klar. Er wagt die Ausführung nur dann, wenn er seinerseits vom Gelingen seiner That so stark überzeugt ist, daß er die ihm denkbaren Möglichkeiten des Mißlingens völlig beseitigt zu haben glaubt. Der Gedanke des Versuchs ist für ihn einfach nicht vorhanden.

Uebrigens ist, objectiv betrachtet, die Gefahr eines politischen Mordes für die deutschen Bundesfürsten im Allgemeinen eine außerordentlich geringe, so daß es einer besonderen gesteigerten Abschreckung nicht bedarf. Das Leben eines Monarchen ist gegen Mordversuche mehr gesichert, als dasjenige jedes anderen Menschen.

Zunächst nämlich würden persönliche Gegner des Monarchen, so lange sie überhaupt noch die Kraft der Ueberlegung haben, durch das erfahrungsgemäß fast immer eintretende Mißlingen des Unternehmens am wirksamsten gewarnt. Der Dolchstoß, welcher das Leben Cäsars endete, wird durch die ehrerbietige Entfernung der neueren Etiquette abgehalten, und der Kugel kann in den Augenblicken flüchtiger Begegnung keine sicher treffende Bahn angewiesen werden. Gift scheidet aus der Betrachtungsweise politischer Mörder aus, wenn diese nicht etwa zum täglichen Umgang des Monarchen gehören oder es einem Verräther gelänge, sich in die Stellung des Hofmundkochs einzuschleichen. Eine ernsthafte Gefahr könnte dem Fürsten nur aus den Personen seiner Umgebung drohen, was in Rußland ehemals der Fall war und bei orientalischen Palastintriguen vorkommen mag, bei uns jedoch außerhalb jeder Berechnung bleibt.

Der ehemalige Präsident am französischen Cassationshofe M. Bérenger sagt:

> „Für die öffentliche Moral ist es tröstlich und für diejenigen, welche zu Verbrechen geneigt sind, lehrreich, daß Verschwörungen sehr selten gelingen. Entweder wird das Geheimniß schlecht bewahrt, oder falsche Brüder mischen sich (wie Grisel bei der Verschwörung des Baboeuf) in das Complot, um für eine Belohnung den Verräther zu spielen; oder der Plan, mag er noch so geschickt entworfen sein, scheitert in der Ausführung an zufälligen Umständen. Der Muth verläßt im entscheidenden Augenblicke einen der Verschworenen; bei einigen erwacht das Gewissen, bei anderen die Furcht, ihre Familie ins Verderben zu stürzen."

Außerdem kommt in Betracht, daß die erbliche Monarchie außerordentlich wenig geeignet ist, den politischen Mord zu provoziren. Die Geschichte lehrt, daß in Republiken Angriffe viel häufiger gegen das Leben der Machthaber gerichtet wurden, zumal die Lehre von der Verdienstlichkeit des Tyrannenmordes ihrerseits

dazu dienen sollte, vor Usurpation zurückzuschrecken und auch in
Wirklichkeit bewirkt hat, daß jeder Thrann in den antiken Republiken auf ein hohes Maß persönlicher Gefahr gefaßt sein mußte.
In neuerer Zeit sind es die Wahlfürsten, die Gründer neuer
Dynastien und hervorragende, ein bestimmtes politisches System
stützende Staatsmänner gewesen, welche vorzugsweise für politische
Mörder ein begehrenswerthes Ziel gewesen sind. Denn das Ver-
lockende liegt hier in dem Wahn, den Ereignissen durch Vernichtung einer allein entscheidenden Person eine andere Wendung geben
zu können. Aus dieser Rücksicht erklären sich die häufigen Attentate
gegen Napoleon I. und III., gegen die Bourbons und Louis
Philippe in Frankreich, sowie auf nicht gekrönte Staatsmänner, wie
Rossi, Lincoln, Prim und Bismarck.[29])

Wie die Erblichkeit, ebenso trägt die repräsentative Beschränkung der constitutionellen Fürsten dazu bei, ihr Leben gegen Angriffe gleichsam zu versichern. Die politischen Akte, welche
das größte Mißvergnügen und die weiteste Unzufriedenheit verbreiten, erscheinen gegenwärtig viel seltener
als persönliche Handlungen des Monarchen. Sie sind
den davon Betroffenen gegenüber Ausfluß eines unpersönlichen
Regierungssystems. Die Ministerverantwortlichkeit beschränkt nicht
nur den Monarchen, sie sichert ihn auch gegen den Ausbruch
persönlichen Zornes und rachedurstiger Leidenschaft. Je weniger
ein Monarch seinen eigenen Willen in ostensibler Weise kundgiebt,
je seltener er reine Personalfragen des ihm untergebenen Beamten-
thums eigenmächtig entscheidet, desto seltener können Motive entstehen, ihn unmittelbar anzugreifen. Aus diesem Grunde sind in
neuerer Zeit absolute Monarchen wie Friedrich Wilhelm IV. und
Kaiser Alexander II. häufiger angegriffen worden, als constitutionelle
Fürsten.

Wer heute durch eine politische Mordthat in den Gang der

Zeitgeschichte eingreifen will, wird weit eher an einen leitenden Minister oder einen bedeutenden Parteiführer, als an einen Fürsten denken, dessen Tod zwar einen Thronwechsel, aber nicht nothwendig eine Aenderung des Regierungssystems veranlassen würde. Schließlich ist auch nicht zu vergessen, daß in den modernen Culturstaaten das allgemeine Rechtsbewußtsein selbst den Mord des Tyrannen nachdrücklich verwirft. Aus allen diesen Gründen ist zu schließen, daß das Leben der deutschen Erbfürsten so ausreichend gesichert ist, daß von der Androhung der Todesstrafe ein irgendwie bedeutender Erfolg schwerlich irgendwie erwartet werden kann. Lebenslängliche Zuchthausstrafe wäre ausreichend, um die Schwere des Verbrechens grundsätzlich zum Ausdruck zu bringen.

In gewissen Hinsichten kann die Androhung der Todesstrafe auf den Mordversuch eine strafrechtliche Prärogative der kleinsten Fürsten genannt werden; denn daß für den Gang der nationalen Politik die Person des deutschen Reichskanzlers wichtiger ist, als das Leben eines kleinen Erbfürsten, wird schwerlich bestritten werden können. Zur Sicherung des Lebens deutscher Monarchen trägt endlich, abgesehen von der constitutionellen Regierungsweise, auch die föderative Einrichtung des Deutschen Reichs ein Erhebliches bei. Die bedeutendsten staatsrechtlichen Akte, welche geeignet sind, Unzufriedenheit in weitesten Kreisen hervorzurufen, beruhen entweder auf einem Zusammenwirken des Reichstags mit den Regierungen, oder auf der Entscheidung eines Collegiums, des Bundesraths, oder auf dem sichtbarer hervortretenden Einflusse persönlich eingreifender Staatsmänner. In einer auf erblicher Monarchie begründeten, parlamentarisch regierten Conföderation wird deswegen die rein politische Gefahr für das Leben der Fürsten auf das denkbar geringste Maß herabsinken, und in Deutschland ist man in der Lage, auch hier die mildesten Strafgesetze haben zu dürfen.

Man vergesse nur nicht, daß in früheren Jahrhunderten Kirche und Geistlichkeit gegen ihre Feinde politische Mörder gebungen oder mit der Verheißung ewiger Seligkeit zu ihren Unternehmungen angestachelt haben, heut zu Tage aber directe Einwirkungen, wie diejenigen, die zur Ermordung Heinrichs III., Wilhelms von Oranien und Heinrichs IV. geführt haben, deswegen nicht leicht wiederkehren werden, weil die Lehren der Geschichte deutlich zeigten, daß selbst die gelungene Ermordung eines Königs der Sache, die man damit zu fördern gedachte, den größten Nachtheil zuzufügen pflegte. Es fehlt freilich auch gegenwärtig noch nicht jene moralische Anstiftung, die unter dem Titel der kirchlichen Verdienstlichkeit oder des politischen Vortheils in früheren Jahrhunderten bestand, und gegen die Thaten des Fanatismus schützt uns kein Fortschritt unserer politischen und historischen Einsicht. Aber es ist ein bedeutender Gewinn, daß der politische Mord aufgehört hat, eine Sache der berechneten Zweckmäßigkeit zu sein; und nur gegen diese würde die Androhung der Strafe möglicherweise wirken können. Gegen den Fanatismus giebt es keine Abschreckung.

Untersucht man die psychologische Seite des politischen Mordes, so ergiebt sich für die Gegenwart, daß zunächst das theoretische Fundament desselben durch die Entwickelung der Staatswissenschaften, der christlichen Ethik und der öffentlichen Meinung erschüttert worden ist. Die Mehrzahl aller Denkenden im XIX. Jahrhundert ist davon überzeugt, daß die Hinrichtung König Ludwig's XVI. und Karl's I. der Sache ihrer Gegner mehr geschadet als genützt hat. Kein Jesuit würde heut zu Tage öffentlich die Verdienstlichkeit des Ketzermordes lehren. Verschwörungen gegen das Leben der Machthaber, wie sie zumal in der mittelitaliänischen Geschichte häufig vorkommen, sind deswegen seltener geworden, weil bei Verschwörern im Laufe der Unterredung und Berathschlagung der

Zweifel an dem Enderfolg eines hochverrätherischen Unternehmens fast immer zu Worte kommen wird. Die Verschwörung Orsini's gegen Napoleon III. steht in der neuesten Zeitgeschichte als ein ungewöhnlich seltener Ausnahmefall da.

Sicherlich läßt sich nicht bestreiten, daß durch das Verschwinden größerer Verschwörungen die Gefahr für die Machthaber verringert worden ist. Denn, wenn jede Verschwörung auch die Besorgniß des Verrathes von Seiten Mitschuldiger in sich trug, so bewirkte sie durch allseitige gründliche Erörterung des Mordanschlags doch eine objectiv größere Wahrscheinlichkeit des Gelingens, weil alle Einzelheiten der Ausführung wohl erwogen worden waren.

Wenn die politischen Attentate der Neuzeit vorzugsweise der Einzelschuld zugerechnet werden müssen, mildert sich die ihnen innewohnende Gefahr. Die verbrecherische Intelligenz des Einzelnen ist niemals so scharfblickend, wie die Combinationsgabe einer Gesellschaft, deren einzelne Mitglieder gleichmäßig sich der größten Gefahr aussetzen und sich wechselseitig mißtrauen.

Mit Rücksicht auf die Motive, welche bei politischen Mordthaten obwalten, muß man unterscheiden: Erstens, persönliche Rache, welche an hohen Personen eine wirkliche oder vermeintliche Beleidigung rächen will, in welchem Falle subjectiv ein gemeines Verbrechen vorliegt; zweitens, Pflichtwahn: welcher von der Verdienstlichkeit des eigenen Thuns in religiöser, ethischer oder politischer Hinsicht fest durchdrungen ist und sich dadurch bemerklich macht, daß der Thäter, ohne jeden Fluchtversuch, mit voller Ueberlegung sich selbst dem Untergange weiht. Mörder dieser Kategorie stellen sich selbst in ihrem Gewissen unter ein höheres Gesetz, während sie sich gegenüber der Strafe gar nicht vertheidigen. Unter allen Verbrechern sind dies die im Grunde der Seele, trotz ihrer im einzelnen Fall schweren Schuld, edlen

Naturen, wie Charlotte Corday[30]), Sand und wahrscheinlich auch Blind, der 1866 seinen Mordanschlag gegen einen damals in Süddeutschland allgemein als tyrannisch und vaterlandsgefähr- lich gehaßten Mann richtete; drittens, Rechtswahn beruhend auf der Meinung, daß politisch gefährliche Gegner um der Idee willen getödtet werden dürfen: eine Ansicht, die bei unklaren Köpfen in den untersten Volksklassen vorkommt und der Ver- worrenheit kirchlicher, politischer oder socialistischer Agitation zu- zurechnen ist. Das Wesentliche bleibt immer, daß die Objecte dieser Verkehrtheiten nicht mehr in dem Leben der Erbfürsten zu suchen sind, so daß für die Todesstrafe im §. 80 des Deutschen Reichsstrafgesetzbuchs kein hinreichender Grund vorhanden ist.

Neuntes Kapitel.

Die Abschreckung VIII gegenüber den Beweggründen gemeiner Mörder. — Mordthaten aus Ehrgefühl. — Die am häufigsten überall vorkommenden Motive des Mordes sind öconomischer oder sexueller Art. — Mord aus Gewinnsucht mit einem größeren Maß von Ueberlegung gepaart. — Sociale Stellung der Mörder vor Verübung der That. — Einfluß verbrecherischer Gewöhnung auf den Mörder. — Analogie militärischer Gewöhnung und Disciplin. — Mord zur Verhinderung drohender Entdeckung bei Eigenthumsverbrechen. — Combination sexueller und öconomischer Motive bei gewissen Mordthaten. — Mord aus Rache. — Mord aus Verzweiflung. — Ueber die verschiedene Art der Befriedigung, welche dem Mörder seine That gewährt.

Der Abschreckungszweck, welcher in der Androhung der Todesstrafe auf den politischen Mordversuch in verstärktem Maße hervortritt, beruht auf grundsätzlicher Verkennung der Stärke der im Verbrechen wirkenden Motive. Denn die nicht abzuweisende Schlußfolgerung der Abschreckungstendenz wird immer in dem Satze gipfeln: Je stärker die Anreize zur verbrecherischen That, desto strenger die deswegen zu drohende Strafe. Leidenschaftlich erregte Menschen müßten härter gestraft werden, weil sie schwerer einzuschüchtern sind.

Wenn der Gesetzgeber nicht leugnen kann, daß politische Verbrechen vorwiegend aus heftigen Leidenschaften hervorgeheu und daß diese durch Androhung von Strafe schwieriger im Zaume zu

halten sind, wenn er trotzdem den politischen Mordversuch mit dem
Tode bedroht und hinwiederum bei anderen Tödtungen die Stärke
leidenschaftlicher Erregung eine Milderung der Strafe herbeiführen läßt, so tritt er offenbar mit sich selbst in Widerspruch.

Auf der einen Seite mildere Bestrafung der aus dem Motive
des Ehrgefühls hervorgegangenen Tödtungen unehelicher neu-
geborener Kinder, auf der anderen Seite härtere Bestrafung der
aus politischem Fanatismus entspringenden Attentate! In derjenigen Gruppe von Tödtungen, welche das deutsche Strafrecht
als vorsätzlich, aber ohne Ueberlegung ausgeführte, als Todtschlag bezeichnet, ist gleichfalls vom Gesetzgeber die besondere Beschaffenheit des Willens gewürdigt worden, indem den Todtschläger
die Todesstrafe nicht treffen soll.

Das deutsche Strafrecht entspricht somit in der Hauptsache
einer vollkommen richtigen Wahrnehmung: Je stärker die Triebfedern und natürlichen Anreize zum Verbrechen, desto unwirk-
samer ist der Abschreckungsversuch.

Wenn man sich nun die Missethat des Mordes, d. h. einer
vorsätzlichen und mit Ueberlegung ausgeführten Tödtung, in
dem negativen Bilde mangelnder Leidenschaften vorstellen wollte,
würde man zu der Annahme berechtigt sein, daß die Androhung
der Todesstrafe dem aufkeimenden Mordgedanken eines Verbrechens
wirksamer entgegengesetzt werden könne, als der leidenschaftlichen
Aufwallung des Todtschlägers.

Der Gesetzgeber ist indessen gezwungen, auch hier Ausnahmen zuzulassen. Die Tödtung im Zweikampf wird nach vorangegangener sorgfältiger Vereinbarung der Mittel, sehr häufig
mit Ueberlegung an demjenigen Gegner ausgeführt, welcher
nach den Duellregeln ruhig ohne Gegenwehr auf seinem Platze
auszuharren hat, während auf ihn gezielt und geschossen wird.
In soweit als jemand nicht sowohl im, als vielmehr während

eines Zweikampfes, mit völliger Ueberlegung und ohne leiden=
schaftliche Aufwallung von seinem Gegner einfach über den Haufen
geschossen wird, müßte an sich, wie auch in England und Frank=
reich geschieht, Mord angenommen werden. Weil aber in Deutsch=
land der Gesetzgeber sich von der Unhaltbarkeit seiner eigenen Ab=
schreckungsversuche überzeugen mußte, hielt er es für angemessener,
eine eigenartige Behandlung der im Duell verübten Tödtungen
eintreten zu lassen und die Tödtung sogar als ein durchaus
nebensächliches, lediglich strafschärfendes Moment im Zweikampf
zu behandeln. Das Reichsstrafgesetz bedroht daher im §. 206 die
Tödtung im Duell mit Festungshaft nicht unter zwei Jahren,
und mit einem Minimum von drei Jahren, wenn der Zweikampf
ein solcher war, welcher den Tod eines Combattanten herbei=
führen sollte.

Völlig irrig wäre es, zu meinen, daß Duellanten die einzige
Kategorie von Verbrechern wären, welche mit Ueberlegung, aber
aus einem vorhandenen Rechtswahn tödten. Der einzige aller=
dings hier hervortretende Unterschied ist, daß dabei der Rechts=
wahn vornehmer Leute in Betracht kommt und einer historischen
Ueberlieferung der Selbsthülfe entstammt. Dem Fanatismus
des Ehrgefühls ist aber eine ganze Reihe anderer Erscheinungen
analog. Es giebt nicht wenige Mordthaten, in denen der Handelnde
sich gläubig ein Recht einbildet und sich ausnahmsweise zu seiner
Handlung befugt hält. An die Empfindungsweise des Duellanten
gränzt das tief gekränkte Ehrgefühl eines unter dem Versprechen
der Ehe verführten Mädchens, welches ihren treulosen Geliebten,
nachdem sie alles versucht hat, ihn festzuhalten, schließlich nach
vorangegangener Drohung tödtet.[31]) Ingleichen gehören hierher
die von den Dramatikern oft benutzten Fälle der Tödtung zur
Rettung der Tochter vor der ihr drohenden geschlechtlichen Schande.
Und ebenso sind es die Kindesmörderinnen, die häufiger, als man

glaubt, mit Ueberlegung handeln, obwohl sie durch den Beweggrund zu spät erwachender Scham und lebhafte Regungen des Ehrgefühls getrieben werden, und welche zuweilen auch in dem Wahne
stehen, es sei kein Unrecht, ein Kind, ehe es völlig geboren ist, abzu-
tödten.[32]) In allen diesen Verbrechensfällen fehlt, durch die Stärke
der Gegenmotive aufgehoben, der Abschreckung zu ihrer Wirkung
jenes sittliche Moment der Furcht, welches durch die Androhung
eines physischen Uebels nicht ersetzt werden kann. Wo ein Duellant
oder eine Kindesmörderin glaubt, innerhalb ihrer gesellschaftlichen
Umgebung bei Unterlassung des Verbrechens mit Bestimmtheit entehrt zu werden, kann die Rücksicht auf den im Augenblick der That noch ungewissen Nachtheil der Strafe nicht abschreckend wirken.

Nach der Analogie solcher dem Ehrgefühl entspringenden
Missethaten wären nun die übrigen Mordfälle darauf zu untersuchen, ob die Motive der Urheber so beschaffen sind, um der
Verwirklichung des Abschreckungszweckes erfolgreich Widerstand
leisten zu können. Freilich wäre es unmöglich, sämmtliche
Mordfälle nach stehenden psychologischen Merkmalen in genau be-
bestimmte Abtheilungen einzureihen. Je künstlicher der Bau der
modernen Gesellschaft, desto zahlreicher werden von Jahr zu Jahr
diejenigen Fälle, welche als merkwürdige bezeichnet werden
können. Ohnehin ist daran zu erinnern, daß auch das Naturell
der Nationen bei den Beweggründen des Mordes von Einfluß
ist, so daß bei einigen Völkern Erscheinungen vorkommen, die bei
anderen hinwiederum fehlen oder doch zu den seltensten Ausnahmen
gehören.[33])

Trotz aller Mannigfaltigkeit hat es aber zu allen Zeiten gewisse Beweggründe gegeben, die in der Aburtheilung der Kapitalsachen regelmäßig wiederkehren, und die französische Criminalstatistik
hat mit großem Geschick den Versuch gemacht, die Motive, die

zum Morde führen, nach der relativen Häufigkeit ihrer Wiederkehr zu zählen.[84])

Die beiden Grundverhältnisse, welche die Bewegungen der menschlichen Gesellschaft und die Gedankenwelt der Einzelnen am meisten bestimmen, sind Besitz auf der einen Seite und geschlechtliche Beziehungen auf der anderen, oder in der dichterischen Sprache Schiller's: Hunger und Liebe. Weitaus die meisten Mordthaten, welche als gemeine im Unterschied von den politischen bezeichnet werden, sind daher in einer theils längeren, theils kürzeren Verkettung von Ursachen auf öconomische oder sexuelle Triebfedern zurückzuführen.

Der zuletzt genannten Gruppe der sexuellen Triefedern ist eigenthümlich, daß sie aus einem dunklen Hintergrunde schwer erkennbarer Reizungen und tief liegender Leidenschaften im Augenblicke der That gleichsam überraschend hervortreten. Die am häufigsten vorkommenden Fälle sind unter diesen Motiven: verschmähte Liebe, Eifersucht, Wollust, deren psychologische Verwandtschaft zur Grausamkeit so oft bemerkt worden ist, Haß gegen einen untreuen Liebhaber, das Verlangen, den einer anderweitigen Geschlechtsverbindung entgegenstehenden Ehegatten zu beseitigen, der Wunsch, mit der Geliebten, die man nicht heirathen kann, gemeinschaftlich zu sterben, wirkliche oder vermeintliche Untreue des getödteten Ehegatten, geschlechtlicher Ueberdruß in Beziehung auf den Getödteten.

Bei einer nicht geringen Anzahl der zu dieser Klasse gehörigen Mordthaten, zumal bei den aus Eifersucht oder verschmähter Liebe hervorgegangenen, besteht das processualische Merkmal, daß die Thäter nichts thun, um ihre sofortige Entdeckung zu verhindern. Durchschnittlich betrachtet kann bei solchen Personen das Verbrechen, auf das ihre Natur bald gewaltsamer, bald allmähliger hingedrängt wird, durch keinerlei Strafe oder Abmahnung gehindert

werden. Sie würden auf die Warnung eines sie persönlich an=
redenden Gesetzgebers ebenso wenig hören, wie auf die Stimme
ihres besten Freundes. Wer am jäh abfallenden Rande eines
solchen Vorhabens von seiner That wirklich noch abgehalten wird,
verdankt seine Rettung vom unmittelbar bevorstehenden Sturze
meistentheils einer plötzlich eintretenden Wendung in den thatsäch=
lichen Verhältnissen, die seinem Entschlusse zu Grunde lagen oder
der Unerreichbarkeit des ausersehenen Opfers, welches, vielleicht recht=
zeitig gewarnt, sich so lange zu verbergen weiß, bis eine innere
Umstimmung in dem zum Verbrechen neigenden Gemüth einge=
treten ist.[36])

Als sociales Phänomen der aus sexuellen Motiven hervor=
gegangenen oder doch mitbestimmten Mordthaten ist hervorzuheben,
daß die Thäter sehr häufig völlig unbescholtene Leute sind, in keiner
Weise vorher mit der Rechtsordnung in Streit gewesen waren und
aus wohlgeordneten bürgerlichen Verhältnissen hervorgehend, ohne
jede Veranlassung plötzlich unter der Anklage eines todeswürdigen
Verbrechens auf der Anklagebank erscheinen. Von ihnen hört man
häufig die vollkommen glaubwürdige Entschuldigung, daß sie sich
selbst hinterher keine Rechenschaft darüber zu geben vermögen, wie
sie zur Begehung der That gekommen sind. Ein solcher Einwand
mag oftmals durch das Bedürfniß der Vertheidigung eingegeben
worden sein. Nicht selten erscheint er aber aus innerem Grunde
wahrscheinlich. Die eigene That ist ihrem Urheber hinterher un=
erklärlich und traumhaft geworden.

Was die zweite Hauptgruppe der aus öconomischen Beweg=
gründen entspringenden Mordthaten anbelangt, so ist bei den
mitteleuropäischen Völkern auf ihrer gegenwärtigen Entwickelungs=
stufe Raubmord die weitaus häufigste unter den vorsätzlichen
Tödtungen, während der gleichfalls auf Seiten des Angestifteten
aus Gewinnsucht verübte Banditenmord, und das Vorkommen

um Lohn gedungener Mörder zu den Eigenthümlichkeiten anderer Länder gehört. Raubmord im engeren Sinne würde nur solche Fälle bezeichnen, in denen der Getödtete unmittelbar bei oder nach der That seiner Habseligkeiten beraubt wird; der Ausdruck mag indessen der Kürze wegen für sämmtliche Mordthaten angewendet werden, die aus Habsucht oder zur Befriedigung der Geldgier verübt worden sind.[36])

Die mannigfachsten Schattirungen sind hier möglich: Ermordung im stehenden Zusammenhange mit dem planmäßig in einzelnen Gegenden Italiens, Griechenlands und Ungarns betriebenen Räubergewerbe; Mord bei einer bedingungsweise vom Thäter vorausgesetzten Verhinderung eines schweren Diebstahls gegenüber solchen, welche den Diebstahl erschweren oder vereiteln könnten; Mord an einem Verwandten, den der Thäter zu beerben gedenkt und andere ähnliche Vorkommnisse; Mord gegen einen drängenden Gläubiger. Im Vergleich zu den sexuell gefärbten Motiven gehören die den Vermögensinteressen entspringenden Beweggründe in viel stärkerem Maße der verständigen Ueberlegung an. Sie sind eher zu zügeln und zu lenken, als jene. An und für sich hat, bei der Erwägung aller Gründe für und wider die Ausführung des beabsichtigten Verbrechens, die Rücksicht auf die Strafbarkeit ein bedeutendes Gewicht. Denn der Thäter will nicht nur unrechtmäßig erwerben und besitzen, sondern auch fernerhin das Erworbene genießen und behalten. Der Raubmörder ist daher auch unzweifelhaft mehr als derjenige, der aus Eifersucht tödtet, der Abschreckung zugänglich. Es ist wahrscheinlich, daß er den letzten Ausgang seines Thuns längere Zeit überlegt. Wenn er dennoch sein eigenes Leben einsetzt, so kann dies nicht sowohl aus der Stärke seiner Begierden, als wegen jener bereits früher besprochenen Gründe verminderter Abschreckung erklärt werden. Seine Hoffnung auf Nichtentdeckung und Nichtbestrafung wird den Ausschlag geben, zumal wenn es ihm bereits gelungen ist, in eigener Person wegen früherer Diebstähle und Raubthaten der Anwendung des Gesetzes sich zu entziehen. Die Ermuthigung, welche ein Verbrecher aus einem einzigen gelungenen und straflos gebliebenen Verbrechen für seine ferneren Unternehmungen schöpft, kann durch zehn Strafgesetzparagraphen nicht wieder rückgängig gemacht werden. Als ein Phänomen, welches die aus Gewinn= sucht mordenden Missethäter begleitet, ist moralische Schwäche und Mangel an Selbstbeherrschung zu bezeichnen. In der Mehrzahl der Fälle sind sie langsam durch Verwahrlosung zur rohesten Genußsucht und Ausschweifung, durch Ausschweifung zur Erwerb= losigkeit und Arbeitsscheu, durch Müßiggang zum Eigenthums= verbrechen, und endlich vom Diebstahl zum Morde, anfangs lang= samer, dann schneller sinkend, herabgekommen. In der Natur solcher Schwächlinge liegt es, daß sehr entfernte Dinge sie selten bekümmern; um eines naheliegenden Vortheils, den die nächste Stunde bringt, geben sie die Sorgen des nächsten Tages dahin. Ihre Zukunft beschäftigt sie wenig, sie denken nicht daran, ob sie im Zuchthaus oder sonst irgendwo enden werden.

Es ist möglich, daß die aus der Klasse der Gewohnheits= verbrecher hervorgehenden Mörder Anfangs eingeschüchtert werden konnten und der Abschreckung Gehör gaben, so lange sie näm= lich im Anfange ihrer Laufbahn standen. Ihr erster Diebstahl hat ihnen vielleicht noch eine leichte Anstrengung gekostet. Als sie zum ersten Male die Leiter an die Mauer legten, um in ein fremdes Gehöft einzusteigen, zum ersten Male den Nachschlüssel anwandten, mag ihnen Herz und Hand gezittert haben und die Ermunterung von Seiten älterer Spießgesellen nothwendig gewesen sein. Allein der weitere Gang ihres inneren Verfalles ist klar zu durchschauen, wenn man die Personalacten unserer berufsmäßigen und gleichsam unkündbar wohnenden Zuchthausgefangenen ein=

gesehen hat. So dürfte denn in Wirklichkeit der anscheinend paradoxe
Satz begründet sein: Diese feigen Schwächlinge, welche zu
keiner Anstrengung mehr fähig sind, um sich dem Laster
zu entreißen, sind zu abgestumpft und gleichgültig, als
daß sie durch die Furcht vor der Todesstrafe im entscheidenden Augenblicke eines von ihnen auszuführen-
den Mordplanes zurückgeschreckt werden.   Häufig finden
sich unter ihnen Individuen, deren Gleichgültigkeit gegen das eigene
Leben nahezu eben so groß ist, wie gegen das Leben anderer, und
welche deswegen aus bloßer Mordlust Menschen umbringen, ohne
irgend welchen Vortheil aus ihrer That zu ziehen.[37])

Wenn man die innere Natur der Verbrecher genauer studirt,
so wird man wahrnehmen, daß sie es ebenso gut, wie die besten
Charactere in ihrer Macht haben, eine ursprünglich angeborene
Furchtsamkeit durch langsame Gewöhnung zu überwinden.   Jeder
Mensch kann bis zu einem gewissen Maße dazu erzogen werden,
Gefahren zu vergessen oder außer Acht zu lassen.

Der Rekrut, welcher in eine Armee eintritt, ist ein anderes
Wesen in technischer und moralischer Hinsicht, als der Veteran.
Wenn er unmittelbar vom häuslichen Heerde weggeführt würde
und auf das Schlachtfeld käme, würde er sich wahrscheinlich trotz
eines gewissen Maßes von Muth, weil dieser niemals eine ähnliche
Probe bestanden hat, sehr schlecht bewähren.   Ein weniger muthiger
Mensch, der von Natur furchtsamer war, aber längere Zeit durch
die Schule militärischer Zucht hindurchging, wird sich, im tacti-
schen Verbande mit anderen, ausdauernder schlagen.   Es ist möglich, daß Truppen, die sich unter der Macht der Disciplin und
des von ihren Führern gegebenen Beispiels tapfer gegen den Feind
schlagen, aus einer Mehrheit von Individuen zusammen-
gesetzt sind, die im bürgerlichen Leben, wo sie selbstständig und auf
eigene Verantwortlichkeit auftreten müssen, sich sehr muthlos und

sogar feige zeigen. Das Element der Gewöhnung ist eben aus diesem Grunde für die Leistungsfähigkeit eines Heeres von allergrößter Bedeutung. Es ist bekannt, daß bei der Belagerung der Düppeler Schanzen die nicht dienstthuenden Truppen in den Laufgräben schliefen und sich durch die in ihrer Nähe platzenden Granaten durchaus nicht stören ließen, obwohl die Phantasie derjenigen, welche als Rekruten in jene Truppentheile eintraten, durch den bloßen Gedanken an eine Granate geängstigt werden mochte.

Nicht viel anders verhält es sich mit dem Ausbildungsprocesse der Kehrseite zum kriegerischen Muthe und den Tugenden der Tapferkeit, jener verbrecherischen Frechheit, die im Kampfe gegen das Gesetz, innerhalb des Verbrecherthums groß gezogen wird. Mit Nichtswürdigkeiten jeglicher Art täglich beschäftigt, gewöhnt sich das berufsmäßige Verbrecherthum mehr und mehr an die drohende Gefahr der Bestrafung. Sie zu verachten, ist seine eingebildete Stärke, gilt als Muth, der ihm die Achtung seiner Spießgesellen verdient. Wo in diesen Räuberbanden zaghafte Menschen sind, werden sie durch die Macht des Korpsgeistes, der auch den Verbrechern nicht fehlt, soweit beherrscht, daß sie mindestens versuchen, muthig zu scheinen. Der zitternde Rekrut des berufsmäßigen Verbrecherthums wird disciplinirt, indem er ausgelacht wird, und kommt schließlich dahin, die Lächerlichkeit in den Augen seiner Genossen mehr zu fürchten, als die Strafdrohungen des Gesetzes. Er wird sogar, wie die Erfahrung zeigt, gelegentlich bereit sein, Proben seines Muthes bei der Ausführung verbrecherischer Handlungen zu geben, wenn man seine Fähigkeit dazu in Zweifel ziehen sollte. Aus England berichteten sorgfältige Beobachter, daß die gefährlichsten Verbrecher gerade deswegen die öffentlichen Hinrichtungen zu besuchen pflegten, um den letzten Rest einer etwa vorhandenen Scheu vor dem Galgen gleichsam „durch Zuchtwahl und Anpassung" in die stärkere Potenz einer Vertrautheit mit der Procedur des Henkers umzuwandeln.

Selbst solche Gewohnheitsverbrecher, welche den Schreck des feierlich verkündeten Todesurtheils erfahren oder sogar die Todesangst einer Hinrichtung ausgestanden haben, würden in späteren Fällen nicht abgeschreckt werden, wenn man sie im letzten Moment begnadigte und dann hinterher freiließe. Gelänge es den bereits Hingerichteten wieder zu beleben, so würde sich die ausgestandene Qual in seiner Erinnerung nach und nach verwischen. Der italiänische Historiker Cantù berichtet in seiner Biographie Beccaria's einen höchst merkwürdigen Fall: Ein im Jahre 1672 wegen Falschmünzerei zum Tode verurtheilter Dalmatier ward gehängt und von den Professoren der Medicin zu Pisa für die Anatomie in Anspruch genommen. Der Leib ward vom Galgen abgeliefert. Da der Delinquent indessen in Folge einer mangelhaften Procedur beim Hängen unter dem Secirmesser wieder zum Bewußtsein kam, behielt man ihn heimlich als Diener im Hospital. Nicht lange darnach beging er neue Verbrechen und ward dann definitiv in Modena zum zweitenmale gehängt.

Für das Bandenverhältniß ist dieses Element der Gewöhnung nicht zu unterschätzen. Im Allgemeinen sind jedoch gewöhnliche Diebe und solche, die Eigenthumsverletzungen als Lebensberuf betreiben, wenig geneigt, einen Mord zu begehen. Wo dies dennoch der Fall ist, liegt fast immer der Thatbestand so, daß bei einem Einbruch oder nächtlichen Diebstahl der in seiner Schlafstelle unvermuthet gefundene Eigenthümer getödtet wird, um den Diebstahl zu sichern. Kurz es sind diejenigen Fälle, bei denen, um die Entdeckung eines geringeren, nur mit Freiheitstrafe bedrohten Verbrechens zu vermeiden, ein viel schwereres und sogar todeswürdiges Verbrechen verübt wird. Diese Kategorie von Mordfällen ist an sich ohne tieferes psychologisches Interesse,

7*

aber sie ist wichtig für die Lehre vom Abschreckungszweck; denn sie zeigt, daß der Verbrecher die ungewisse und entfernte Todesstrafe weitaus weniger fürchtet, als die gewissere und nähere Freiheitsstrafe, die ihm der entdeckte Diebstahl zuziehen würde.

Um dem näheren und gewisseren Uebel zu entgehen, unterwirft er sich bereitwillig der Aussicht auf die Todesstrafe. Ganz ähnlich wird daher auch ein tief gesunkener, dem Gewohnheits=verbrechen verfallener Mensch handeln, wenn er in plötzliche Noth geräth und sich dieser durch Tödtung eines Menschen entziehen zu können glaubt. In den Augen solcher Naturen ist ein naher Ge=winn, mag er noch so gering sein, immer mächtiger, als ein ent=fernter und zukünftiger Verlust, mag er auch noch so groß sein.

Die geschlechtlichen und öconomischen Motive, welche den Mordthaten so häufig zu Grunde liegen, können unter Umständen mit einander verbunden sein. Wo ein bestimmter Beweggrund zu schwach ist, um jemand zum Angriff auf fremdes Leben zu bestimmen, kann er nach und nach durch das Hinzutreten anderer Triebfedern verstärkt werden. Zuweilen erscheint es, als ob Mord=pläne im Thäter eingeschlummert waren, bis sie durch Hinzutreten zufälliger Umstände oder anderer Reizungen wieder aufgeweckt und alsbann zur Ausführung gebracht werden.

An die Gruppe der aus öconomischen Gründen begangenen Mordthaten schließt sich, in vielen Stücken ähnlich, der Mord aus Rache, wenn der Thäter glaubt, von seinem Opfer vermögens=rechtlich benachtheiligt zu sein, oder durch ihn in seinem Eigen=thum schweren Schaden erlitten zu haben. Freilich ist damit das Gebiet der aus Rache begangenen Tödtungen keineswegs abgegränzt. Die mannigfachsten Kränkungen, wirkliche oder eingebildete Beleidi=gungen, rufen in gewissen reizbaren Naturen den Entschluß hervor, das schwerste aller Verbrechen zu verüben.

Eine in den Großstädten der neueren Zeit nicht selten vorkommende Verbrechenserscheinung, welche zu melancholischen Betrachtungen über das verhängnißvolle Unglück mancher Familien
stimmt, zeigt uns Familienväter, welche trotz aller Anstrengungen
nicht im Stande sind, ihre zahlreichen Angehörigen zu ernähren.
Sie haben ihrer Meinung nach alles versucht und scheiterten
überall. Sie haben ein lebhaftes Ehrgefühl und wollen sich weder
um Armenunterstützungen bewerben, noch auch Arbeiten verrichten,
die unter ihrer bisherigen gesellschaftlichen Stellung liegen oder,
wie sie fürchten, die Achtung vor ihnen vermindern könnten. Sie
sehen für ihre Kinder und ihre Frau nur eine Zukunft des Elends,
Kummers und Darbens, vielleicht der Schande. Endlich an der
Möglichkeit eines bessern Schicksals verzweifelnd, machen sie
ihrer Gattin und den Kindern den Vorschlag, lieber gemeinsam
zu sterben. Sie tödten die ihrigen der Reihe nach ab und werden
nun, entweder verwundet oder unmittelbar vor der Ausführung des
Selbstmordes ergriffen und zur Rechenschaft gezogen.[38]) Kann
in solchen Fällen von einer Abschreckung durch die Todesstrafe
gesprochen werden? Gewiß nicht.

Vom psychologischen Standpunkte ist auch das zeitliche Verhältniß der mit dem Morde verknüpften Zweckbestimmung zur
That nicht ganz außer Acht zu lassen. Mit Rücksicht hierauf ergeben sich zwei in der Hauptsache wesentlich verschiedene Erscheinungen. Beweggrund und Zweck können ihren Abschluß in dem
Tode des Ermordeten finden, dergestalt, daß der Thäter, außer
seiner persönlichen Befriedigung keinen anderweitigen Vortheil erwartet, was bei allen lediglich aus Haß oder Rache, Feindschaft
oder ehelicher Eifersucht begangenen Tödtungen der Fall ist. Oder
die Tödtung eines Menschen erscheint in den Augen des Thäters
als die Beseitigung eines Hindernisses, durch dessen Wegräumung
er bestimmte äußere Vortheile zu erreichen gedenkt. In diesem

letzteren Falle liegt dem Verbrecher an dem Tode des Ermordeten wenig; er würde ihn am Leben gelassen haben, wenn er einen anderen Weg gesehen hätte, der ihn zum Ziele führen konnte. Reizbarkeit ist im ersteren, kalt berechnender Egoismus im zweiten Falle der Grundzug in dem Charakter des Handelnden. In beiden Fällen scheitert die Androhung der Todesstrafe. Sie wird gleichmäßig vereitelt durch kurzsichtige, leidenschaftliche Verblendung und durch fernblickenden Scharfsinn des Thäters.

Zehntes Kapitel.

Der abschreckende Einfluß öffentlicher Hinrichtungen. IX. Das alte Ceremoniell des inquisitorischen Processes im hochnothpeinlichen Halsgericht. — Moderne Oeffentlichkeit. — Nichtabschreckender Einfluß öffentlicher Hinrichtungen. — Demoralisation des Publicums. — Entscheidend ist das Verhalten des Delinquenten auf dem Richtplatz. — Psychologie des Verbrechertodes. — Das Publicum unter dem Galgen.

Die bisherigen Erörterungen hatten den Zweck, festzustellen, welcher Grad der Abschreckung der gesetzlichen Androhung der Todesstrafe zukomme. Nunmehr ist zu untersuchen, welchen Werth die Vollstreckung der Todesstrafe in der Hinrichtung hat.

Die gesammte ältere Strafrechtslehre aller Europäischen Länder hielt daran fest, daß der Abschreckungszweck die öffentliche Hinrichtung gebiete.[39]) Damit war also anerkannt:

>   daß die bloße Androhung der Todesstrafe im
>   Gesetzbuch durch ihr gleichsam nur theoretisches
>   Dasein eine genügende Abschreckung nicht zu
>   bieten vermöge!

Sichtbar sollte den Verbrechern das Uebel vor Augen geführt werden. „Allen zum Exempel" und „männiglich zur Warnung" führte man den Verbrecher zur Richtstatt des hochnothpeinlichen Halsgerichts. Der gesammte Strafproceß war in Deutschland und in Frankreich[40]) mit dem zunehmenden Verfall der alten

Schöffengerichte peinlich geworden. Aber daß die Hinrichtung nicht öffentlich geschehen solle, hätte einem alten Criminalrichter des 17. Jahrhunderts niemals eingeleuchtet. Im Gegentheil! Die Obrigkeit mußte nicht nur wünschen, daß das von ihr zu statuirende Exempel möglichst allgemein beachtet würde; sie sorgte auch selbst dafür, daß ein Halsgericht wie ein öffent= liches Schauspiel in angemessener Weise hergerichtet wurde. Der Henker mit seinem ganzen Gefolge hatte die Inten= danz dieser für das Volk zu gebenden Trauerspiele.[63]) Es waren nicht die entlegensten Stellen, an denen der Galgen und der Lasterstein aufgeschlagen waren. Sie winkten dem Wanderer vor den Thoren der Städte, an den Landstraßen und auf schön gelegenen Aussichtspunkten. Um den Zusammenhang zwischen Ver= brechen und Strafe noch deutlicher zu machen, ward in den richter= lichen Urtheilen zuweilen angeordnet, daß der Delinquent an dem Orte der begangenen That hingerichtet werden solle. Für den Straßenraub ward dies in alten Gesetzen sogar mehrfach an= befohlen.

Mit größter Feierlichkeit wurden die alten Galgenprocessionen abgehalten. Von ihren Lehrern geleitet, marschirte die liebe Schul= jugend, Choräle singend, mit dem „armen Sünder" zum Richt= platz. In besonders wichtigen Fällen ward ein angesehener Geist= licher beordert, vor der versammelten Menge eine erbauliche Predigt vorzutragen, die dann hinterher auf Kosten der Obrigkeit gedruckt und weit verbreitet ward. Unsere älteren Bibliotheken sind reich an solchen Sermonen und „actenmäßigen Relationen", in denen des Verbrechers Ende zum „abscheulichen Exempel" mitgetheilt wird. Solcher Gestalt war die alte Abschreckung.

Allmählich führte das erstarkende Gefühl der Humanität, namentlich in der Aufklärungsperiode des vorigen Jahrhunderts, dahin, die letzten Seelenqualen des Verbrechers abzukürzen; die amtlich verordnete Procession, die Galgenpredigt und das feierliche Geleite zum Richtplatz kamen außer Uebung. Aber es schien dennoch nothwendig, die öffentlichen Hinrichtungen als ein unentbehrliches Stück der Criminaljustiz und ihres Abschreckungszweckes beizubehalten. Grundsätzlich konnte man nur wünschen, daß Menschen zweifelhaften Characters sich um den Galgen versammeln möchten, um über die möglichen Folgen verbrecherischer Unternehmen belehrt zu werden. Die Preußische Criminal-Ordnung vom Jahre 1805 trug außerdem für eine weitere Publicität Sorge, indem sie vorschrieb, daß durch obrigkeitliche „Warnungsanzeige" die Vollstreckung des Todesurtheils zur weitesten Kenntniß des Publicums gebracht werden solle. Jeder ältere Berliner erinnert sich, wenn er an den Anschlagsäulen die Anzeigen über Theater, Concerte und Wettrennen durchmusterte, gelegentlich auf einem blutrothen Plakate vor den üblen Folgen des Mordes obrigkeitlich mittelst der Hinrichtungsanzeige gewarnt worden zu sein.

Die öffentlichen Hinrichtungsscenen sind von Tagesschriftstellern, Romanschreibern und Novellisten, zumal von Dickens so anschaulich beschrieben worden, daß es verlorene Mühe wäre, mit ihnen an dieser Stelle wetteifern zu wollen. Es kommt nur darauf an, festzustellen, daß alle neueren Zeugen darin übereinstimmen, den entsittlichenden Einfluß hervorzuheben, den der letzte Rechtsact unter dem anwesenden Publicum hervorruft. Versammelt sind vor dem Schaffot oder dem Galgen die Freunde und Spießgesellen des Delinquenten, der vornehme und der niedrige Pöbel, der sich an der Beobachtung leidender Menschen und gequälter Thiere erfreut; die kleinen Speculanten, welche Branntwein und Würste in gewinnbringender Weise zu verhandeln gedenken, die Taschendiebe, die auf Fang ausgehen, die Weiber mit ihren kleineren Kindern an der Hand oder an der Brust, die ungezählte Schaar der einfach Neugierigen, welche überall zusammen-

laufen, wo es etwas zu sehen giebt. Wäre die alte Zeit etwas
unternehmender und industrieller gewesen, so hätte man die Richt=
stätte sicherlich zu einem hohen Preise vermiethen können. Der
Staat wäre im Stande gewesen, mittelst der daraus erzielten Ein=
nahmen die hinterbliebene Familie der Hingerichteten trostreich zu
versorgen und der Unternehmer hätte einen artigen Gewinn aus
seinen Sperrsitzen und Stehplätzen gezogen. Selbst heute noch
scheint es zweifellos, daß öffentliche Hinrichtungen ebenso wie
Boxereien, Preiskämpfe, Hahnen= und Stiergefechte in den Groß=
städten auf ein zahlungsfähiges Publicum rechnen könnten. In
London und Paris sind bis auf die Gegenwart die in der Nähe des
Richtplatzes gelegenen Fenster an Schaulustige vermiethet worden.

Von einer Abschreckung durch die Vollstreckung der Todes=
strafe und durch den Anblick eines plötzlich „verendenden" Delin=
quenten konnte bei den öffentlichen Hinrichtungen aus zwei Gründen
keine Rede sein. Einmal steht das die Menge versammelnde Motiv
der neugierigen Schaulust im Gegensatz zu den sittlichen Zwecken
der Genugthuung, welche dem Gesetzgeber vorschwebten; denn
jenes Motiv verwandelt, was nach der Absicht des Strafgesetzes
eine erschütternde Tragödie der vergeltenden Gerechtigkeit sein
sollte, in ein Lustspiel, dessen Helden der Henker und sein Opfer
sind. Außer den Eigenschaften des zuschauenden Publicums steht
der Abschreckung im Wege, daß der Eindruck jeder Execution
wesentlich bedingt ist von dem Verhalten, welches der Delinquent
in den letzten Augenblicken seines irdischen Daseins anzunehmen
für gut findet.

Wie in den Motiven des Mordes gewisse Typen als herr=
schende hervortreten, so wiederholen sich auch bei den Hinrich=
tungen Angesichts des unmittelbar bevorstehenden Todes in den
Delinquenten gewisse Erscheinungen des Seelenlebens, die unter
den versammelten Zuschauern einen entsprechenden Wiederschein

hervorbringen. Eine erſte Gruppe von Todescandidaten kann man als die der völlig Abgeſtumpften und Gleichgültigen bezeichnen. Ohne irgend ein Zeichen innerlicher Erregung, ſchweigend und ſtill, anſcheinend theilnahmlos, laſſen ſie ſich, nichts ahnenden Thieren gleich, zur Schlachtbank führen und von dem Henker abthun. Es iſt möglich, daß dieſe Gleichgültigkeit eine für die letzten Augenblicke angenommene Maske war; häufiger indeſſen ſind ſolche Delinquenten, die durch eine längere Gefangenſchaft und durch ein in ihren Augen völlig entwerthetes Leben in Wirklichkeit ſtumpf und gleichgültig geworden ſind. Angeſichts ſolcher Naturen, die zur Aufregung keinen Anlaß geben, hat erfahrungsgemäß das bei der Hinrichtung anweſende Publicum diejenige Enttäuſchung, welche Platz greift, wenn die Erwartung eines intereſſanten Vorganges unerfüllt bleibt.

Ebenſo verhält es ſich mit einer zweiten Kategorie, beſtehend aus ſolchen, die von Todesangſt erfaßt, außer Stande ſind, über ihre Nerven und Muskelbewegungen zu verfügen, von den Gehülfen des Henkers an die Richtſtätte geſchleppt und endlich im bewußtloſen Zuſtande der Ohnmacht abgethan werden. Sie ſind bereits leblos, ehe ſie das Leben verlieren. Vornehmlich ſind es Weiber, denen die Todesangſt die letzten Kräfte raubt.41)

Eine dritte Klaſſe von Verbrechern ſtirbt Angeſichts der verſammelten Menge in würdevoller Haltung, muthig und ergeben. Es ſind entweder ſolche, die im Rechtswahn und in der Meinung der Unſchuld für ſchwerſte politiſche Verbrechen büßen, oder diejenigen, die nach begangenen Mordthaten von aufrichtiger Reue ergriffen worden ſind und in ihrem Tode die Sühne erblicken, die ihr eigenes Gewiſſen gutheißt. Die Hinrichtung der aufrichtig Reumüthigen ruft in der Regel nach den beſten Beobachtungen einen getheilten Eindruck hervor, entweder rohes Geſpött

unter den völlig verderbten Zuschauern, oder eine bald verfliegende
Anwandlung religiöser Stimmung. Welcher von diesen Fällen
immer eintreten möge, unter allen Umständen ist durch das würde-
volle Verhalten eines standhaften Delinquenten der Gedanke eines
von ihm zu ertragenden großen Leidens und folgeweise der Ab-
schreckungserfolg verwischt worden. Was eine Strafe sein sollte,
nimmt hier den Character einer vom Verbrecher selbst begehrten
Sühne an. Wenn wir uns selbst darüber Rechenschaft ablegen,
wie denn eigentlich im Sinne der sittlichen Forderungen das Verhalten beschaffen sein müsse, welches einem Delinquenten in seinem
letzten Augenblicke gezieme, so würden wir sicherlich nicht anstehen,
zu verlangen, daß er mit Standhaftigkeit und in ergebener Reue
seine Missethat büße, sich also selbst durch die unmittelbar
bevorstehende Vollziehung des Todesurtheils nicht
mehr schrecken lasse. In dieser Gewissensforderung haben
wir unsererseits auf den unmittelbaren Abschreckungszweck Verzicht geleistet. Der Verbrecher soll sich stärker zeigen als die
Todesfurcht. Umgekehrt muß die Abschreckungstendenz, welche
durch eine Hinrichtung Furcht hervorrufen will, den Eindruck eines
qualvollen, den Verbrecher peinigenden Leidens als das Normale
betrachten.

Eine vierte Klasse von Delinquenten stirbt unter öffentlichen
und feierlichen Betheuerungen ihrer Unschuld und behauptet noch im letzten Augenblick ungerecht verurtheilt worden zu
sein. Mittelst eines solchen Verhaltens gelingt es ihnen, das Ansehen des Gesetzes in gefährlicher Weise zu erschüttern. Der
Zweifel an der menschlichen Gerechtigkeit bleibt um so mehr bestehen, als jedermann weiß, daß wirklich Unschuldige hingerichtet
worden sind.

Weil es schwer ist, zu glauben, daß ein Mensch angesichts
der Ewigkeit und des ihn erwartenden Gerichts mit einer Lüge

aus dem Leben gehen sollte, besteht die natürliche Neigung, dem sterbenden Verbrecher mehr zu glauben, als seinen Richtern. Es ist mit Bestimmtheit anzunehmen, daß in der großen Mehrzahl der Fälle, in benen unmittelbar vor der Hinrichtung die Unschuld vom Delinquenten betheuert wird, die bewußte Absicht vorhanden ist, eine letzte Möglichkeit der Begnadigung unter den Händen des Henkers offen zu halten. Aber ebenso gewiß ist es, daß trotzbem ein sehr bedenklicher Zweifel hervorgerufen wird. Sehr stark wird solcher Zweifel dann, wenn biejenigen, die ihre Unschuld bis zum letzten Augenblick versichern, gleichzeitig alle Tröstungen der Religion annehmen und sogar versichern, daß sie in völliger Ergebung zu leiden bereit seien. Wie nachtheilig solche Vorgänge wirken, zeigt die Englische Praxis in Kapitalsachen, die barauf berechnet ist, den höchst unglücklichen Eindruck zu vermindern, den die Hinrichtung nicht geständiger Verbrecher in der öffentlichen Meinung hinterläßt. Völlig verschieden von der beutschen Proceßpraxis, sieht die englische Voruntersuchung von der Erlangung eines Geständnisses durchaus ab. Sobald dagegen der Angeklagte im Proceß zum Tode verurtheilt worden ist, beginnt der Gefängnißgeistliche seine Bemühungen, den fortgesetzt Leugnenden nicht nur zur Reue, sondern auch zum förmlichen Eingeständniß seines Verbrechens zu bewegen. Es geschieht bies keineswegs, wie bei uns, aus dem Gesichtspunkte einer letzten Beichte und der Entsündigung der Missethäters, sondern wegen der Erkenntniß der criminalpolitischen Nothwendigkeit, die moralischen Erfolge der Strafrechtspflege in der Offentlichkeit möglichst zu sichern.[13])

Schnurstracks entgegengesetzt der Klasse der reumüthigen und ergebenen Delinquenten sind biejenigen, welche auf dem Wege zur Richtstätte oder auf dem Schaffot selber, von äußerster Verzweiflung ergriffen werden und zuletzt einen zwar ungleichen, aber boch

schrecklichen Kampf mit dem Henker beginnen, um sich der Hinrichtung zu entziehen, oder noch einige Minuten irdischen Daseins
zu gewinnen. In der Todesangst gesteigert, sind ihre Kräfte zuweilen so ungewöhnlicher Art, daß sie die Hinrichtung erheblich
verzögern oder erschweren können. Selbst die in Voraussicht einer
solchen Möglichkeit angeordnete Fesselung vermag nicht immer,
die fürchterlich Tobenden, die sogar den Henker unsicher und zag-
haft machen können, völlig zu entwaffnen. Mittermaier hat
auf solche Fälle öfters hingewiesen und namentlich der 1851 in
Chalons erfolgten von Montcharmont gedacht. Ein Dienstmädchen,
Sarah Harriet Thomas, 1863 in Bristol hingerichtet, kämpfte bei
ihrer Abholung aus dem Gefängniß längere Zeit gegen sechs starke
Gefängnißwärter an und wiederholte, obgleich sie gefesselt war,
ihren Widerstand am Fuße des Galgens noch einmal, so daß sie
gewaltsam von zwei Männern die Leiter hinaufgetragen werden
mußte. Die ordnungsmäßige Hinrichtung eines sich hartnäckig
Sträubenden bietet große Schwierigkeiten dar, weil es nicht darauf ankommt, ihn beliebig auf irgend eine Weise ums Leben zu
bringen, sondern vielmehr „vorschriftsmäßig" dabei verfahren werden
soll und es dann leicht geschehen. kann, daß die Procedur des
Henkers mißlingt. Wie dem immer sein möge, gewiß ist, daß
durch solchen öffentlichen Kampf zwischen dem Henker und dem
Delinquenten, die Rechtsqualität eines von der Justiz angeordneten
Actes in der Vorstellung der Anwesenden völlig vernichtet wird.
Der Tod des im Kampfe regelmäßig unterliegenden Delinquenten
erscheint nicht anders, als ein Ringen mit ungleichen Kräften, in
welchem nur die physische Ueberlegenheit eine Entscheidung gab.
Solche Hinrichtungen sind es, die wegen der damit verbundenen
Aufregung, sich am längsten in der Erinnerung der Anwesenden
zu erhalten pflegen. Meistentheils ist das Mitleid auf Seiten
dessen, der „unvorbereitet in die Ewigkeit geschleudert worden ist",

und häufig wird die Meinung geäußert, man hätte dem Delin=
quenten Zeit zur inneren Beruhigung und besseren Vorbereitung
lassen sollen.

Zuletzt ist jener freilich seltenen Beispiele zu gedenken, in
denen der Hinzurichtende auf dem Schaffot sich als friboler Spaß=
macher und Witzbold beträgt und durch seine Scherze sogar den
Henker mit Entsetzen erfüllt. Aus meiner eigenen Erinnerung
kann ich auf die Berichte über die letzten Augenblicke des in Ham=
burg hingerichteten Mörders Timme verweisen. Mittermaier
gedenkt eines 1857 in München hingerichteten Verbrechers, Namens
Sachenbacher, welcher auf dem Schaffot einen Cancan tanzte
und den Scharfrichter, der dadurch verblüfft worden war, zärtlichst
umarmte. Der ungeheure Kontrast, der sich in solchen Fällen
zwischen der Strafjustiz und ihrem Opfer herausstellt, das riesige
Mißverhältniß zwischen einem Rechtsact, der an die feierlichsten
Empfindungen des Menschen sich zu wenden gedenkt, und dem
Spott derer, die den Tod öffentlich verhöhnen, ist kaum zu schil=
bern. Die verbrecherischen Elemente, welche Zeugen eines der=
artigen Vorganges sind, fühlen sich wie im Triumphe gehoben und
gedenken solcher ungewöhnlichen Frechheit wie einer seltenen und
nachahmungswürdigen Heldenthat.

In Nordamerika und England ergeben sich eigenthümliche
Verhältnisse und entstehen sonderbare Eindrücke unter dem den
Hinrichtungen anwohnenden Publicum, wenn die Delinquenten, von
einer ihm dort belassenen Redefreiheit Gebrauch machend, eine letzte
Ansprache an diejenigen halten, welche — wie die oft gebrauchte
Redewendung lautet — „sie (die Delinquenten nämlich) zum letzten
Male beehrt haben." In diesen Reden pflegen die Delinquenten
entweder die Gerechtigkeit, die ihnen widerfährt, anzuerkennen,
oder ihre Unschuld zu betheuern oder zum richtigen Glauben zu
ermahnen, außerdem auch noch andere nebensächliche Dinge vor

der versammelten Menge abzuhandeln. Sie betonen die Verdienste ihrer eigenen Sekte oder Kirche, setzen auseinander, welcher politischen Partei ein nordamerikanischer Republikaner angehören, welche Tagesblätter er mit besonderem Nutzen lesen könne. Ein gewisser Kennard, welcher 1862 in Baltimore hingerichtet worden ist, rief aus der versammelten Menge den anwesenden Vertheidiger zu sich auf das Schaffot, belobte dankend seine Leistungen und empfahl ihn, was gewiß eine wirksame Reclame sein kann, allen solchen, welche sich in gleicher Lage wie er befänden; schließlich übergab er feierlich seinen hinterbliebenen — Hund dem Vertheidiger zur Verpflegung. Derartige Scenen wiederholen sich noch gegenwärtig in gewissen nordamerikanischen Staaten, und sicherlich gehört es zu den eigenthümlichsten Erscheinungen der älteren englischen Praxis, daß man dem Verurtheilten nicht nur vor Gericht, sondern sogar auf dem Richtplatze noch das Recht des letzten Wortes ließ und darauf nicht achtete, daß Protestationen solcher, die unschuldig verurtheilt zu sein behaupteten, den allergrößten Nachtheil zu stiften vermochten. Ganz anders verfuhren die Franzosen, welche zwar die weitgehendsten Freiheiten in dem Revolutionszeitalter proclamirt hatten, aber dennoch die letzten Worte und Seufzer der unter dem Fallbeil endenden Opfer durch einen militärischen Trommelwirbel zu ersticken pflegten.

Wer früher Gelegenheit fand, mit denjenigen, welche Hinrichtungen beiwohnten, über den Hergang der Sache zu sprechen, wird erfahren haben, daß die Anwesenden nirgends eine Vergleichung zwischen der zu büßenden Verbrechensthat und der Vollstreckung des Todesurtheils anstellen, noch auch bemüht sind, über Schuld und Sühne tiefer nachzudenken. Die Hinrichtung für sich selbst ist ein Schauspiel; der Mehrzahl unter den Anwesenden sind die näheren Umstände der Verbrechenshandlung sogar unbekannt. Das Hauptinteresse richtet sich auf die Aeußerlichkeiten der Hinrichtung, auf die Geschicklichkeit, Schnelligkeit und Sicherheit des Henkers, andererseits auf das von mir in der Hauptsache geschilderte Verhalten des Delinquenten. Alle besseren Regungen des menschlichen Herzens, wie alle schlimmen Leidenschaften und Rohheiten können neben oder auch nacheinander bei den Hinrichtungen unter der versammelten Menge zum Vorschein kommen.[44])

In früher Morgenstunde herbeigeströmt, um den möglichst besten Platz bei dem bevorstehenden Schauspiel zu erobern, fühlt die Menge sehr bald das Bedürfniß, sich die Langeweile durch Muthwillen, unzüchtige Unterhaltungen oder schlechte Scherze und Witzworte zu vertreiben. Wird die anberaumte Stunde der Hinrichtung überschritten, und läßt der Delinquent auf sich warten, so glaubt eben diese Menschenmasse ihr Recht auf Pünktlichkeit verletzt und beginnt zu murren, zu toben, zu schimpfen.[45]) Endlich erscheint der längst ersehnte Augenblick. Der Delinquent betritt in der üblichen Begleitung den Platz, auf welchem er den Tod finden soll. Je nach seinem Benehmen kann die Stimmung im Publicum wechseln. Angenommen, er folgte der Aufforderung des Geistlichen und spricht mit ihm ein letztes Gebet. In solchen Fällen pflegt ein nordamerikanisches Publicum auf die Knie zu sinken und mit dem Verbrecher gemeinschaftlich zu beten, ein französisches im besten Falle still zu bleiben, in schlimmeren Fällen zu zischen. Dasselbe Publicum, welches soeben in einer amerikanischen Stadt betete, spendet dem Henker durch Bravorufen seinen Beifall, wenn er seine Aufgabe geschickt löste; es bedroht ihn mit Verwünschungen und Thätlichkeiten, wenn er den Widerstand des Delinquenten nicht sofort zu bewältigen vermag, oder ungebührlich zögert oder sonst irgendwie sein Ungeschick zeigt. Als bei einer im Jahre 1856 erfolgten Hinrichtung der Delinquent zu vier verschiedenen Malen mit seinen Füßen auf einer Leitersprosse während des Hängens einen Stützpunkt mit dem Fuße krampfhaft ergriff und gleichsam vier Mal von Neuem gehängt wurde, bezeichnete das Geheul der Menge den Henker Calcraft als „Mörder".

Solche jähen Umschläge in der Stimmung des Publicums erweisen deutlich, daß von einem tieferen, nachhaltigen und würdigen Eindruck des letzten Rechtsactes in Kapitalsachen keine Rede sein kann. Wer in dieser Hinsicht noch irgendwie zweifelte, würde durch die Wahrnehmungen belehrt werden, welche nach geschehener Hinrichtung in dem weiteren Verhalten des Publicums gemacht werden können. Die große Masse pflegt sich auf dem Heimwege in den näher gelegenen Wirthshäusern zu zerstreuen und in allerlei Kurzweil zu erlustigen. Anfangs bildet das Erlebte einen Gegenstand des Gespräches und der oberflächlichen Bemerkungen; bald darauf erfolgt der Uebergang zur Tagesordnung des gewöhnlichen Treibens. Am sorglosesten ist die Stimmung derer, die den meisten Grund hätten, aus dem Geschehenen eine Lehre für sich zu ziehen: die verbrecherische Klasse selbst. Einer der zuverlässigsten Gefängnißgeistlichen, der zahlreiche Verbrecher zum Tode vorbereitete, bemerkt, daß von 167 Hingerichteten seiner persönlichen Bekanntschaft 161 bei Hinrichtungen zugegen gewesen waren.

Eilftes Kapitel.

Die Wahrnehmung, daß öffentliche Hinrichtungen mit den
schwersten sittlichen Nachtheilen verknüpft sind und zur Verwilde=
rung der Volksmassen beitragen, ist zu häufig gemacht und zu
lebhaft geschildert worden, als daß sie spurlos hätte vorübergehen
können. Die Schlußfolgerungen, die man daraus zog, waren ver=
schiedener Art. Entweder verlangte man, daß Angesichts der That=
sache einer nicht zu erzwingenden Abschreckung mit der Oeffentlich=
keit der Hinrichtungen auch die Todesstrafe selbst abgeschafft werden
möchte.⁴⁵) Oder man beseitigte zahlreiche Todesurtheile durch
Begnadigung, um der Menge nur in seltensten Fällen das blutige
Schauspiel bieten zu müssen. Oder man dachte daran, die For=
malitäten des Herganges zu verändern. In Amerika verfiel man
zuerst auf die s. g. Intramuranhinrichtungen: Die Voll=
streckung der Todesurtheile sollte hinter den Gefängnißmauern ge=
schehen, den Blicken der Schaulustigen entzogen und nur von
gewissen Urkundspersonen amtlich festgestellt werden. Selbstver=
ständlich wurde gewissen einzelnen Personen, z. B. dem Geistlichen

8*

und dem Vertheidiger bis zum letzten Augenblicke der Verkehr mit dem Verurtheilten, also auch die Gegenwart bei der Hinrichtung, gestattet. Diese Praxis der Intramuranhinrichtungen, welche man früher vielfach mit einer geheimen Hinrichtung verwechselte, hat sich nach und nach auch in Europa, zumal in Deutschland verbreitet. Nach heftigem Widerstande ist sie seit 1868 in England eingeführt worden, nachdem sie bereits vorher in manchen Colonien bestanden hatte. Dagegen hielt man in Frankreich dafür, daß die Oeffentlichkeit der Vollstreckung für Todesurtheile als ein wesentliches Erforderniß der Strafjustiz festgehalten werden sollte. Man hat sich bisher dort nicht entschließen können, mit der alten Ueberlieferung zu brechen, sondern nur in wenig empfehlenswerther Weise die Oeffentlichkeit gleichsam wie eine Unsitte unter mildernden Umständen bestehen zu lassen, indem man die bevorstehende Hinrichtung eines Delinquenten geheim hält, die Stunde der Hinrichtung nicht bekannt werden läßt, in aller Stille während der Nacht das Schaffot herrichtet und den Delinquenten dann in früher Morgenstunde dem Fallbeil überliefert: ein unglücklicher Mittelweg zwischen Oeffentlichkeit und Intramuranhinrichtung.[46]) Ausschluß der Offentlichkeit bedeutet, wie man begriffen, eine Verzichtleistung auf directe Abschreckung.

Es liegt auf der Hand, daß die Intramuranhinrichtung jenen Anstoß beseitigt, der mit der Oeffentlichkeit unzertrennlich verbunden ist, aber ebenso klar ist es, daß von unmittelbarer Abschreckung nicht mehr die Rede sein kann, in Wirklichkeit also nur jene Vorstellung von einem gesetzlich angedrohten Uebel bestehen bleibt, dessen gelegentliche Vollstreckung in einzelnen Fällen nicht mehr angeschaut, sondern gleichsam zufällig in den Zeitungen gemeldet wird. Für England lehrt die Statistik, daß Oeffentlichkeit oder Nichtöffentlichkeit der Hinrichtung auf die Zahl der Verbrechen keinen Einfluß hat.[47])

In der Richtung auf das Publicum muß die Intramuran=
hinrichtung als eine Verbesserung der Strafrechtspflege angesehen
werden. Der Rohheit ist der Weg zu einer Schaustellung schreck=
lichster Art versperrt. Es ist möglich, daß der Verbrecher in seinem
letzten Augenblicke sich sammele; er darf nicht hoffen, durch freches
Benehmen das Beifallrufen seiner Spießgesellen hervorzurufen,
und hat auch nicht zu fürchten, daß er, plötzlich vor eine unab=
sehbare Menge gestellt, die mühsam errungene Fassung wieder
verlieren werde.

Welchen Eindruck die Intramuranhinrichtung auf die dabei
gegenwärtigen Zeugen hervorbringe, läßt sich nicht leicht ermitteln.
Das verschiedene Naturell der Einzelnen ist dabei maßgebend. Solche,
die berufsmäßig die Hinrichtungen zu leiten haben und häufiger
aus amtlicher Veranlassung zugegen sein müssen, gewöhnen sich
erfahrungsgemäß ziemlich schnell an den Hergang und glauben
dann, daß Alles in guter Ordnung sei. Wer zum erstenmale
als Zeuge gegenwärtig ist, steht meistentheils unter dem über=
wiegenden Eindruck des persönlichen Mitgefühls mit dem Sterben=
den, wodurch die sittliche Macht der Strafe erheblich abgeschwächt
wird. Ich habe Männer aus den besten Gesellschaftsklassen ge=
kannt, welche, ohne wissenschaftliche Studien zu beabsichtigen, sich
eifrig um Zulassung zu den Intramuranhinrichtungen bewarben
und keine Execution zu versäumen pflegten. Es handelte sich für
sie um ein interessantes Schauspiel. Nicht selten kann man übri=
gens auch unter den s. g. gebildeten Klassen Beispiele einer ent=
setzlichen Gefühllosigkeit und rücksichtsloser Härte erleben. Ich sah
bei einer Berliner Hinrichtung, wie die zu früher Morgenstunde
Versammelten auf dem Richtplatze in Gegenwart des Delinquenten
die Verlesung der königlichen Bestätigungsordre mit brennender
Cigarre anhörten und von dem anwesenden Polizeibeamten ersucht
wurden, während der letzten Augenblicke das Rauchen zu unter=

laffen. Die Bewerbungen um eine Einlaßkarte zu den Hinrichtungs=
scenen pflegen überall sehr zahlreich zu sein, wo eine Hoffnung
auf Gewährung des Gesuchs besteht, was darauf hindeutet, daß
der geheime Hang der menschlichen Natur zum Grauenhaften weit
verbreitet ist.

Wenngleich die Intramuranhinrichtungen würdiger verlaufen,
als die alten Executionen, so läßt sich doch nicht läugnen, daß
zahlreiche und sehr erhebliche Bedenken dagegen bestehen bleiben.
Je weniger Incidentfälle unter der versammelten Menge vor=
kommen, desto mehr pflegt die gewandte, in bewußter und plan=
mäßiger Weise auf die Nervenreize des Leserkreises zielende Feder
der Tagesschriftsteller in der Presse die kleinsten Vorgänge bei
den Hinrichtungen zu schildern. Die letzten Scenen des Schluß=
actes werden in allen Aeußerlichkeiten ausgemalt. War früher,
als das öffentliche Leben minder entwickelt war, eine Execution
gleichsam ein locales Ereigniß, das um so weniger beschrieben
ward, als es sich häufiger zutrug, so wird heute durch die Ein=
richtungen der Presse die Urtheilsvollstreckung dem geistigen Auge
von Millionen vorgeführt. Diese Gelegenheit dient dazu, die halb=
erloschene Erinnerung an Mordthaten und deren Ausführungs=
weise von Neuem zu beleben und auszubreiten. Es ist schwer,
den moralischen Schaden abzuschätzen, der dadurch angerichtet wird,
aber nicht zu leugnen ist, daß dadurch überhaupt Schaden an=
gerichtet worden ist. Schlechte Schriftsteller, welche die Folgen
ihrer Worte wenig überlegen und lediglich darauf Bedacht nehmen,
einen anziehenden Artikel zum Vortheil ihrer Blätter zu Stande
zu bringen, haben es in ihrer Hand, durch prickelnde Darstellung
die verbrecherische That mannigfach anders zu färben, als sie in
Wirklichkeit war, und im Zusammenhang mit ihr die Unvoll=
kommenheiten des Gesetzes und der Rechtspflege, die etwa vor=
handenen Zweifel an der Schuld des Thäters geltend zu machen.

Und selbst für die tüchtigsten Schriftsteller gäbe es keinen besseren Anlaß, als eine eben stattgehabte Hinrichtung, um gegen die Todesstrafe zu predigen, was an sich gewiß völlig berechtigt ist, aber in den untersten Schichten des die Zeitungen lesenden Publicums leicht den gefährlichen Wahn hervorruft, als ob dem einzelnen Verbrecher Unrecht geschehen ist.

Die wiederholten Berichterstattungen über schwere Verbrechensthaten sind sicher, auf ein allgemein menschliches Interesse zu stoßen. Wer vermag zu sagen, welche Regungen in der Welt der Gedanken dadurch angefacht, welche Leidenschaften geweckt, welche Reizungen der Phantasie aufgestachelt werden? Weitaus gefährlicher, als die erste Nachricht von einer begangenen Mordthat, ist diese zweite, im Zusammenhang mit der Hinrichtung zurückschauende Berichterstattung, welche sicherlich die ihr regelmäßig in der Presse gegebene Gestalt nicht erhalten würde, wenn der Delinquent zur lebenslänglichen Zuchthausstrafe verurtheilt worden wäre; denn dieser fehlt jener Zug des Romantischen, Heldenhaften, Pathetischen, Grauenvollen, welcher der Todesstrafe anhaftet.

Die erste Meldung einer ungewöhnlich schweren Missethat prallt gleichsam an dem aufwallenden Zorn des tief beleidigten sittlichen Gefühls zurück. Unwillkürlich steigen in uns die letzten Schatten jenes natürlichen Rachegefühls empor, ein schwaches Erbe jener längst dahingegangenen Geschlechter, die den ergriffenen Thäter sofort niederschlugen. Die zweite Beschreibung, welche dieselbe Missethat nach längerer Zeit aus Anlaß einer Hinrichtung noch einmal in verfeinerter Weise und in sorgfältig ausgemalter Gewandung des Geschehenen vorführt, findet die Gemüther bereits im abgekühlten Zustande vor. Der Mord, der nunmehr erzählt wird, ist für unsere Betrachtungsweise eine „vollendete Thatsache" geworden. Der Getödtete ist nicht mehr der Gegenstand eines so lebendigen Mitgefühls; auch sein Mörder wandelt nicht mehr unter der Sonne. Abgeschlossen liegen die Thatsachen vor uns. Des gleichsam geschichtlich gewordenen Stoffes bemächtigt sich nun mehr die Reflexion denkender Menschen oder die erregbare Phantasie solcher, welche mit Vorliebe die neuesten Criminalromane ergreifen. Die betheiligten Personen, der Mörder und sein Opfer, werden mit einander verglichen und es entsteht in dem Ueberblick über das Geschehene die mit praktischer Tendenz aufgestellte Frage: Wie sich der Ermordete allenfalls gegen seinen Ueberwältiger und andererseits, wie sich der Mörder gegen die Verfolgungen der Justiz hätte schützen können? Das menschliche Freiheitsgefühl drängt mit seinem geheimnißvollen Zauber zu der Untersuchung, ob der schließlich eingetretene Endausgang des blutigen Dramas ein unausweichbarer, fatalistischer oder ein vermeidlicher, zufälliger gewesen ist. Es lockt den Scharfsinn, zu entdecken, was der Verbrecher versäumt hat, um sich von der ihn verfolgenden Nemesis zu retten, die Mittel theoretisch zu ersinnen, die er zur besseren Vollbringung seiner That anwenden konnte. Es schmeichelt der Eigenliebe vieler, sich am Schlusse einer solchen Betrachtung sagen zu können, daß man selbst — wenn man dieselbe That ausgeführt hätte — sie in sicherer und gleichsam fehlerloser Weise hätte vollbringen können, ohne von den Folgen betroffen zu werden, die den Verbrecher ereilten.

Ist dieser Punkt erreicht, so wird die ungeheure Mehrzahl der Lesenden den Verbrechensbericht bei Seite legen und als abgethan betrachten. Sie haben in dem Schachspiel, das sie in rein theoretischer Stimmung mit der menschlichen Strafrechtspflege gespielt haben, ihre Partie gewonnen. Aber jener Punkt, der für den einen Umkehr bedeutet, kann für manchen auch den Wendekreis zum Bösen, den Eintritt auf die Bahn zum Verbrechen bedeuten.

Wie der Anblick strafloser Missethat und der dadurch erworbene Genuß schwache Menschen ohne sittlichen Halt zu Falle bringt und diese eigenthümliche Macht des Beispiels zu keiner Zeit bestritten worden ist, so giebt es auch ein unendlich viel feineres, flüchtigeres, und darum unberechenbares Contagium, welches, durch die Reizungen einer verdorbenen Phantasie auf die moralischen Gesinnungen einwirkend, den verbrecherischen Nachahmungstrieb in einigen Menschen anregt. Die Bilder, welche ein lebendig geschriebener Verbrechensbericht ausmalte, werden allmählig zu ständigen Begleiterinnen im Vorstellungskreise dieser reizbaren Naturen und dann häufiger hervorgeholt, um mit Vorliebe betrachtet zu werden. In ihrer eigenen Redeweise sagen die Eigenthümer solcher Verbrechensbilder von sich aus, daß sie von einem gewissen Augenblicke an diesen oder jenen Gedanken nicht wieder los werden konnten. Langsam geht endlich, mit dämonischer Gewalt anwachsend, der verbrecherische Anreiz aus dem luftigen Reich der Einbildung in greifbare Gestalt über; er nähert sich mehr und mehr den wirklichen Dingen und gewinnt endlich sein Dasein in einem Verbrechen, das gleichsam auf dem sich mannigfach windenden Wege von der theoretischen Betrachtung eines verbrecherischen Vorgangs in die Phantasie emporstieg, von dieser wiederum in die Praxis und das Handeln zurückkehrte, ohne daß die Beweggründe dazu unmittelbar aus einer bestimmt erkennbaren Anreizung hervorgegangen sein müßten.

Die Todesstrafe verleiht in höherem Maße dem Morde die Macht der im Beispiel liegenden Anstiftung zu anderen Mordthaten.

Zwölftes Kapitel.

Hinrichtungen als Anreiz zu Mordthaten. — Die Hinrichtung des Mörders ist Wiederbelebung seines Verbrechens. — Der verbrecherische Nachahmungstrieb durch die Todesstrafe in Mördern angeregt. — Einzelne Mordthaten hervorgegangen aus der Absicht, hingerichtet zu werden. — Die Sicherheit der menschlichen Lebens beruht auf der natürlichen Scheu vor der Lebensvernichtung. — Die Analogie officieller und nicht officieller Tödtungen von gewissen Mördern festgehalten. — Ohne Todesstrafe ist das Leben in Holland und der Schweiz sicherer, als trotz der Todesstrafe in Griechenland und Italien. — Die Abschreckung seit Abschaffung der qualificirten Todesstrafe den schwersten Verbrechen nicht mehr proportional.

Der im Guten wie im Bösen mächtige Nachahmungstrieb äußert sich auf die mannigfachste Weise. Er wird zum krankhaften Hang, wenn er sich eines bereits überreizten Nervensystems bemächtigt. Jedes Verbrechen, welches bekannt wird, wirkt beispielgebend, einmal für andere, die gleichfalls in Versuchung geführt werden; sodann für die Gesetzgebung, welche ihrerseits in der Strafe ein Beispiel des Guten geben will. Nun geschieht es aber in der Todesstrafe, daß diese weiterhin beispielgebend wird für neue Verbrechen der Tödtung.

Die Hinrichtung des Verbrechers ist Wiederbelebung seines bereits in der Erinnerung der Zeitgenossen absterbenden Verbrechens. Bemerkenswerth sind solche Fälle, in denen die nachahmende Anwendung gewisser eigenthümlicher Todesarten und Tödtungsprocesse hervortritt. Ihnen schließen sich diejenigen an, die wegen ihrer Häufigkeit, in zeitlicher Beziehung unmittelbar nach vorangegangenen Hinrichtungen auftretend, den aufmerksamen Beobachtern auffallen.

Die Nachahmung seltener und eigenthümlicher Tödtungsarten nach ihrem ersten Auftreten ist besonders häufig im Selbstmorde zu beobachten.[48]) Sobald die Tagesblätter von einem neu angewandten Gifte Meldung thun, oder eine neue technische Erfindung dem Zwecke der Tödtung besonders zu entsprechen scheint, mehren sich die Fälle der Anwendung, bis endlich die zuerst auffallenden Tödtungsarten den Reiz der Neuheit verlieren, wiederum seltner werden und zuletzt verschwinden, um den gangbarsten Mitteln des Selbstmordes, wie Erschießen, Erhängen und Ertränken wiederum ihren Platz abzutreten, es sei denn, daß die besondere Zweckdienlichkeit neuer Tödtungsmittel diesen eine dauernde Stelle neben den älteren verschafft. Es kann nun weiter geschehen, daß die eigenthümliche Weise eines Selbstmordes, wenn sie unter Aufsehen erregenden Umständen berichtet wird, nicht blos in Selbstmorden, sondern auch in verbrecherischen Tödtungen nachgeahmt und umgekehrt eine auffallende Methode der Ermordung von Selbstmördern angewendet wird. Solche Thatsachen müssen als unabwendbare hingenommen werden und lassen sich nicht ändern.

Anders verhält es sich indessen mit solchen Fällen, in denen der Mord, ohne eine vorhandene örtliche Beziehung unter den Thätern, einen neuen völlig gleichartigen Mord hervorruft, dessen Entstehung wahrscheinlich im Zusammenhang steht mit den Proceßverhandlungen und den die Hinrichtung betreffenden Berichten. Mit einer gewissen Berechtigung läßt sich versichern, daß ohne die Aussicht auf Todesstrafe den Verhandlungen in Kapitalsachen ein minder intensives Interesse innenwohnen, auch ohne Hinrichtung dem vorangegangenen Verbrechen nicht der hohe Grad von aufregender Nachwirkung eingepflanzt werden würde. Das Gesetz, welches mittelst der Todesstrafe abschrecken will, kann also, seiner Absicht entgegen, den Lebensschutz thatsächlich vermindern. Wie weit dies wirklich der Fall ist, läßt sich in Anbetracht der ungewöhnlichen Schwierigkeit des Beweises, eher vermuthen, als behaupten. Jedenfalls verdient der Gegenstand die sorgfältigste Beachtung schon deswegen, weil in Mitten unserer vielfach gekünstelten und unnatürlichen Gesellschaftszustände die Reizbarkeit des Nervenlebens im Wachsen ist, die Nervenkrankheiten und Geistesstörungen nach der Ansicht der zuverlässigsten ärztlichen Beobachter zunehmen und weil erweislich einige Fälle vorgekommen sind, in denen der verbrecherische Nachahmungstrieb durch die Verhängung der Todesstrafe angeregt wurde. Gegenüber der völlig unerweislichen specifischen Abschreckungskraft der Todesstrafe würde es von ganz besonderem Gewicht sein müssen, wenn erwiesen werden kann, daß Hinrichtungen und Kapitalprocesse die Begehung von Mordthaten veranlaßt haben.

Italiänische Aerzte haben darauf aufmerksam gemacht, daß die Berichte über die Ermordung des Erzbischofs von Paris durch Verger höchstwahrscheinlich im Zusammenhang standen mit einem Mordversuch gegen den neapolitanischen Erzbischof von Matera, den ein ihm untergebener Geistlicher bald nach jenem Pariser Attentat unternahm. [49]) Es ist zu bedauern, daß bei einem in der Berliner Domkirche vorgekommenen Attentate gegen den Geistlichen nicht darnach gefragt worden ist, ob der Thäter vielleicht mit dem Verbrechen Verger's bekannt war.

Großes Aufsehen erregte die 1825 in Paris begangene Mordthat der Henriette Cornier, eines jungen Mädchens, welches ohne jedes denkbare Motiv ein völlig fremdes Kind grausam umbrachte. Durch die Zeitungsberichte ward das Geschehene in weitesten Kreisen bekannt und besprochen. Im Zusammenhange damit wiederholten sich an anderen Orten ähnliche Fälle. Von einer unerklärlichen Leidenschaft ergriffen, schnitten einige Frauen fremden Kindern den Hals ab. Die berühmtesten französischen Irrenärzte wie Esquirol, S. Marc, Georget und Barbier haben über diese Vorgänge damals sorgfältige Untersuchungen angestellt. Der englische Criminalist Hill berichtete, daß die Hinrichtung des bekannten Falschmünzers Fountleroy in einem andern, dabei zugegen gewesenen Menschen den Gedanken erweckte, dasselbe Verbrechen unter sorgfältiger Vermeidung der von Fountleroy begangenen Unvorsichtigkeiten zu verüben und daß dieser Plan auch zur Ausführung gebracht wurde. Die Lektüre von Courvoisier's Mord reizte eine Erzieherin dazu an, gleichfalls einen Mordversuch zu unternehmen. In gleicher Weise fand eine literarische Anleitung zum Morde einen leider sehr fruchtbaren Boden in Miß Galloy, welche 1844 ihren Vater umbrachte, um ein ihrer Verheirathung im Wege stehendes Hinderniß zu beseitigen. Kurz nach Tropmanns Hinrichtung ereigneten sich in England mehrere ähnliche „Familienabschlachtungen", unter anderen der siebenfache Mord in Uxbridge. Drei Jahre früher (1867) geschah gleich nach der Execution dreier Fenier in Manchester die von Feniern bewirkte Explosion von Clerkenwell in London, welche mehreren Personen das Leben kostete. In allerneuester Zeit ist man in England auf die analoge Thatsache aufmerksam geworden, daß zahlreiche Missethaten von jugendlichen Verbrechern durch das Lesen von Criminalgeschichten erklärt werden und daß die letzten Spuren in der Entstehung verbrecherischer Gedanken nicht selten in den Bücherschränken einer mit schlechter Lectüre versorgten Leihbibliothek zu entdecken sind.

Abgesehen von den stärkeren Reizungen, die der verbrecherische Nachahmungstrieb durch aufregende Berichterstattungen über Kapitalsachen empfangen kann, darf die Todesstrafe in ihrer Existenz gleichfalls verantwortlich gemacht werden für das gelegentliche

Vorkommen solcher Fälle, in denen Verbrecher, um hingerichtet zu werden und auf dem Schaffot zu sterben, irgend einen
beliebigen Menschen, z. B. den ersten, der ihnen begegnen würde,
umzubringen beschließen und ein solches Vorhaben wirklich aus-
führen.⁶⁰) Daß diese Fälle überall vorgekommen sind, wird durch
die Thatsache erwiesen, daß sowohl die französische als die englische Jurisprudenz und Gesetzgebung sich damit ausdrücklich be-
schäftigten und auch Feuerbach die Frage aufwarf, ob derjenige
wirklich hingerichtet werden solle, welchem mit der Hinrichtung ein
Gefallen geschehen würde. Noch das belgische Strafgesetzbuch
vom Jahre 1867 wiederholt die ältere Definition des vorsätzlichen
Tödtungsverbrechens in Art. 392:

> Sont qualifiés volontaires, l'homicide commis et les
> lésions causées avec le dessein d'attenter à la personne
> d'un individu déterminé, ou de celui qui sera trouvé
> ou rencontré u. s. w.

Viel wichtiger als die Rücksicht auf die vorgekommenen Fälle
von Verbrechen, die zum Zwecke des verbrecherischen Ruhmes und
des auf dem Schaffot zu erleidenden Todes unternommen wurden,
ist der Hinweis darauf, daß Hinrichtungen an sich geeignet sind,
die Achtung vor dem menschlichen Leben zu vermindern
und eben damit eine Schranke einzureißen, welche unter den Schutz-
wällen, die das menschliche Leben vor Zerstörung sichern, als die
wirksamste gelten muß.

Die Abschreckung durch die Todesstrafe bedeutet somit nicht
eine Steigerung der bereits vor jeder schweren Strafe bestehenden
Scheu, was nach den bisher gegebenen Darlegungen erfahrungsgemäß durch die Ungewißheit ihres Eintretens verhindert wird,
sondern eine Verringerung jener im menschlichen Herzen
wohnenden Abneigung gegen die Tödtung. Kein Gebot
ist so tief in das menschliche Gewissen eingewurzelt wie dasjenige:

„Du sollst nicht tödten". Keines Gebotes Verletzung zeigt dem noch klarer sehenden Blicke den drohenden und warnenden Finger des eigenen Gewissens so deutlich. Kein Plan hat mit der Vorempfindung der Reue so hartnäckig und so lange zu kämpfen, wie ein Mordanschlag. Diese nur dem schwersten Bösewicht und dem völlig abgestumpften Sinn fehlende natürliche Regung des Herzens zu stärken, heißt die denkbar nachhaltigste Abschreckung ausüben und in planmäßiger Weise gerade auf solche einwirken, die noch nicht völlig verdorben sind, oder doch zuviel Schwäche besitzen, als daß sie sich verbrecherischer Anwandlungen mit Sicherheit zu erwehren vermöchten.

Die Geschichte des Strafrechtes lehrt uns diese Wechselwirkungen zwischen den Lebensstrafen und den Lebensgefährdungen nur zu deutlich verstehen und zeigt unwiderleglich, daß den grausamsten Strafen eine ungewöhnlich große Ziffer schwerer Verbrechen gegenüberstand.

Zwischen der sittlichen Natur der einzelnen Menschen und dem sittlichen Gehalt der Strafgesetzgebung walten ewige Wechselbeziehungen. Gewiß hat der Staat Rechte, welche dem einzelnen Staatsbürger nicht zukommen; es kann der Gesammtheit erlaubt sein, was Einzelnen verwehrt wird. Aber nicht ohne erheblichen Nachtheil läßt sich ein Gegensatz in der Weise aufrecht erhalten, daß das absolut schwerste Verbrechen der Privatperson, die vorsätzliche Tödtung eines Menschen, gleichzeitig eine löbliche Handlung sein soll, wenn sie vom Henker im Auftrage der Behörde an einem Wehrlosen vorgenommen wird, der gleich einem Thier abgeschlachtet wird. Um bei Tödtungen den Unterschied zwischen berechtigter Volksgesammtheit und nicht berechter Einzelperson scharf auszuprägen und in das Rechtsbewußtsein einzupflanzen, war es daher ebenso richtig als nothwendig in den ältesten Strafgesetzen vorzuschreiben, daß der todeswürdige Verbrecher entweder

von der Volksmenge gesteinigt werden solle oder als ein Recht=
loser von jedermann umgebracht werden könne. Wenn hingegen
ein Einzelner als Henker mit obrigkeitlicher Bewilligung eine Hin=
richtung ausführt, so wird die sittliche Verworfenheit der Tödtung
abgeschwächt werden. Mancher wird sich sagen: es giebt Fälle
und Gründe, aus denen der Einzelne einen andern Menschen
tödten kann; das Leben ist nicht in dem Maße heilig und un=
verletzlich, wie dies die strenge Sittenlehre behauptet. Nach diesem
natürlichen Gesetze der Wechselwirkung zwischen den Grundsätzen
der öffentlichen Moral und der sittlichen Bethätigung des indivi=
duellen Willens läßt es sich auch nicht bezweifeln, daß häufig
wiederkehrende Kriege, zumal wenn sie mit besonderer Grausam=
keit geführt worden sind, nach und nach in den dabei betheiligten
Völkern die Achtung vor dem Leben erheblich verringern. Ebenso
ist es Thatsache, daß die von Staat und Kirche wetteifernd be=
triebenen Hexenprocesse außer den Verurtheilten selbst, manchem
alten Weibe das Leben gekostet haben, insofern Hexen kurzer Hand
von abergläubischen Menschen, gleichsam im Wege der Selbsthülfe,
todt geschlagen wurden.[51]) Die Rechtsunsicherheit und das Auf=
kommen gefährlicher Räuberbanden, welche im Gefolge des dreißig=
jährigen Krieges erschienen, sind allgemein bekannt. Auf der an=
deren Seite ist anzuerkennen, daß die ernsthaften Versuche der
neueren Zeit, die Schrecken des Krieges zu mildern und ins=
besondere den Verwundeten bereits auf dem Schlachtfelde das Leben
gegen willkürliche Tödtung zu gewährleisten, keineswegs blos die
internationalen Beziehungen der Völker berühren, sondern auch
der inneren Ordnung der kriegführenden Staaten zu Gute
kommen und die Achtung vor fremdem Leben allmählich erhöhen
werden.

Ich erinnere mich eines bemerkenswerthen, zum Nachdenken
anregenden Vorkommnisses: Ein im Jahre 1867 in der Nähe

von Wittenberge ergriffener Mörder führte zu seiner Entschuldigung an: er habe als Soldat auf den Böhmischen Schlachtfeldern 1866 so viele Menschen sterben sehen, daß er vor Begehung seiner That geglaubt habe, auf ein Menschenleben mehr oder weniger könne nichts ankommen. Es kann vernünftiger Weise kein Zweifel darüber bestehen, daß derjenige, der sich einer solchen Ausrede bedient, ihrer Unhaltbarkeit sich bewußt wird, wenn man ihn auf das völlig Unzulässige derartiger Vergleichungen hinweist. Immerhin ist die Thatsache wichtig genug, daß gewisse Menschen mit unklarem Kopfe und schwachem Gewissen sich selbst durch solche Vorspiegelungen zeitweise beruhigen. Während im Kriege Tödtungen unvermeidlich sind, kann die Strafrechtspflege ohne die Todesstrafe sehr wohl bestehen. Sie hat daher zu erwägen, mit welchen Mitteln sie ihren Zweck, Verbrechen zu verhindern und zu sühnen, am besten erreichen kann. Dabei hat sie sich Rechenschaft abzugeben, nicht blos von dem, was sie direct soll und will, sondern auch von den Thatsachen des geistigen und sittlichen Volkslebens, die, gegen die Absicht des Gesetzgebers, im Zusammenhange mit den von ihm gebrauchten Strafmitteln entstehen können. Nicht nur dasjenige, was er als Strafgesetzgeber durch seine Mängel verschuldet, hat der Staat zu verantworten, sondern auch was er an vermeidlichen Uebeln nach' den Gesetzen von Ursache und Wirkung überhaupt entstehen läßt. Wenn sich also herausstellt, daß die Todesstrafe die Achtung vor dem menschlichen Leben in einer gewissen Anzahl von Menschen verringert, und verminderte Scheu vor dem menschlichen Leben als eine Ursache vorsätzlicher Tödtungen angesehen werden muß, so wird der Staat gewissenhaft zu prüfen haben, ob er seinen Hauptzweck, das Leben der Unterthanen zu schützen, nicht am sichersten erreicht, indem er zunächst mit allen denkbaren Mitteln die Heilighaltung des Lebens pflegt und nach Strafmitteln sucht, welche

diesem Ziele entsprechen. Durch die Verzichtleistung auf die Todesstrafe kann der Staat also möglicherweise weitaus größere Erfolge
erreichen, als durch ihre Anwendung. Daß dies unter unseren
Culturverhältnissen der Fall sein würde, ergiebt sich aus der
Selbstbeschauung jedes denkenden Menschen. Wer seine eigene
persönliche Sicherheit zum Gegenstande reiflicher Ueberlegung
macht, wird überall finden, daß er seinerseits ohne jede Rücksicht
auf die Todesstrafe, sich ungefährdet glaubt je nach der Art der
Menschen, in deren Mitte er lebt, und je nach den Gesinnungen,
die er bei ihnen voraussetzt; andererseits auch wiederum trotz des
härtesten Strafgesetzes sich bedroht glaubt in Gegenden, die von
Räuberbanden heimgesucht werden. Wer Deutschland, England,
die Schweiz und die Niederlande auf der einen Seite mit den süd-
lichen Staaten der Nordamerikanischen Union, mit Griechenland
und Italien vergleicht, wird die in der letzteren Gruppe häufiger
vorkommenden Angriffe auf fremdes Leben nicht sowohl aus den
Zuständen einer mangelhaften Gesetzgebung, als aus der nächst=
liegenden Thatsache einer durch mangelhafte Strafrechtspflege ver=
schuldeten Nichtachtung des menschlichen Lebens erklären. Jeder
Reisende wird sich nach der Abschaffung der Todesstrafe in der
Schweiz und in Holland sicherer fühlen, als in Athen, in New=
York oder in der nächsten Umgebung Neapels, obwohl das grie=
chische, italiänische oder amerikanische Gesetz ihm die Garantie der
Todesstrafe anbietet.

In der Verzichtleistung auf die Anwendung der Todesstrafe
verkündet der Staat also dies: Das menschliche Leben ist ein so
werthvolles Gut, daß es so lange als unantastbar gelten muß,
als nicht genügende Ursachen der Selbsterhaltung den einzelnen
Bürger in den Act der Nothwehr oder den in seinem Bestande
bedrohten Staat in die unabwendbare Nothwendigkeit versetzen,
menschliches Leben vernichten zu müssen.

Wenn der Staat durch die Selbstbeschränkung, die er in der Verzichtleistung auf die Todesstrafe sich selbst auferlegt, die Idee der grundsätzlichen Unverletzlichkeit des menschlichen Lebens in das allgemeine Rechtsbewußtsein tiefer einpflanzt, so wird er die Schutzwehren des menschlichen Lebens nicht einreißen, sondern befestigen, den Abscheu vor dem Morde nicht schwächen, sondern erhöhen.

In denjenigen Zeiten, in denen die Gleichgültigkeit gegen fremdes Leben sehr groß und weit verbreitet ist, wird der Staat mit der einfachen Todesstrafe wenig ausrichten. Er griff deswegen zu den qualificirten Todesstrafen, um durch Foltern und Peinigungen mannigfachster Art zu ersetzen, was der einfachen Lebensentziehung fehlte, ohne mit gesteigerter Grausamkeit etwas anderes zu erreichen, als steigende Rohheit der Sitten, steigende Abneigung, die Zwecke der Rechtspflege thätig zu unterstützen, vielleicht auch steigende Feigheit, welche die sittliche Natur der Strafe verkennend, lediglich das körperliche Leiden als Symbol der Verschuldung anzusehen vermag.

Die Todesstrafe trägt nur so lange das rechtmäßige Gepräge fester geschichtlicher Begründung, als in den Sitten eines Volkes die Blutrache dem herrschenden Gefühl entspricht und die Tödtung eines Verbrechers, damit er den Keulenschlägen oder dem Schwertstreich der beleidigten Familie, dem Hinterhalt der im Versteck lauernden oder in öffentlicher Gewaltthat aufbrausenden Leidenschaft entrissen wird, auf die staatliche Ordnung übertragen wird. Gegenwärtig liegen die Dinge aber so, daß die Hinterbliebenen eines Ermordeten weniger als andere Neigung tragen, dem Missethäter das Leben zu entziehen. In England geschieht es nicht selten, daß gerade sie Begnadigungsanträge nach erfolgter Verurtheilung unterzeichnen.

Die wahre und allein wirksame Abschreckung muß darin bestehen, daß die Gesetzgebung die Schwere der verbrecherischen Handlung und die Tiefe des Rechtsbruches durch ein geeignetes Strafmittel dem Staatsbürger vergegenwärtige, damit auf diesem Wege der Abscheu vor der That im Gewissen lebendig bleibe oder erweckt werde. In diesem Sinne genommen, vermögen also grausame und harte Strafdrohungen nicht abzuschrecken, wobei freilich zugegeben werden muß, daß nach der Entwickelungsstufe eines späteren Zeitalters verwerflich und roh erscheinen kann, was vorangegangenen Geschlechtern natürlich und angemessen bei der Auswahl der Strafmittel erschien, und umgekehrt bei eintretendem Sittenverfall früher verworfene und gemißbilligte Strafen hinterher gut geheißen werden können.

Der Gesetzgeber ist niemals im Stande, die denkbar schwerste That eines Verbrechers im Wege der Abschreckung zu überbieten; ebenso wenig vermag er, mit künstlichen Veranstaltungen jene schrecklichsten und langwierigsten Leiden hervorzubringen, welche mit gewissen Krankheiten des menschlichen Leibes verbunden sind. In dem Wettrennen mit der tiefsten Verworfenheit einzelner Verbrecher und den höchsten natürlichen Graden möglicher Schmerzen wird eine auf Abschreckung abzielende Gesetzgebung glücklicherweise unterliegen. Wir haben kein Mittel, einen Mörder, der eine ganze Familie abschlachtete, drei oder viermal sterben zu lassen. Es war daher ein Zeichen mangelnder Einsicht, wenn die alte Gesetzgebung in Folterqualen und Grausamkeiten dem Mörder gegenüber die Rolle des Meistbietenden festzuhalten suchte.[62])

Der Verbrecher, welcher gegenwärtig in empörender Gefühllosigkeit durch langsame Marter sein Opfer stückweise hinschlachtet, kann sich sagen, daß der Staat ihm nichts zufügen kann, was seiner That annähernd gleichkäme; aber, indem er dies einsieht, muß er sich gleichzeitig eingestehen, daß heute der allgemeine

Abscheu gegen ihn ein größerer ist, als damals, wo er auf die Folterbank gespannt wurde.

Aus der Geschichte des Strafrechts ist mit größter Klarheit zu erkennen, daß die zunehmende Milderung der Strafgesetze eine in gleichem Maße zunehmende Abnahme der schwersten Missethaten zur Begleiterin hatte. Es ist daher eine völlig unhaltbare und durch die Erfahrung widerlegte Annahme, daß ein Nachlaß in der Härte der Strafdrohungen eine Vermehrung der davon be= troffenen Missethaten im Gefolge haben würde. Bei wenigen Verbrechen ist der Fortschritt von äußerster Strenge zu größter Milde so augenscheinlich wie bei der Bestrafung des Ehebruchs, der widernatürlichen Unzucht und der Gotteslästerung, die nach gemeinem Recht todeswürdige Verbrechen waren. Aus der Sitten= geschichte ist jedoch mit Leichtigkeit zu erkennen, daß die Ehe im XIX. Jahrhundert heiliger und reiner sich darstellt, als im XVII. und XVIII. Jahrhundert.

Von großer Wichtigkeit für die Strafgesetzgebung ist die Frage: Ob diese Erfahrungen den Schluß erlauben, daß die Ab= schaffung der Todesstrafe eine Vermehrung der Mordthaten nicht zur Folge haben werde? Sind die bisherigen Entwickelungen der strafrechtlichen Culturzustände allgemein beweisend? Oder würde die Bestrafung des Mordes überall von anderen Er= scheinungen begleitet sein, als die Bestrafung anderer Verbrechen?

Von vornherein scheint es durchaus unzulässig, für das Ver= brechen des Mordes eine Ausnahmestellung etwa in der Art zu beanspruchen, daß man behauptete: die Todesstrafe, welche für Diebstahl, Fälschung, Raub und Nothzucht den Abschreckungszweck nicht erfüllt habe, werde ihn ausnahmsweise bei Mördern erfüllen können. Allenfalls ließe sich denken, daß die seltenere Vollziehung der Todesstrafe, als ein ungewöhnliches Ereigniß, abschreckender wirken könnte, als die häufigere Anwendung desselben Strafübels

als eines gleichsam alltäglichen Rechtsactes. Hierbei ist jedoch zu
erinnern: Wenn die Beschränkung der Todesstrafe auf den Mord
bewirkt hätte, daß die besondere Schwere vorsätzlicher Tödtungen
darin für das allgemeine Rechtsbewußtsein hervorspringt, so wäre
damit weiter bewiesen, daß es der sittliche Factor ist, welcher auf
die Verminderung der Mordthaten eingewirkt hat, und daß eine
noch höhere Abschreckung erreichbar ist, wenn die Unverletzlichkeit
des Lebens als die Grundlage einer gleichfalls specifisch und einzig-
artigen anderen Strafdrohung angenommen würde. Und weiter
dieses: Wenn die seltene Anwendung der Todesstrafe außer
jedem numerischen Verhältniß zu der Ziffer der Mordfälle bleibt,
so wird jene sittliche Reactionskraft nicht nur gelähmt werden,
sondern auch das bereits früher als nothwendig nachgewiesene Erforderniß aller Abschreckung, nämlich die Gewißheit in der Anwendung aufgehoben. Die Gesetzgebung bliebe also in der Alternative stecken: Mit der häufigeren Androhung der Todesstrafe
Abstumpfung oder mit der seltensten Anwendung Unglauben
in der Bevölkerung erwarten zu müssen. Als der gegenwärtig
überall geltende und darum unhaltbare Standpunkt der modernen
Gesetzgebung darf bezeichnet werden: Ausnahmsweise Androhung und noch seltenere Anwendung.

Dreizehntes Kapitel.

Culturgeschichtliche Wirkungen allmähliger Beseitigung der Todesstrafe. — Die Erfahrungen der Engländer seit 1780. — Fortschreitende Milderung des englischen Strafrechts. — Abnahme der ehemals todeswürdigen Verbrechen trotz der darauf bezüglichen Gesetzesmilderung. — Neuere Erfahrungen in Holland vor und nach der Abschaffung der Todesstrafe — Nachweis, daß die Häufigkeit des Mordes, statistisch betrachtet, unabhängig ist von der Androhung der Todesstrafe. — Todesurtheile und Hinrichtungen in England während des vierzigjährigen Zeitraums vor 1872. — Schlußergebnisse über das Verhältniß der Todesstrafe zur Abschreckungstendenz der Gesetzgebung.

Zur Erkenntniß der Erfolge, welche die allmählige Abschaffung und Beschränkung der Todesstrafe gehabt hat und wahrscheinlich fernerhin haben wird, ist die Geschichte des Englischen Strafrechts besonders geeignet. [53])

Bis zum Jahre 1780 zählte man in England gegen 240 verschiedene Einzelfälle, in denen die Todesstrafe erkannt werden sollte oder konnte. Trotzdem war die Unsicherheit auf den großen Landstraßen und in den einzelnen Stadttheilen der Hauptstadt dazumal größer, als heute in der Umgebung von Neapel oder Athen. Seit dem Ende des vorigen Jahrhunderts begann die Gesetzgebung, die alten Strafsatzungen zu mildern und damit gleichzeitig die öffentliche Sicherheit zu verbessern. An die Stelle der Todesstrafe trat lebenslängliche oder doch langjährige Transportation nach den australischen Colonien. Noch hundert Jahre

länger als in Deutschland bestand in England die Todesstrafe für
mäßig schwere Diebstahlsfälle, obgleich die Beobachtung gelehrt
hatte, daß Taschendiebe vorzugsweise bei Hinrichtungen sich ein-
zufinden und zu stehlen pflegten. Noch im Jahre 1829 wurden
in London doppelt so viele Menschen gehängt, als gegenwärtig
in ganz England. Der Diebstahl an Pferden, Rindern und
Schafen, sowie großer Diebstahl aus bewohnten Gebäuden war
bis 1832 der Todesstrafe unterworfen. Das gleiche galt bei Fälschung von Banknoten und Münzen. Zur Beseitigung der Todesstrafe in diesen Verbrechensfällen wurde man nicht durch Rücksichten der Humanität, sondern lediglich durch die Wahrnehmung
getrieben, daß durch wiederholte auffallende Freisprechungen sowohl die Sicherheit der Bestrafung als auch die Zuverlässigkeit
der Strafverfolgung erheblich vermindert ward. Als Anklägerin
in Kapitalsachen auftretend, machte die Bank von England in
Fälschungsprocessen die übelsten Wahrnehmungen. Hätte England
die continentalen Proceßeinrichtungen besessen, so würde die Todesstrafe für Fälschungen wahrscheinlich länger fortbestanden haben.
Da jedoch in England unberechenbare und ungerechtfertigte Freisprechungen in Criminalprocessen nicht nur Befreiung des Verbrechers bewirkten, sondern auch nutzlose Verausgabung hoher
Proceßkosten von Seiten des Privatanklägers bedingten, so über-
zeugten sich die bei Wechsel- und Banknoten-Fälschung zumeist
betheiligten Kreise der Bankverwaltung und der Geldwechsler, daß
die Abschaffung der Todesstrafe gerade den benachtheiligten An-
klägern zum größten Vortheil gereichen würde. Die Erfahrung
bestätigte die Erwartung, daß nach der Beseitigung der Todesstrafe zunächst die Freisprechungen und in Folge dessen auch
die Fälschungen selbst in erheblich verminderter Ziffer auftreten
würden.[84])

Die Entwendung von Briefen auf der Post war sogar bis zum Jahre 1835 todeswürdig.

Fünf Jahre, nachdem auf Ewart's Antrag mehrere schwerere Diebstahlsfälle von der Anwendung der Todesstrafe ausgenommen worden waren, setzte Lord John Russel eine gleiche Maßregel durch in Beziehung auf schwere Körperverletzung (cutting and maiming) und die Anzündung von geernteten Feldfrüchten (rick-burning). Es blieben darnach außer Mord- und Mordversuch noch etwa 7 Fälle für die Anwendung der Todesstrafe übrig. Endlich ist der letzte Schritt im Jahre 1861 geschehen, als man nur noch zwei todeswürdige Verbrechensfälle aus jener langen Reihe übrig ließ, die im vorigen Jahrhundert vorhanden gewesen war. [55]) Im Jahre 1840 war zum ersten Male ein Antrag auf völlige Abschaffung der Todesstrafe im Parlament gestellt und von 95 Abstimmenden unterstützt worden.

Welchen praktischen Erfolg vornehmlich die Russel'sche Parlamentsacte aus dem Jahre 1837 gehabt hat, wird man schwerlich aus der Thatsache erkennen, daß die Zahl der Todesurtheile, welche in einem einzigen Jahre (1837) 438 betragen hatte, zwei Jahre nach dem Erlaß des Gesetzes (1839) auf 56 herabgesunken war. Obgleich ein so jäher Uebergang in der Strafrechtsgeschichte selten vorkommen mag, konnte dennoch eine Verbesserung in der allgemeinen Sicherheit als ein unumstößliches Ergebniß jener Reformen überall anerkannt werden. England und Wales hatten im Jahre 1834 eine Bevölkerung von 14,520,297 Seelen. Auf diese fielen in demselben Jahre 922 Todesurtheile, 3000 Verurtheilungen zur Transportation und Strafarbeit (mit 783 für Lebenszeit), zur Gefängnißstrafe 10,721. Nach beinahe dreißig Jahren betrug die Bevölkerung 22,904,104, also etwa ein Drittel mehr. Die Todesurtheile bezifferten sich auf 30; während die Gefängnißstrafe gegen 9318, Strafarbeit gegen 1514 Personen erkannt ward. Als Resultat dieser Bewegung in der englischen Strafgesetzgebung steht fest: daß die größere und geringere Häufigkeit der Verbrechen völlig unabhängig ist von der absoluten oder specifischen Höhe der Strafsätze.")

Solange man nicht darthun kann, daß Mörder furchtsamer sind, als Diebe, und jene aus schwächeren Antrieben und Motiven das Leben angreifen als diese das Eigenthum, muß man anerkennen, daß dasselbe Strafmittel, welches Diebe nicht abgeschreckt hat vom Stehlen, auch Mörder nicht in höherem Maße abschrecken kann vom Tödten. An der Hand der Criminalstatistik kann der tiefer blickende Staatsmann sehr genau den Augenblick erkennen, in welchem er, ohne Gefahr für die Sicherheit und mit völligem Vertrauen auf den endlichen Ausgang, die Todesstrafe aus dem Gesetzbuch ausstreichen darf. Jener Augenblick ist gekommen, wenn in den besten Kreisen der Gesellschaft die Abneigung gegen die Todesstrafe in der Ziffer der relativ häufigen Freisprechungen von der Anklage des Mordes sich manifestirt, wenn das Mitleid mit dem Delinquenten bei Kapitalsachen in den mittelschweren Fällen bereits die Oberhand gewinnt und wenn der Verbrecher seinerseits erfährt, daß er trotz seiner schwersten Missethaten ein Gegenstand der Theilnahme geworden ist.

Wenn diese Erfahrung durch die neuere englische Strafrechtsgeschichte hinreichend bestätigt worden ist, so bleibt freilich zu verwundern, daß die Engländer selbst nicht die nächste Nutzanwendung gezogen haben, sondern den Kindesmord als Kapitalfall bisher beibehalten haben, obgleich nach den übereinstimmenden Aussagen aller sachverständigen Zeugen eine Verurtheilung wegen Kindesmords von den englischen Geschwornen gegen Leugnende niemals zu erlangen ist, wofern nicht etwa ein lebendes Kind in Gegenwart anderer Personen ums Leben gebracht wurde.

Im Vergleich zu den langen Zahlenreihen, welche die

englische Straffatiftik seit dem Jahre 1833 darbietet, bedeuten die Ziffern anderer Staaten wenig. Immerhin ist es von Werth, darthun zu können, daß auch die Abschaffung der Todesstrafe in Toscana,[57]) Bürich,[58]) Holland[59]) keinerlei Nachtheile zur Folge gehabt hat. Nach einer amtlichen, der englischen Regierung im Jahre 1865 ertheilten Auskunft des ehemaligen Oldenburgischen Staatsministers v. Rössing, hat nach Abschaffung der Todesstrafe im Großherzogthum Oldenburg während des Zeitraums von 1849 bis 1865 eine Vermehrung der früher todeswürdigen Verbrechen nicht stattgefunden.

Was Holland anbelangt, so war man dort sehr vorsichtig zu Werke gegangen, indem man schroffe Uebergänge vermied. Seit dem Jahre 1860 war kein Todesurtheil mehr zur Ausführung gelangt, obwohl nach der Landesgesetzgebung keineswegs blos der Mord, sondern auch gewisse andere Verbrechen noch mit dem Tode bedroht waren. Sechs Jahre vorher (1854) waren durch ein tief eingreifendes Strafgesetz sehr wichtige Milderungen verordnet worden. Eine besonders auffallende Erscheinung der holländischen Strafrechtspflege zeigte, daß die nur mit rechtsgelehrten Richtern besetzten Gerichte in Kapitalsachen eine größere Anzahl von Freisprechungen lieferten, als die Schwurgerichte mancher anderen Staaten. Ein Vergleich der dreijährigen Zeiträume, welche der im Jahre 1870 geschehenen gesetzlichen Aufhebung der Todesstrafe vorangehen und folgen, ergiebt dies: In den Jahren 1868, 1869 und 1870 wurden zusammen 9 Personen des Mordes angeklagt. Die Gesammtziffer aller in diesen Jahren eines todeswürdigen Verbrechens angeklagten Personen betrug 66, von denen 19 freigesprochen wurden. In den drei folgenden Jahren betrng die Zahl der des Mordes Angeklagten 23; die Ziffer sämmtlicher eines früher todeswürdigen Verbrechens Angeklagten dagegen 60 (mit nur 11 Freisprechungen). Somit er-

giebt die vorläufig noch kurze Beobachtungsreihe der holländischen
Strafstatistik: Abnahme der Freisprechungen nach Aufhebung der
Todesstrafe, eine Verminderung in der Gesammtzahl der früher
todeswürdigen Verbrechen, eine Zunahme der Mordthaten. Zu
bemerken ist aber hierbei, daß wiederum die Zahl der Mordfälle
ohne Rücksicht auf den Bestand der Todesstrafe in den beiden
Jahren 1868 und 1871 die gleiche ist.[5])

Ueber den Werth der statistischen Beweisführung für die
Widerlegung des Abschreckungszweckes sind manche Irrthümer von
den Criminalpolitikern bisher festgehalten worden. Zunächst ist
davor zu warnen, daß man nicht aus kurzen Zahlenreihen weniger
Jahre übereilte Schlußfolgerungen ziehe. Deswegen haben die
Aufstellungen wenig zu bedeuten, welche in einigen kleineren Gebieten Deutschlands, wie Würtemberg und Weimar, die auf die
deutschen Grundrechte 1849 folgende Periode der Aufhebung der
Todesstrafe mit der bald darauf beginnenden Periode der Wiedereinführung vergleichen sollen. Der leicht zu führende Beweis,
daß die Beseitigung der Todesstrafe regelmäßig keine erhebliche
und dauernde Steigerung in den Mordfällen verursacht, hat sicherlich dargethan, daß eine Aenderung der Gesetzgebung in diesem
Stücke keinerlei Anreiz übt, und niemand bestimmt, ein Verbrechen zu verüben, welches unter der Herrschaft der
Todesstrafe nicht ebenfalls begangen sein würde Der
Nachweis, daß in einem auf die Aufhebung der Todesstrafe folgenden Zeitraume einige Verbrechen mehr gegen das menschliche
Leben verübt worden sind, wäre darum ziemlich nichtssagend, weil
eine Aenderung in der Gesammtheit der socialen Zustände eine Vermehrung in der Zahl der Verbrechen bewirkt haben kann. In
dieser Beziehung ist namentlich an Irland zu erinnern. Die
Zahl der s. g. Landbauverbrechen ist durchaus in erster Linie abhängig von dem jeweiligen Verhältniß der Verpächter zu dem

Pächter, sodann von dem Ausfall der Ernte und schließlich von dem wechselseitigen Verhalten der um Herrschaft mit einander kämpfenden kirchlichen und politischen Parteien. Wenn man den Einfluß veränderter Strafgesetzgebung an der Hand der Statistik untersuchen will, muß man daher alle diejenigen Zustände aus der Betrachtung ausscheiden, welche überhaupt auf die Häufigkeit der Verbrechen irgendwie Einfluß zu haben pflegen. Thut man dies, so wird man zu der Ueberzeugung gelangen: daß ein Mehr oder Weniger in dem Grade oder in dem Maße einer Strafdrohung, wenn dieselben innerhalb der Strafrechtspflege mit gleicher Wahrscheinlichkeit eintreten, gleichgültig sind gegenüber dem Mehr oder Weniger einer bestimmten Verbrechensthat.

Daß in Wirklichkeit das stärkere oder schwächere Auftreten der aus dem Gesammtzustande der Gesellschaft auf den Einzelnen übergehenden Verbrechensmotive und nächstbem auch gewisse überhaupt nicht nachweisbare Zufälligkeiten bei dem Vorkommen des Mordes entscheidend sind, nicht aber die Beschaffenheit der Strafdrohung an sich, ergiebt sich vor allem daraus, daß auch unter der Herrschaft der Todesstrafe die allergrößte Schwankung in den Zahlen hervortritt.

Statistisch hier der Beweis:

Innerhalb des fünfjährigen Zeitraums von 1835 bis 1839 ergiebt sich für England beispielsweise eine sehr hohe Schwankung in den wegen Mordes ergangenen Todesurtheilen: 24, 20, 11, 25, 12. Gleiche Curven zeigt die englische Strafstatistik innerhalb der fünfjährigen Periode 1853 bis 1857 für den Mord, nämlich: 17, 11, 11, 31, 20. Wenn im Jahre 1855 (mit 11 Todesurtheilen) die Todesstrafe in England abgeschafft worden wäre, hätte man dann nicht allgemein behauptet, daß die im folgenden Jahre 1856 eintretende plötzliche Steigerung der Mord-

fälle auf 33 Ueberführungen lediglich eine Folge der Gesetz=
gebung gewesen wäre? Man darf dies mit Gewißheit annehmen.
Vielleicht wäre dann auf Grundlage übereilter, mit einem all=
gemeinen Aufschrei der Entrüstung verbundener Schlußfolgerungen
die Todesstrafe wieder eingeführt worden. Die Gegner der Todes=
strafe dürfen Angesichts der Strafstatistik niemals versichern, daß
für kürzere Perioden nach der Abschaffung der Todesstrafe eine
Steigerung der Mordfälle ausgeschlossen sei. Sie müssen sich
lediglich darauf beschränken, diese immerhin mögliche, wennschon
unwahrscheinliche Thatsache bezüglich ihres Beweiswerthes dadurch
abzuschwächen, daß sie zeigen, wie eben dieselben Schwankungen
auch unter der Herrschaft der Todesstrafe vorgekommen sind und
überhaupt nur längere Zeiträume in Vergleichung gebracht werden
dürfen. Auch die letzten fünf Jahre der englischen Strafrechts=
pflege, für welche statistische Ausweise in diesem Augenblicke vorliegen, zeigen in den wegen Mordes ergangenen Todesurtheilen
(1868 — 1872) die bedeutendsten Verschiedenheiten: 21, 18, 15,
13, 30.

Wie die Androhung der Todesstrafe unter den von mir
bezeichneten Voraussetzungen (d. h. in der Nebeneinanderstellung
einer gleichfalls schweren Strafe) wenig bedeutet für die Zahl der
Mordfälle, so verhält es sich auch mit der größeren oder geringeren
Häufigkeit der Vollstreckungen und Begnadigungen. In
dem Zeitraum von 1836 bis 1872 fällt die höchste Ziffer der
Hinrichtungen in das Jahr 1863 mit 22 Delinquenten, im fol=
genden Jahre zeigt sich die größte Ziffer von 32 Todes=
urtheilen wegen Mordes, welche überhaupt in dem
vierzigjährigen Zeitraum von 1833—1872 gefällt wor=
den sind. Auf eine der niedrigsten Ziffern der Hinrichtung,
nämlich 6 im Jahre 1838, fällt die Zahl der verurtheilten Mörder
von 25 im folgenden Jahre auf 12. Trotz dieser günstigen Er=

fahrung ging die Begnadigungspraxis wiederum in das entgegen=
gesetzte Verfahren über und bestätigte 1839 die doppelte Anzahl
von Todesurtheilen, nämlich 11; worauf eine Steigerung der
Mordfälle auf wiederum 18 folgte. Auch die umgekehrte Er=
scheinung kommt übrigens vor, diese nämlich, daß auf eine be=
sonders niedrige Ziffer der Hinrichtungen eine Steigerung in der
Anzahl der Todesurtheile folgt. Im Jahre 1871 ergingen
in England 13 Todesurtheile, von denen nur 4 vollstreckt wurden;
das folgende Jahr zeigt 30 Todesurtheile mit 15 Vollstreckungen.[60])
Alle diese Wahrnehmungen beweisen, daß die Ziffer der Mord=
thaten durchaus unabhängig sein muß von der Zahl der Hin=
richtungen und dem Bestehen der Todesstrafe. Wenn in der
Strafrechtspflege, die die Todesstrafe anwendet, Schwankungen
vorkommen, in denen die Mordfälle vom einfachen bis zum vier=
fachen steigen, so werden nach menschlicher Wahrscheinlichkeit auch
Schwankungen vorkommen, nachdem die Todesstrafe beseitigt sein
wird. Es genügt für die Bekämpfung der Todesstrafe das jetzt
vorhandene statistische Material zu der Beweisbarkeit der Be=
hauptung, daß die Höhe der Verbrechenszahlen durchaus und
ganz allgemein unabhängig ist von dem specifischen Maximum
einer Strafart. Die zur That werdenden Anreize zum Morde,
deren Ursprung auf sehr mannigfaltige und veränderliche Momente
des individuellen und socialen Lebens zurückweist, können also
durch das Plus an Leiden, welches die Todesstrafe vor der lebens=
länglichen Zuchthausstrafe voraus hat, in keiner bemerkbaren
Weise vermindert werden. Die Analogie der längeren Ent=
wickelungsreihe der englischen Strafstatistik läßt vermuthen, daß
sich die todeswürdigen Verbrechen nach Aufhebung der Todes=
strafe so lange vermindern werden, als die Europäischen Staaten
überhaupt in sittlicher, öconomischer und politischer Hinsicht fort=
schreiten. Und ebenso gewiß ist es, daß die Verschärfung der

Todesstrafe durch körperliche Qualen eine Zunahme der schwersten Verbrechen im Gefolge haben würde, wenn die Vorsehung den Europäischen Völkern den Rückfall in die roheren Zustände früherer Jahrhunderte, eine entschiedene Abnahme der Volksbildung oder eine weit um sich greifende Verarmung beschieden hätte. —

Indem ich die Untersuchungen über das Verhältniß der Todesstrafe zum Abschreckungszweck beschließe, fasse ich die Ergebnisse, welche sie geliefert hat, noch einmal zusammen.

    I. Die Vollstreckung der Todesstrafe mittelst öffentlicher Hinrichtung übt durch den Anblick physischen Leidens keinen nachhaltig abschreckenden Einfluß auf die dabei gegenwärtigen Zuschauer; sondern im Gegentheil einen entsittlichenden, was überall dann anerkannt ist, wenn die Oeffentlichkeit der Executionen beseitigt wurde.

    II. Die Vollstreckung der Intramuranhinrichtung kann auf die große Masse der Nichtgegenwärtigen ihrer Natur nach unmittelbar überhaupt nicht abschreckend wirken, sondern besagt nur, daß die Androhung der Todesstrafe in gewissen seltenen Ausnahmsfällen eine Wirklichkeit geworden ist.

    III. Die Furcht vor dem Tode, welche Delinquenten in der Zwischenzeit zwischen der Verkündung eines Todesurtheils und der Hinrichtung, zu zeigen pflegen, erlaubt keinen Schluß zu ziehen auf die Wirksamkeit der Strafdrohung in dem Augenblicke, wo der Verbrecher mit sich zu Rathe geht, ob er ein Verbrechen ausführen oder unterlassen soll.

    IV. Die Unwirksamkeit oder geringere Wirksamkeit der Androhung der Todesstrafe ergiebt sich aus der relativ im Vergleich zu anderen Strafmitteln verminderten Wahrscheinlichkeit

    1. der Bestätigung und Vollziehnng von den Todes=
       urtheilen,

    2. der gerichtlichen Verurtheilung wegen Mordes.

V. Wo Verbrecher überhaupt die weiteren Folgen ihrer Handlungen überlegen, fallen als entscheidende Gründe für ihre Unternehmungen die positiv wirkenden Motive der Leidenschaft oder eines gehofften Gewinnes in negativer Richtung für die Unterlassung, die Rücksicht auf die gewissere, wenn schon minder schwere Strafe, stärker ins Gewicht als die ungewissere nächsthöhere Strafart.

VI. Die Abschreckung der Verbrecher ist viel eher durch eine sichere und gleichmäßige Strafrechtspflege, als durch die Höhe der Strafsatzungen zu erreichen, was durch die Rechtsgeschichte der letzten dreihundert Jahre dargethan ist.

Vierzehntes Kapitel.

Im weiteren Sinne genommen ist der in der strafrechtlichen Theorie aufgestellte Sicherungszweck (Specialprävention) eine Abart des Abschreckungszweckes im weiteren Sinne. Will man ihn aber als einen besonderen Strafzweck neben der Abschreckung geltend machen, so bedeutet er strafrechtliche Verhinderung eines Verbrechers an der Wiederholung seiner Gesetzesverletzungen. In der Befolgung des Abschreckungszweckes wendet sich der Gesetzgeber an diejenigen, welche durch Verführung und Verlockung, Schwäche und Leidenschaft, Beispiel oder sonst wie, von der Bahn des Gesetzes abgezogen werden könnten, an das große Publicum. In der Befolgung des Präventions- und Sicherungszweckes wendet er sich an die Klasse derer, welche bereits Verbrechen begangen haben, und nach der allgemeinen Erfahrung vermuthen lassen, daß sie nochmals ein und dasselbe oder auch ein anderes Verbrechen begehen könnten. Als Thatsache wird überall festgestellt werden, daß die Verbrechen hervorgehen entweder aus dem starken Anreiz besonderer, regelmäßig nicht vorauszusetzender Umstände (Gelegenheitsverbrechen) oder aus dem Uebergewicht unsittlicher Neigungen, die im Character gewisser Menschen zuständlich geworden sind (Gewohnheitsverbrechen). Bei den dieser letzteren Klasse zugehörigen Verbrechern läßt sich vermuthen, daß eine und dieselbe Strafart nicht den gleichen Eindruck hervorbringen wird, wie bei der ersteren. Ueberall, wo in der Culturgeschichte gewisser Völker das Vorhandensein einer Klasse von Gewohnheitsverbrechern[62] deutlich hervortritt, wird daher die Gesetzgebung erwägen: wie diejenigen durch Strafe zu zügeln sind, welche durch eine einfache und erstmalige Strafdrohung nicht abgeschreckt werden könnten. Insofern ist also der Sicherungszweck eine Ergänzung oder Verstärkung der als unwirksam präsumirten Abschreckung.

Unzweifelhaft ist die Todesstrafe das denkbar stärkste Mittel der Prävention; ihre Anwendung sichert uns in alle Ewigkeit gegen die Wiederholung einer Missethat durch den Hingerichteten. So lange keine Anstalten bestehen, um Gewohnheitsverbrecher unschädlich zu machen, wird die Tödtung derjenigen, die sich durch geringere Strafen nicht warnen oder abschrecken lassen, immer die ultima ratio jeglicher Rechtsordnung bleiben müssen.

In der Urzeit aller staatlichen Entwickelung muß der Präventiv-Zweck gegenüber der Auflehnung gegen das Gesetz außerordentlich stark vorwiegen. Denn von Hause aus, in ihrem ersten Entstehen, hat die Obrigkeit keine Macht über den Verbrecher. Es ist Niemand, der ihn verhaften kann, denn es besteht keine Polizei; Niemand, der ihn verhören kann, denn es giebt keine ständigen Richter; Niemand, der ihn vor Gericht nöthigen kann, denn es giebt keine Boten und Diener des Gerichts, Niemand, der den Verdächtigen festhält oder den Schuldigen der auferlegten Strafe unterwirft, denn es giebt keine Gefängnisse und keine Henker. Daher in dem ältesten Strafrecht aller Völker entweder die Geldbuße, welche der Verbrecher freiwillig erlegt, um sich auszusöhnen mit seiner Volksgenossenschaft, oder die sofortige Vernichtung eines bei unsühnbarer That Ergriffenen durch die gerade Gegenwärtigen, oder der Aufruf an die Einzelnen, einen Recht- und Frieblosen, wo er ihn findet, umzubringen. Anstatt, wie der moderne Staat, den flüchtigen Verbrecher über den Ocean zurückzuholen, treibt umgekehrt der eben entstehende und gleichsam noch im Kindesalter stehende Staat den Verbrecher in die Flucht, indem er ihn für rechtlos erklärt. Allmählig wird, wiederum aus dem Standpunkt des Präventivzwecks der Sicherung gegen den Verbrecher selbst, diesem Fernhaltung vom Schauplatz seines Wirkens, in Gestalt der Verbannung geboten. Um sich gegen den etwa Rückkehrenden zu schützen, ist die präventive Todesstrafe weiterhin geboten. Immer zahlreicher werden nach und nach die Zwischenstufen, welche sich in den Strafgesetzgebungen zwischen Geldbuße und Lebensvernichtung in die Mitte schieben. Die verstümmelnden Strafen, Abhauung der Hand, Ausschneiden der Zunge, sind ursprünglich präventiv gemeint, wie auch die Brandmarkung, die durch Kennzeichnung des Verbrechers jedermann in den Stand setzen will, sich vor dem Uebelthäter selbst zu schützen. Es ist einfach Prävention und Sicherungsmaßregel, wenn der rückfällige oder als besonders gefährlich erachtete Dieb im Mittelalter gehängt wird, denn der Staat hat wiederum keine Mittel, das Thun und Treiben gefährlicher Menschen beaufsichtigen zu lassen. Noch vor zweihundert Jahren war daher dieser regelmäßige Zustand alter Strafgesetzgebungen in der verhältnißmäßig einfachen Stufenleiter ausgedrückt:

Geldbuße, Prügelstrafe, Verstümmelung, (lebensläng=
liche) Landesverweisung, Todesstrafe. Seit jener Zeit be=
gann allmählig die in alter Zeit völlig fehlende positive Frei=
heitsstrafe mit ihren mannigfachen Arten der Haft zwischen Geld=
strafe und Lebensentziehung in eine gleichsam centrale, das ge=
sammte Strafwesen beherrschende Stellung, einzurücken. Unsere
Sicherheit gegenüber dem einzelnen Verbrecher ist seitdem eine
unvergleichlich andere, als in früheren Zeiten: Der allgegenwärtige
Staat mit seiner ständigen Macht, welcher die ehemals wün=
schenswerthe Flucht oder Verbannung eines Schuldigen nicht mehr
duldet, Tausende von Meilen in die Ferne greift, um seine Strafe
zu vollziehen, in der Rechtspflege mit dem Mikroskop die unschein=
barsten und bereits eingetrockneten Flecke als Blutschuld enthüllen
läßt. Selbst der Dieb, der zwanzigmal stiehlt, bleibt darum vom
Galgen verschont. Das Aeußerste, was gegen ihn nach seiner
Entlassung aus der Strafanstalt geschieht, ist, daß die Aufsicht
übende Polizeibehörde sich von Zeit zu Zeit nach ihm erkundigen
darf. —

Auf den Mord angewendet, würde also die Rücksicht der
Prävention gegenwärtig, wenn die Todesstrafe gerechtfertigt werden
soll, dahin führen, dieses Verbrechen für ein solches zu erklären,
welches in so hohem Maße die Wahrscheinlichkeit einer Wieder=
holung an sich trüge, daß das Gebot der Sicherung nothwendig
die Vernichtung des Mörders in sich schließe.

Zunächst ist zuzugeben, daß der in unserer Nähe begangene
Mord mehr als irgend ein anderes Verbrechen ein Gefühl der
Unsicherheit verbreitet, wenn der Thäter nicht sofort oder als=
bald ergriffen wird. Nachdem Briggs auf der Eisenbahnfahrt
in seinem Coupé, wie man annimmt, durch Franz Müller[33]) er=
mordet worden war, fürchteten sich Monate lang ältere wohl=
habende Leute, ohne Begleitung in einem Eisenbahncoupé bei

Nachtzeit zu fahren. Mord verbreitet in der Nähe der That eine ungewöhnliche Furcht. Allein diese schwindet überall mit dem Ablauf der Zeit und in der räumlichen Entfernung. Wenn wir hören, daß in einer Entfernung von über zwanzig Meilen ein Mensch ermordet worden ist, so läßt uns diese Nachricht in Beziehung auf unsere eigene Sicherheit durchaus ruhig, auch wenn wir nicht wissen sollten, daß in Deutschland die Möglichkeit, ermordet zu werden, für den einzelnen viel geringer ist, als diejenige, bei einem Gewitter den Blitzstrahl auf sich zu lenken. In Belgien kam während des Zeitraums von 1832—1835 ein des Mordes Angeklagter auf 83,572 Seelen und im Jahre 1856 bis 1860 sogar erst auf 97,536. Und doch ist dies eine der stärksten Verhältnißziffern![64]

Das instinctiv hervortretende Gefühl, als ob unser Leben nach einem in unserer unmittelbaren Nähe verübten Mord durch dessen Thäter mehr gefährdet ist, als unser Eigenthum nach einem bei unseren Nachbarn begangenen Diebstahl, entspricht der Wirklichkeit durchaus nicht, ist vielmehr eine kurzsichtige Verwirrung, hervorgegangen aus Angst und Furcht. Ohne den Dingen ruhig ins Auge zu schauen, glauben sehr viele Menschen, daß die Schwere eines Verbrechens auch die dem Thäter innewohnende Neigung zur öfteren Wiederholung entsprechend ausbrücke und deswegen dem Mörder, als dem wahrscheinlich gefährlichsten aller Verbrecher, die Vernichtung als ein Vorbeugungsmittel entgegengesetzt werden müsse.

Kein Geringerer, als Feuerbach hat diese Ansicht ausgesprochen, indem er sagt:

„Ein Mensch, der einmal seine Hände in Menschenblut gefärbt hat und hierüber wieder mit sich selbst zur Ruhe gekommen ist, wird immer für die menschliche Gesellschaft eine ebenso grauenhafte wie unheimliche und gefahrdrohende Erscheinung bleiben. Blut macht mit Blut vertraut, und der Abscheu, den man zum ersten Male überwunden hat, kostet zum zweiten Male keine Ueberwindung mehr. Wer eine so entsetzliche That verübt hat, der muß entweder rasend werden, oder er findet nur im Tode einen ruhigen Schlaf, oder wenn keins von beiden, so hat der blutige Tod, den er gegeben, zugleich ihn selber sittlich gemordet. Ein solches Verbrechen gleicht dem Medusenbild, das zwar nicht den Leib, aber den sittlichen Theil der Seele versteinert."

Man glaubt in dieser Sprache eher einen Chor der antiken Tragödie, eine lex horrendi carminis, als einen neueren Criminalisten reden zu hören. Was Feuerbach sagt, verbirgt unter einer schönen und poetisch klingenden Form eine große Anzahl von Irrthümern, die nur dadurch erklärlich werden, daß Feuerbach weder eine bereits weiter entwickelte Psychologie, noch auch eine irgendwie orientirende Strafstatistik, gegen Ende des vorigen Jahrhunderts vorfand.

Zuvörderst könnte vom juristischen Standpunkte gegen Feuerbach eingewendet werden, daß seine Ausführungen über Blutvergießung, schlechthin jede rechtswidrige Verletzung und Tödtung, unter allen Umständen jedoch jede vorsätzliche Tödtung als sittliche Selbstvernichtung des Thäters erscheinen lassen; obwohl doch schon zu Feuerbach's Zeiten schwerlich irgend jemand dies in Beziehung auf die vorsätzlich im Zweikampf bewirkten Tödtungen des Gegners angenommen haben möchte. Der Todtschlag, der zu Feuerbach's Zeiten noch todeswürdig galt, ist dies gegenwärtig in der Mehrzahl der Europäischen Gesetzgebungen nicht mehr. Und doch wird niemand behaupten, daß seit fünfzig Jahren in Deutschland die Achtung vor fremdem Leben abgenommen habe.

Feuerbach setzt bei Mördern nur drei Möglichkeiten nach ihrer That: entweder verfällt der Thäter in Raserei, oder er muß

sich selbst den Tod wünschen, das heißt: er sollte, wenn er nicht
mit dem Tode bestraft wird, zum Selbstmord schreiten, oder er
hat sich selbst sittlich gemordet. Mit diesen drei Möglichkeiten sind
aber aus einer langen Reihe von Hypothesen gerade nur diejenigen
herausgegriffen, die sehr selten sind und wir erwidern Feuerbach
auf Grund sorgfältigerer Beobachtungen dieses:

Sogar beim Mörder geschieht es selten, daß er (wenn er
bei der That völlig zurechnungsfähig war!) hinterher in Raserei
verfällt; selten, daß er sich den Tod wünscht oder Selbstmord
begeht; selten ist er so tief gesunken, daß der letzte Schimmer
einer Hoffnung auf Besserung in ihm völlig ausgelöscht wäre.
Außerdem ist es selten, daß ein Mord die Annahme häufiger
Wiederholungen des Mordes rechtfertigte.

Die Strafstatistik lehrt, daß durchschnittlich die
Tendenz zur Wiederholung eines Verbrechens im umgekehrten Verhältniß steht zur objectiven Schwere der
That. Die Wahrscheinlichkeit, daß ein Mörder rückfällig wird
und seine That wiederholt, ist vergleichungsweise eine geringe.**)
Wie in der Thierwelt die niedrigeren und unvollkommenen Orga-
nismen fruchtbarer zu sein pflegen und sich schneller fortpflanzen,
als die höher in ihrer Rangordnung stehenden, vollkommener eingerichteten Thiergattungen, wie die Vermehrung der Insekten und
unter den Wirbelthieren, der Fische eine unvergleichbar ausge-
dehntere ist, als diejenige der Säugethiere: ähnlich verhält es sich
in der Stufenfolge des Unrechts. Die niedrigen Stufen zeigen
eine viel stärkere Vervielfältigungskraft, als die höheren. Es sind
die Diebe und die Betrüger, welche am häufigsten in einen gleichsam stehenden Verkehr zur Polizei oder zu den Gerichten treten,
als wiederholt rückfällige auf der Anklagebank erscheinen und aus
den Strafanstalten, trotz der gelegentlich geäußerten Vorsätze der
Besserung und eines während der Einsperrung vielleicht „correkten“

Betragens, mit der Voraussicht entlassen werden, daß ihre üblen Gewohnheiten mächtiger sein werden, als der noch frische Eindruck einer eben bestandenen Freiheitstrafe. Noch schlimmer ist es mit denen bestellt, deren Gesetzesverletzung nach dem Maße der ihnen angedrohten Strafe eine sehr geringe ist: Bettler, Arbeitsscheue, Landstreicher, Prostituirte. Nichtwiederholung ihres gesetzwidrigen Thuns ist bei dieser Klasse so sehr die Ausnahme, daß die Erfolglosigkeit kurzzeitiger Freiheitsstrafe gegenüber dem Zustande der Willensschwäche und moralischen Erschlaffung mit so großer Bestimmtheit angenommen werden kann, daß die Gesetzgebung und die Strafrechtspflege, welche fort und fort anerkannt fruchtlose Mittel zur Anwendung bringt, weniger wegen ihrer Einsicht, als wegen ihrer Standhaftigkeit und Ausdauer Anerkennung verdient. In Hinsicht der Rückfälligkeitstendenz würden also Bettler und Landstreicher auf der einen Seite, Mörder und Todtschläger auf der anderen als Gegensätze bezeichnet werden können.

Diese statistische Erfahrung ist freilich des jeweilig herrschenden Volksglaubens noch nicht völlig Herr geworden und man hört noch die Meinung äußern, daß ein Mörder, weil er einmal fremdes Leben vernichtet hat, deswegen auch fernerhin auf Mordthaten ausgehen werde. Dabei wird regelmäßig die eigenthümliche Natur derjenigen Motive übersehen, durch welche die That verursacht worden ist, zumal die ganz besondere persönliche Beziehung, welche zwischen dem Mörder und dem getödteten Individuum vorhanden war; es wird verkannt, daß es ein individuell bestimmtes Leben war, an dessen Vernichtung dem Verbrecher im einzelnen Fall gelegen war; während ihm das Leben anderer Menschen völlig gleichgültig ist.[66] Umgekehrt ist bei den Angriffen auf fremdes Eigenthum dem Diebe und dem Betrüger an der Person des Eigenthümers wenig gelegen; seine Unterscheidung richtet sich nur auf das Verhältniß des größeren oder geringeren Besitzes. Indem der Gewohnheitsdieb einen Diebstahl ausführt, weiß er bereits mit Bestimmtheit, daß er gelegentlich, wenn er wiederum Mangel leidet und andere passende Gelegenheiten vorfindet, noch andere Diebstähle begehen wird. Die Motive der Eifersucht und der Rache lassen sich dagegen nicht beliebig in Beziehung auf unbestimmte Personen vervielfältigen. Solche Mörder, wie Bocarmé, Palmer und Lapommerais setzen ihre ganze Zukunft an die Erreichung eines großen Zieles, zu welchem sie auf dem Wege des Mordes zu gelangen gedenken. Von diesen raffinirtesten Mördern wird man mit Recht glauben, daß sie nicht zum zweiten Male gemordet haben würden.

Freilich ist nicht zu leugnen, daß es auch Mörder gegeben hat, die mit einer gewissen Leidenschaft Menschen abschlachteten und, ohne eine praktische Absicht zu verfolgen, an der Handlung des Mordens eine innere Befriedigung finden. Es sind das jene räthselhaften Naturen, welche einzelne Psychologen zur Annahme einer unwiderstehlichen Mordlust (manic homicide) verführt haben, weil ihnen der moralische Maßstab in solchen Fällen völlig zu fehlen schien. Es genügt an den von Feuerbach geschilderten Mädchenschlächter, an den ihm völlig gleichgearteten Mörder Dumollard, an die Giftmischerin Gottfried und ihre Vorgängerinnen und Nachfolgerinnen zu erinnern. Dem Ungeheuerlichen und Bestialischen dieser Unmenschen wird aber an der Thatsache ein Gleichgewicht gegeben, daß solche Vorkommnisse zu den größten Seltenheiten gehören. Wenn solche Verbrechen straflos gelassen würden, indem man die Thäter von vornherein für irrsinnig erklärte und ihnen damit das Leben gewährleistete, so möchte das wohl ungerecht sein, aber sicherlich würden sie nicht häufiger vorkommen, als dies gegenwärtig der Fall ist. Der Abscheu ist zu stark, als daß die Gefahr der Nachahmung oder Verbreitung entstehen könnte und selbst in einer Gesellschaft gewöhnlicher Mörder und Todtschläger würden die Vollbringer jener Unmenschlichkeiten als Standesgenossen nicht anerkannt werden.

In Wirklichkeit giebt es nur eine Klasse von Mördern, welche erweislich wegen einer vorhandenen Tendenz zur Rückfälligkeit gefährlich ist, nämlich diejenigen, welche im verbrecherischen Zusammenhang mit Räuberbanden standen und im notorischen Krieg mit der öffentlichen Rechtsordnung lebten. Solche Menschen wußten, daß sie den Sicherheitsbehörden bekannt waren, daß sie überall bei Tage und bei Nacht gesucht wurden, daß in ihrer Nähe vielleicht der Verräther lauerte, der durch Angeberei einen Preis zu erlangen hoffte und endlich, daß ihr Leben bereits durch das Verbrechen des Raubes allein verwirkt war. Immerhin zeigt die früher häufig geschilderte Geschichte der großen Räuberbanden, welche in dem fast zweihundertjährigen Zeitraum zwischen dem Ende des breißigjährigen Krieges und dem dritten Decennium unseres Jahrhunderts abgeschlossen vor uns liegt, daß selbst unter berufsmäßigen Räubern, die das Leben verwirkt hatten, nicht selten solche Individuen vorkommen, die, soweit als irgend möglich, das menschliche Leben schonten und nur in solchen Fällen zum Aeußersten schritten, in denen sie entweder Widerstand fanden oder die Gefahr des Verrathenwerdens eine sehr hohe war. Der Umstand, daß die ältere deutsche Gesetzgebung schon den Raub an sich mit dem Tode bedrohte, also ein Motiv, das Leben der Beraubten zu schonen, von vornherein nicht wirksam werden ließ, hat in Deutschland erweislich vielen Menschen das Leben gekostet; die Todesstrafe in ihrer Anwendung auf Diebstahl und Raub war kein Schutz, sondern eine Gefährdung des menschlichen Lebens.

Die Aufhebung der Todesstrafe kann in der Gegenwart die Gefahren nicht steigern, welche das menschliche Leben von Seiten der Mörder bedrohen. Abgesehen von jener erfahrungsmäßig ge-

ringen Tendenz zur Rückfälligkeit, verfügen wir über ausreichende
Mittel der Sicherung selbst gegenüber der in socialer Hinsicht gefährlichsten Klasse von Straßenräubern. Es ist in Deutschland
nicht die Härte der Strafgesetze gewesen, welche die allgemeine
Sicherheit erhöht und unsere Waldgebirge von gefährlichen Banden
gesäubert hat.

Soweit als Sicherungszwecke in Betracht kommen, genügen
unsere neueren Strafanstalten, um uns wegen des ferneren Schicksals des Mörders zu beruhigen. Der zur lebenslänglichen
Zuchthausstrafe begnadigte Mörder ist heut zu Tage
besser bewahrt, als ehemals ein Räuber, der zum Tode
verurtheilt war und sich noch im letzten Augenblicke aus
schlecht eingerichteten Haftlocalen mit Hilfe seiner
Spießgesellen der Hinrichtung zu entziehen vermochte.

Wie der Abschreckungszweck in hohem Grade zu seiner Verwirklichung auf die Wirksamkeit der strafprocessualischen Institutionen angewiesen ist, so beruht auch die Prävention nicht blos
auf der gelegentlichen Vollziehung einer Strafe, die der Verbrecher
voraussichtlich hindern wird, die Rechtsordnung fortdauernd zu
verletzen, sondern auf dem Vorhandensein einer zusammenhängenden
Reihe von solchen Einrichtungen, welche bewirken, daß der Schuldige
überall in Botmäßigkeit gegenüber der Staatsgewalt erhalten werden kann. Gerade in dieser Hinsicht sind wir unseren Vorfahren
unendlich überlegen. Wir verfügen über Mittel zur Nieder-
haltung verbrecherischer Unternehmungen, von denen jene nicht
einmal eine Ahnung hatten.

Jahrhunderte hindurch war die Sicherheit in Deutschland
dadurch gefährdet, daß es an jenen vorbereitenden Anstalten fehlte,
welche die endliche Vollstreckung eines gerichtlichen Urtheis sichern
konnten. Früher war es unmöglich, aus einem wenige Meilen
entlegenen kleinen Stadtgebiet den flüchtigen Verbrecher zu er-

langen, weil er im entscheidenden Augenblicke entweder nicht zu finden war oder wiederum einige Meilen weiter in ein anderes deutsches Territorium wanderte; heute würde ein schwerer Verbrecher in den arktischen Regionen oder am Aequator weniger sicher sein, als damals im Spessart oder in der Wetterau. Früher war es eine mißliche Sache, gefährliche Verbrecher eine Strecke Weges zu transportiren oder in mangelhaften Untersuchungsgefängnissen fest zu halten; heute kann mit der Uhr in der Hand die Stunde berechnet werden, in welcher ein eingefangener Missethäter mit der Eisenbahn oder auf dem Postdampfer in Begleitung eines Sicherheitsbeamten eintreffen wird. Früher trug der Gefangene centnerschwere Ketten am Leibe; heute ist es der elektrische Strom in den Telegraphenleitungen, welcher einem Entflohenen kaum die Hoffnung eines dauernden Erfolges läßt; an Stelle der alten Brandmarkung verräth ihn das Lichtbild, welches die Polizeibehörde sich von ihm zu verschaffen wußte. Früher konnte der Schuldige mit einem hohen Grade von Zutrauen auf die Beweislehre blicken, welche zu seiner Ueberführung zwei Zeugen oder ein Geständniß verlangte, er konnte im schlimmsten Falle nach überstandener Folter sogar eine Freisprechung hoffen, obgleich die ganze Welt und er selber von seiner Schuld überzeugt war, heute weiß er, daß der Richter frei nach seiner Ueberzeugung urtheilt, ohne durch bindende Beweisvorschriften eingeengt zu sein, und daß er selber am besten für sich sorgt, wenn er möglichst bald bei ungünstiger Proceßlage ein Geständniß ablegt; es gilt dies gerade für diejenigen, welche bereits wiederholentlich mit den Gesetzen im Kampfe gewesen sind. Der geübteste Verbrecher hat die geringsten Aussichten auf Freisprechung. Früher konnte in manchen Fällen der ursachliche Zusammenhang gerade des Mordes ein dunkler bleiben, denn man wußte vor hundert Jahren von Chemie und Physiologie wenig; heute wird

an der halbverwesten Leiche, die man arglos begrub, wenn hinter=
her Verdacht sich ergiebt, das Vorhandensein von Giften durch
die gerichtliche Chemie nachgewiesen und dadurch der Verdächtige
überführt, der sich vollständig sicher wähnte. Der Thäter, dessen
Schlauheit die Polizei überlistete, scheitert an der überlegenen Macht
der im Sachverständigen=Beweis triumphirenden Wissenschaft, sogar
wenn er selbst wie Palmer und Lapommerais sich auf wissen=
schaftlichem Wege zu seiner Unthat vorbereitete, oder wie Bocarmó
jahrelang experimentirte, um das Nicotin für seine Zwecke benutzen
zu können. Und endlich sind unsere Strafanstalten so eingerichtet,
daß sie zwar die Möglichkeit des Entkommens ebensowenig aus=
schließen, wie eine im stillen Ocean abgelegene und von Kriegs=
schiffen bewachte Insel, aber dennoch mit äußerster Sorgfalt be=
hütet und bewacht sind. Die Sicherheit, welche unsere
Strafanstalten gegen ein Entweichen darbieten, muß
uns genügen; der Grund der Prävention kann also gegenwärtig
zur Rechtfertigung der Todesstrafe nicht mehr ausreichen. Es ist
merkwürdig, daß der Kampf gegen die Todesstrafe, den Beccaria[67]
einleitete, zeitlich nahezu zusammenfällt mit Howard's Bestre=
bungen für Gefängnißreform.[68] In Wirklichkeit hängen beide
Probleme historisch eng zusammen. Die Gefängnisse müssen ihre
Leistungsfähigkeit als Sicherungsanstalten erwiesen haben,
ehe der Staat auf die Todesstrafe als Sicherungsmittel verzichten
kann.

Fünfzehntes Kapitel.

Todesstrafe und Sicherungszweck II. Historische Vorbedingungen für die Abschaffung der Todesstrafe. — In Ermangelung ausreichender Sicherungsanstalten und bis zu deren Herstellung ist die Todesstrafe vom Standpunkte nothwendiger Prävention zu rechtfertigen. — Die Weststaaten der nordamerikanischen Union. — Ausnahmsweise ist die Todesstrafe in civilisirten Ländern anzuwenden: 1) Kriegsgebrauch gegen Unterthanen des Feindes. — 2) Militärstrafe gegen die eigenen Soldaten. — 3. Seeraub. — 4. Meuterei zur See. — 5. Militärstrafrecht im Frieden. — 6. Belagerungszustand. — Der Fall der Straflosigkeit für die Tödtungen, welche von bereits lebenslänglich verurtheilten Verbrechern verübt werden.

Vorbedingung für die Abschaffung der Todesstrafe ist das Vorhandensein von Strafmitteln, welche dieselben Zwecke gleich vollkommen oder doch annähernd ebenso zu erfüllen geeignet sind, wie die Vernichtung des Schuldigen. Rein theoretische Betrachtungen über die Rechtswidrigkeit der Todesstrafe würden niemals einen Erfolg haben, so lange diese Vorbedingung nicht erfüllt ist. Es wäre vergebens, in asiatischen Staaten oder in der Türkei für die Abschaffung der Todesstrafe ein Wort einzulegen. In England begann man die Strafen zu mildern, als australische Kolonien hinreichende Sicherheit gegen die Rückkehr gefährlicher Verbrecher darboten oder darzubieten schienen. In Rußland konnte man seit dem Zeitalter Katharina's deswegen sparsam mit der Todesstrafe umgehen und in Finnland sogar seit 1826 die Hinrichtungen sistiren, weil man die schwersten Verbrechen in den Ural, nach Sibirien oder in die Bergwerke des Altai zu versenden vermochte.[69]) In Italien suchen viele Gegner der Todesstrafe nach einem entlegenen Punkte, der sich zur Anlegung einer Verbrecher- colonie eignen würde.[70]) Auch Frankreich verfügt über überseeische Besitzungen, aus denen ein Deportirter schwerlich heimkehren kann, wenn ihn nicht Glückszufälle in hohem Maße begünstigen, wie dies bei Rocheforts Flucht der Fall war.

Je weniger Deutschland daran denkt, sich in schwierige und unsichere Verbrechercolonisationen von Staatswegen einzulassen, desto wichtiger ist es, unser Augenmerk auf die heimischen Straf- anstalten zu richten. Wie mangelhaft sie in vielen Stücken sein mögen, wie zahlreiche Verbesserungen auch nothwendig sind, so muß doch anerkannt werden, daß sie als Sicherheitsanstalten allen Ansprüchen genügen und den Präventionszweck der Todes- strafe ersetzen; nichts würde überdies die größeren Staaten hin- dern, zur Bewahrung verurtheilter Mörder gerade solche Anstalten ausschließlich zu bestimmen, die in baulicher Hinsicht den höchsten Anforderungen entsprechen.[71]) Wenn man anerkennt, daß die Ab- schaffung der Todesstrafe in untrennbarer Verbindung steht mit dem jeweiligen Zustande der Gefängnißreformen, so muß man auch andererseits durchaus zugestehen, daß die Todesstrafe überall da beibehalten werden darf, wo der Staat keine anderweitigen Mittel hat, sich gegen fortgesetzte Bedrohung von Seiten schwerer Verbrecher zu sichern. Es ist daher durchaus keine In- consequenz, wenn man mit Rücksicht auf die besonderen Zustände eines Landes für die Abschaffung, in Anbe- tracht der Verhältnisse eines anderen Landes hingegen für Beibehaltung der Todesstrafe sich ausspricht. Die grundsätzlichen Gegner der Todesstrafe, welche deren Beseitigung erstreben, können in zurückgebliebenen Ländern nur dadurch ihrem

Ziele näher kommen, daß sie die Gefängnißreformen fördern. Wie in Deutschland Mittermaier, so erwarb in Frankreich namentlich Lucas sich während seines nunmehr fünfzigjährigen Kampfes gegen die Todesstrafe das Verdienst, fortdauernd den praktischen Zusammenhang zwischen Gefängnißverbesserung und Abschaffung der Todesstrafe betont zu haben.

Was die Geschichte in der allmähligen Entwickelung der Strafrechtsinstitutionen lehrt, das zeigt auch die Gegenwart vielfach noch als neben einander bestehend, so daß gewisse Staaten trotz ihrer modernen Bevölkerung nach dem Zusammenhange ihrer Einrichtungen etwa in das XVI. und XVII. Jahrhundert versetzt werden müssen. Ebenso wie die Gesetzgeber des XVI. Jahrhunderts auf der Grundlage überlieferter Anschauungen und höchst mangelhafter Sicherungs-Anstalten gar nicht anders konnten, als die Todesstrafe androhen und vollstrecken, gerade so werden auch in der Gegenwart noch Staaten vorhanden sein, deren Machthaber zunächst nicht daran zu mahnen sind, die Todesstrafe über Nacht abzuschaffen, sondern vielmehr daran, daß sie die Herstellung solcher Gefängnißeinrichtungen beschleunigen, deren Bestand später ihn die Milderung des Strafgesetzes gestatten würde.

Man braucht nicht scharfsinnig zu sein, um den gewaltigen Unterschied zu erkennen, der zwischen den westamerikanischen Territorien der Union und den älteren Culturstaaten Europas besteht. Wenn unter einer weit zerstreuten Bevölkerung schwer zugänglicher Prärien oder zerklüfteter Gebirge eine Bande von Plünderern sich zusammenthut, um Heerden von der Weide wegzutreiben, Pferde zu stehlen, Häuser niederzubrennen und solche, die sich mit Gewalt zur Wehr setzen, einfach niederzuschießen, wenn ferner auf Hunderte von englischen Meilen eine Sicherheitswache nicht zu erlangen ist, Gerichte in weiten Zwischenräumen von einander getrennt sind, Untersuchungsgefängnisse mangeln, die Festnahme einer

bewaffneten Bande mit Lebensgefahr für die Beauftragten ver=
bunden ist, jeder Belastungszeuge durch Todesdrohungen einge=
schüchtert wird, so ist die Androhung der Todesstrafe nicht nur
völlig gerechtfertigt, sondern auch eine Maßregel, die an sich be=
trachtet, ohne Hinzunahme anderer sogar durchaus unzulänglich
sein wird. Unter so außerordentlich unvollkommenen Verhältnissen
einer eben beginnenden Staatsbildung ist noch Alles auf Selbst=
hülfe gestellt; der einzelne Ansiedler muß Verrichtungen über=
nehmen, die in höher gebildeten Gemeinwesen der Behörde ob=
liegen. Auch die sg. Lynchjustiz, welche ergriffene Mörder und
Räuber einfach in summarischer Weise am nächsten Baum auf=
hängt, kann durch ihre relative Nothwendigkeit als Selbsthülfe oder
durch Nothwehr gerechtfertigt sein, wo es an einem geord=
neten Wirken und an einer schützenden Macht zur
Stütze der Rechtsordnung noch fehlt. Ueberall, wo solche
Zustände nachweisbar bestehen, muß man einfach einräumen, daß
die ohne unsere Proceßgarantien einfach und in summarischer
Weise an schweren Missethätern vollstreckte Todesstrafe ein ge=
ringerer Uebelstand ist, als die Straflosigkeit, auf welche in Er=
mangelung von hinreichenden Sicherheitsanstalten bei seinen Unter=
nehmungen der Verbrecher rechnen darf.

Ein ähnlicher Grundsatz muß bei der Beurtheilung derjenigen
Fälle festgehalten werden, in denen die Todesstrafe, trotz ihrer
Beseitigung durch das bürgerliche Gesetz, ausnahmsweise beibehalten
worden ist.

Die deutschen Grundrechte, deren Merkzeichen es war, den
Principien überall die weiteste Ausdehnung zu geben und den
Zweckmäßigkeitsrücksichten wenig Spielraum zu gönnen, konnten
nicht umhin, Ausnahmen zuzulassen, als die Abschaffung der Todes=
strafe beschlossen worden war. In gleicher Weise haben neuer=
dings Holland und die Schweiz die Aufhebung der Todesstrafe

durch einige Ausnahmen beschränkt. Wenn man in der Auf=
stellung derselben nicht willkürlich verfahren will, wird es unum=
gänglich nothwendig sein, die Verhältnisse genauer zu prüfen, in
denen die Regel keine Anwendung finden soll.

In erster Linie unter den Ausnahmeverhältnissen stehen die
äußersten Fälle des Kriegsrechts gegenüber den Unterthanen
eines feindlichen Staates. Einrückende Armeen sichern sich durch
den Gebrauch ihrer Waffen, durch ihre strategischen Bewegungen,
durch den Vorpostendienst und durch eine große Reihe von Vor=
sichtsmaßregeln gegen den bewaffneten Feind, der ihnen das Vor=
rücken streitig macht. Sie vermögen es aber nicht, mit rein
militärischen Mitteln sich gegen Schädigungen und Angriffe
Unbewaffneter zu schützen. Obwohl die bisher geltende Regel des
Völkerrechts die Befugniß zur Vornahme feindseliger Angriffe nur
den kämpfenden Armeen selbst beilegt, so lehrt doch die Erfahrung
aller Kriege, daß auf die Innehaltung dieser abstracten Rechts=
regel niemals zu zählen ist. Wenn in Anbetracht natürlicher Ver=
hältnisse eine Invasions=Armee ein gewisses Maß von Widersetzlich=
keit, Unwillen und positivem Widerstand mit in den Kauf neh=
men muß, so kann sie doch nicht dulden, daß ihre Verbindungen
im Rücken jeden Augenblick gestört, Eisenbahnschienen aufgerissen,
Telegraphen zerschnitten, Brücken gesprengt oder Spione aus=
gesendet werden, noch viel weniger, daß unter Berufung auf
patriotische Pflichten der Landesvertheidigung jeder beliebige Bauer
aus dem Versteck heraus einzelnen vorüberziehenden Feinden auf=
lauert. Denn der Krieg duldet nach seinem Wesen keine zweifel=
haften Verhältnisse; sein allererstes Bedürfniß ist, in weit=
hin sichtbarer Linie Freund, Feind und Neutrale von
einander zu sondern. Zwischen der antiken Kriegsführung,
welche das ganze Volk der Vernichtung preisgiebt, und der moder=
nen Kampfesweise, welche mit den soldatischen Armeen allein zu

thun haben will, ist ein Zwischending nicht denkbar. Die Androhung und Anwendung der Todesstrafe ist vom Standpunkt
des Präventiv-Zweckes aus das einzige Mittel, sich vor den
schwersten Gefahren in Feindesland zu schützen. Unsichtbare Feindschaft derer, die im bürgerlichen Gewande umhergehen, ist in ihren
möglichen Wirkungen weitaus nachtheiliger, als sichtbare. Da
nun während des Krieges eine Armee über die gewöhnlichen Anstalten der Sicherheitspflege nicht verfügt, die Gerichte in Feindesland außerdem ihre Dienste versagen würden, so bleibt nichts
anderes übrig, als zu dem äußersten Mittel der Prävention zu
greifen. Möglich, daß diese an dem Fanatismus eines aufgeregten
Volkes scheitert, aber das ist nicht zu leugnen, daß völlige Un-
thätigkeit oder die Anwendung gelinder Maßregeln viel schlimmer
sein würden, als die äußerste Strenge einer summarischen Procedur.
Daß überdies in der Formlosigkeit des Verfahrens und in der
Schnelligkeit der Vollstreckung Momente der Abschreckung gegeben
sind, die der Todesstrafe in gewöhnlichen Zeiten völlig fehlen,
läßt sich nicht leugnen. Die Analogie mit der Rechtspflege fehlt
im Kriege durchaus. Der Kriegsgebrauch gegen ergriffene Spione
oder Verräther nähert sich den Grundsätzen berechtigter Nothwehr
oder der Selbsthülfe. [72])

Ebenso schwer wiegen die Gründe, welche den Staat dazu
nöthigen, in Kriegszeiten die Todesstrafe gegen die Soldaten der
eigenen Armee beizubehalten. Denn auch in diesem zweiten
Ausnahmeverhältniß zeigt sich die Unzulänglichkeit der für gewöhnliche Zeiten des Friedens geordneten Regeln. Die Disciplin
ist in einer Kriegstruppe leichter zu lockern, als in der Garnison;
der Werth der Disciplin hingegen in Kriegszeiten ein unvergleichlich höherer, als sonst, folglich auch jede von Soldaten verübte Verletzung viel gefährlicher. Von einer Vollstreckung längerer Arrest-
strafen kann bei schnellen Vorwärtsbewegungen in Ermangelung

dienlicher Anstalten kaum die Rede sein; es tritt also die Span=
nung großer Gegensätze ein, welche in den ersten Anfängen be=
ginnender Cultur nachgewiesen worden ist: entweder sehr leichte
Strafen, welche mit Sicherheit vollstreckbar sind, oder die schwer=
sten Strafen. In den meisten Fällen ist es durchaus unthunlich,
Strafen in Feindesland zu verhängen unter dem Vorbehalt, sie
später nach dem Frieden vollstrecken zu wollen. Das Vorhanden=
sein jenes großen Gegensatzes wird zu Kriegszeiten immer bei den
in Feindesland beschädigten Bürgern die Klage hervorrufen, daß
frevelnde Soldaten entweder zu milde oder auch gar nicht für ihre
Ausschreitungen bestraft werden. Es fehlt nach dem Zuschnitt
der Dinge im Kriege überall der mittlere Maßstab der
friedlichen Gerechtigkeit. Für eine Reihe von Vergehungen,
die zu Friedenszeiten eine nicht unbedeutende Freiheitsstrafe nach
sich ziehen können, giebt es dann nur drei Möglichkeiten: entweder
Straflosigkeit, oder sehr gelinde Disciplinarstrafen, oder Todes=
strafe; unmöglich sind dagegen längere Freiheitsentziehungen oder
gar die Heimsendung eines Soldaten zur Abstrafung in seinem
Standquartier. So ergiebt sich im Kriege die unabweisbare Noth=
wendigkeit, die schwersten Militärverbrechen mit dem Tode zu
ahnden und das Urtheil außerdem in schleunigster Weise zu voll=
strecken. Es ist unvermeidlich, daß das sonst humane Militärstraf=
gesetzbuch des Deutschen Reichs für eine Reihe von schweren
Fällen, die im Frieden mit Freiheitsstrafe belegt sind, zu Kriegs=
zeiten die Todesstrafe eintreten läßt.

Eine dritte, als unumgänglich zu erachtende Anwendung der
Todesstrafe gilt dem auf hoher See ergriffenen Seeräuber,
dessen sofortige Aufknüpfung das Völkerrecht gut heißen muß, weil
es unter den dabei obwaltenden Umständen wiederum an Anstalten
fehlt, um an Ort und Stelle in Gemäßheit der Proceßgesetze irgend
eines civilisirten Staates zu verfahren, oder den Thäter mit Sicher=

heit an irgend eine weit entlegene Gerichtsstelle zu schaffen. Es mag möglich sein, in gewissen Fällen das Leben eines Seeräubers zu schonen, die völkerrechtliche Regel wird sich jedoch schwerlich anfechten lassen.

Ein viertes Ausnahmeverhältniß, welches eine besondere Berücksichtigung verlangt, ist in der Meuterei zur See gegeben. Niemand vermag zu verkennen, daß auch mit diesem Verbrechen besondere Gefahren verbunden sind. Die Befehlshaber auf Schiffen befinden sich in hülfloser Lage, wenn sie meuterischen Seesoldaten und Matrosen gegenüberstehen. Es ist für sie unmöglich, Hülfe zur Aufrechterhaltung der Ordnung zu erlangen. Alles hängt in solchen Fällen von einem schnellen und energischen Gebrauch des persönlichen Ansehens und außerordentlichen Machtvollkommenheiten ab. Wenn schon Niemand leugnet, daß auf hoher See sogar dem Kapitain auf Handelsfahrzeugen, eine bis zum äußersten gesteigerte, auf dem Festlande nirgends gleich weit gehende Disciplinargewalt gegen Matrosen gegeben werden muß, so kann kaum daran gezweifelt werden, daß auf Kriegsschiffen noch viel mehr Grund gegeben ist, dem Commandirenden die denkbar wirksamsten Machtmittel einzuräumen.

Weniger schwierige Verhältnisse ergeben sich in dem Verhältniß des Vorgesetzten zu den von ihm befehligten Landtruppen zu Friedenszeiten. Einzelne Offiziere befinden sich den Mannschaften gegenüber niemals in jener hülflosen Lage, wie dies zur See der Fall ist. Der gewöhnliche Friedensdienst ist regelmäßiger; es ereignet sich seltener, daß übermäßige Anstrengungen, wie in Fällen einer Seenoth, von dem Einzelnen verlangt werden müssen. Es scheint deswegen, daß die Todesstrafe in Friedenszeiten eher entbehrlich sein möchte. Von einem nachhaltigen Erfolg des Abschreckungszweckes kann innerhalb des militärischen Verhältnisses schon deswegen weniger die Rede sein, weil innerhalb des soldatischen Lebens Todesfurcht schlechthin als Feigheit gebrandmarkt ist. Immerhin ist diese Frage nach der Berechtigung der Todesstrafe innerhalb der Militärstrafgesetzgebung nicht so leicht zu entscheiden. Wo hunderte von Menschen die physische Ueberlegenheit haben gegenüber einer geringen Anzahl von Befehlshabern, kann gewaltsame Auflehnung, die nicht sofort auf der Stelle unterdrückt wird, das gefährlichste Beispiel geben; Wohlwollen, Nachsicht und Zögern in dem Gebrauch äußerster Mittel erscheinen in entschei= denden Krisen dem Untergebenen häufig als Schwäche. Gewiß ist es nicht nöthig, überall von vornherein die schwersten Strafen anzuordnen; innerhalb des militärischen Verhältnisses, wo die Aussicht auf Straflosigkeit für den Einzelnen sehr gering ist, hat die Möglichkeit äußerster Strenge ihre selbstständige Bedeutung. Bei organisirten, an gemeinschaftliches Handeln gewöhnten Men= schenmassen wirken alle Elemente der Störung und Schädigung, zumal das schlechte Beispiel Einzelner, sehr viel verderblicher und unwiderstehlicher, als unter einer zusammenhanglosen Ziffer solcher Individuen, die einander fremd im Leben gegenübergestellt sind. Bis zu dem überzeugend erbrachten Beweise, daß auch gegen die allerschwersten Gefahren die militärische Disciplin durch andere Mittel ebenso gut vertheidigt werden kann, ist die Todesstrafe aus den Militärstrafgesetzbüchern nicht zu entfernen. Daß die alte Abschreckungsmethode keine wahre Mannszucht in die Söldlings= heere bringen konnte, ist durch die Erfahrungen des Militärstraf= rechts hinreichend dargethan und auf diesem Gebiete besteht der Parallelismus grausamer Strafen und gehäufter Zuchtlosigkeit, jene Wechselwirkung von größerer Milde und besser beobachteter Manns= zucht. Mit der Pflege des persönlichen Ehrgefühls ist der Staat weiter gekommen als mit der Prügelstrafe. Damit ist aber nicht gesagt, daß unter außerordentlichen Verhältnissen, deren Möglichkeit nicht wegzuleugnen ist, nicht auch außerordentliche Sicherungs=

mittel angewendet werden dürfen. In Zeiten äußerster Noth kann niemals eine objective Regel, sondern nur die persönliche Verantwortlichkeit leitender und vertrauenswürdiger Männer entscheiden.

In allen solchen Verhältnissen ungewöhnlicher Art ist es entschieden besser, der Staatsgewalt ein etwas höheres Maß von Machtvollkommenheiten zu belassen, als vielleicht in dem Augenblick unumgänglich nothwendig erscheint, in welchem man über Zulässigkeit und Unzulässigkeit gesetzgeberisch zu entscheiden hat. Die Gefahr, daß die äußersten Strafmittel, auf deren Gebrauch man eingerichtet ist, in einzelnen Fällen mißbräuchlich angewendet werden, ist weitaus geringer, als die entgegengesetzte, daß bei hinterher erwiesener Unzulänglichkeit beschränkter Machtmittel im Augenblicke bringender Gefahren dennoch über die schlecht gezogene Gränze zu weit hinausgegangen wird und alsdann die Zweckmäßigkeitsrücksichten und die persönliche Unverantwortlichkeit höchster Gewalthaber zur Entschuldigung angerufen werden. Die französische Geschichte seit der Revolution lehrt die Unmöglichkeit, die Formen der Machtbeschränkung, die für einen Justizminister in Friedenszeiten passen, in Zeiten gewaltiger Krisen auch dem höchsten Befehlshaber aufzuerlegen. Die Wahl steht zu solchen Zeiten lediglich zwischen größeren und geringeren Uebeln.

Auf derjenigen Entwickelungsstufe der Cultur, auf welcher wir uns befinden, bleibt es überall nöthig, den Gedanken festzuhalten, daß auch einmal, wenn schon vorübergehend, wiederum schlimmere Zeiten eintreten können. Jedes Gesetz ist freilich auf die Annahme gewisser dauernder Zustände und regelmäßig wiederkehrender Thatsachen zu gründen, es muß aber dennoch die Möglichkeit offen lassen, Ausnahmeverhältnissen auch Ausnahmebestimmungen entgegenzusetzen und nicht vorsätzlich die Augen gegen die kommenden Dinge verschließen. Man darf sich niemals auf

den beschränkten Standpunkt derer stellen, welche meinen, es sei
immer gewesen und werde in Zukunft immer so bleiben, wie heute.
Allmählig eintretenden Veränderungen vermag die Gesetzgebung,
langsam reformirend, nachzufolgen; für die plötzlich und gewaltsam
hereinbrechenden Stürme muß im Voraus gesorgt sein. Aus dieser
Rücksicht entspringt die gelegentlich in Kriegszeiten oder während
eines Aufruhrs hervortretende Nothwendigkeit, ausnahmsweise den
Kreis der persönlichen Verantwortlichkeit leitender Personen zu
erweitern und ihnen ungewöhnliche Strafmittel anzuvertrauen.
Wenn man den Staat schon in alter Zeit mit dem passenden Bilde
eines Schiffes und seine Regierung mit dem Steuer verglichen
hat, so ist auch in Zeiten höchster Gefahr des Untergangs oder
Scheiterns als Rettungsmittel der Seewurf zu gestatten, bei welchem
manche werthvolle Güter des Rechts aus Noth preisgegeben werden
müssen.

Auf diesen Erwägungen beruht der § 4 des Einführungs-
gesetzes zum deutschen Strafgesetzbuch, durch welchen bestimmt wird,
daß in zehn Fällen gewisse, sonst nur mit lebenslänglichem Zuchthaus zu bestrafende schwere Verbrechen mit der Todesstrafe zu
belegen sind, wenn sie in einem Theile des Bundesgebiets, der
im Kriegszustand befindlich erklärt wurde, oder während eines
Krieges auf dem Kriegsschauplatz begangen worden sind. Diese
zehn Fälle beziehen sich auf vollendeten Hochverrath (§ 81),
auf Landesverrath (§ 88), Kriegsverrath (§ 90), quali-
ficirte Brandstiftung (§ 307), wenn der Tod eines Menschen
dadurch verursacht worden ist, oder in der Begünstigung derselben
Mord oder Raub begangen werden soll, oder Löschgeräthschaften
vom Thäter, um das Löschen zu verhindern, entfernt worden sind;
Sachenzerstörung durch Explosion von Pulver und durch ähnlich wirkende Stoffe (§ 311), Ueberschwemmung unter Verursachung einer Tödtung (§ 312), gemeingefährliche Beschädigung

von Eisenbahnen (§ 315), von Seeschiffahrtszeichen (§ 322)
und Herbeiführung einer Strandung (§ 323) vorausgesetzt, daß
in diesen Verbrechensfällen der Tod eines Menschen durch die gemeingefährliche Verbrechenshandlung verursacht worden ist. In
diesen zehn Fällen handelt es sich um schwerste Missethaten, welche
im Gefolge eines Aufruhrs zu erscheinen pflegen.

In anderen Ländern mögen auch andere Fälle denkbar sein,
in denen zur Unterdrückung von gewissen schweren Verbrechen ungewöhnliche Machtvollkommenheiten erforderlich werden können.[73]
Für Mittelitalien und Neapel ist ein organisirtes und gleichsam
ständig gewordenes Räuberbandenwesen in Betracht zu ziehen.
Meistentheils sind, wenn solche Uebel eine weitverzweigte Verbreitung gewonnen haben, die stehenden Organe der Rechtspflege nicht
ausreichend. Angesichts der Anarchie ist die Frage zu stellen,
welche Mittel den inneren Friedenszustand am sichersten und
schnellsten herzustellen geeignet sind; die Analogie des Krieges,
der Selbsthülfe und der Nothwehr ist viel mehr zu-
treffend, als der Hinweis auf das Recht des Friedens.[74] Je weiter die Machtvollkommenheiten in solchen Fällen
zur Ueberwindung des Uebels auszudehnen sind, desto größere
Vorsicht ist freilich anzuwenden, damit nicht Leidenschaft, Rache
und Unwissenheit sich über bereits überwundene Feinde zu Gericht
setzen. Die Fehler und Vergehungen, welche in der Geschichte der
Bürgerkriege so häufig hervortreten, beziehen sich weniger auf den
Gebrauch rechtzeitiger Strenge, als vielmehr auf die Fortdauer
dictatorischer Maßregeln über die unbedingt nothwendige Zeit hinaus. Auch darf es nicht in die Hand der Militärbefehlshaber
gelegt werden, ohne Mitwirkung Rechtsverständiger einseitig über
Leben und Tod zu verfügen. Und niemals darf man empfehlen,
daß in allen solchen Lagen, in denen die ordentliche Justiz walten
kann, das Leben Unschuldiger der Uebereilung der Kriegs- und

und Standgerichte preisgegeben werde. Unser Zeitalter verfügt
über eine große Reihe von Sicherungsanstalten selbst in solchen
Zeiten, in denen der öffentliche Friede gestört ist.[75])

Mit Unrecht hat man zu den durch den Präventivzweck ge-
forderten Tödtungen auch noch den Specialfall gerechnet, in welchem
ein bereits zu lebenslänglicher Freiheitsstrafe Verurtheilter ein neues
Verbrechen, oder gar einen neuen Mord begeht, nachdem er eines
früheren Mordes wegen bereits einmal zum Tode verurtheilt und
begnadigt worden war.

Es ist nicht zu leugnen, daß sich Gefangene gelegentlich am
Gefangenwärter thätlich vergreifen und daß unter Umständen der
Effect der Straflosigkeit eintreten kann. Aber dieser Erfolg kommt
nicht blos bei lebenslänglich Verurtheilten in Betracht. Die Mittel
der menschlichen Gerechtigkeit sind überall unvollkommen und möglicherweise bei einem Zusammentreffen zahlreicher Verbrechen einer
und derselben Person bald erschöpft. Wer zwanzig der schwersten
Diebstähle begangen hat, weiß, daß er nach dem deutschen Strafgesetzbuch im Falle einer Verurtheilung niemals über eine Zeit-
dauer von fünfzehn Jahren hinaus zur Zuchthausstrafe verurtheilt
werden kann; der lebenslänglich Verurtheilte darf in der Strafanstalt Diebstahl, Körperverletzung und Fälschung begehen, ohne
gerichtlich mit praktischem Erfolg bestraft werden zu können. Und
selbst der zum Tode verurtheilte Verbrecher könnte vor seiner Hinrichtung gegen das Gefängnißpersonal beliebig viele Mordversuche
unternehmn, ohne eine andere Strafe, außer der bereits über
ihn verhängten, befürchten zu müssen.

Gerade die Thatsache, daß zum Tode Verurtheilte viel eher
daran denken, sich selbst ein Leides zuzufügen, als den Gefängnißwärtern zu nahe zu treten, ist lehrreich genug; denn eben jene
haben das Bewußtsein völliger Straflosigkeit vor sich. Wenn man

die Delinquenten vor ihrer Hinrichtung fesselt, denkt man in der Regel nur daran, sie vom Selbstmorde abzuhalten.

Die Fälle, in denen lebenslänglich Verurtheilte einen Mord an Gefängnißwärtern vollbringen, sind zu allen Zeiten selten gewesen; sie werden noch seltener sein, wenn man auch bei lebenslänglicher Freiheitsstrafe die Hoffnung auf Begnadigung wegen guten Verhaltens und damit ein wirksames Motiv der Besserung lebendig erhält. Auch versteht es sich von selbst, daß in der Behandlung besonders gefährlicher Individuen diejenigen Vorsichtsmaßregeln beobachtet werden müssen, welche die Erfahrung an die Hand giebt. Jeder Gefängnißkundige wird bestätigen können, daß Mörder an sich nicht gefährlicher sind, als andere Gefangene. Zu einer Ausnahmebestimmung gegenüber den lebenslänglich Verurtheilten fehlt es an einem hinreichenden Grund deswegen, weil sich gezeigt hat, daß das Bewußtsein der gesetzlichen Straflosigkeit der bereits zur höchsten Strafe Verurtheilten eine hervorragende Bedeutung unter den Motiven mörderischer Angriffe nicht beanspruchen kann; ganz im Gegentheil ist zu behaupten, daß der Wunsch, durch Hinrichtung der langsam quälenden Zuchthausstrafe zu entgehen, bei mörderischen Anfällen wahrscheinlich häufiger im Spiel gewesen ist, als die Aussicht auf Straflosigkeit. Viele Verbrecher haben das lebhafte Verlangen, ihre Lage zu verändern und begehen aus diesem Grunde Gesetzesverletzungen. [78])

Sechszehntes Kapitel.

Todesstrafe und Besserungszweck. — Zschokke's Vorschlag, an Stelle
der Todesstrafe Blendung als Besserungsmittel zu verwenden. — Die Annahme
der Unverbesserlichkeit bei Mördern eine durchaus irrige und hinreichend wider-
legte. — Unmöglichkeit, Besserung oder Unverbesserlichkeit mit Bestimmtheit vor-
auszusagen. — Viele Mörder schon vor ihrer Berurtheilung reuig. — Die
Gesellschaft gegen begnadigte und entlassene Mörder nicht unversöhnlich: Annette
Myers und Corrigan. — Der Besserungszweck kein Princip der Strafe, aber
Besserung als eines der Kriterien der Gerechtigkeit des Strafmittels anzuerkennen.
— Inwiefern Mörder durch die Todesstrafe zur Buße gebracht werden können.
— Ueberschätzung der Galgenreue von Seiten mancher Geistlichen.

Ueber das Verhältniß der Todesstrafe zum Besserungszweck ist sehr verschiedenartig geurtheilt worden.

Eine erste Behauptung geht dahin: wer ein todeswürdiges
Verbrechen begangen habe, sei schon deswegen unverbesserlich und
müsse aus der menschlichen Gesellschaft ausgeschieden werden.

Zweitens ist versichert worden, gerade die Todesstrafe sei
das geeignetste Mittel, schwere Verbrecher innerlich umzustimmen.

Und drittens: die Todesstrafe schneide gewaltsam die Möglichkeit der Besserung ab und sei deswegen verwerflich.

So ist also die Todesstrafe abwechselnd vom Standpunkt der
Besserungstheorie aus gerechtfertigt und verworfen worden.[77]

Was zunächst die erste Behauptung anbelangt, der zu Folge
Mörder unverbesserlich sein sollen, so hängt sie in ihrer Begründung mit dem Präventivzweck zusammen. Man besorgt, daß, wer

einmal gemordet hat, auch späterhin bei passender Gelegenheit dieselbe Missethat wiederholen werde. So lange daher der Staat
über keine anderweitigen Sicherungsanstalten verfügt, würde die
Annahme der Unverbesserlichkeit zu demselben Ergebniß führen,
wie die Hinweisung auf die Specialprävention überhaupt. Andererseits würde jene Behauptung keinen selbstständigen Werth mehr
haben, wenn es Mittel giebt, die Verbrecher unschädlich zu
machen. Zschokke hat darauf hingewiesen, daß sogar ohne Gefängnisse die Unschädlichmachung des Verbrechers auf eine ziemlich
schmerzlose Weise durch die gelegentlich in früheren Zeitaltern an-
gewendete Strafe der Blendung zu erreichen sein möchte, woran
er die Bemerkung knüpft, daß erfahrungsmäßig gerade Blinde in
ihrer Hülflosigkeit und Abhängigkeit von anderen Menschen weichen
Gemüthes zu werden pflegten. Eugène Sue behandelt dasselbe
Thema vom psychologischen Standpunkte aus in seinen Geheim-
nissen von Paris. Nachdem man sich einmal von den verstümmelnden Strafen grundsätzlich abgewendet, ist keine Aussicht vorhanden, daß man im Hinblick auf die Beseitigung der Todesstrafe
die Blendung als einen passenden Ersatz dafür gelten läßt.
Die öffentliche Meinung würde heut zu Tage in der Entziehung
des Augenlichtes eine härtere Strafe sehen, als in der Todesstrafe
selbst. Immerhin bliebe es aber überlegungswürdig, ob besonders
gefährliche Individuen durch mechanische Vorrichtungen ohne
wirkliche Blendung so lange am Sehen verhindert werden könnten,
bis sie zur Nachgiebigkeit gestimmt worden sind, und in der Zurück-
gabe des Lichtgenusses eine ihnen erzeigte Wohlthat erkennen
würden. Die Gedankenrichtung, welche dahin geführt hat, den
Dunkelarrest als schwere Disciplinarstrafe zu verwenden, würde
im Wesentlichen damit übereinstimmen. Uebrigens ist jene
Annahme der Unverbesserlichkeit eine durchaus irrige.
Durchschnittlich entspricht nämlich die bereits im Zusammenhang

mit dem Präventivzweck berührte stärkere oder geringere Rückfälligkeitstendenz gewisser Verbrecherkategorien auch der größeren
oder geringeren Wahrscheinlichkeit der dabei auf Seiten des Thäters
vorhandenen Neigung zur inneren Umkehr. Alle Zeugnisse, welche
aus einer Zeit herrühren, die der heutigen Strafanstalten ent-
behrten, sind als völlig werthlos bei Seite zu setzen.

Wer über die Wahrscheinlichkeit der von Verbrechern zu erwartenden Besserung urtheilen will, hat vor allen anderen Dingen
die Criminalpsychologie, die Rückfallsstatistik und die
Erfahrungen der Gefängnißkunde zu Rathe zu ziehen. Alle
gegenwärtig noch brauchbaren Zeugnisse aus diesen Wissensgebieten
stimmen darin überein, daß man die am schwersten bestraften Verbrecher durchaus nicht als die sittlich verdorbensten ansehen darf.

Ein Rechtsgelehrter, dessen Aufmerksamkeit im hohen Grade
der psychologischen Seite des Verbrechens zugewendet ist, Werner
sagt in seiner trefflichen Abhandlung über die Todesstrafe:[76])

„Der in die verborgene Tiefe sieht, wird es wissen und vielleicht einst an den Tag bringen, daß diejenigen, die im Kerker
oder unter dem Henkerbeil büßen, bei Weitem nicht die Schlechtesten
sind und daß Mancher, der kein Verbrechen begeht, ein größerer
Bösewicht ist, als die der Schärfe des Gesetzes verfallenden Verbrecher.“ Und ferner: „Daß der Zeitpunkt, wo der Mensch soeben ein schweres Verbrechen, besonders ein Verbrechen von so
grausiger und greller Färbung, wie der Mord verübt hat, keineswegs der Zeitpunkt ist, wo er der Besserung am fernsten steht.“
— „Ehe der Mensch sich in seiner ganzen empörenden Nichtswürdigkeit selbst erschaut, kann die Nichtswürdigkeit in ihm still
fortwachsen; stellt sich ihm aber in Gestalt eines schweren Verbrechens das Bild seiner ganzen Niedrigkeit und Verworfenheit
plötzlich in scharfen Zügen vor die Augen, so kommt mit der
Selbsterkenntniß auch die tiefe Besinnung, die Reue, die Umkehr.“

Berner's Ausführungen werden durch die Erfahrungen der Strafrechtspflege durchaus bestätigt. Bei wenigen Verbrechen zeigt sich so häufig aufrichtige, wahre und ächte Reue, wie bei den Verbrechen der Tödtung. Es ist dies nicht die Reue, welche durch rechtzeitiges Geständniß einen processualischen Vortheil oder eine Strafmilderung sucht, sondern jene Reue, welche unter der schweren Last eines kaum zu ertragenden Schuldbewußtseins die Selbstbestrafung zu vollziehen beginnt, ehe der Staat durch den Richter das verletzte Gesetz zur Anwendung bringt. Es ist irrig, das Merkmal der Reue nur auf den in der Aufwallung des Blutes verübten Todschlag beziehen zu wollen, auch bei Mör= dern sind die Beispiele aufrichtiger, schon in der Voruntersuchung hervortretender oder sogar zur Selbstanzeige drängender Buße nicht so selten, wie man gewöhnlich glaubt. Inquirenten, die mit Mördern vielfach verkehrt haben, wissen es, daß es leichter ist, von ihnen ein Geständniß zu erlangen, als von ergrauten Dieben oder Betrügern. Auch die Thatsache, daß gerade bei Mordfällen oft nach dem Verlauf von Jahren der unentdeckt gebliebene Thäter sich durch Selbstanzeige bei den Gerichten zur Bestrafung meldet, darf unter den psychologischen Indicien nicht übersehen werden. Die Mehrzahl der anderen Verbrecher hat das ihre That beschönigende Bewußtsein, dasjenige, wozu sie im Drange der Noth getrieben zu sein wähnen, den angerichteten Schaden ersetzen zu können. Die Unwiderruflichkeit des Todes ist es, wodurch das Gewissen derer, die ihn verursacht haben, weitaus schwerer belastet wird und sogar bei denen, die fahrlässigerweise ein mensch= liches Leben zerstörten, zeigt sich eine weitaus lebhaftere Empfin- dung ihres Unrechts, als bei solchen, die durch Fahrlässigkeit Brand stifteten oder fremdes Eigenthum beschädigten.

Die Mehrzahl der hervorragenden Gefängnißdirectoren stimmt darin überein, daß sich bei keiner Klasse von Verbrechern die

die Besserung mit solcher Wahrscheinlichkeit verbürgen läßt, wie bei begnadigten, nach längerer Zeit aus der Strafanstalt entlassenen Mördern. In der oldenburgischen Strafanstalt zu Vechta ist von Hoyer bemerkt worden, daß einzelne zu lebenslänglichem Zucht= haus begnadigte Verbrecher die ihnen späterhin geöffneten Pforten des Gefängnisses nicht zu durchschreiten wagten, sondern in dem lebendigen Gefühl der Reue baten, ihnen das Verbleiben in der Strafanstalt zu gestatten.

Der Criminalstatistiker Oettingen erwähnt, daß der Kindes= mord keineswegs immer von besonders entarteten und gemeinen Personen verübt wird; es sei eine nicht blos in Sibirien gemachte Erfahrung, daß solche Mädchen, die wegen Kindesmordes ver= urtheilt wurden, nachher vielfach als ordentliche und zuverlässige Dienstboten sich erwiesen, welche durch die bittere Erfahrung gewißigt, nicht leicht wiederum der Extravaganz in ihrem Lebenswandel ver= fallen. Mit Recht führt er an, daß mitunter diese verzweiflungsvolle That, sittlich genommen, weniger schlimm ist, als jene unmenschliche (aber meistens durchaus straflose) Lieblosigkeit, die langsam und systematisch das Leben des Kindes opfert oder dahinsiechen läßt.[79])

In der Regel entzieht sich das spätere Leben solcher, die wegen Mordes verurtheilt, dann begnadigt und nach längerem Zeitablauf entlassen wurden, der aufmerksamen Beobachtung. Von vielen Seiten, wenn ihre Schuld bekannt ist, scheu gemieden, ziehen sie selbst sich meistentheils vor anderen zurück oder verlassen, wo es irgend möglich ist, den Schauplatz ihrer Missethat: ein Gefühl, das jedermann leicht begreift. Dennoch giebt es Beispiele genug, welche erweisen, daß die aus den Strafanstalten Entlassenen in ungewöhnlicher Weise bemüht waren, ihrem Verbrechen durch nützliche Wirksamkeit Verzeihung zu erwirken. Bekannt ist das Beispiel einer in der Schweiz zum Tode verurtheilten und später völlig begnadigten Gattenmörderin, welche zum zweiten Male trotz ihrer grauenvollen That geheirathet wurde und in ihrer Gemeinde allgemeine Achtung sich erwarb.

Aus der neueren Englischen Strafrechtspraxis sind zwei Fälle als Beispiel völlig beglaubigter Besserung beachtenswerth. Annette Myers, ein junges Mädchen von höherer Bildung und guter Erziehung erschoß mit Vorbedacht ihren Geliebten, der sie verführt hatte und im Begriff stand, sie zu verlassen. Schon damals, als die That ruchbar ward, bemerkte die „Times", daß, moralisch genommen, ihre That nicht schwerer wiege, als diejenige eines Mannes, der eine schwere tödliche Beleidigung an seinem Gegner im Zweikampf rächt. Annette Myers ward zum Tode verurtheilt, in Folge eines allgemeinen „Begnadigungssturmes" indessen nicht hingerichtet, sondern nach Australien transportirt, wo sie nachmals sich verheirathete und ein tugendhaftes Leben führte.

Ein zweites Beispiel liefert Thomas Corrigan, ein junger Mann, der am Weihnachtsfeste 1855 in Folge eines ehelichen Zwistes, seine Frau gleichsam unter den Augen seiner Freunde erstach, und sofort nach vollbrachter That von lebhafter Reue ergriffen ward. Zum Tode verurtheilt, ward er zu lebenslänglicher Transportation verurtheilt und nach Australien gebracht, wo er nachmals im Kreise seiner Kinder lebte und als Missionar das Christenthum verbreiten half.[80])

Im Allgemeinen wird zu sagen sein, daß diejenigen Mörder, welche, als sie ihr Verbrechen begingen, gleichsam plötzlich aus ihrer bürgerlichen Lebensweise herausgeschleudert wurden, am leichtesten von wahrer Reue ergriffen werden, und daß die Besserungsfähigkeit am geringsten bei solchen ist, die zu den völlig abgestumpften, langsam gesunkenen, gleichgültig gewordenen Naturen zählen.

Was die beiden einander widersprechenden Behauptungen anbelangt, deren eine die Unvereinbarkeit der Todesstrafe mit dem

Besserungszweck betont, während die andere gerade umgekehrt in der Todesstrafe das zuweilen allein übrigbleibende Besserungs= mittel erkennt, so sind beide ziemlich werthlos. Ihr gemeinsamer Ausgangspunkt ist die Anerkennung der Besserung als des alleinigen Zweckes, der Besserungsbedürftigkeit als der Grundlage der Strafe. Bis zum gegenwärtigen Augenblick ist unzweifelhaft nur eine in ihrer Geringfügigkeit verschwindende Minderheit von Rechtsgelehrten bereit, die Besserungsbedürftigkeit des Verbrechers als Princip der Strafe gelten zu lassen. Keine der neueren Strafgesetzgebungen hat sich auf diesen Standpunkt zu stellen ver= mocht. Denn das Wesen der Besserung ist noch weitaus un= sicherer in seiner praktischen Verwirklichung als Abschreckung. Nur das Eine wäre zuzugeben, daß die Umformung des schuldhaften verbrecherischen Willens zu einer sittlichen Macht des Guten unter allen Präventivmitteln gegen die Rückfälligkeit das allerwirksamste sein würde.

Die wissenschaftliche Widerlegung des Besserungszweckes kann hier unterbleiben, da, wie eben bemerkt, keine Gesetzgebung sich auf die ausschließliche Grundlage desselben gestellt hat. Um das Strafrecht auf den Besserungszweck aufzubauen, wäre zweierlei zu zeigen. Erstens, daß Besserungsbedürftigkeit, beziehungsweise zuständlich schlechte und verbrecherische Gesinnung die Quelle aller Verbrechen ist und in Beziehung auf das Moment der Rechtswidrigkeit sich von einer einfach unsittlichen Gesinnung unterscheiden ließe. Vom Standpunkt der Moral bedeutet es wenig, ob in die bereits schwer belastete Wagschale der Unsittlichkeit noch die vergleichungsweise federleichte Einzelthat eines Menschen hineingelegt wird, welche sie zum Sinken in der Hand der Gerechtigkeit bringen soll. Wenn überall zugegeben werden muß, daß Verbrecher oft weniger schlechte Menschen sind, als andere, die in nichtswürdiger Weise unter planmäßiger schlauer Umgehung des Strafgesetzes dieselben un=

sittlichen Zwecke verfolgen, so ist nicht zu begreifen, warum das gleichsam körperliche Element einer bestimmt strafbaren Einzelhandlung die gesammte geistige Persönlichkeit des Verbrechers der Besserungsprocedur unterwerfen soll. Nach der anderen Seite ist die Möglichkeit, ein Verbrechen zu begehen, ohne daß der Thäter seinen sittlichen Werth dauernd einbüßt, nicht nur von den Dichtern und Dramatikern dargethan, bevor die empirische Psychologie diese Thatsache lehrte, sondern auch in jener großen Anzahl von Strafverboten ausgedrückt, die lediglich den Rücksichten der jeweiligen Zweckmäßigkeit entstammt sind. Zweitens wäre weiter zu zeigen: daß jene zuständliche Umwandlung des verbrecherischen Willens mit den für den Staat verfügbaren Mitteln des Zwanges auf hinreichend sichere Weise überhaupt bewerkstelligt werden könnte und auch in ihrem Vorhandensein überall zu erkennen wäre. Nach dem jetzigen Stande der Erfahrung ist aber gerade anzunehmen, daß die Besserung in den Fällen, in denen sie wegen zuständlich schlechter Gesinnung am nothwendigsten in rechtlicher Hinsicht erscheint, mit den bisher versuchten Mitteln am wenigsten zu erreichen ist. Von vornherein darf freilich kein bestimmtes Individuum für unverbesserlich mit absoluter Gewißheit erklärt werden; denn es können im Seelenleben Einwirkungen vor sich gehen, die sich unserer Berechnung völlig entziehen. Auf Grund der gesellschaftlichen Durchschnittserfahrungen ist jedoch daran festzuhalten, daß die große Klasse derer, die gewohnheitsmäßig aus Arbeitsscheu, Trunksucht, geschlechtlicher Ausschweifung, völliger moralischer Verkommenheit die Rechtsordnung verletzen, mit den gewaltsamen Mitteln des Strafzwanges nicht gebessert werden können, man müßte denn einige in vorübergehender Anwandlung der Weichheit vergossene Zähren als Zeichen der Besserung attestiren.

Die Besserung bleibt eine Möglichkeit, die für den Staat eine so große Bedeutung gewinnt, daß sie bei der Werthmessung der Strafmittel niemals übersehen werden darf; denn unbedingt ist zu verlangen, daß der Staat in der Strafe der persönlichen Freiheit so viel Spielraum lasse, daß sie sich zur sittlichen Umkehr überhaupt zu entschließen vermag, oder durch Schule und Kirche aus geistiger Erstarrung wiederbelebt werden könne. Und ebenso ist sicherlich diejenige Strafe schlechthin als eine ungerechte zu bezeichnen, welche durch ihre Erfolge in der Gesammtheit des Volkes oder bei den einzelnen Verbrechern eine Verschlechterung des Sittenzustandes oder ein Sinken der moralischen Kräfte herbeiführt.

Mit diesen beiden Forderungen, daß die sittliche Hebung des Verbrechers soweit ermöglicht, gefördert und erleichtert werde, als mit dem Zwangscharacter des Strafübels irgendwie vereinbar ist, und ferner, daß die strafende Gewalt niemals durch ihre Bethätigungsweise das Unsittliche positiv hervorrufe, ist die Berechtigung des Besserungszweckes im Allgemeinen erschöpft.

Wenngleich der über diese Gränzen hinausgehende Besserungszweck, insbesondere die Theorie, welche Alles von Besserungsfähigkeit und Besserungsbedürftigkeit abhängig macht und die Strafdauer eines bestimmten Individuums von der präsumtiven Annahme der Besserung auf Seiten der Gefängnißbehörden bedingt sein läßt, juridisch und gesetzgeberisch wenig bedeutet, so läßt sich doch nicht verkennen, daß derartige Ansichten in den mittleren und unteren Schichten der Bevölkerung theils unter dem Titel der sg. „Menschenfreundlichkeit", theils unter dem Einfluß einer die Willensfreiheit leugnenden Weltanschauung an Verbreitung gewinnen. Wo man den freien Willen als Quelle der Schuld leugnet, ist es ganz consequent zu verlangen, daß der Verbrecher, der sich nicht selbst bessern kann, zu einem Besserungspräparat in den Laboratorien der Philanthropie unter weiterer grundsätzlicher

Aufhebung seines selbständigen Wollens herabgesetzt werde. Immer zahlreicher werden diejenigen, welche sich einbilden, daß jeder Mensch durch eine bestimmte Anzahl von Unterrichtsstücken, eine bestimmte Ziffer auswendig zu lernender Gesangbuchverse, ein bestimmtes Pensum von Arbeitsleistungen, eine bestimmte Anzahl von menschen= freundlichen Lieblosungeu und eine bestimmte Anzahl von Kubik= metern frischer Luft in einer Gefängnißzelle gebessert werden muß, wobei es die Sprachweise der Medicin ist, in der man den „mo= ralisch Kranken" auch ihre moralischen „Hospitäler", ihre Kur= und Nachkur zuerkennt.

Daß nun die Todesstrafe die Besserung geradezu unmöglich mache, läßt sich von vornherein gewiß nicht behaupten, wenn man sich mit den wahrscheinlich ernst gemeinten Zeichen der Reue be= gnügen will, oder wenn man es als ausreichend erachtet, daß der Verbrecher selbst begreift, er habe Angesichts des bestehenden Ge= setzes kein Recht, sich über die Anwendung der Todesstrafe zu beschweren. Ebenso willkürlich ist die Annahme, daß diejenigen, welche vor der Hinrichtung hartnäckig und verstockt bleiben, sich späterhin gebessert haben würden, wenn man ihnen und dem Geist= lichen nur Zeit gelassen hätte, in den unternommenen Besserungs= versuchen fortzufahren. Wie hoch der Werth der Reue zu ver= anschlagen ist, die sich im Leben zu bethätigen keine Gelegenheit finden kann, ist freilich eine andere Frage. Geistliche werden der „Bußfertigkeit" des Sünders in der Regel einen größeren selb= ständigen Werth beilegen, als die Criminalpsychologie.

In Nordamerika ist die Ansicht, daß der Staat einen un= bußfertigen Mörder in der Blüthe seiner Sünden nicht in „den Abgrund der Ewigkeit" hinabstoßen dürfe, weit verbreitet und lediglich um ihrer Verbreitung willen eine Erscheinung, mit welcher die Gesetzgebung einzelner Länder zu rechnen hatte. In gewissen Staaten verfiel man daher auf den sonderbaren Ausweg, nach der Publication

des Todesurtheils die Vollstreckung auf ein Jahr auszusetzen, damit der Delinquent Zeit gewinne, sich gründlich auf seine Strafe
vorzubereiten. Was die Europäischen Staaten anbelangt, so hat
man auf dies Verhältniß der Todesstrafe zur Unbußfertigkeit des
Verbrechers weniger Rücksicht genommen und es überall für ausreichend erachtet, daß den Verurtheilten der Zuspruch und Trost
des Geistlichen nicht vorenthalten werden dürfe. Ganz im Gegentheil zu der Praxis jener amerikanischen Staaten, welche einen
langen Zwischenraum zwischen Urtheilsverkündung und Urtheilsvollstreckung verstreichen lassen wollen, ist man zu der Ueberzeugung
gelangt, daß den Delinquenten die bevorstehende Vollziehung der
Todesstrafe zwar nicht unvorbereitet treffen, aber auch nicht
längere Zeit in der Aufregung erhalten soll, welche durch die Gewißheit der Todesstunde meistentheils hervorgerufen wird.

Mittermaier berichtet, daß nach der Praxis des ehemaligen Kirchenstaates Hinrichtungen in Rom erst dann vollstreckt
zu werden pflegten, wenn der Delinquent dem Geistlichen gebeichtet
und von diesem die Absolution empfangen hatte; zuweilen jedoch
dennoch, wenn die Anstrengungen des Geistlichen erfolglos geblieben
waren, und der Delinquent, der vielleicht bemerken mochte, daß er
die Hinauszögerung der Hinrichtung durch Störrigkeit erreichen
konnte, unbußfertig blieb, die Execution erfolgt sei.

Am sonderbarsten unter allen anderen nimmt sich die gelegentlich vorkommende Versicherung aus, die Todesstrafe sei aus
dem Grunde heilsam und empfehlenswerth, weil Mörder, die
auf keinem anderen Wege zur Buße gebracht werden könnten, durch
das Bewußtsein, binnen kurzem zu einer bestimmten Stunde aus
dieser Welt scheiden zu müssen, von der ewigen Verdammniß ge-
rettet und der Seligkeit theilhaftig gemacht werden möchten. Es
sind einzelne Geistliche, die sich zu dieser Ansicht bekennen, weil
es ihnen gelungen ist, Delinquenten in den letzten Augenblicken

ihres irdischen Daseins zu bekehren und, wie jene meinen, wirklich davon zu überzeugen, daß ihnen mit der Enthauptung oder Erwürgung eine dankenswerthe Wohlthat erzeigt wird.

Gewiß wird zugegeben werden müssen, daß die unmittelbare Nähe des Todes in zahlreichen Fällen das Gemüth erschüttert, und mancher in articulo mortis die Trosthülfe der Kirche annimmt, die er unter gewöhnlichen Verhältnissen geringschätzig zurückgewiesen hat. Nur darf man bezweifeln, ob der sittliche Gewinn einer solchen in der Todesangst und gleichsam im Angstschweiß herausgepreßten Stimmung ein sehr großer ist. Jedenfalls haben die Geistlichen, welche über die letzten Stunden solcher fromm gewordenen Verbrecher berichten, ihrerseits ein ganz richtiges Gefühl, wenn sie meinen, man müsse diese bußfertige Stimmung um Gotteswillen schnell benutzen und mit der Hinrichtung nicht allzusehr zögern. Sie sehen die Gefahr, daß die Reue, die endlich zum Durchbruch kam, hinterher wieder schwinden könnte. Sie beklagen daher öfters Begnadigungen, weil sie darin eine Gefahr sehen, daß der bereits der Ewigkeit geweihte Delinquent doch wieder von irdischen Gedanken erfaßt werden würde. In Wirklichkeit ist diese Angstäußerung und die Stimmung des Momentes etwas anderes, als dauernde Bethätigung guter Vorsätze im Leben.[81])

Uebrigens täuschen sich Geistliche häufig sogar über die Aufrichtigkeit und Innerlichkeit jener in den letzten Lebensstunden von den Delinquenten dargebrachten Gebete. Man darf dies deswegen behaupten, weil schärfer blickende Theologen Gelegenheit hatten, hinter den Vorhang zu schauen, der das Seelenleben sterbender Verbrecher unserem kurzsichtigen Auge verhüllt. Weitaus die Mehrheit der bußfertigen Verbrecher nimmt die geistliche Hülfe eines Trösters auch aus dem Grunde an, weil sie in ihm den letzten möglichen Anwalt der von ihnen ersehnten Begnadigung erblicken und weil sie hoffen, daß der offenbar Reumüthige die meiste Ausficht hat, mit der Todesstrafe verschont zu bleiben. So mischen sich Irdisches und Himmlisches in dem Vorstellungskreise sterbender Delinquenten bunt durcheinander. Wenige lassen den letzten schwachen Hoffnungsschimmer im Anblick des Schaffots fahren. Nur zu häufig haben Geistliche erfahren müssen, daß diejenigen, die sie von allem Leiblichen, Sündigen und Irdischen durch Gebet bereits völlig abgeschieden glaubten, hinterher dennoch, je näher sie der Ewigkeit treten, um so hartnäckiger an die Körperwelt sich anklammerten. Es liegt in der menschlichen Natur, sich gegen den Tod zu sträuben.

Siebenzehntes Kapitel.

Die Todesstrafe im Verhältniß zur Gerechtigkeit. — Was heißt Gerechtigkeit? — Dreifache Bestimmung der Gerechtigkeit. — Die Gerechtigkeit auf der Grundlage des Offenbarungsglaubens. — Die herrschende Kirchenlehre hält bis jetzt an dem Gebote der Talion fest. — Mißbrauch der Bibel zumal des alten Testaments in Gesetzgebungsfragen. — Die Todesstrafe ist im mosaischen Recht nicht dogmatisch, sondern historisch zu verstehen. — Jüdische Gesetzesauslegung casuistisch. — Völlige Unbrauchbarkeit des mosaischen Rechts für die heutigen Staatszustände. —

Wie innerhalb der gesetzgebenden Gewalten und der Kreise solcher, die ihre practische Einsicht selbst zu rühmen pflegen, der Abschreckungszweck allen anderen Rücksichten der Strafrechtspflege vorangestellt zu werden pflegt und aus diesem Grunde einer stets wiederholten Bekämpfung bedarf, so ist innerhalb der Strafrechtslehre das Princip der Gerechtigkeit das entschieden überwiegende geworden. Wo unter den Fachgelehrten die Todesstrafe Anfechtung oder Vertheidigung erfährt, geschieht dies zumeist mit Rücksicht auf die behauptete Gerechtigkeit oder Ungerechtigkeit der Strafart. Da die Begründungsweise im Einzelnen bei den Anhängern der Gerechtigkeitstheorien eine sehr verschiedene ist, so erklären sich auch die Gegensätze in den Schlußergebnissen, zu denen man gelangte. Was man als theoretisches Postulat der vermeintlich ewigen und unabänderlichen Gerechtigkeit mühsam erforscht und unwiderruflich dargethan zu haben glaubte, das beruhte meisten-

theils auf jener Selbsttäuschung einer individuellen Empfindungs=
weise, welche in die Umhüllung wissenschaftlicher Formel einge=
kleidet, ihre Forderungen als logisch und ethisch unumstößliche
Lehrsätze in gutem Glauben betrachtete.

Von kleineren Abweichungen absehend, kann man unter den
Anhängern der Gerechtigkeitstheorie, soweit das hier allein zu ent=
scheidende Verhältniß zur Todesstrafe in Betracht kommt, drei
Grundrichtungen unterscheiden:

Erstens: diejenige, welche ihre Bestimmungen aus der
göttlichen Offenbarung als eine für alle
Zeiten unabänderliche Grundlage entnimmt;

Zweitens: diejenige, welche auf vernunftgemäßer Grund=
lage das ethische Princip der Vergeltung
entwickelt;

Drittens: diejenige, welche das wirkende Princip der Ge=
rechtigkeit in dem practischen Ergebniß der Ge=
nugthuung und Sühne findet.

Diese drei Grundrichtungen sind der Reihe nach zu betrachten;
zunächst also die erste.

Zu allen Zeiten ist die Berufung auf den göttlichen Ursprung
menschlicher Einrichtungen das werthvollste Mittel gewesen, um
vor Veränderungen und Reformen abzuschrecken. Die absolute
Monarchie der Bourbons und der Stuarts, die demokratische Re=
publik der Independenten, die Feudalität des Großgrundbesitzers,
und insbesondere auf strafrechtlichem Gebiete die Ketzerverbren=
nungen, die Tortur, Prügelstrafe und Verbannung (welche in der
Ausweisung aus dem Paradiese ihr Vorbild haben sollte) — alle
Mißbräuche der Vergangenheit sind zur Zeit ihres Bestehens und
noch mehr zu Zeiten einer ihrem Bestande drohenden Gefahr, als
unantastbare Bestandtheile göttlicher Weltordnung von Priestern,
Juristen und Staatsmännern angesehen worden. Die Kirche der

Vergangenheit und der Gegenwart ist in ihrer herrschenden Richtung fast immer der Neigung gefolgt, aus den gebrechlichsten Institutionen ihren Glaubensvorrath zu vermehren, einem Sammler vergleichbar, der sein Raritätenkabinet auch mit solchen Objekten versorgt, die vor den Augen eines wahren Kunstkenners als werthloser Tand späterhin erscheinen. Wenn man bedenkt, daß Hexenprocesse und Folter an den Männern des Starrglaubens ehemals die eifrigsten Fürsprecher fanden und daß es in Schottland die Geistlichkeit war, welche bis zu allerletzt die Nothwendigkeit der Ausrottung von Hexen verkündete, wird man nach den Gesetzen der historischen Analogie vermuthen, daß es Geistliche sein dürften, welche dereinst als die letzten die Nothwendigkeit des amtlichen Blutvergießens im Namen der göttlichen Gerechtigkeit verlangen werden, nachdem Staatsmänner und Richter längst davon Abschied genommen haben.

Für die große Masse der katholischen und protestantischen Geistlichen aller Staaten ist es noch heute ein Glaubensartikel, daß die menschliche Gerechtigkeit ohne die Todesstrafe nicht bestehen darf. Die eingebildete oder wirkliche Geschichte der Menschheit seit dem Tode Abel's und der Mordthat Kain's wird aus dem Gesichtspunkte einer Continuität des Blutvergießens betrachtet, die Todesstrafe eingereiht in den „Heilplan" der göttlichen Vorsehung, zumal nach ihrer Auffassung ohne Martyrium und Todesstrafe das Christenthum weder gegründet noch auch verbreitet worden wäre. Gegenüber einem solchen Standpunkte müssen alle mit den Mitteln der Vernunft oder der Geschichtskunde unternommenen Widerlegungsversuche einfach als Werke des Unglaubens zurückgewiesen werden. In Wirklichkeit läßt sich auch nicht verkennen, daß die alten Kirchen, indem sie den göttlichen Ursprung der Todesstrafe aufrecht erhalten wollen, durch dogmatische Ueberlieferung und den allezeit scharfen Instinct ihrer Machtinteressen gleichzeitig geleitet werden. Müßte die katholische Kirche nicht ihre Ketzerinquisition verläugnen, wenn sie die Unrechtmäßigkeit der Todesstrafe eingestehen wollte? Und wie könnte das Lehrgebäude der protestantischen Orthodoxie aufrecht bleiben, wenn man den Autoritäten des XVI. Jahrhunderts ihre Berechtigung im XIX. Jahrhundert bestreiten wollte? Sehr gering ist die Anzahl derer in den strengkirchlichen Kreisen, welche befähigt sind, ohne Voreingenommenheit zu prüfen, wie die Todesstrafe zur Religion sich verhält. Darum ist es von großem Werth, daß einzelne Männer streng kirchlicher und unzweifelhaft christlicher Gesinnung mit ihren abweichenden Meinungen hervorgetreten sind, ohne sich durch ihre weithin sichtbare Vereinzelung abschrecken zu lassen.[82])

Eine der merkwürdigsten und auffallendsten Erscheinungen der neueren Culturgeschichte ist es, daß die ungeheure Mehrzahl der christlichen Theologen sich durch das im mosaischen Recht erklärte Gesetz der Talion und der äußerlichen Wiedervergeltung in ihrem Gewissen gebunden fühlt, während Talmudisten und jüdische Gelehrte mit einer durchschnittlich besseren Kenntniß der hebräischen Rechtsalterthümer und der jüdischen Ueberlieferung die Verbindlichkeit der mosaischen Satzungen angegriffen haben, und darzuthun suchten, daß jene Vorschriften nur für eine bestimmte Zeitperiode des altjüdischen Volkslebens berechnet gewesen sind.[83])

Die herrschende Meinung der Theologen nimmt das mosaische Gesetz als göttliche Anordnung über das Christenthum fortwirkend an. „Der Bluträcher soll den Todtschläger tödten." „So jemand einen Menschen erschlägt, so soll er getödet werden." „Und so jemand seinem Nächsten eine Verletzung zufügt, so wie er gethan, also soll ihm gethan werden, Bruch um Bruch, Auge um Auge, Zahn um Zahn". — „Du sollst nicht schonen: Leben um Leben, Auge um Auge, Zahn um Zahn, Hand um Hand,

Fuß um Fuß." — „Ihr sollt keine Sühne nehmen für das Leben eines Todtschlägers, welcher schuldig ist zu sterben, sondern getödtet soll er werden." „Wer Men= schenblut vergießet, durch Menschen soll sein Blut ver= gossen werden, denn nach seinem Bilde machte Gott den Menschen." Dies sind die Hauptzeugnisse der alten Schrift für die Todesstrafe.

Ueber den geschichtlichen Character des mosaischen Strafrechts kann kein Zweifel obwalten; dennoch ist nicht zu leugnen, daß be= reits in den Büchern Mose die deutlichen Spuren einer theils schwankenden, theils fortschreitenden Entwickelung, eines Ringens zwischen grausamer Strenge und größerer Milde vorhanden sind. Die Anfangs weitergreifende, der Blutrache preisgegebene Mit= schuld der Angehörigen des Tödtenden wird nach und nach be= schränkt; nur der wirkliche Thäter haftet: „Es sollen nicht Väter getödtet werden um Söhne, und Söhne sollen nicht getödtet werden um Väter; ein jeglicher soll für seine Sünde getödtet werden" (5. Mos., 24, 16). Nach dem mosaischen Gesetz sollten sogar die eigenen Eltern den ungehorsamen Sohn steinigen lassen. Die Sprüche Salomonis dagegen verbieten dies in klaren Worten (19, 18). Ebenso lassen sich, je nach dem besonderen, gerade vor= liegenden Anlaß, die Stimmen der Propheten bald hart strafend, bald zur Versöhnung und Milde mahnend, vornehmen. Von einer absoluten, unabänderlichen Einheitlichkeit gött= licher Gebote kann in den Schriften des alten Testa= ments keine Rede sein; ihr geschichtlicher Grundzug ist zu deutlich ausgeprägt, als daß er übersehen werden dürfte.[84])

Einige der wichtigeren Stellen sind nach ihrer sprachlichen Bedeutung angezweifelt und nach verschiedenen Richtungen hin gedeutet worden. Die vorzugsweise in Anspruch genommene Stelle, welche die Erwiederung des Blutvergießens verordnet (1 Mose 9, 6) iſt einer verſchiebenen Auslegung fähig. Welche der verſchiebenen Ueberſetzungen richtig iſt, läßt ſich mit mit völliger Gewißheit nicht darthun; es giebt kein Mittel der authentiſchen Deklaration. Indeſſen kommt auf die Einzelheiten ſehr wenig an, denn es bleibt immer das Fundament der Rache und der äußerlichen Wiedervergeltung als Kennzeichen der moſaiſchen Geſetzgebung beſtehen.[85]) Wenn nun die Bibelauslegung dabei beharrt, daß die Todesſtrafe in Gemäßheit der altteſtamentariſchen Satzung beſtehen bleiben ſoll, ſo nimmt ſie eine für die heutige Zeit völlig unhaltbare Stellung ein. Mehreres iſt ihr nämlich entgegenzuhalten.

I. Der durch die ganze Bibelexegeſe von jeher durchlaufende Widerſpruch zwiſchen wörtlich ſtrikter und bildlicher oder ausdehnender Erklärung. Wenn von Blutvergießen in uralter Zeit allein die Rede iſt, ſo entſteht der Zweifel, ob Vergiftungen, die faſt überall in verhältnißmäßig ſpäteren Epochen der Culturentwickelung auftreten, im Wege juriſtiſcher Analogie gleichfalls unter das Geſetz bezogen werden ſollen. Eine Anzahl von Theologen hat es mit den Worten des alten Teſtaments in Wirklichkeit genau genommen und in England beiſpielsweiſe ausdrücklich hervorgehoben, daß auch die Strafe des Galgens nicht in Uebereinſtimmung mit dem göttlichen Worte ſei, weil „Blutvergießung" angeordnet ſei. Ein lutheriſcher Geiſtlicher in Hannover war bedenklich bei der Einführung des Fallbeils, was er deswegen anfocht, weil nicht durch eine Maſchine, ſondern durch Menſchenhand wiederum Blut vergoſſen werden müſſe. Blutvergießen als Verbrechen begreift wörtlich nicht blos den vollendeten Mord in ſich, ſondern auch jede verſuchte Tödtung und jede Verwundung, ſo daß nach dem Geſetze ſtrikter Talion ganz und gar zweifelhaft ſein würde, wie viel Blut und an welchen Körperſtellen, ob aus Arterien oder Venen entzogen werden müßte. Eine einfache, rohe, kümmerlich entwickelte Zeit denkt an solche casuistischen Betrachtungen nicht; sobald sie aber einmal auftauchen, zeigt sich sehr bald, daß die Talion theils unausführbar, theils durch die Willkür der auslegenden Personen unsicher, streitig und haltlos wird. Gerade die Bibel ist am wenigsten geeignet, als ein Gesetzbuch in juristischer Weise praktisch gehandhabt zu werden.

II. Es ist unzulässig, aus den alttestamentlichen Satzungen im Wege beliebiger Auswahl eine Reihe todeswürdiger Verbrechen als relativ (für die Juden) todeswürdig, eine andere Reihe, insbesondere diejenige der Tödtungen als absolut (auch für Christen) todeswürdig zu bezeichnen. Wenn die neuere Orthodoxie die Staatsregierungen der modernen Zeit durch „Gotteswort" zur Verhängung der Todesstrafe gegen Mörder verpflichten will, darf sie niemals unterlassen, nachdrücklichst zur Wahrung ihres Standpunktes darauf zu bringen, daß auch die Geschlechtsverbrechen, widernatürliche Unzucht, Ehebruch, sowie Gotteslästerung und Sabbathschändung mit dem Tode zu ahnden sind und auch für Zauberei das alte Recht hergestellt werde.

III. Aus dem gleichen Grunde ist es durchaus unzulässig, irgend welche Unterscheidungen in Gemäßheit der heutigen Denkweise in das vermeintlich absolute Gebot der Todesstrafe hineinzulegen. Die Bibel vermag nicht zwischen Mord und Todschlag nach unserer Auffassung zu unterscheiden. „Blutvergießen" bedeutet alle Fälle der Verwundung und Tödtung in sich. Noch viel weniger ist daran zu denken, daß die Fälle beabsichtigter Tödtung klar unterschieden worden wären von denjenigen, in denen der Tod nicht beabsichtigte Folge einer vorsätzlichen Verwundung war. Nach der harten Ausbrucksweise des alten Gesetzes sind in der nackten Wiedervergeltung „Leben um Leben, Auge um Auge" sogar fahrlässige und rein zufällige

Beschädigungen enthalten; erst später lernte man in den jüdischen Gerichtshöfen unterscheiden.

IV. Das mosaische Recht enthält Vorschriften, welche unserem Gewissen und unserer Rechtsanschauung durchaus widersprechen. Schwerlich wird sich ein christlicher Theologe finden lassen, welcher es rechtfertigen möchte, daß sogar fahrlässige Tödtungen mit Lebens= vernichtung bestraft werden, zumal, wenn damit ein Unterschied zwischen Arm und Reich verknüpft werden sollte. Man be= trachte aus dem 21. Kapitel des II. Buch Mose folgen Stellen: (V. 28 ff.)

„Wenn ein Ochse einen Mann oder Weib stößt, daß er stirbt, so soll man den Ochsen steinigen und sein Fleisch nicht essen; so ist der Herr des Ochsen unschuldig. — Ist aber der Ochse vorhin stößig gewesen und seinem Herrn ist's angesagt und tödtet dar= über einen Mann oder Weib, so soll man den Ochsen steini= gen und sein Herr soll sterben. Wird man aber ein Geld auf ihn legen, so soll er geben, sein Leben zu lösen, was man ihm auferlegt. — Desselbigen gleichen soll man mit ihm handeln, wenn er Sohn oder Tochter stößet. — Stößt er aber einen Knecht oder Magd, so soll er ihrem Herrn dreißig silberne Seckel geben und den Ochsen soll man steinigen.“

Es ist unbegreiflich, weswegen die neuere Orthodoxie durch= aus darauf besteht, in Gemäßheit mosaischer Satzungen Menschen zu köpfen und Rinder zu begnadigen, obwohl das umgekehrte, nämlich die Vernichtung gefährlicher Thiere angemessener wäre. Das ganze mosaische Recht ist für die Gegenwart völlig unbrauchbar. Wenn man dies annimmt, so kann man immer noch zugeben, daß für ihre Zeit, und nach den Sitten des jübi= schen Volkes bemessen, die mosaische Gesetzgebung weitaus besser und milder erschien, als das Strafrecht mancher anderen Völker. Aber man vergesse nicht: Wer nicht zahlen konnte, büßte mit dem

Tode! Zwischen Magd und Knecht auf der einen Seite und dem Herrn auf der anderen besteht bei demselben Thatbestand der fahrlässigen Tödtung der Unterschied zwischen Geldbuße und Todesstrafe, welcher das Merkzeichen der uranfänglichen Rohheit ist und den Abstand erkennen läßt, der uns von jenen Zeiten für immer scheidet.

Sicherlich haben sich die Juden selbst nicht immer an die starren Strafsatzungen der Ueberlieferungen gebunden erachtet; sie wußten mit dem ihnen eigenen Scharfblick Brauchbares von Unbrauchbarem zu unterscheiden, Gesetz und Leben mit einander auszugleichen, das Gesetz zu dehnen, wo es unzureichend war, einzuengen, wo es zu hart schien. Man darf niemals vergessen, daß das älteste Gesetz der Talion überhaupt nicht auf eine in unserem Sinne geordnete Strafrechtspflege, sondern gerade auf die nach unserer Anschauung völlig verwerfliche Blutrache der Familien zu beziehen war. Nichts hinderte, nachdem die Sitten milder geworden waren, in solchen Fällen, in denen die Tödtung eines Frevlers zulässig gewesen wäre, dennoch ein Lösegeld anzunehmen. Zwischen der aufgeregten Volksmenge, welche einen Götzendiener vor den Thoren jüdischer Städte steinigte, und dem Bluträcher, der mit einer Abfindungssumme zufrieden war, gab es keine Mittelinstanz, die im Namen der öffentlichen Ordnung in Tödtungsfällen regelmäßig hätte eintreten können. Wer die jüdischen Ueberlieferungen der ältesten Zeit in ihrer wahren Bedeutung zu erkennen sucht, hat sich auch die Strafprocesseinrichtungen zu vergegenwärtigen und daran zu denken, daß Untersuchung von Amtswegen ursprünglich nirgend eintreten konnte.

Die Talmudisten haben in oft sophistischer Weise, aber sicherlich in Uebereinstimmung mit den Bedürfnissen und veränderten Gerechtigkeitsbegriffen ihrer Zeit, die Todesstrafe soweit gemildert, daß sie sich thatsächlich der völligen Abschaffung annäherten. Sie befanden sich in einem ähnlichen Conflict, wie die Geschworenen der neueren Zeit. Da sie das alte Gesetz nicht ändern konnten, umgingen sie auf jede mögliche Weise die wirkliche Anwendung im einzelnen Fall: es war der heuchlerische Buchstabenglaube der mosaischen Schriftgelehrten ohne Achtung für den Sinn eines längst abgelebten Gesetzes, dessen Unbrauchbarkeit vor dem Volke man einzugestehen sich scheute.

Nach talmudischem Recht wird, wie Duschak ausführt, ein Mord nicht begangen: 1) an einer noch uugeborenen Leibesfrucht, 2) an einem nicht lebensfähigen Kinde, d. h., wenn das Kind kein völlig reifes war und noch nicht vier Wochen lebte, 3) an einer Mißgeburt; 4) an solchen die eine solche Krankheit haben, worauf der Tod sicher (wann?) folgen muß; 5) an solchen die durch Verletzungen, welche sie von anderen empfangen, dem Tode nahe gebracht sind; 6) wenn der Mörder selbst mit einer Krankheit behaftet ist, die sein Leben vernichten wird. Auch das ist zu bemerken, daß Anstiftuug und Besoldung eines Banditen nicht als todeswürdiges Verbrechen angesehen ward, weil, wörtlich genommeu, der Anstifter nicht als blutvergießend erachtet werden konnte. [86])

Nach den besten Autoritäten muß es als zweifellos angesehen werden, daß in dem späteren Entwickelungsgange der Israeliten die Todesstrafe nicht in der Ausdehnung zur Anwendung kam, wie das mosaische Recht sie vorgeschrieben hatte. Die beiden großartigsten Herrscher der jüdischen Geschichte hatten im Sinne des Gesetzes gegen die Vorschriften sich vergangen, welche unter die Sanktion der Todesstrafe gestellt waren oder gestellt wurden: Moses als Todtschläger (wenngleich vor dem Empfang der Gesetzestafeln) uud König David, als Anstifter zum Morde des Uria oder als Ehebrecher.

Die Rabbinen bezeugen durch die dem mosaischen Gesetz

gegebene Anwendung, daß sie den gleichsam politischen und histori=
schen Theil desselben von dem specifisch religiösen zu unterscheiden
wußten und in Beziehung auf jenen die Praxis nicht behindert
sahen. Auch das ist gewiß, daß unter den Rabbinen selbst eine
strengere und eine mildere Richtung vertreten war. Akiba bekennt
sich als Gegner der Todesstrafe, die mehr und mehr außer Ge=
brauch kam. Als das jüdische Staatswesen zerfiel und von der
Fremdherrschaft unterjocht ward, war es ohnehin natürlich, daß
man die auf den Schutz einer national=hebräischen Staatsordnung
bezüglichen Gebote nicht auf die völlig veränderten Zeitumstände
bezogen wissen wollte.

Achtzehntes Kapitel.

Es ist eine der schwierigsten Fragen: Wie das Christenthum, insbesondere die Lehre Jesu, zur Todesstrafe sich gestellt habe? Sie ist aber auch wichtig, so lange man den directen Anspruch erhebt, daß die Bibel unantastbare, ewige Gesetzgebungsnormen für den christlichen Staat darbieten solle. Obgleich nun in der Gegenwart diejenigen Staaten, welche den Grundsatz der Gewissensfreiheit mit der praktischen Consequenz der politischen Gleichberechtigung sämmtlicher Confessionen verfassungsrechtlich verkünden, sich der Anwendbarkeit jener biblischen Normen entziehen und damit anerkennen, daß die idealen Postulate des christlichen Gottesreiches sich heute mit den Gesetzgebungspflichten

des bekenntnißlos gewordeneu Staates nicht decken können, obwohl
in allen Fragen der Wissenschaft, gleichviel ob diese es mit
der leblosen Natur und ihrer Schöpfungsgeschichte, oder mit der
äußeren, zwangsweise zu sichernden Gesellschaftsordnung zu thun
hat, die Bibel schon deswegen nicht angerufen werden kann, weil
sie nicht lediglich aus vernünftiger Erkenntniß, sondern vorzugs=
weise aus der religiösen Empfindung des Glaubens ihre sittlichen
Forderungen ableitet, obgleich endlich die heutige Gesetzgebung die
Rathschläge der Theologie in weltlichen Dingen als entbehrlich
erachtet, bleibt die Feststellung des Verhältnisses zwischen Christen=
thum und Todesstrafe immerhin eine wichtige Aufgabe, weil das
wirkliche oder vermeintliche auf Gottes Wort zurückbezogene Sitten=
gesetz mittelbar von Einfluß wird durch die Gewissensstellung
derjenigen, welche thatsächlich in gesetzgebenden Versammlungen
oder als Träger der monarchischen Gewalt in der Gesetzgebung
entscheidend mitwirken.

In England giebt es verhältnißmäßig wenige Fragen, die
nicht von einigen Parlamentsrednern in Zusammenhang mit bibli=
schen Vorschriften gebracht würden. In Deutschland gilt dies als
abgeschmackt und die gebildete Welt hat besser, als anderwärts
unterschieden gelernt, ob sie sich in einem Betsaale oder in einer
gesetzgebenden Versammlung befindet. Ebenso wenig findet die
englische Praxis in katholischen Ländern Nachahmung; es verbietet
sich von selbst, daß Laien ihre eigene Meinung über den Sinn
und die Tragweite der Bibelvorschriften äußern. Jedenfalls darf
man sich über die praktische Tragweite jener Zurückhaltung, welche
die Bibel mit Stillschweigen übergeht, nicht täuschen; denn auch
unausgesprochen bleibt die Thatsache in der Gegenwart be=
stehen, daß in einer großen Anzahl von Menschen die Gerechtig-
keitsbegriffe von der Religionslehre bestimmt werden. Weil dies
ehemals in viel stärkerem Maße der Fall war, konnte die Todes=

strafe mit praktischem Erfolge nirgends angegriffen werden, so lange
eine streng einheitliche Lehre in Predigt und Theologie bestand
und andererseits die Rechtgläubigkeit eine Ueberlieferung nicht nur
in den unterwürfigen Massen, sondern auch in den mittleren und
höheren Gesellschaftsklassen war. Beccaria's Buch gegen die Todes=
strafe würde, wenn es hundert Jahre früher geschrieben worden
wäre, spurlos an den Mitlebenden vorübergegangen sein, im besten
Falle hätte es einige in lateinischer Schrift verfaßte Erwiederungen
kampflustiger Gelehrten hervorgerufen. Nur in dem Zeitalter des
Rationalismus und der Aufklärung konnten seine Gedanken zünden.

Ein Ueberblick über die bisherige Literatur ergiebt, daß die
Ermittelung der Stellung Christi zu der Nothwendigkeit der Todes=
strafe auf verschiedenem Wege versucht worden ist.

Erstens mit den Mitteln der dogmatischen Exegese und Text=
erklärung, welche die alttestamentarischen Stellen mit denjenigen
der Evangelien vergleicht, unter verschiedenen Bibelsprüchen einige
als Ausschlag gebend bezeichnet, gleichzeitig diejenigen bezüglich
ihrer Beweiskraft entwerthet, welche anscheinend widersprechen und
schließlich zu dem gewünschten oder überlieferten dogmatischen Er=
gebniß dadurch gelangt, daß sie, je nach Gestalt der Sache, einige
Stellen streng wörtlich, andere hingegen in freierer sinnbildlicher
Weise deutet. Die Auslegung der Bibel, gleich derjenigen des
Corpus Juris, vermag daher überall zu dem Resultate einer dog=
matischen Einheit zu gelangen, wenn der Auslegende nach freier
Wahl bald allein grammatisch, bald bei anderen Stellen vorwie=
gend logisch, bald endlich historisch interpretirt, ohne zuvor ein
einheitliches, oberstes in allen Fällen entscheidendes Inter=
pretationsprincip als unbedingt verpflichtend anerkannt und
überdies zugegeben zu haben, daß der auszulegende Text hin=
wiederum seinerseits zuvor nach seiner sprachlichen Genauigkeit
und Aechtheit festgestellt werden muß. Da nun gegenwärtig

der starre Buchstabenglaube, welcher die Bibelstellen lediglich aus dem Grunde ihres überlieferten Vorhandenseins im Sinne grundsätzlich nothwendiger Bestätigung des alten Glaubens aus= legt, mit einer freieren Richtung über das Princip der Auslegung sich nicht verständigen kann, so wird, wie jede andere theologische Streitfrage, auch die christliche Eigenschaft der Todesstrafe un= entschieden bleiben müssen. Je nach der theologischen Partei= stellung bleibt das Verhalten der Streitenden ein in der Haupt= sache constantes. Der Strenggläubige weiß, daß er aus gegneri= schen Schriften nichts Neues lernen darf; der freier Denkende weiß, daß er von starrgläubigen Verfassern in den Ergebnissen nichts Neues lernen kann. Es bleibt darum alles beim Alten; und der jeweilige Stand der Meinungen richtet sich nicht nach der Stärke der wissenschaftlichen Gründe, sondern nach der wach= senden Stärke der kirchlichen Parteien. Anzuerkennen ist, daß die= jenige Richtung, welche in der katholischen und protestantischen Kirche die herrschende war und sich die Eigenschaft der Unfehlbar= keit entweder in einzelnen persönlichen Vertretern oder in ihren corporativen Organen beimißt und für die Bekenntnisse früherer Jahrhunderte absolut unabänderliche Wahrheit beansprucht, die unbedingte Rechtmäßigkeit und Nothwendigkeit der Todesstrafe, als eine schlechthin unveräußerliche Forderung des Gewissens gelehrt hat. Die Möglichkeit einer allmähligen und langsamen Umbildung der Anschauungen ist zwar nicht zu leugnen; die Wahr= scheinlichkeit indessen eine geringe. Für die Möglichkeit spricht, daß einige wenige rechtgläubige Theologen einen abweichenden Standpunkt einnehmen, indem sie sich gegen die Todesstrafe aus= sprachen.

Zweitens kann der entscheidende Nachdruck in der Lösung des gestellten Problems auf die speculative Ethik gelegt werden. „Christlichkeit" der Todesstrafe in diesem Sinne bedeutet ihre

innere Congruenz im Zuſammenhang der geſammten chriſt=
lichen Lehren über Rechtfertigung durch den Glauben, Verſöhnung,
Gnade, Buße, Erlöſung und Verdammniß. Die chriſtliche Religions=
philoſophie und Ethik gehen gleichsfalls in ihren berufenſten Trä=
gern auseinander; es genügt an Schleiermacher und Rothe zu
erinnern. An ſich iſt dieſe Betrachtungsweiſe um ſo mehr gerecht=
fertigt, als Chriſtus ſelbſt die Todesſtrafe nirgends ausdrücklich
gut heißt, ſondern ſein Hinweis auf das Schwerdt ſchon des=
wegen ein ſinnbildlicher iſt, weil die Schwerdtſtrafe ſowohl bei den
Juden wie bei den Römern damals ganz und gar ungebräuchlich
war. Es iſt nicht darzuthun, daß Chriſtus das Schwerdt des Hen=
kers gemeint hat oder meinen konnte. Die Gewalt des Schwerdtes
(gladii potestas) war nichts unmittelbar ſinnliches; ſie bedeutete
überall zweierlei: Die Symbolik des kriegeriſchen Kampfes
und auch der friedlichen Obergewalt, in gleicher Weiſe wie
auch bei den Römern die Beile als Attribute der Macht den
höheren Beamten ſelbſt dann noch vorangetragen wurden, als die
Todesſtrafe völlig außer Gebrauch gekommen war. Ebenſo wenig hat
Chriſtus die Todesſtrafe als Inſtitution ausdrücklich verworfen,
er hat ſie über ſich ergehen laſſen, ohne das Princip der obrig=
keitlichen Tödtung anzufechten.

Drittens wird vom hiſtoriſchen Geſichtspunkte aus unter=
ſucht werden können, ob diejenigen Stellen, welche für die Todes=
ſtrafe zu ſprechen ſcheinen, überhaupt nach dem vorherrſchenden
Character ſeiner Lehre von Chriſtus wirklich geſprochen worden
ſind oder vielleicht einer ſpäteren Einſchiebung ihr Daſein in den
Evangelien verdanken. Die geſchichtliche Betrachtungsweiſe kann
außerdem das Anerkenntniß nicht umgehen, daß manche Worte
Chriſti aus beſonderer Veranlaſſung gleichſam als Gelegenheits=
reden an die damaligen Juden gerichtet ſind. Wenn Chriſtus
nach der Kirchenlehre wirklich gleichzeitig Gott und Menſch ge=

wesen ist, wenn er absoluter Geist und endliches Fleisch in dem=
selben Dasein war, so hat die Kirchenlehre mit dieser Vorstellung
überall Ernst zu machen und anzuerkennen, daß er je nach den
besonderen Umständen seines Lebens theils mensch=
lich und zeitlich für seine Umgebung, theils göttlich
und ewiglich zu allen kommenden Geschlechtern „bis
an das Ende der Welt" sprechen wollte und wirklich
gesprochen hat. Es wäre nichts kindischer gewesen, als wenn
man jedes Wort, das Christus überhaupt in seinem Leben bei
seinen alltäglichen Verrichtungen des Essens, Trinkens, Schlafens,
Wanderns, Ruhens gesprochen hat, als eine uns verloren gegangene
göttliche Weisheit angesehen hätte. Als ein Glück muß es gelten,
daß die Evangelien von Christus nicht mehr, als geschehen, über=
liefert haben, denn im Eifer der blinden, unterscheidungslosen Ver=
göttlichung würden die Knechte des Buchstabenglaubens aus un=
wesentlichen Dingen eine Gewissensbeschwerde gemacht haben.
Der rein historischen Betrachtungsweise wird nicht entgehen können,
daß Christus zur Zeit, da er lehrte, von seinen Zeitgenossen und
Zuhörern nicht überall richtig verstanden wurde, daß sich in der
Auffassung seiner Jünger jene Scheidung zwischen Göttlichem und
Menschlichem nicht immer richtig vollzog, daß die Ueberlieferung
in der urchristlichen Zeit minder Wichtiges fixirte und bewahrte,
während sie wesentliche Stücke aus der Lehre Jesu fallen ließ.
Die historische Betrachtungsweise muß ehrlicher Weise zugestehen,
daß wir bei einer großen Reihe von Fragen der christlichen Sitten=
lehre nicht im Stande sind, die vorhandenen Zweifel zu lösen und
uns daher in aller Bescheidenheit zu enthalten haben, dasjenige,
was nur Vermuthung sein kann, für ewige Gewißheit auszugeben.
Die Geschichte hat uns außerdem stets gegenwärtig zu erhalten,
daß die Formulirung der Dogmen nicht ein Werk des Stifters der
christlichen Lehre, sondern späterer Jahrhunderte gewesen ist, die

sich überall getrauten, in die Worte Christi, unter Berufung auf besondere Erleuchtung denjenigen Sinn hineinzulegen, den die Denkweise ihrer eigenen Zeit guthieß. Endlich aber wird überall daran zu erinnern sein, daß jene Worte Christi, welche für seine Zeit wohl geeignet und weise sein mochten, nicht noth= wendigerweise für die staatlichen Einrichtungen späterer Jahr= tausende anwendbar zu bleiben brauchen. Je stärker in unserem Zeitalter das Wachsthum der historischen Forschung, je sicherer die Handhabung einer überall auf die tiefsten Grundlagen unseres Wissens sich gründenden Methode der Kritik, je abgenutzter die theologische Beweistheorie der alten Dogmatik, je allgemeiner der Zweifel an der Berechtigung früherer Jahrhunderte, uns die Glaubensketten der Concilien, Päbste, Bekenntnißschriften oder Re= formatoren aufzuerlegen, je geringer die Neigung, in der Welt des Thatsächlichen und Geschichtlichen menschliche Glaubenszeugnisse gelten zu lassen, desto mächtiger ist die Hoffnung, daß es gelingen werde, wenigstens die Gesetzgebung und den Staat von dem Glau= bensbanne zu erlösen, der sie bei jener Entwickelungsstufe festhalten möchte, die ein fremdes Volk zu Zeiten pharisäischer Hierarchie und römischer Tyrannei eingenommen hatte. In diesem Sinne kann man sagen, daß die neuere historisch=kritische Richtung in der Theologie die höchste praktische Berufung habe, uns allen die Freiheit zurückzugeben, das Christenthum in einer doppelten Be= leuchtung zu sehen: in der wissenschaftlich=geschichtlichen, welche die Reste der Christus umgebenden Welt aus dem Schutte des Aberglaubens, der Entstellung und Unwissenheit möglichst rein restaurirt und in der religiös=ethischen unseres eigenen Ge= wissens, welches die Grundpfeiler der bezüglich der historischen Person Christi ermittelten Thatsachen mit seinen Ranken um= schlingt.

Damit löset sich dann das abstrakte Dogma von der Christlich=

keit der Todesstrafe lediglich in eine Reihe von Untersuchungen auf, insbesondere diese: Welches, der Zustand der jüdischen Gesetzgebung und Strafrechtsanschauungen zu Zeiten Christi gewesen ist? Ob man das staatliche Gebiet des Verbrechens von dem religiösen Gebiete der Sünde an irgend einem festen Merkzeichen zu unterscheiden wußte? Wie sich Gesetz und Freiheit in der Anschauung der Zeitgenossen Christi verhielten?

Der gewaltige historische Gegensatz zwischen der altjüdischen Lehre und den Aussprüchen Christi wird durch die Thatsache vermittelt, daß der Fortbestand des äußerlichen Gesetzes Mose überhaupt unter dem vordringenden Einfluß der umgebenden Culturelemente, zumal des Griechenthums, zweifelhaft geworden war. Christus hätte beispielsweise nicht befragt werden können, ob die Ehebrecherin sterben solle, wenn die mosaische Todesstrafe noch unzweifelhaft auf den Ehebruch angewendet worden wäre. Seine Befragung beweist also die zu seinem Verderben gehegte Erwartung, daß seine Bejahung der Todesstrafe das fortgeschrittene Menschlichkeitsgefühl, seine Verneinung den alten Schriftglauben beleidigen müsse.

Ueberall tritt in dem Zusammenhang der christlichen Lehre mit dem Schriftgelehrtenthum die Antithese hervor: Entweder hat die Sünde der Menschen ihren Maßstab lediglich an der äußeren Befolgung des Gesetzes (wie das strenge Judenthum meint) oder die äußere Gerechtigkeit der Menschen hat ihre sittliche Norm lediglich an der inneren Gesinnung und dem Glauben der Handelnden. Nach der jüdischen Anschauung konnte die Sünde des äußerlich Gerechten überhaupt nichts bedeuten, nach der christlichen Lehre die Beobachtung des Gesetzes völlig werthlos sein, wenn sie aus sündiger Gesinnung geschah. Eben aus diesem Grunde, daß die äußerliche, für den Rechtsbegriff schlechthin unentbehrliche Seite der Handlung und der That, durch Christus völlig

aufgelöst ist in die innere Seite der Gesinnung, ist auch die Kehr=
seite überall aus gleichem Gesichtspunkt zu würdigen. Das Ge=
setz ist entbehrlich (aber darum noch nicht aufgehoben) für den=
jenigen, der mit der Liebe Gottes und des Nächsten völlig Ernst
macht; umgekehrt die Strafe, als äußere Einrichtung ist völlig
gleichgültig für den Reuigen, der durch seine Buße mehr erlitten
hat und durch die Gewißheit der Gnade bereits über die weltliche
Strafe hinaus erhoben ist. Jede Strafe ist aber nach dem innersten
Princip des Christenthums nicht auf ihr (zufälliges und jedenfalls
berechtigtes) Dasein allein zu beziehen, sondern vor allen anderen
Dingen auf die Gesinnung derjenigen, welche sie an=
wenden, und derer, welche sie erleiden. Somit beruht die
Grundlage des christlichen Strafrechts auf Folgendem:

1) Die Macht, welche im Stande ist, zu strafen,
ohne jede Rücksicht darauf, ob sie dies in Gemäßheit eines Gesetzes
oder aus persönlichem Belieben thut, wie Pilatus, der die Macht
hatte, Christus entweder seinen Feinden zu überliefern oder aus
freier Verfügung loszulassen. Nach altchristlicher Ansicht ist schon
in dem bloßen Vorhandensein der obrigkeitlichen Macht über Andere
der Wille Gottes zu erkennen, in welchen sich auch der Unschul=
dige ohne Widerstand und Bestreitung zu fügen hat. Denn
„jede Obrigkeit ist von Gott.“ Frommes Erleiden auch der
ungerechten Strafe kann nur zum Verdienst vor Gott werden und
selbst Jesus erleidet den ungerechten Tod, ohne die Rechts=
befugniß als solche auf Seiten der bestehenden Macht zu be=
streiten. Also muß jede Strafe, ohne Ausnahme, in Ergebung
getragen werden, ohne daß ihre objective Rechtmäßigkeit von christ=
lichem Standpunkt aus bezweifelt werden könnte. Ebenso gut
wie die Zulässigkeit der einfachen Todesstrafe, kann daher auch
die Steinigung und eine der qualvollsten Todesstrafen, die Kreuzi=
gung aus obrigkeitlicher Machtvollkommenheit dargethan werden.

2) **Die Gesinnung der Strafenden und der An-klagenden.** Alles muß nach Christus darauf ankommen, ob der Act der Bestrafung auf Seiten der dabei Mitwirkenden frei von Haß und Rache, lediglich aus Nächstenliebe geschieht und mit dieser vereinigt werden kann. Nach dem innersten Grundprincip der christlichen Lehre kann die Bestrafung nichts anderes sein, als ein Proceß der Vergebung, in welchem das Gute das Böse über-windet. Die meisten Unklarheiten in Beziehung auf die altchristliche Todesstrafe rühren daher, daß weder Juristen, noch auch Theologen an die jüdischen Proceßformen gedacht haben. Allerdings ist das Strafurtheil und das Gericht in den Händen der Obrigkeit; aber diese besitzt nach jüdisch-römischem Recht weder eine selbständige Verfolgung und An-klage, noch auch eine eigene amtliche Strafvollstreckung. Es sind die Einzelnen, welche sich verbinden, um den über-führten Verbrecher vor den Thoren der Stadt zu steinigen, und ebenso sind es wiederum die Einzelnen, welche entweder aus der Pflicht der altjüdischen Blutrache, oder als Beschädigte an-klagen. Wenn daher Christus lehrt, daß der Einzelne vergeben soll (Nicht Auge um Auge!) und wenn er sagt: Richtet nicht, damit Ihr nicht gerichtet werdet", so hebt er mit der Beseitigung des altjüdischen Motives der Rache für die einzelnen Menschen auch die Strafverfolgung durch Anklage und Urtheilsvollziehung auf. Wer die Rache in sich völlig zur Liebe umgewandelt hat, kann als Privatankläger nicht den Tod seines Nächsten begehren, und ebenso wenig ist es von diesem Standtpunkt aus möglich, den ersten Stein auf den Verurtheilten zu werfen. Der alte jüdische Criminalproceß beruht, was Anklage und Vollstreckung der Strafe anbelangt, auf der Pflicht oder dem Recht der Rache, sei es nun, daß sich diese in ältester Urform der Blutrache oder der Anklage vor Gericht kund gab.

Zieht man die jüdischen Prozeßzustände zur Zeit Christi in Betracht, so erscheint die Todesstrafe zwar nicht als Institution und Gesetz, wohl aber in ihrer Wirklichkeit aufgehoben, weil sie bei wahrhaft christlicher Gesinnung von keinem Ankläger (damaliger Zeit) verlangt und in Ermangelung eines treibenden Rachegefühls von Niemand vollstreckt werden wird. Sobald man fragt: ob ein Henker eine wahrhaft christliche Gesinnung gegenüber einem Delinquenten haben könne, ob er jemals aus menschlicher Nächsten= liebe oder bloßer Gottesfurcht tödtet, so ist dies schon von vorn= herein bezüglich aller derer zu verneinen, welche um Lohnes willen und gedungen sich zur Tödtung eines Menschen hergeben. Aus diesem, bei allen Henkern entscheidenden Motiv der Gewinnsucht tödten, ist sittlich schlimmer, als die altjüdische Blutrache und im Sinne Christi eine schwerste Sünde, die herbeizuführen oder zu dulden eine christliche Obrigkeit niemals gehalten sein kann. Sehr einfach wird die Frage überdies dadurch erledigt, daß an das christliche Gewissen die ernste Frage zu richten ist: ob Jesus selbst jemals als mitthätig in der Vollziehung eines Todesurtheils gedacht oder als Henker vorgestellt wer= den kann? Wenn dies schlechthin zu verneinen ist, so muß eben dieser Maßstab an jeden Christen gelegt werden. Es bliebe dann vom Standpunkt der christlichen Moral nur der eine Fall übrig, den wir in der That früher als zulässig statuirt haben: Die Voll= ziehung der Todesstrafe in Kriegszeiten durch diejenigen, welche lediglich auf einen unbedingt verpflichtenden Befehl als Soldaten handeln und der Obrigkeit auch nach christlichen Grundsätzen Gehorsam schulden.

Nach ihrer objectiven Seite ist also die Todesstrafe im Christen= thum das Seitenstück zur Sklaverei, welche gleichfalls nirgends als überlieferte Einrichtung aufgehoben oder gemißbilligt worden ist, im Gegentheil sogar ausdrücklich anerkannt wurde. Dennoch

ist die Sklaverei im religiösen Sinne als widerchristlich späterhin
von der Kirche angesehen worden, weil sie gleichfalls aufgelöst
werden muß durch die freiere Geltung christlicher Gesinnung. Denn
es ist unmöglich, daß ein von wahrer Nächstenliebe erfüllter Herr
seinen Diener grausame Foltern und die Rechtlosigkeit des Sklaven
fühlen läßt; er wäre gehalten, ihm alle seine Verfehlungen sieben
und siebenzig Mal zu vergeben. Und auf anderer Seite kann
wiederum für den Diener, der aus Liebe dient, jener Fall gar
nicht eintreten, daß die Geißel über seinen Rücken geschwungen
würde. Ebenso wenig wie Christus aber jemals Sklaven nach
seiner Gesinnung halten oder als Geschenk annehmen konnte, wäre
er nach eben derselben Gesinnung im Stande gewesen, für sich
oder für andere als Ankläger aufzutreten, oder die Vollziehung
eines Todesurtheils selbst zu betreiben. Im wirklichen Gottesreich
wäre außerdem schon aus dem Grunde jede menschliche Strafe
überflüssig, weil sie durch die Gewißheit der göttlichen Strafe vollständig ersetzt wäre.

Nach diesen Ausführungen ergiebt sich, daß die Lehre Christi
überhaupt keine staatliche Strafrechtsordnung begründen kann, weil sie ihr völlig fern steht und stehen will. Ueber
Rechtmäßigkeit und Unrechtmäßigkeit weltlicher Strafen ist aus
den Evangelien nichts zu erfahren; es ist unmöglich, ein staatliches Strafrechtsprincip aus der Bibel zu construiren oder zu
ermitteln, welche Strafen rechtmäßig oder nothwendig, welche
verwerflich für den Staat sein würden. Wie wenig das Christenthum späterhin nach seiner staatlichen Anerkennung auf das heid-
nische Strafrecht einwirkte, zeigt sich in der Geschichte der christlichen Kaisergesetzgebung. Weil man es thörichter Weise unternahm, ein christliches Staats- und Strafrecht zu errichten, ward
man einfach in das Judenthum und das alte Testament
von Staatswegen rückfällig; denn dort fand man jene strengen,

bestimmteren und leicht verständlichen Gebote, auf welche man sich zur Begründuug einer neuen Gesetzlichkeit berufen konnte.

Auch der christliche Sündenbegriff ist für die äußere Rechtsordnung schlechthin unanwendbar. Es zeigt sich dies zuvörderst beim Ehebruch. Ihm gleichgesetzt, vom religiösen Standpunkt aus, ist die unzüchtige Gesinnung, welche eines fremden Weibes begehrt. Die bisherige Auslegungsweise wäre ganz consequent, wenn sie unter Berufung darauf, daß Christus die Todesstrafe für den Ehebruch in ihrem gesetzlichen Fortbestande nicht bezweifelt, auch fernerhin erlangen wollte, daß auf unzüchtige Gesinnung die Todesstrafe angewendet werden könne.

Völlig in diesem Sinne ist es, wenn ein Apostel (1. Joh. 3, 15) sagt: Wer seinen Bruder hasset, der ist ein Todtschläger. Der äußeren That ist wiederum die Gesinnung des Handelnden, aus der sie hervorgeht, völlig gleichgesetzt. Es ist also der Haß des Bruders ebenso schwer, wie das Blutvergießen; wer die äußere Rechtsordnung nicht von den religiösen Vorschriften scheidet, muß also die Schwerdtstrafe wiederum auch gegen den feindseligen Haß schlechthin eintreten lassen. Ebenso ist es völlig unzweifelhaft, daß nach den altchristlichen Anschauungen in moralischer Hinsicht ein Unterschied zwischen Versuch und Vollendung nicht zugelassen werden kann, die gleiche Sündhaftigkeit und Strafbarkeit würde in beiden Fällen nothwendig sein, da es vom Willen des Handelnden unabhängig blieb, wenn der beabsichtigte Erfolg nicht eintrat.

Das praktisch nützlichste Resultat, welches die Untersuchung der Todesstrafe hinsichtlich ihres Verhaltens zum Christenthum liefern kann, würde also darin bestehen, daß gezeigt werden kann: wie innerhalb der äußeren Rechtsordnung weder die Anhänger noch die Gegner der Todesstrafe entscheidende Gründe aus den Quellen des christlichen Glaubens ziehen können; jene nicht, weil überhaupt keine Strafe, nicht einmal die grausame Kreuzigung, von Christus direkt verworfen ist, also objectiv jede Strafe für das Christenthum (bezüglich der sie Erleidenden) anerkannt werden muß; diese nicht, weil auf der Grundlage der christlichen Lehre ein für den Staat verwendbarer Verbrechensbegriff nicht zu gewinnen ist.

Auf der Forscherreise zu den biblischen Schriften lieben es die meisten Protestanten, bei Luther und Calvin auszuruhen. Manche gehen über diese Zeugnisse nicht hinaus und beschwichtigen ihr Gewissen bei der Anrufung dieser weiteren Vermittler zwischen Christus und dem Protestantismus. Es ist keinen Augenblick zu leugnen, daß sowohl Luther, als auch Calvin die Todesstrafe überall billigen. Ihr staatliches Bewußtsein war ein stärkeres und festeres, als dasjenige der Apostel, die in einem bereits untergehenden und größentheils zerstörten Volkswesen wirkten und das Ende der Welt herankommen sahen. Luther und Calvin waren geschichtlich in viel höherem Maße abhängig von ihrer Umgebung, was ihnen nicht zum Vorwurf gemacht werden kann. Im Gegentheil muß anerkannt werden, daß der Staat im XVI. Jahrhundert die Todesstrafe in Ermangelung anderweitiger Strafeinrichtungen nicht entbehren konnte. Bei Luther und Calvin hat sich bereits die historische Erkenntniß ausgebildet, daß das Gottesreich nicht mehr, wie die Apostel glaubten, das Reich dieser Welt auflösen und unmittelbar überwinden würde; der Dualismus von geistlicher und weltlicher Herrschaft und folglich auch von Religion und Recht, bestand bereits fertig. Der so unerschrockene Luther glaubte mit seinen Zeitgenossen fest an den Abschreckungszweck und gründete die weltliche Ordnung auf Furcht vor dem Schwerdte der Obrigkeit; andererseits erkannte er selbst wieder an, daß eine Klasse von Uebelthätern auch nicht durch Verbrennen abgeschreckt werde, nämlich die Ketzer. Wie sehr Luther's Meinung als Wiederhall seiner Zeit angesehen werden muß, ergiebt

sich daraus, daß er sich mit der einfachen Todesstrafe nicht be=
gnügt; seine Anweisung geht dahin, daß die Obrigkeit den
Pöbel treiben, schlagen, würgen, henken, brennen, köpfen und rabe=
brechen solle. Der Vorrath von christlichen Strafen, den Luther
zur Verfügung stellt, ist groß. Während Christus der Obrigkeit
ihre Macht einfach läßt, geht Luther soweit, qualvolle Todesstrafen
anzuempfehlen und zu rühmen. In seinen Augen ist die Obrig=
keit gebunden und verpflichtet, zu tödten. Der Gebrauch des
Schwerdtes wird ihm zum Gottesdienst: „Die Hand,
welche das Schwerdt führt und würget, ist nicht mehr Men=
schen Hand, sondern Gottes Hand, und nicht der Mensch, sondern
Gott hänget, rädert, enthauptet, würget und krieget; es sind
alles seine Werke und Gerichte.“ Den Ehebrecher soll die Obrig=
keit tödten um bösen Exempels willen. Gegen Aufrührer war
Luther womöglich noch strenger, als gegen Todtschläger. Er
predigt für seine Zeit sogar die Lynchjustiz. Während des Bauern=
krieges meinte er: „Man soll flugs zuhauen und stechen in die
Aufrührerischen, wer nur kann; ein jeglicher sei Beide, ober=
ster Richter und Scharfrichter in diesem Fall“. Auch
gegen Diebe billigt Luther die Todesstrafe; nur in dem einen
Falle der Ketzerei wich er von der Tradition ab, indem er Ketzer
mit der Todesstrafe verschont wissen wollte. Hetzel hat die auf
die Todesstrafe bezüglichen Stellen aus Luther's, Melanchthon's,
Calvin's und anderer Schriften zusammengestellt und damit an=
schaulich gemacht, wie Luther auf dem Standpunkt der peinlichen
Halsgerichtsordnung Kaiser Karl's V. steht. Es ist traurig, bei
einem Manne wie Luther zu sehen, daß sein Eifer ihn soweit
hinreißen konnte, um das Rädern der Menschen als ein göttliches
Werk anzuempfehlen. Er stand unter dem doppelten Bann der
in seiner Zeit herrschenden Aufregung und des Wahnes, daß
die alttestamentarischen Todesstrafen für das christliche Gewissen

verpflichtend seien. Es ist demnach nicht zu verwundern, daß auch in allerneuester Zeit die streng lutherische Theologie, wo sie Probleme der Gesetzgebung und Rechtswissenschaft berührte, auf Abwege gerieth.[89]) Oettingen meint beispielsweise, der Mord, als Verbrechen erscheine ihm im direkten Zusammenhange mit der in der sündigen Menschheit wuchernden Mordgesinnung, die nur in den seltensten Fällen Dolch und Gift oder andere Mittel gewaltsamen Vollzuges anwende, sondern als dauernder Hang, gleichsam als epidemischer Krankheitsstoff eine universell zerstörende Wirkung ausübe. Derselbe Theologe nimmt sogar einen Begriff des negativen Kindesmordes dann an, wenn durch Ausschweifung das Conceptionsvermögen einer Frau abgestumpft wurde.

Unbefangener und maßvoller, als die protestantische Orthodoxie stellte sich die altkatholische Kirche zur Todesstrafe. Zahlreichste Aussprüche bezeugen es, daß die Kirche nicht nur durch Asyle solche schützt, die sich gewisser todeswürdiger Verbrechen schuldig gemacht hatten, sondern auch ihre Mitwirkung und Unterstützung zur Hinrichtung von Delinquenten dem Staate versagte. Im canonischen Recht sind gewisse Tödtungen nicht mit dem Tode bestraft. Der Gedanke, daß Blutvergießen nach göttlicher und menschlicher Ordnung durchaus unsühnbar sei, blieb der alten Kirche fremd. Erst die im Anfang des XIII. Jahrhunderts sich ausbreitenden Ketzerverfolgungen brachten nicht nur den religiösen und sittlichen Standpunkt der Kirche in Verwirrung, sondern trugen auch dazu bei, die Volksmasse zu verwildern und auf die später folgenden Hexenverfolgungen vorzubereiten.[90]) Seit Thomas Aquinas erklärt sich die herrschende Kirchenlehre für das Recht und die Angemessenheit der Todesstrafe, was in der Consequenz der Ketzerinquisitionen lag. In neuerer Zeit hat es auch auf katholischer Seite nicht an solchen gefehlt, die das Amt des Henkers als eine göttliche Mission betrachteten uud bei jeder Gelegenheit verherrlichten.　Zu ihnen zählt Le Maistre, der die heilige Allianz von Altar, Thron und Schaffot als eifriger Legitimist vertrat.

Gegenüber der herrschenden Lehre der großen Kirchen fielen die abweichenden Meinungen einiger Sekten nicht ins Gewicht. Thonissen hat neuerbings noch einmal nachgewiesen, daß die Waldenser und einige Socinianer die Christlichkeit der Todes= strafe leugneten.　Jene Lehren waren den kirchlichen Interessen um so angemessener, als inzwischen der Pabst in Rom weltlichen Besitz mit äußeren Machtmitteln zu behaupten und die höhere Geist= lichkeit in ihren zu Lehn empfangenen Territorien auch weltliche Justiz zu üben hatte.　Auf den Gang der allgemeinen Entwicke= lung war dies ohne Einfluß.

Wohin die Meinungen der strengläubigen Protestanten und der Katholiken führen würden, wenn man ihnen eine praktische Bedeutung beimessen wollte, ist nicht zu sagen.　Dem Staat und der Kirche ist es gleich vortheilhaft, daß in den gesetzgebenden Versammlungen das Gewicht theologischer Lehrsätze nach und nach immer mehr vermindert worden ist. —

Hetzel urtheilt als Geistlicher vom theologischen Standpunkt über die Todesstrafe:

„Auf der Höhe des praktischen Christenthums ist die Todes= strafe unvermeidlich: sie ist gottlos, d. h. dem in der sittlichen Weltordnung sich ausprägenden Willen Gottes entgegen, mit einem Worte unsittlich."

Citiren wir, um der Gerechtigkeit willen, neben dem Prote= stanten Hetzel auch noch einen katholischen Priester. Buccellati macht, wie dies schon von anderen geschehen, noch einmal auf den ungeheuren Widerspruch aufmerksam, der sich überall dann ergiebt, wenn ein christlicher Geistlicher einen Delinquenten zum Richtplatz geleitet, dem Reuigen seine Sünden vergiebt, ihm das ewige Leben verheißt und versichert, daß der Büßende mit Gott und Christus versöhnt sei. Nach dieser feierlichen Versöhnung kommt im Namen des Gesetzes der Richter mit dem Henker und behauptet seinerseits, daß das Gesetz von dem Lebenden nicht verhöhnt werden könne. Die Buße vor dem Menschen kann nicht weiter gehen, als bis zur Bereitwilligkeit, um der Sühne willen zu sterben.

Buccellati sagt:

„Der Priester wiederholt, an das Ohr des Duldenden geneigt, Worte der Frömmigkeit und des Mitleidens; aber wenn Christus mir vergiebt, warum tödtet mich die Gesellschaft, die doch christlich sein will? Ach, wenn jener Priester auch bürgerlicher Richter wäre, meint Ihr, daß seinen Worten dann Gehör geschenkt werden sollte? Der Priester soll sich abmühen, zu beweisen, daß er rein ist von dem Blute, welches die Gesellschaft fordert, daß er in diesem Augenblicke derselben Gesellschaft nicht angehöre und daß er ganz vergiebt.

Der Pfarrer Bißius sagt in seiner gekrönten Preisschrift über die Todesstrafe über das Amt des Geistlichen, der einen Delinquenten zum Richtplatz geleitet hat:

„Noch ruft er dem armen Sünder ein paar Worte zu, schließt die Augen, während der Streich fällt, hält sodann mit weittragender Stimme, aber gepreßtem Herzen seine Standrede und kehrt zum Tode müde heim in sein Pfarrhaus. Unterwegs in den Wirthshäusern wilder Lärm, Gelächter, Streit, am Tage darauf in der Zeitung Erzählung von einer blutigen Schlägerei keine Stunde vom Schaffot, von Kindern, die unter sich Hinrichtung gespielt haben, von Rohheiten der Henkersknechte, von allerlei Aberglauben, getrieben mit dem Blute oder den Körpertheilen dessen, der nun ausgelitten hat, in seinem Amt noch lange das Gefühl, daß das Volk, aufgeregt durch das blutige Schauspiel, für das einfach erbauende Gotteswort allen Sinn verloren hat, vor seinem wachen wie vor seinem schlafenden Auge jene Gestalt, in seiner Gemeinde eine Familie in unauslöschliche Schande gestürzt, heimathlos in ihrer eigenen Heimath. Ein Begräbniß. — Der Knabe eines hingerichteten Brandstifters. Er liegt in U... Er starb an ge=brochenem Herzen.“

Neunzehntes Kapitel.

Die Todesstrafe im Verhältniß zur vergeltenden Gerechtigkeit.
— Absolute und relativ abgestufte Strafen. — Die richterliche Strafzumessung.
— Der Strafrahmen des deutschen Strafgesetzbuchs für den Diebstahl beruhend
auf der Unterscheidung von 1826 Verbrechensstufen. — Die Gerechtigkeit innerhalb der richterlichen Strafzumessung heißt nicht mehr pflichtmäßige Nothwendigkeit bestimmter Strafmaße, sondern rechtliche Zulässigkeit. — In der Rangordnung der Verbrechen stand der Mord nicht immer, wie gegenwärtig, obenan. —
Der Unrechtswerth der Strafe steigt und fällt in der Geschichte ebenso wie der
Rechtswerth der menschlichen Güter. — Steigender Werth der Freiheit bedingt
das Fallen in der Dauer der Freiheitsstrafe. — Erweiterung des Abstandes
zwischen längster Freiheitsstrafe und der Todesstrafe. — Fallender Geldwerth:
Steigende Geldbußen. — Wovon der Werth des menschlichen Lebens abhängt.
— Subjective und objective Schätzung. — Zunahme des Selbstmordes kein
Anzeichen eines sinkenden Lebenswerthes. — Das Leben weitaus weniger durch
Vorsätzlichkeit als durch Fahrlässigkeit gefährdet. — Inconsequenz einer Aus-
schließung des Mordes von der allgemeinen Milderung der Strafen im Deutschen Strafgesetzbuch. — Die Gerechtigkeit der Strafen beruht nicht auf Gleich-
heit, sondern auf Ungleichheit der Strafübel im Vergleich zum Verbrechensübel.

Nachdem der Grundsatz der äußerlich sinnlichen Talion von
der Rechtswissenschaft glücklich beseitigt und so in seiner Unhaltbarkeit allgemein anerkannt worden war, kam es darauf an, für
das Princip der strafenden Gerechtigkeit eine andere Grundlage
außerhalb der Bibel aufzusuchen. Noch heut zu Tage lauten die
Formeln der Gerechtigkeitstheorie außerordentlich verschieden:
Aufhebung des Unrechts, Wiederherstellung des Rechts, Schutz
der Rechtsordnung u. s. w. Wie wenig mit diesen Formeln an

sich gethan ist, lehrt die Thatsache, daß die Bekenner eines und desselben Grundsatzes dennoch in ihren letzten Schlußfolgerungen zu sehr verschiedenen Ergebnissen gelangen, entweder zur Rechtfertigung oder zur Verwerfung der Todesstrafe.

Wichtiger als die einfache Formel ist daher die Feststellung des Maßstabes der Gerechtigkeit. In dieser Hinsicht sind zwei Auffassungen möglich: Die Annahme eines objectiven Grundsatzes der Vergeltung oder einer subjectiven Beziehung zur Sühne oder Genugthuung. Vergeltende Gerechtigkeit heißt: das staatliche Aequivalent des Verbrechens in Gestalt eines ihm gleichwerthigen sittlich zulässigen (oder gebotenen) Uebels, welches der Verbrecher zu erleiden hat.

Die Schätzung ist hiernach aus dem Gewicht des Verbrechens selbst zu entnehmen. Der Strafproceß ist gleichsam das Verfahren zur Ermittelung des specifischen Gewichts, welches einem vorhandenen Verbrechen zukommt.[90])

In alten Zeiten war die Gesetzgebung von der Ansicht beherrscht, daß sie für sich im Stande sei, die absolute Schwere des Verbrechens ein für allemal im Voraus zu bestimmen, so daß die Aufgabe des Richters darauf beschränkt blieb, die Thatsache des Verbrechens lediglich mit Rücksicht auf deren Vorhandensein oder Nichtvorhandensein zu untersuchen. Die Gesetzgebung allein behielt die Wagschale der Gerechtigkeit in ihrer Hand. Jedes bestimmte Verbrechen ward mit einer bestimmten Strafe belegt; wobei der einfache Maßstab galt: dem größeren Verbrechen die größere Strafe, dem leichteren die geringere. So lange als man nur den gleichsam festen und einfachen Körper des Verbrechens wog, war dieses Verfahren durchzuführen.

Heut zu Tage ist es anders. Das Verbrechen hat nach unserer besseren Erkenntniß nicht nur feste Bestandtheile sinnlich wahrnehmbarer Thaten in sich, sondern auch flüchtige Elemente

einziger Tag, als auch eine Summe von 1826 Tagen als gerechte
Strafe gelten könne. Und auch in der Gegenwart wird der=
jenige Richter, der sich am meisten zutraut, niemals von sich be=
haupten wollen, daß er einen von ihm abgeurtheilten Diebstahls=
fall nur mit 8 Tagen strafen konnte, und sein Gewissen mit dem
Vorwurf der Ungerechtigkeit belastet haben würde, wenn er statt
dessen die Strafe auf 7 oder auch auf 9 Tage bemessen hätte.
In diesem Sinne ist somit zu behaupten, daß in jeder relativen
Bemessung einer Strafe ein starkes Element der Willkür
steckt und daß kein Richter es vermag, den gesetzlichen Straf=
unterschieden entsprechende Schuldunterschiede gegenüberzustellen.

Für die Gerechtigkeitstheorie ergiebt sich aus dieser Darlegung,
daß, wo von einem relativen Strafmaß in der Gesetzgebung die
Rede ist, von einem Gebot genau bemessener Gerechtigkeit
niemals gesprochen werden kann. Die gesammte frühere Vergel=
tungstheorie litt an dem großen Fehler, sich einzubilden, daß nach
sittlichen Principien für ein bestimmtes Verbrechen
eine ebenso bestimmte Strafnorm von der Gerechtig=
keit kategorisch gefordert und somit nothwendig sei;
eine Einbildung, die so lange begreiflich war, als man absolute
Strafsätze hatte, was im Zeitalter Kant's noch die Regel war
und den Ueberlieferungen der peinlichen Halsgerichtsordnung ent=
sprach. Wenn aber heute der einfache Diebstahl 1826mal ab=
gestuft sein kann, so ist gar nicht mehr davon zu reden, daß von
einer nach Tagen bemessenen Strafe irgend jemand behaupten
werde, sie sei in einem gegebenen Falle gerecht und noth=
wendig; wir können überall nur nach der Zulässigkeit einer
großen Reihe von verschiedenen Strafsätzen nicht mehr von der
Pflichtmäßigkeit eines bestimmten Strafsatzes sprechen. Die Straf=
barkeitsunterschiede beim Diebstahl sind heute größer,
als ehemals für die Gesammtheit aller Verbrechen zu=

sammengenommen. Somit wissen wir über die Gerechtigkeit der auf den einfachen Diebstahl gesetzten Strafen nicht mehr, als daß 23 Stunden und 59 Minuten nach der Erklärung des Gesetzgebers eine ungebührlich milde und 1828 Tage eine ungerecht lange in der Anwendung der Gefängnißstrafe bedeuten würde. Der Gesetzgeber setzt hier Abschnitte, aber er wird gleichfalls nicht behaupten können, daß ihn irgend jemand der Ungerechtigkeit zeihen würde, wenn er etwas weiter in der einen oder anderen Richtung gegangen wäre. Auch er wird zugestehen müssen, daß seine „Weisheit" überall mit einem starken Beisatz von Willkür gemischt ist und daß bei seinen Strafgesetzen relativer Gattung ein grobes Durchschnittsgefühl, nicht aber eine feine Unterscheidung bei den Gränzbestimmungen leitend war. Was in Wirklichkeit in den modernen Strafgesetzen entscheidend bei allen Maßstäben ist, wird sich bestimmen lassen als die Rücksicht auf eine gewisse Zahlensymmetrie oder die arithmetische Aesthetik der Strafzumessung und sodann die Vorsicht in Beziehung auf jene Punkte, wo das allgemeine Gefühl den Eindruck von der Ungerechtigkeit der Strafe empfangen würde.

Der Gesetzgeber kann in der Relativität des Strafgesetzes die Abstufungen der Schuld sogar noch weiter vermehren, indem er zwei verschiedene Strafarten nebeneinander mit einem Maximum und Minimum für jede von ihnen androht, wodurch die Mannigfaltigkeit der möglicherweise gerechten Strafe verdoppelt wäre.

Wie es nun im Einzelnen an einen festen Maßstab der Vergeltung gebricht und das Gesetz es gegenwärtig zulassen muß, daß ein harter Richter innerhalb der weiten Gränzpfähle des Maximums und des Minimums einen einfachen Diebstahl ganz anders bestraft, als ein milder Richter denselben Fall gestraft haben würde, so fehlt es uns auch an einem sicheren Maßstab für eine Rangordnung der Verbrechen. Wir können in der Gegenwart vom moralischen Standpunkt aus niemals sagen, daß ein gewisses Verbrechen unter allen Umständen schwerer sei, als ein anderes Verbrechen.

Vom subjectiven Standpunkt ausgehend, wird jedermann zugeben, daß Vorsätzlichkeit einer Missethat schwerer wiege, als Fahrlässigkeit, aber es fehlt uns das Kennzeichen, das uns in allgemein gültiger Weise belehrt, in welchen Fällen die Gerechtigkeit verlangt, daß Fahrlässigkeit überhaupt mit Strafe belegt werden soll. Und andererseits giebt es wieder fahrlässige Vergehen, die härter beurtheilt worden, als andere, aus Vorsatz begangene Uebelthaten. In der Reihenfolge der nach dem objectiven Rechtswerth bemessenen Strafbarkeit wird man dahin neigen, das Leben obenan zu stellen und dann die Verletzungen des Leibes und der Gesundheit, des Eigenthums und der Ehre folgen zu lassen, indem man bald hier bald dort die Eingriffe in die öffentliche Ordnung und die religiös-kirchlichen Verhältnisse einschiebt.

Die übereinstimmende Ansicht der neueren Rechtslehre geht dahin, daß der vorsätzliche Angriff auf das menschliche Leben überall das schwerste Verbrechen bilden müsse; und eine der Abstraktion zugewendete Philosophie nährte den Glauben, als ob dies seit Anbeginn der Welt ebenso gewesen sei. Allein die Geschichte lehrt, daß der Rechtswerth der menschlichen Güter in der Entwickelung der Cultur ein sehr ungleicher gewesen ist. Nach dem älteren germanischen Recht sind Angriffe auf Leib und Leben grundsätzlich milder behandelt worden, als Eingriffe in fremdes Eigenthum. Der Dieb war unseren Vorfahren verhaßter, als der Todtschläger. Jahrhunderte lang betrachteten gewisse Rechtslehrer Gotteslästerung und widernatürliche Unzucht als schwerste Verbrechensfälle. Wir begreifen es kaum, daß Zauberer für todeswürdig erklärt werden konnten. Bis gegen das Ende des vorigen Jahrhunderts war der Mord nicht das schwerste Verbrechen;

Hochverräther und Aufrührer waren selbst nach Luther's Meinung härter zu bestrafen, als Mörder. Ueber das Rädern ging das Viertheilen und vielleicht auch das Verbrennen.

Wenn daher von einigen Seiten behauptet wird, der Mord sei zu allen Zeiten, gleichsam seit Kain, als absolut schwerstes Verbrechen mit der absolut schwersten Strafe nach göttlichem und menschlichem Rechte bestraft worden, so ist das einfach ein leicht zu widerlegender Irrthum.

Ein und dasselbe Rechtsobject, zum Beispiel das menschliche Leben, kann sogar auf Grund einer und derselben Strafgesetzgebung einen verschiedenen gesellschaftlichen Werth haben. So verhält es sich bei uns mit der aus Fahrlässigkeit verursachten Tödtung, welche zu Zeiten des Belagerungszustandes mit der Todesstrafe belegt wird, wenn sie aus gewissen gemeingefährlichen Verbrechen hervorgeht. In der deutschen Gesetzgebung ist also anerkannt: daß zu gewissen Zeiten die Tödtung eines Menschen den Tod des Verbrechers zur Folge haben soll, zu gewissen anderen Zeiten jedoch, oder an anderen nicht gerade in Belagerungszustand befindlichen Orten die Gerechtigkeit die Todesstrafe nicht erfordert. Und dennoch getraut man sich den Satz zu vertheidigen, daß das vermeintlich absolut schwerste Verbrechen des Mordes die absolut schwerste Todesstrafe auf Grund ewiger Gerechtigkeit schlechthin bedingen soll!

Die Gerechtigkeit, welche niemals absolut ist, kann nicht mehr bedeuten, als daß in Gemäßheit des jeweiligen rechtlichen Entwickelungsstandes der einzelnen Völker das jeweilig schwerere Verbrechen mit einer schwereren Strafe bedroht sein muß, als das geringere Vergehen.

Wie der Rechtswerth der menschlichen Güter, als das Angriffsobject für das Verbrechen, ein so wandelbarer ist, daß man die Geschichte der moralischen Preisbestimmungen auf diesem Gebiete ebenso gut schreiben könnte, wie für die Nahrungsmittel und andere menschliche Lebensbedürfnisse, so muß man auch weiterhin anerkennen, daß die Inhaltsbestimmungen der menschlichen Persönlichkeit, als eines Angriffsobjectes der staatlichen Strafe außerordentlich veränderlich sind.

Es gab Zeiten, in denen eine Freiheitsstrafe schwerer zu ertragen war, als die Entziehung des Lebens.[91]) In unserem Zeitalter bedeuten die Ehrenstrafen weniger, als im Mittelalter. Andererseits haben wir anerkannt, daß eine unwiderrufliche Ehrenstrafe dem Wesen der menschlichen Persönlichkeit nicht entspricht. Vor hundert Jahren war man wenig empfindlich gegen die Prügelstrafe; einzelne französische Könige ließen sich mit Hieben geißeln, um auf diese Weise Buße zu thun. Heute erscheint uns die körperliche Züchtigung als eine unauslöschliche, der menschlichen Natur angethanene Schwach, obgleich wir für diese Empfindung keine durchaus zureichenden Gründe anzuführen vermögen, sondern uns mit der Thatsache ihres Vorhandenseins begnügen müssen. Die Transportation nach Australien war vor sechszig Jahren eine Strafe, welche in Irland diejenigen schreckte, die es sich zum Heldenthum und zur Ehre angerechnet haben würden, am Galgen hängend bewundert oder bedauert zu werden. Als die Goldfelder Australiens im Jahre 1851 entdeckt worden waren, begingen einzelne Verbrecher Missethaten, um in die Australischen Colonien transportirt zu werden, die Ueberfahrtskosten in das „gelobte Land“ zu ersparen und dann nach Ablauf ihrer Strafzeit leichter zu den Gruben eilen zu können, in denen sie sich mühelos zu bereichern hofften.

Die abstrakte Speculation übersieht dies. Wie sie dem Verbrechen einen unabänderlichen Werth in der Geschichte der Menschheit zuerkennt, so meint sie auch von einer eigenen Qualität der

Strafmittel reden zu dürfen. Es bedarf keiner weitgehenden Studien um auch an den Strafmitteln das Irrige einer solchen Auffassung darzuthun.

Unser Zeitalter ist die Epoche der Freiheitsstrafen. Wir müssen anerkennen, daß der wirthschaftliche und ethische Werth der Freiheit und der von ihr abhängigen Arbeit ein völlig anderer geworden ist, als er vor einem Menschenalter war. Dieselbe Kalenderzeit der Freiheitsentziehung kann daher heute rechtlich und wirthschaftlich nicht mehr dasselbe bedeuten, wie ehemals. Jede neue Freiheitsäußerung, welche das Verfassungsrecht auf politischem, religiösem und wirthschaftlichem Gebiet gewährt, steigert auch den inneren Rechtswerth der menschlichen Persönlichkeit. Was wäre es ehemals für einen an die Scholle gefesselten Menschen gewesen, wenn man ihn für bestimmte Zeit Namens der Obrigkeit in räumlicher Nähe seines „unveräußerlichen Aufenthalts" zur Strafarbeit gezwungen hätte? Nichts! Sein ganzes wirthschaftliches Dasein war erzwungene Arbeit für den Vortheil Anderer. Unsere Gesellschaftsordnung ist eine so künstliche, die Schwierigkeit des zum Lebensunterhalte ausreichenden Erwerbes eine so große, daß der zeitweise Verlust der Freiheit heut mehr bedeutet und für die Familie eines Bestraften schwerere Nachtheile bedingt, als früher. Vorübergehende Untersuchungshaft kann den Familienvater aus seiner mühsam in langen Jahren errungenen Stellung herausstürzen und für die Seinigen unersetzlichen Schaden bewirken. Die allmählig fortschreitende Verkürzung der Freiheitsstrafen ist somit ein nothwendiges Ergebniß zunehmender Cultur. Von fünfundzwanzigjähriger Freiheitsentziehung stieg man daher herab zu jener längsten fünfzehnjährigen Zeitgränze, welche das deutsche Strafgesetzbuch zu überschreiten verbietet, und es kann eine fernere Abkürzung auch dieser Zeitgrenze um so weniger zweifelhaft sein, als schon bei Erlaß des Strafgesetzbuchs eine Einschränkung

der Maximalbauer auf zehn Jahre von erfahrenen Gefängnißdirectoren befürwortet worden war[96]). Was würde man von einem
Rechtslehrer oder einem Philosophen sagen, der behaupten wollte,
daß nur eine zwölfjährige Zuchthausstrafe als gerechte Vergeltung für ein bestimmtes Verbrechen gesetzt werden dürfte. Und
doch wäre eine solche Versicherung nicht wesentlich verschieden von
der Theorie, daß nur die Todesstrafe die Tödtungsverbrechen oder
den Mord sühnen könne. Für' die Beurtheilung der Todesstrafe
ergiebt sich aus der geschichtlichen Betrachtung das nutzbare Resultat, daß der Abstand der zeitigen Freiheitsstrafen mit
dem Sinken ihres Maximums gegenüber der Todesstrafe und der lebenslänglichen Zuchthausstrafe sich
fort und fort erweitert.

Umgekehrt ist in der Geschichte der Gang der Geldbußen.
Seit der Entdeckung der neuen Welt ist der Werth der edlen
Metalle und des Geldes in fortwährendem Sinken, so daß ihnen
im allgemeinen die entgegengesetzte Richtung für die Gesetzgebung
vorgezeichnet ist. Tödtungen und Verstümmelungen, die nach alten
Gesetzen dem Bluträcher durch Geldzahlung gesühnt werden konnten,
finden seit langer Zeit kein Aequivalent im Vermögen mehr. Unser
Maßstab ist hierin völlig verändert. Dagegen muß überall da,
wo eine Geldbuße nach unseren Rechtsanschauungen angemessen
ist, mit dem sinkenden Geldwerthe die Strafsumme erhöht werden.
Eine Collision ergiebt sich für die Criminalpolitik aus dem Zusammenwirken des Werthveränderungsprocesses: erhöhter Werth
der Freiheit und verminderter Werth des Geldes, wenn es sich
darum handelt, geringere Vergehen, die ehemals mit Freiheitsentziehung geahndet wurden, nunmehr der (im Werth steigenden)
Gefängnißstrafe zu entziehen und der (im Werth sinkenden) Geldbuße zu unterwerfen.

Was nun das Leben selbst anbelangt, so scheint es schwer,

aus der Theorie der geschichtlichen Veränderlichkeit der Rechtswerthe einen unmittelbaren Nutzen zu ziehen. Sagen wir nämlich:
der Rechtswerth des menschlichen Lebens sei gesunken, so würde
man daraus schließen, die Todesstrafe sei nicht mehr so schwer,
wie früher. Sagen wir umgekehrt, der Werth des Lebens sei
gegen früher gestiegen, so wird man schließen: um so mehr müsse
auch der Mörder sterben! Ist es möglich, aus dieser Alternative
herauszukommen?

Unleugbar wird von vornherein zugegeben werden müssen,
daß in der Entwickelung der Cultur der Rechts- und Genußwerth
des menschlichen Lebens erheblich gestiegen ist. Auf sein Minimum erscheint er herabgesetzt, wo nach der religiösen Idee die
Bedeutung des Irdischen völlig geleugnet, die Erde als ein Jammer-
thal, das Jenseits als unmittelbar wünschenswerthes Ziel, die
persönliche Seeligkeit als Gewißheit von Allen angenommen ist;
die Dauer des Lebens schrumpft dabei zum Bedeutungslosen sowohl für Mörder als Ermordete zusammen; alles kommt auf Buße
und reuige Vorbereitungen zum Jenseits an. Dieser Pessimismus
kann soweit gehen, den Tod als beneidenswerthes Schicksal, den
Mord als Wohlthat und Verdienstlichkeit anzusehen, wofür die
psychologischen Belege in der indischen Mördersekte der
Thugs und in der zuweilen mit Begeisterung erfüllten Pflicht
der Selbstverbrennung indischer Wittwen nachzuweisen sind. Man
kann dies die subjectiv-religiöse Entwerthung des menschlichen
Lebens nennen.

In objectiver Hinsicht wird der Werth des Lebens durch
dessen Unsicherheit herabgesetzt. Wo gewaltige Epidemien häufig
wiederkehren, und jeden gleichsam stündlich an sein bevorstehendes
Ende mahnen, wo langdauernde Kriege nicht blos die Kämpfenden
selbst, sondern ein ganzes Volk in Mitleidenschaft ziehen, Fehde
und Rauflust in den Volkssitten als gewöhnliches Vorkommniß

eingeniftet sind, bildet sich, in weiten Schichten herrschend, Gleich=
gültigkeit gegen den unsicheren jeden Augenblick gefährdeten Besitz
des Daseins, welche entweder in roheste Genußsucht oder in Ab=
stumpfung ausartet; beide Thatsachen sowohl das Tödtungsver=
brechen wie die Hinrichtung Schuldiger werden vergleichungsweise
gleichgültig hingenommen; die Häufigkeit in der Anwendung
der Todesstrafe entstammte zum Theil der niedrigen Schätzung
des menschlichen Lebens; bei gewissen afrikanischen Negervölkern,
deren Gewalthaber ihren Götzen massenweise Menschenopfer dar=
bringen, scheint nach den glaubwürdigsten Berichten eine uns un=
begreifliche Gleichgültigkeit gegen den Tod zu herrschen.

Unser Zeitalter ist von religiöser Schwärmerei selbst auf
Seiten einer kampflustigen Kirche weit entfernt; wir lassen dem
Jenseits seinen Werth, aber wir schätzen in seiner vollen Wirklich=
keit unser irdisches Dasein. Ingleichen ist das Leben heute ein
verhältnißmäßig sicheres Gut. Nach allen Richtungen steigt der
Werth des Lebens; er ist in Wahrheit ein einzigartiger in der
Schätzung des Menschen, woran auch dadurch nichts geändert wird,
daß Selbstmord häufiger auftritt, als ehemals, denn wachsende
Häufigkeit des Selbstmordes heißt: ein entwerthetes Leben ist
schwerer zu ertragen als früher.[33])

Wir bemühen uns — und das gehört zu den eigenthümlichen
Merkmalen unseres Zeitalters — selbst die inhaltleere und freude=
lose Existenz anderer Menschen mit allen nur möglichen Mitteln
zu erhalten. Selbst dann erlahmt diese Sorgfalt nicht, wenn uns
der Tod eines Menschen als Wohlthat der Natur erscheint. Auch
des unheilbar Irren, des langsam dahinwelkenden Siechen Leben
suchen wir soviel wie thunlich zu verlängern. Unser Zeitalter er=
hält mit dem scharfsinnigen Aufwande künstlicher Mittel zahlreiche
Existenzen, die in früheren Jahrhunderten dem schnelleren Unter=

gange verfallen wären: alles Anzeichen eines gesteigerten Lebens=
werthes.

Nach einer anderen Richtung hin sind freilich manche Ge=
fahren, die unser Dasein bedrohen, neu entstanden, etliche ge=
wachsen. Während im Vergleich zu den ehemaligen Culturzuständen
die vorsätzlichen Tödtnugen sich vermindert haben, und
die Möglichkeit, unter der Hand des Mörders zu enden, eine un=
gewöhnlich weit entferntere ist, ergeben sich aus der Zusammen=
drängung großer Menschenmassen in den Städten, aus der Ge=
staltung des Maschinenwesens und seiner technischen Processe, aus
der Verwendung der Dampfkraft, aus der Anhäufung größerer
Arbeiterschaaren in engen Fabrikräumen, aus der rücksichtslosen
Gewinnsucht des Unternehmungsgeistes, aus leicht zugänglicher
Benutzung gewisser Giftstoffe und der allgemeinen Verbreitung von
Schußwaffen, aus einem hochentwickelten Bergbau und einer in
alle Zonen sich ausdehnenden Seeschiffahrt, erhebliche Ziffern des
Menschenverlustes. Häufiger als früher, endet das menschliche
Leben in dem Gewirre und Knäuel des industriellen Durcheinander
an unglücklichen Zufälligkeiten, Explosionen, Eisenbahnunfällen,
Schiffbruch, Einsturz von Gebäuden; das unermeßliche Gebiet der
Unglücksfälle läßt uns in der Statistik größere Einbußen verzeichnen,
obgleich andererseits die Macht großer Naturereignisse und die
verheerende Geißel gewaltiger Seuchen nicht mehr so zerstörend zu
sein scheint wie im Mittelalter.

Mit jenen verwickelten Verhältnissen des modernen Zusammen=
lebens muß nothwendigerweise die Bethätigung der Fahrlässig=
keit einen weitaus bedeutenderen Spielraum finden. Die Gefahr,
daß wir durch Unvorsichtigkeit in irgend einer Weise Leben und
Gesundheit unseres Nebenmenschen verletzen, ist unzweifelhaft bei
uns eine näherliegende, als unter den einfachen Culturzuständen
einer Hirtenbevölkerung oder einer Landbau treibenden Klasse.

Auf Schritt und Tritt muß, der Eine mehr, als der Andere, in dem großstädtischen Menschengewühl der heutige Staatsbürger auf sich achten, um nicht andere zu beschädigen. Immer zahlreicher werden die Fälle der fahrlässigen Tödtung und der Massengefähr= dung auf Eisenbahnen und in Fabriken. Der Gesetzgeber hat diese Verhältnisse besonders zu würdigen. Er muß anerkennen, daß das Gebiet der fahrlässigen Tödtungen in socialer Hinsicht weitaus wichtiger ist, als dasjenige der vor= sätzlichen. Dennoch haben die Gesetzgebungen, vorab die deutsche Reichsgesetzgebung, die Strafbarkeit der aus Fahrlässigkeit began= genen Tödtungen verringert. Unser Strafgesetz droht im § 222 eine Gefängnißstrafe bis zu drei Jahren, und wenn der Thäter zu der Aufmerksamkeit, welche er aus den Augen setzte, vermöge seines Amtes, Berufes oder Gewerbes besonders verpflichtet war, bis zu fünf Jahren. In beiden Fällen, gleichviel ob die Tödtung ohne oder mit Berufsverletzung geschah, kann eine Minimal= strafe von einem Tage Gefängniß verhängt werden. Man bedenke: für die schuldhafte Zerstörung menschlichen Lebens eine einfache Freiheitsentziehung von einem Tage! Also für die fahr= lässigen Tödtungen wiederum die Abstufung, wie beim einfachen Diebstahl von 1: 1826 und der Satz: der schwerste Fall fahr= lässiger Tödtung ist gleich der höchsten Strafbarkeit des einfachen Diebstahls. In gleicher Weise, wie bei den fahrlässigen Töd= tungen sind auch die Strafbarkeitssätze für die Todtschläger er= mäßigt worden. Nach dem preußischen Strafgesetzbuche von 1851 noch mit lebenslänglicher Zuchthausstrafe zu belegen, unterliegt nach § 212 des deutschen Strafgesetzbuchs das Verbrechen des Todtschlags einer Zuchthausstrafe von fünf bis zu fünfzehn Jahren.

Wenn nun der Gesetzgeber unseres Zeitalters gleichfalls der Anschauung wäre, daß der Werth des Lebens gewachsen ist und demnach auf dem Gebiete der Todtschlagsverbrechen und für die

bedenkliche Kategorie der fahrläſſigen Tödtungen die Strafen herab=
geſetzt hat, ſo muß, vielleicht ohne daß er ſich deſſen klar bewußt
geworden, eine ethiſche Tendenz eigener Art ihn beherrſcht haben.
Er hat die ſubjectiven Schuldmomente offenbar anders betrachtet,
als ſeine Vergänger; er erkennt an:

Daß bei der großen Mehrzahl der Tödtungsverbrechen eine
feſte und abänderliche Werthrelation nicht aufrecht erhalten werden
kann, daß der Satz „Leben um Leben“ ſeit lange eine bloße
Fiction, durchaus nicht ausſchließt, daß trotz des mit unſerer
Cultur geſteigerten Werthes des Lebens, dennoch Tödtungen fort=
ſchreitend geringer im Verlauf der Zeiten beſtraft werden können.
Und doch ſoll wiederum eine beſtimmte Gattung von Tödtungen
von dem erſten Tage der Schöpfung bis zum jüngſten Gericht,
nur mit einer beſtimmten Strafe, nämlich der Todesſtrafe belegt
werden können!

Die Herabſetzung der Strafbarkeitsſtufen für Todtſchlag und
fahrläſſige Tödtung iſt im Allgemeinen, d. h. ohne ein Ein=
gehen auf die Frage, ob das Maximum gerade fünf Jahre und
das Minimum genau einen Tag betragen mußte, durchaus zu
billigen, obwohl es an gelegentlichen Klagen gegen das Reichs=
ſtrafgeſetzbuch nicht fehlt. Nur muß man ſich bemühen, unabhängig
von den Schwankungen des bald zur Milde, bald zur Strenge
neigenden Gefühls, einen feſten Grundſatz der Strafpolitik
aufzufinden, von welchem in planmäßiger Weiſe die einzelnen
Strafſätze abzuleiten ſein würden. Es iſt zu fragen, ob die durch=
ſchnittliche Milderung aller Strafgeſetze, die ſich im Verlaufe der
letzten fünfzig Jahre offenbart, auf ſchwächlicher Sentimentalität
und verirrter Philanthopie, oder auf der Macht eines in jenen
Erſcheinungen keimenden Gedankens beruht: Warum die Unver=
änderlichkeit der Beſtrafung von Mord, wenn alle anderen Ver=
brechen ohne Ausnahme milder beſtraft werden?

In meinen Augen bedeutet die Thatsache der überall fort=
schreitenden Milderung nichts anderes, als den Bruch mit der
Vergeltungsmaxime und mit dem alten Maßstab der objectiven
Werthgleichung zwischen Verbrechen und Strafe. Die gerechte
Vergeltung ist für die Gegenwart begründet auf dem
(im Vergleich zum Verbrecher) ungleichen Maßstab der
Schätzung der einerseits im Verbrechen und anderer=
seits im Strafzwange angegriffenen Werthobjecte des
menschlichen Lebens.

Das Rechts= und Sittengesetz der Gegenwart darf sich in
der Rechtspflege nicht auf den Standpunkt des Verbrechers und
seiner Werthberechnungen erniedrigen; um dem verkannten Straf=
gesetz die höchste Genugthuung zu gewähren muß es zeigen, daß
seine, nämlich des Gesetzes, Werthschätzung nach einem eingetrete=
nen Verbrechensfall, eine weitaus höhere ist, als diejenige des
Verbrechers und folglich gerade darin besteht, daß im Akte der
Bestrafung objectiv und äußerlich genommen, am Verbrecher ein
minderes Maß von Rechten verletzt werde, als er in seiner Misse=
that verletzt hatte. Die im Verhältniß zum verletzten Verbrechens-
object nicht äußerlich und auch nicht innerlich völlig gleiche Strafe
bedeutet also: das Strafmittel des Staates darf niemals in der
Quantität seines Uebels der Analogie und der Quantität des vom
Verbrecher angerichteten Uebels nachfolgen; sondern im Gegentheil
überall zur ethischen Werthsteigerung der menschlichen Güter
dadurch wirken, daß diese gleiche Vergeltung verworfen wird.

Der auf der höchsten Höhe der strafrechtlichen Cultur an-
gelangte Gesetzgeber wird also zum Verbrecher etwa dies sagen:
Du hast gemordet und das Leben eines Nebenmenschen vernichtet.
Du hast ein unersetzliches Gut zerstört, welches durch Deine
Thränen und Deine Reue ebensowenig wiederherzustellen ist, wie
durch meine Strafmittel. Nach der Werthschätzung, welche Dir

innewohnt, müßte ich Dir das Leben wiederum nehmen, Du hättest kein Recht, Dich zu beschweren, wenn Du nach Deinem Maßstab gerichtet würdest und dem rächenden Schwerdte verfielest. Aber Dein Maß ist nicht mein Maß; Deine Werthberechnung nicht die meinige. Mir ist menschliches Leben viel heiliger und werthvoller als Dir! An Stelle Deiner falschen Begriffe setze ich mein höheres Princip der besseren Werthgleichung. Selbst Dein von Dir im Verbrechen entwerthetes Leben hat in meinen Augen einen größeren Werth, als in Deinen Augen das schuldlose Leben hatte, das Du mordend vernichtet hast! Hättest Du den Maßstab, den ich Dir entgegenhalte, in Deinem Gewissen getragen, so wärst Du außer Stande gewesen, menschliches Leben zu vernichten."

Somit beruht die ächte Gerechtigkeit nicht auf Vergeltung nach dem Gesetz der Gleichheit, sondern vielmehr auf der die verbrecherische Gesinnung überragenden höheren Werthbestimmung verletzter Rechte, welche sich darin kund giebt, daß die Mittel der Strafe auch in ihrem Maximum äußerlich hinter dem vom Verbrecher verursachten Rechtsschaden zurückbleiben müssen. So gilt sinnbildlich auch von der Strafgerechtigkeit das Wort: Wer sich selbst erniedriget, der wird erhöhet werden!

Zwanzigstes Kapitel.

Gleichheit und Ungleichheit von Mord und Todtschlag. — Ist die
Todesstrafe für den Mord gerecht und für den Todtschlag ungerecht? — Beweis-
thema und Beweislast in dem Proceß gegen die Todesstrafe. — Wiederlegung
der Vergeltungstheorie mit ihren eigenen Waffen. — Vergeltung unmöglich auf
der objectiven Basis des äußerlichen Schadens. — Ein Unterschied zwischen Mord
und Todtschlag kann nach der Vergeltungstheorie nur in den Hinrichtungsmitteln
zugelassen werden, nicht aber in der Todeswürdigkeit an sich. — Objective Vergeltung verlangt den Tod für alle vorsätzlichen Tödtungen. — Die Folter der
Todesangst und die Ueberlegung des Henkers gehen über die Ueberlegung
des Mörders hinaus.

Alle Strafsätze des deutschen Strafgesetzbuchs sind in Gemäßheit der gesteigerten Rechtswerthe, die in der Bemessung des Strafübels abzuschätzen sind, vom Gesetzgeber herabgesetzt. Nur bei
dem einzigen Verbrechen des Mordes blieb die unabänderliche Todesstrafe. Der Richter folgt, vielleicht ohne
Bewußtsein, aber doch wiederum unter dem Eindruck der die
Gesetzgebung leitenden Motive derselben Tendenz der Milderung,
indem er sich erfahrungsgemäß bei der Aburtheilung einzelner
Fälle immer dem Minimum der Strafe mehr annähert, als dem
Maximum, und auch bei den gewöhnlichen, weder durch Geringfügigkeit noch durch Erheblichkeit der Schuldmomente ausgezeichneten Verbrechensfällen des alltäglichen Durchschnitts die Mittel-
linie des gesetzlich zulässigen Strafmaßes erniedrigte. Nur bei
der Todesstrafe wird diese höhere Tendenz der gerechten
Milde nicht zugelassen!

Die Strafen der vorsätzlich ohne Ueberlegung ausgeführten und der fahrlässigen Tödtung sind durch den Gesetzgeber gemildert. Nur die Strafe des Mordes soll niemals gemildert werden können!

Es ist gezeigt worden, daß die Freiheitsstrafe in ihrem Inhalt und Werth gewachsen und eine zehnjährige Freiheitsstrafe heut so schwer wiegt, wie ehemals eine zwanzigjährige, daß daher mit lange dauernder Freiheitsstrafe schwerere Verbrechen, an die sie ehemals nicht heranreichte, heute sehr wohl bestraft werden können. Den Hochverräther, den man ehemals viertheilte, bestraft man mit lebenslänglicher Freiheitsentziehung. Nur der Mörder kann nicht mit lebenslänglicher Einsperrung bestraft werden, weil ihn die Todesstrafe treffen muß!

Angesichts dieser Gesammtstrafrechtsentwickelung sowohl, als auch nach dem von mir entwickelten Gerechtigkeitsprincip der ungleichen Werthbestimmungen ist die Todesstrafe eine ungeheure Anomalie, ein unbegreiflicher Widerspruch, ein blind geglaubtes Dogma!

Aber auch vom Standpunkte der alten Vergeltung kann die Unhaltbarkeit der Todesstrafe dargethan werden und unter allen Umständen muß als festgestellt gelten, daß die Vergeltungstheorie die Nothwendigkeit der Todesstrafe auf wissenschaftlichem Wege nicht darzuthun vermag. Sie ist schon deswegen außer Stande, ihren Proceß vor dem Weltgericht zu gewinnen, weil die Anhänger einer und derselben Theorie sich widersprechen. Vor dem Alles prüfenden Blicke eines gewissenhaften Staatsmannes muß schon die Negative der Beweisfälligkeit in einer so wichtigen Frage schwer wiegen.

Wer die absolute Nothwendigkeit der Todesstrafe für den Mord beweisen will, muß Folgendes barthun:

Erstens: daß die Werthgleichung zwischen Mord und Hin-
             richtung des Verbrechers zu allen Zeiten der
             menschlichen Entwickelungsgeschichte sowohl als in
             allen gegenwärtig vorkommenden Verbrechensfällen
             eine unveränderliche ist.

Zweitens: daß die Hinrichtung eines Verbrechers als Leiden
             innerlich gleich zu setzen ist dem Leiden des Er-
             mordeten.

Drittens: daß der Werthunterschied zwischen Mord und
             Todtschlag entsprechend ist dem Werthunterschiede
             zwischen Todesstrafe und Freiheitsstrafe.

Viertens: daß alle Formen und Arten des Mordes so gleich=
             werthig sind, um einem und demselben Strafübel
             des Lebensverlustes unterworfen werden zu können.

Was den ersten Punkt anbelangt, so ist bereits gezeigt worden, daß der Werth des Lebens in der Geschichte keine con-
stante Größe gewesen ist und auch in der Gegenwart nicht werden
kann. Um so mehr ist es zu verwundern, daß heute das nackte
Wort und die bloße Bezeichnung „Mord“ und „Mörder“ einen
geheimnißvollen Zauber des Grauenhaften auf die Vorstellungen
der Menschen ausübt. Eine große Anzahl von Menschen glaubt,
daß der Mord nicht nur das schwerste Verbrechen bedeutet, was
in der That ganz richtig ist, sondern auch eine gleichsam unbegreif-
liche, von allen anderen Rechtsverletzungen durch unübersteigbare
Kluft geschiedene Missethat darstelle, ohne zu bedenken, daß innerhalb des Mordes die zahlreichsten Abstufungen möglich sind. Hierauf ist zuvörderst zu erwiedern, daß Mord in verschiedenen
Zeiten und bei verschiedenen Völkern der Gegenwart
durchaus nicht ein und dasselbe Verbrechen bedeutet.
Der Name „Mord“ bezeichnet nichts anderes, als die jeweilig
schwerste Erscheinungsform der Tödtungen.

Hinsichtlich des zweiten Punktes ist zu erwägen, daß der Grundsatz „Leben um Leben" ehemals in den ältesten Zeiten einfach von der objectiven Betrachtung ausging: das Leben eines Menschen gilt genau so viel, wie das Leben jedes anderen. Dabei bestand jedoch der Unterschied, daß überall an die schwersten Verbrechen der Tödtung unvermittelt straflose Tödtungen des Fremden oder des Sklaven sich anschließen konnten. Heute gilt dieser Maßstab nicht mehr. Wir unterscheiden vielmehr auf Grund subjectiver Schuldformen, indem wir die Natur des Willens sorgfältig ins Auge fassen. Somit gelangten wir in Deutschland zu dem Grundsatze:

> „Das Leben eines Getödteten ist regelmäßig nicht gleich dem Leben des Tödtenden. Gleichheit ist nur ausnahmsweise vorhanden, wenn der Tödtende gewisse bestimmte Merkmale des Willens bei der Ausführung seiner That erkennen läßt. Also nicht auf die Tödtung, sondern darauf kommt es an, wie jemand getödtet wurde."

Man begreift, daß es in Beziehung auf den Getödteten selbst völlig gleichgültig ist, ob er vorsätzlich aber ohne Ueberlegung, oder vorsätzlich mit Ueberlegung ums Leben gebracht wurde. Unser Bedauern und unser Mitleid in Beziehung auf ihn müßte, nach der Thatsache bemessen, durchaus das gleiche sein. Die Gehässigkeit der moralischen Elemente, welche aus der Eigenschaft der tödtenden Person entnommen werden können, ist praktisch genommen gleichgültig. Eher, als auf das moralische Element der Willensunterschiede, könnte man auf die Instrumente sehen, mit denen jemand getödtet wurde: ob auf schmerzhafte, langsame, folternde Art oder auf schnell und plötzlich wirkende Weise, was ehemals auch in der Unterscheidung des Giftmordes geschah.

Wenn man sich an die Erfahrung halten will, so steht fest,

daß die große Mehrzahl der Ermordeten schnell und ohne die Schrecken der Todesangst längere Zeit durchkämpfen zu müssen, ihr Leben verloren hat. Andererseits, wenn sie gegen den Willen des Mörders als schwer Verwundete am Leben bleiben, haben sie vielleicht seelisch am meisten gelitten. Und doch wird in diesem Falle das Leben des Mörders verschont. Die Todesstrafe entnimmt also ihr Motiv vorzugsweise aus der Beschaffenheit des psychischen Zustandes, in welchem sich der Mörder zur That befand: „Du hast mit Ueberlegung vorsätzlich getödtet, also sollst Du mit Ueberlegung den Tod erleiden!“

Wäre dies eine grundsätzlich haltbare Auffassung, so müßte weiterhin dem Todtschläger gesagt werden: „Du hast ohne Ueberlegung, in der Aufwallung des Zornes ein Menschenleben plötzlich vernichtet, also sollst Du plötzlich in einem Augenblick, wo Du nicht darauf gefaßt bist, gewaltsam den Tod erleiden!“

Die richtige Consequenz würde also diejenige sein, welche zwischen dem Tode des Mörders und zwischen dem Tode des Todtschlägers eine verschiedene Hinrichtungsweise unterscheidend eingreifen ließe, wie dies ehemals im gemeinen Recht so lange der Fall war, als man den Mörder räderte, den Todtschläger enthauptete. Wenn man auch die geschärfte Todesstrafe nicht mehr anwenden wollte, ließe sich dennoch denken, daß man gegen Mörder die schimpfliche Todesstrafe des Hängens, gegen Todtschläger die Enthauptung oder das Erschießen in Anwendung brächte, um jene Verschiedenheit wenigstens symbolisch auszudrücken.

Noch angemessener müßte es denen, welche von jenem falschen Standpunkte ausgehen, um der Folgerichtigkeit willen erscheinen, wenn man den Todtschläger, nachdem er rechtskräftig verurtheilt worden ist, ohne daß er den Augenblick kennt und ehe er sich darauf vorbereitet hat, einfach vernichtete. Der Tod müßte ihn rasch antreten, wenn er nichts ahnend, sich zur Mahlzeit oder auf seine Schlafstätte niederläßt.

Die vergeltende Vergleichung der Hinrichtung kann sich, sobald diese Consequenz, wie allgemein geschieht, zurückgewiesen wird, weder auf den Zustand des Willens beziehen, in dem sich der Mörder zur Zeit seiner That befunden hat, noch auch auf die nicht zu bemessenden Leiden des Ermordeten.

In der That ist zwischen einer Hinrichtung im Namen des Gesetzes und der Handlungsweise eines Mörders eine erhebliche Ungleichheit. Der Bedrohte und schließlich Ermordete weiß vor dem mörderischen Angriff nicht, was ihm bevorsteht. Der rechtskräftig Verurtheilte zittert jeden Augenblick für das Leben, das er verlieren soll. Tage, Wochen, Monate vergehen, ehe über seine Begnadigung entschieden ist. Wenn die Sonne aufgeht, berechnet er schaudernd, daß dies sein letzter Tag sein wird. Wenn der Schlüssel zur Zellenthür knarrt, fährt er zusammen in der Angst, es könnte die Hinrichtung ihm angekündigt werden. — Wenn der Geistliche ihm naht, vermuthet er, daß es Anzeichen des nahen Todes sind, die ihn suchen. Der Zustand der Ueberlegung, in welchem er nach der Absicht des gleich vergeltenden Gesetzes sterben sollte, wird entweder durch stumpfe Gleichgültigkeit oder durch fieberhafte Aufregung vereitelt. Wird der Delinquent nicht Nacht für Nacht den schrecklichen Traum seiner eigenen Vernichtung träumen, sich hundert Mal unter dem Beile des Henkers liegend fühlen, bis er, in Angstschweiß gebadet, aus seinen Träumen erwachend, emporzuckt, um denselben Traum von Neuem zu beginnen? Endlich ist die Stunde gekommen, die bevorstehende Hinrichtung wird angezeigt, die letzte Nacht bricht herein. Nun beginnt die Zählung der Minuten, die eine Stunde zur Ewigkeit der Hölle anschwellen läßt! Angesichts dieser Menschenfolter wird man zu der Be-

trachtung geneigt, daß es Humanität war, die in altersgrauen
Zeiten den ergriffenen Missethäter sofort an den nächsten Baum
hängte oder unter einem Hagel geschleuderter Steine in Mitten
allgemeiner Aufregung enden ließ, daß es die raffinirteste Barbarei
ist, welche in unseren Proceßeinrichtungen den Vorgang eines
tausendfachen Sterbens sich stündlich bei Tag und bei Nacht in
der Todesangst eines Opfers abspielen und, die Uhr in der
Hand, eines Menschen Leben mit mathematischer Genauigkeit enden
läßt. Das Entsetzliche der Seelenqual, welche viele Delinquenten
ausstehen, ergiebt sich daraus, daß man bei fast Allen Selbst=
mord befürchtet und zu allerletzt Vorkehrungen trifft, daß die
Hinrichtung nicht vereitelt werde und der Verbrecher nach der
allein zulässigen, correkten Methode des Henkers sterbe. Das
Gesetz will solche Folter der verlängerten, fortwähr=
end wiederkehrenden Seelenangst,, sonst würde es dem
Sterbenden nicht die Mittel des Selbstmordes entziehen; es könnte
die sittliche Verantwortlichkeit für die Sünde des Selbstmordes
seinem Gewissen ebenso gut anheimgeben, wie es ihm die religiöse
Verantwortlichkeit für Verstocktheit oder Reumüthigkeit überläßt.
Es war begreiflich, wenn man ehemals mit aller Sorgfalt die zer=
quetschten Gliedmaßen eines Gefolterten wieder heilte, um bei der
Hinrichtung der versammelten Volksmenge ein „Prachtexemplar"
auf dem Galgen, um des Beispiels willen, vorführen zu können.
Ist's aber recht, daß heut zu Tage, da keine Volksmenge mehr
des Opfers harrt, die Arzneikunde sich bemüht, den schwer ver=
letzten Selbstmörder liebevoll zu pflegen, damit er zum zweiten
Male nach der Methode des Gesetzes sterbe? Es scheint, als ob
der Tod ohne Seelenqual nicht genüge.[94])

Und nun die Hinrichtung selber. Ist sie wirklich als mensch=
liche Handlung vergleichbar der tödlichen Handlung des Mörders?
Das Gesetz spricht zum Mörder: Du hast mit Ueberlegung

getödtet und Deinen Augenblick gewählt, als Dein Opfer Dir nicht wehren konnte; unsere Ueberlegung wird noch stärker sein als die Deinige, sie ist kalte geschäftsmäßige Berechnung. Wir setzen einen Termin an, der Dir in gebührender Weise als ein für Dich wichtiges Ereigniß vorher mitgetheilt wird. Wir zählen Dir die Halswirbel ab, zwischen welchen das Beil des Henkers hindurchfahren soll. Pünktlich, genau, schneidend und scharf trifft Dich, indem Du niederkniest, die vorher mit aller Sorgfalt für Dich geschliffene Kante, nachdem Dir vorher die Todtenglocke geläutet worden ist, die sonst kein Sterblicher für sich selber ertönen hört! Dir wäre es zu Statten gekommen, wenn Dein Arm sein Opfer verfehlt hätte. Wenn der Streich des Henkers sein Ziel verfehlt oder wenn seine Hand unsicher zittert, so gereicht ihm das zum Schimpf. Wir verbieten Dir und hindern Dich, das zu thun, was Dein Opfer in seinem letzten Moment menschlicher Weise thun konnte: sich gegen die eiserne unüberwindliche Hand des nahenden Todes zu sträuben. Du wirst die Riemen und Fesseln fühlen, welche Dich an eine Maschine binden, aber Du kannst nicht zucken, wenn Du, willenlos gleich einem Opferthiere, an der Dir bestimmten Schlachtbank regelrecht getödtet wirst. Für die Tödtung, die Du verschuldet hast, trifft Dich wiederum der Tod. Dafür, daß Du im Namen des Gesetzes getödtet wirst, bezieht Dein Henker seine Gebühren in Gemäßheit der Taxen und wir versichern Dir, daß er Dein Leben um einen geringeren Preis zerstört, als derjenige war, den Du von Deiner Missethat erwartet hast! Alles dieses zusammengenommen ist jenes göttliche und menschliche Recht, welches wir Vergeltung nennen."[95])

Einundzwanzigstes Kapitel.

Die proportionale Gerechtigkeit in Beziehung auf Mord und Todtschlag. — Die Schuldunterschiede im Todtschlag nach dem deutschen Strafgesetzbuch. — Todtschlag unter mildernden Umständen. — Der Strafunterschied von Tod für den Mörder und Leben für den Todtschläger läßt sich auf entsprechende Schuldunterschiede nicht begründen. — Mord im englischen und deutschen Strafrecht. — Entwickelung der Tödtungsverbrechen in der deutschen Gesetzgebung und Doktrin auf Grundlage I. der Rechtslehre II. Moralischer III. Psychologischer Unterscheidungsmerkmale. — Unhaltbarkeit der psychologischen Kriterien in der Rechtspflege. — Affekt und Ueberlegung bei vorsätzlichen Tödtungen nicht mit Sicherheit zu unterscheiden. — Was heißt Ueberlegung im Sinne des Gesetzes?

Die menschliche Gerechtigkeit kann, wenn sie Gleiches mit Gleichem vergelten will, nicht umhin, den Grundsatz der Verhältnißmäßigkeit soweit anzuerkennen, daß dem Unterschied in der Schwere der Verbrechen auch der Unterschied in der Schwere der Strafen, soweit dies irgendwie möglich ist, entspreche. Nun ist bereits gezeigt worden, daß der Mord mindestens und höchstens zugleich mit dem Tode bestraft werden soll, daß der Todtschlag hingegen nach dem deutschen Strafgesetzbuch mit mindestens fünfjähriger und höchstens fünfzehnjähriger Zuchthausstrafe bestraft werden soll. Wenn aber bei Begehung des Todtschlages mildernde Umstände vorhanden sind, so ist es dem Richter erlaubt, eine Gefängnißstrafe nicht unter sechs Monaten zu verhängen. Mit einem Worte: die Abstufungen der Schuld in der ohne Ueberlegung ausgeführten Tödtung sind zwischen 60 und 180 Monaten Zuchthaus oder je nach dem Vorhandensein von „mildernden Umständen" zwischen 130 Tagen und 5478 Tagen, welche sich ergeben, wenn man zu fünfzehn Jahren (d. h. 5475 Tage) noch drei Schalttage hinzurechnet. Somit verhielte sich der leichteste Todtschlag zu dem schwersten wie 1 : 42, je nach der Blutwärme der Schuld, welche der Thermometer der richterlichen Strafzumessung ergeben wird, während der Mord sich selbst immer gleich bleibt. Der schwerste Todtschlag heißt fünfzehn Jahre Zuchthaus· mit der bleibenden Aussicht auf Begnadigung, selbst wenn diese auf zehnmal wiederholte Anträge abgeschlagen worden wäre, der geringste Mord heißt Todesstrafe ohne die Möglichkeit der Begnadigung nach jenem Streiche, der die Strafvollstreckung in demselben Augenblicke beginnt und endet.

Es ist kaum begreiflich, daß die deutsche Strafrechtsentwickelung und die Gesetzgebung sich bei dem augenblicklich erreichten Schlußresultat der mangelnden Verhältnißmäßigkeit in der Strafe beruhigen und den Satz annehmen konnte, wonach der Unterschied zwischen überlegter Ausführung einer vorsätzlichen Töbtung und nicht überlegter Ausführung sich verhalten kann wie zwischen Todesstrafe einerseits und einer Freiheitsberaubung von 130 Tagen im geringsten Fall und nur 15 Jahren Zuchthaus im schwersten Falle.

Diejenigen, welche meinen, daß der Mord nicht bloß nach göttlicher Vorschrift im mosaischen Recht, sondern nach allgemein menschlicher Nothwendigkeit in Uebereinstimmung mit der an Kain schon vor Moses gerichteten Drohung, mit dem Tode bestraft werden müsse, sind in dem Irrglauben, daß Mord nach den dem Menschen eingeborenen sittlichen Begriffen ein überall bei sämmtlichen Völkern völlig gleiches und in sich selbst ununveränderliches Verbrechen mit leicht zu erkennenden Merkmalen sei. In Wirklichkeit verhält es sich aber so, daß es keiner

Rechtswissenschaft und keiner Gesetzgebung der Welt bis jetzt annähernd gelungen ist, ein rechtlich brauchbares Merkmal zu finden, wonach die schwersten (vermeintlich) todeswürdigen Tödtungen von den nächst schwereren, nicht mehr todeswürdigen, unterschieden werden könnten.

Man betrachte die culturgeschichtliche Entwickelung des Rechtsbewußtseins und man wird anerkennen, daß der Grundsatz: Leben um Leben nur so lange gelten kann, als man lediglich die objective Thatsache der Lebenszerstörung würdigt, gegentheilig es aber gänzlich unzulässig ist, jenem uralten Satze Unterscheidungen hinterher einfügen zu wollen, welche die Jurisprudenz einiger weniger Staaten auf der zuletzt in der Gegenwart erreichten Entwickelungsstufe hineinzulegen versucht, indem sie sagte: „Leben um Leben" nur dann, wenn eine Tödtung mit Vorsatz und Ueberlegung Statt gehabt hat.

Unter den europäischen Staaten giebt es keine, die in ihrer socialen, politischen, religiösen und wirthschaftlichen Entwickelung so nahe verwandt wären, wie Deutschland und England. Sobald aber das mit dem Fluche der Menschheit beladene Wort des Mordes ausgesprochen wird, hört jede Verständigung unter den Rechtsgelehrten gerade in dem Begriffe des todeswürdigen Verbrechens auf. Ein Zusammentreffen zwischen der englischen und der deutschen Strafrechtslehre kann nur Statt finden in Beziehung auf die denkbar schwersten Fälle des Mordes, aber es ist unmöglich in Beziehung auf die niedere Begränzung der Mordfälle im Verhältniß zu den fahrlässigen Tödtungen. Eben deswegen ist es unthunlich, die Todeswürdigkeit des Mordes aus einem allgemeinen menschlichen Rechtsbewußtsein herzuleiten.

Vergleicht man hinsichtlich der juristischen Würdigung der

Tödtungsfälle England und Deutschland, so ergeben sich folgende Verhältnisse:

1. Eine Klasse von Thatbeständen, die in Deutschland völlig straflos gelassen, in England als Mord bestraft ist, z. B. Beihülfe oder Anstiftung zur Ausführung eines Selbstmordes.

2. Eine andere Klasse von Thatbeständen, in denen nach deutschen Recht kein Verbrechen, sondern ein mit relativ geringer Freiheitsstrafe zu ahndendes Vergehen vorliegt, nach englischem Recht Mord angenommen wird: Tödtung im Zweikampf, fahrlässige Tödtung in der Ausführung eines anderen Verbrechens, Tödtung eines den Tod Begehrenden (§§ 206, 216, 222 des Reichsstrafgesetzbuchs, in welchen theils Festungshaft, theils Gefängniß angedroht wird). Wenn in England Mehrere gemeinschaftlich ohne Befugniß jagen, und Einer von ihnen auf eigene Faust den Förster tödtet, so werden sämmtliche Mitjagende, die in Deutschland nur eines Vergehens schuldig sind, Mitthäter am Morde.

3. Eine weitere Klasse von Tödtungen, in denen nach deutschem Recht ein minder schweres Verbrechen vorliegt, nach englischem Recht todeswürdiger Mord angenommen wird: vorsätzliche Körperverletzung, welche den Tod eines Menschen verursacht (§ 226 des Reichsstrafgesetzbuchs: Zuchthaus oder Gefäugniß, beides nicht unter drei Jahren), und Kindesmord, b. h. vorsätzliche Tödtung eines unehelichen Kindes durch die Mutter in oder gleich nach der Geburt (§ 217 des Reichsstrafgesetzbuchs: Zuchthaus nicht unter drei Jahren, oder, wenn mildernde Umstände vorhanden sind: Gefängniß nicht unter zwei Jahren).

4. Eine letzte Klasse endlich von Tödtungen wird in Deutsch=
land als schweres, theils nach richterlicher Beurtheilung
in der Bestrafung zu milderndes, theils als nicht zu
milderndes, keineswegs aber todeswürdiges Verbrechen
bedroht, in England als Mord mit dem Tode bestraft:
Todtschlag (§ 212), vorsätzliche Tödtung bei Unternehmung
einer strafbaren Handlung (§ 214: Zuchthaus nicht unter
zehn Jahren oder lebenslängliches Zuchthaus), Todtschlag
an Ascendenten (§ 215: Zuchthaus nicht unter zehn Jahren
oder lebenslängliches Zuchthaus).

Die ganze Basis, auf welcher in Deutschland die Unterschei=
dung des Mordes und folglich die Rechtfertigung der Todesstrafe
beruht, ist somit ein specifisches Product der deutschen
Jurisprudenz, mit welcher die Rechtslehre in Frankreich und
Italien einigermaßen zusammenstimmt. Ein arger Wahn ist es,
wenn Philosophie und Religion von einer allgemein menschlichen
oder göttlichen Grundlage bei Unterscheidung des Mordes reden.
Selbst in Frankreich ist Kindesmord noch ein todeswürdiges
Verbrechen geblieben. Dasselbe gilt vom Todtschlag.

England mit seinem common law hat einen viel weiter
ausgedehnten Begriff des Mordes, als andere Länder. Nach den
besten Autoritäten Englands ist bei Tödtungen ein vollendeter und
somit todeswürdiger Mord vorhanden: 1) wenn die Absicht
zu tödten bestand, ohne Rücksicht darauf, ob die bestimmt aus=
ersehene Person oder an ihrer Stelle eine andere das Leben verlor.
2) Wenn die Absicht vorlag, ein anderes schweres Verbrechen zu
begehen und dieses den Tod eines Menschen zur nicht beabsich=
tigten Folge hatte (z. B. Brandstiftung). 3) Wenn der Getödtete
in nicht tödtlicher Absicht, oder vorsätzlich am Körper verletzt wurde.
4) Wenn eine grobe Rücksichtslosigkeit in der Ausübung
irgend eines erlaubten oder unerlaubten Aktes, der lebensgefährlich

ist, gegen fremdes Leben verübt wird. 5) Wenn die wohlüber=
legte Absicht, mit tödtlichen Waffen zu fechten, bestand. 6) Wenn
der Thäter absichtlich gegen die rechtmäßige Verhaftung durch eine
obrigkeitlich befugte Person Widerstand leistete. Darauf ob ein
neugeborenes Kind oder ein Erwachsener getödtet ward, kommt
nichts an. Daß alle diese Verhältnisse bei der Betrachtung der
englischen Criminalstatistik gewürdigt werden müssen, liegt auf der
Hand.[96])

Ein Parlamentsbericht, der sich auf die Abänderung des
Mordbegriffes bezieht und 1874 gedruckt wurde, nennt die gegen=
wärtig für den Mord geltenden Bestimmungen völlig willkürlich
und sophistisch.

Die deutsche Rechtsentwickelung hat seit dem XVI. Jahr=
hundert eine ganz andere Entwickelung genommen; immer aber
bestand bis zu Anfang des gegenwärtigen Jahrhunderts darin
Uebereinstimmung, daß alle vorsätzlichen Tödtungen als
todeswürdig galten und lediglich mit Rücksicht auf die Art
der Hinrichtung eine Verschiedenheit zugelassen wurde. Seitdem
ist der Gang der weiteren Fortbildung dahin gerathen, innerhalb
der vorsätzlichen Tödtungen eine Reihe von rechtlichen, psychologi=
schen und moralischen Erwägungen zum Ausdruck zu bringen und
in Gemäßheit ihrer die Strafbarkeit abzustufen.

I. Als rechtliche Erwägungen für die gesetzgeberische Be=
urtheilung vorsätzlicher Tödtungen sind anerkannt: die Bestimmungen
über die Straflosigkeit des Selbstmordversuchs und der Beihülfe zum
Selbstmorde und über die mildere Bestrafung des im gerechten
(d. h. vom Erschlagenen rechtswidrig hervorgerufenen) Zorn bewirkten
Todtschlags, welcher ursprünglich gleichfalls todeswürdig war,
gegenwärtig aber auch in England der fahrlässigen Tödtung gleich=
stehend erachtet wird.[97]) Rechtlich begründet ist in Deutschland
auch die schwerere Strafe desjenigen, welcher bei Unternehmung

eines anderen strafbaren Thatbestandes zur Tödtung schreitet und endlich die Hervorhebung der auf Begehren des Getödteten vollzogenen Tödtung als eines milderen Falles. Alle in diesen Fällen ausgezeichneten Umstände sind durch ein strenges Beweisverfahren nachweisbar.

II. Auf moralischen Erwägungen beruht: die Ausscheidung des Kindesmordes aus der Klasse der todeswürdigen Verbrechen. Wenngleich dabei auch der Seelenzustand einer unehelichen Mutter gewürdigt werden muß, so ist doch als entscheidender Grund, über alle anderen emporragend, die Rücksicht auf das Motiv der Tödtung, nämlich Bewahrung der weiblichen Geschlechtsehre, gerade so. wirksam gewesen wie bei der Anerkennung der im Zweikampf geäußerten Motive, deren Besonderheit wiederum weder das alte gemeine deutsche Recht, noch das französische Strafgesetzbuch, noch auch das englische common law zugesteht. Moralische Erwägungen waren es, welche dahin gedrängt haben, bei dem Verbrechen des Todtschlags auch in Deutschland, abweichend von England, mildernde Umstände zuzulassen. Vom Standpunkt der technischen Jurisprudenz ist es sehr wohl begreiflich, daß bis jetzt die überwiegende Mehrzahl der englischen Richter sich dagegen sträubte, die specifische Verschiedenheit des Kindesmordes anzuerkennen. Selbst dem fein entwickelten Rechtsgefühl der Römer war eine solche Unterscheidung fremd. Und sicherlich ist der Jurist berechtigt zu fragen: Wenn einmal die Motive, die dem sittlichen Gebiete angehören, Unterschied bildend in die strafrechtlichen Normen eingreifen, ist es dann gerechtfertigt, bei dem einen Falle des Kindesmordes stehen zu bleiben? Oder muß nicht vielmehr versucht werden, das gesammte Strafrecht, zumal aber sämmtliche Tödtungsfälle, mit Rücksicht auf den moralischen Werth der dabei betheiligten Beweggründe einer Umgestaltung zu unterziehen? — Wie im Kindesmord das moralische

Motiv soviel wirkt, daß bei uns in Deutschland der Grund=
character des Verbrechens völlig verändert wird, so hat man ihm
in entgegengesetzter Richtung eine Bedeutung bei der Tödtung von
Ascendenten zuerkannt, insofern als diese, der Regel entgegen, ohne
Zulassung mildernder Umstände, wegen der darin liegenden Impietät
nach dem deutschen Strafgesetzbuch überall mit lebenswieriger Zucht=
hausstrafe bestraft werden soll.

III. Auf psychologischen Erwägungen beruht der in
Deutschland herrschend gewordene Begriff der Ueberlegung als des
für das Verbrechen des Mordes entscheidenden Merkmales. Im
Gegensatz dazu ist der nicht todeswürdige Tobtschlag definirt
worden:

entweder als vorsätzliche Tödtung in der Leidenschaft und
Aufwallung des Blutes dergestalt, daß alle Fälle, in denen das
Vorhandensein von Zorn und Leidenschaft nicht nachgewiesen wer=
den konnte, als Mord anzusehen waren;

oder als vorsätzliche, jedoch ohne Ueberlegung ausgeführte
Tödtung, dergestalt, daß alle Fälle, in denen das Vorhanden=
sein von Ueberlegung nicht dargethan werden kann, als Tobtschlag
anzusehen sind.

Beide Definitionen werden also in dem einen Punkte über=
einstimmen, daß die auf dem Gebiete der Psychologie unüberwind=
lichen Beweisschwierigkeiten — und welche Fragen wären schwieriger,
als die psychologischen — das Ergebniß haben müssen, entweder
eine ungerechte Todesstrafe wegen mißlingenden Entlastungsbeweises
oder eine ungerechte Nichtanwendung der Todesstrafe im Falle
mißlingenden Anschuldigungsbeweises herbeizuführen.

Aufmerksamere Beobachtung muß dahin führen, die Gegen=
überstellung von Ueberlegung und Affekt als einfacher, Tod und
Leben des Verbrechers bedingender Gegensätze, vom juristischen
Standpunkt zu verwerfen. Es ist, wie man in England

mit Recht annimmt, nicht haltbar, durch jede Art von Affekt jedes Minimum von Ueberlegung ausgeschlossen zu wähnen. Im Gegentheil schließt die Mehrzahl der Affekte sogar eine gewisse Ueberlegung in sich. Dies ist überall da der Fall, wo jemand mit der periodischen Wiederkehr leidenschaftlicher Erregungen in seiner Person bekannt geworden ist und außerdem weiß, wie sich seine Leidenschaften gegen andere Menschen zu äußern pflegen. Trinker von Beruf, die wenig vertragen können, Eifersüchtige und Zornmüthige, welche genau wissen, wie sie sich im Zustande der Leidenschaft verhalten und welche Gefahren dadurch für andere entstehen, handeln mit Ueberlegung, wenn sie Gelegenheiten, Anreize und Personen aufsuchen, von denen sie wissen, daß sie geeignet sind, ihre Leidenschaften in Thätigkeit zu setzen und von denen sie in der That wünschen und erwarten, daß sie jenen verhängnißvollen Anreiz ausüben möchten. Man darf sich als psychologische Regel für den Affekt in der Gerichtspraxis nur nicht jene Fälle vorstellen, in denen der Thäter gleichsam an den Gränzpfosten einer an Unzurechnungsfähigkeit gränzenden Wuth angelangt ist.

Ebenso irrig ist es, zu glauben, daß die „Ueberlegung" (Prämeditation) das Vorhandensein von Affekten und leidenschaftlichen Erregungen völlig ausschließen müsse. Wenn man auf die psychologischen Bestandtheile des in Tödtungen hervortretenden schuldhaften Willens sehen will, so würden sich mit größerem Rechte drei Gruppen von Verbrechen unterscheiden lassen: solche, welche im Affekt ohne Ueberlegung verübt werden, zweitens solche, die mit voller Ueberlegung ohne Hinzutreten irgend eines Affektes verübt werden und solche, welche sowohl mit Ueberlegung, als auch mit Affekt verübt werden.

Gerade die Klasse, in welcher ein gewisses Maß von Affekt und bestimmte krankhafte Regungen mit der „Ueberlegung der

That" verschmolzen sind, erscheint als die weitaus zahlreichste im wirklichen Leben, innerhalb welcher alsdann wiederum die mannigfachsten Schattirungen möglich sind, je nachdem die Mischungsverhältnisse von Affekt und Ueberlegung sich verändern.

Anscheinend klar und einfach sind die polaren Erscheinungen eines in eisiger Kälte berechneten Mordes und eines in der tropischen Siedehitze des Zornes verübten Todtschlages. Wenn diese Erscheinungsformen im Töbtungsverbrechen die regelmäßigen wären, so würde freilich der psychologische Unterschied von Ueberlegung und Affekt mit den moralischen Werthbestimmungen der Motive nahezu zusammenfallen. In Wirklichkeit sind aber jene polaren Höhen und Tiefen in der Schuld des menschlichen Willens sehr selten vorhanden und wir stehen vielmehr überall vor einer Schwierigkeit, die nahezu unüberwindlich bleiben dürfte und jedenfalls in diesem Augenblicke unüberwindlich ist: nämlich die Uebergänge zwischen Ueberlegung und Affekt herauszufinden. Diese gleichen in der That den Alpenpässen und den Saumpfaden, auf denen die Wanderer, ohne eine kundige Führung, jeden Augenblick in Lebensgefahr versetzt werden. Einmal in den Klüften und Schluchten angelangt, sieht er sich von jenem Gefühl des Vertrauens verlassen, mit dem er im Anfange seiner Bergwanderung mit freiem Blicke noch den Ausgang zu finden vermeinte.

Die Hauptmasse aller vorsätzlichen Töbtungen beruht auf einem Gemisch von Affekten und Ueberlegung, bei dessen processualischer Würdigung alsdann jenes dem menschlichen Auge oft unerkennbare Mehr oder Weniger entscheiden muß. Nicht blos die Geschworenen, sondern auch gelehrte Richter folgen hier lediglich ihrem Gefühl und dem oft unhaltbaren Vertrauen auf die äußere Erscheinung der verbrecherischen Persönlichkeit, wie sie sich nach den Akten des Voruntersuchungsrichters oder nach ihrem Auftreten in der mündlichen Verhandlung auf der Anklagebank darstellt. Sie bedenken selten, daß für jeden Menschenkenner, der in die tieferen Geheimnisse des Seelenlebens herabsteigt, außer den allgemein wissenschaftlichen Wegweisern, welche die Erfahrung errichtet hat, noch eine Reihe von Vorfragen für jeden einzelnen Menschen gestellt werden müßte: z. B. ob die äußere Erscheinung dieses bestimmten Individuums überall seine innere Welt wieder= spiegelt, ob ein von tiefen Leidenschaften zerrissenes Gemüthsleben nicht bei diesem Manne mit einer angewöhnten Ruhe des äußeren Benehmens und einer würdevollen Haltung vereinigt sein kann, ob ein berechnender Bösewicht nicht heute noch ebenso gut Affekte heucheln kann, wie König Richard III., der die Wittwe eines von ihm gemordeten Königs mit Liebesversicherungen bethörte.!

Wenn man auf Grund der in der Gerichtspraxis hervor= tretenden Erscheinungen keinen Augenblick leugnen kann, daß zwi= schen mindergradiger Ueberlegung unter dem Gefrierpunkt der Ge= fühle und der hochgradigen Leidenschaft eben so zahlreiche Ueber= gänge existiren, wie auf der Scala eines Thermometers zwischen Eispunkt und Siedepunkt, und ferner, daß gerade das Gebiet einer gleichsam aus Affekt und Ueberlegung gemischten und gemäßigten Temperaturzone das ausgedehnteste ist, so muß auch zugegeben werden, daß den Uebergängen zwischen Mord und Todtschlag jener gewaltige Sprung von der Todesstrafe zu einer theils langjährigen, theils sogar kurzzeitigen Freiheitsstrafe in keiner Weise entspricht. Die wirkliche Rechtsschuld ist oft im Todtschlag größer, im Morde geringer, als dies nach dem jetzt vorhandenen Strafrecht durch den Richter ausgedrückt werden kann, und die Todesstrafe verletzt in ihrer gegenwärtigen zur Freiheitsstrafe abfallenden Kirchthurms= höhe sowohl die proportionale Gerechtigkeit gegen den sog. Mörder, als auch gegen den sog. Todtschläger.

Schwerlich läßt sich die Richtigkeit folgender Schlußfolgerung bestreiten:

1) Entweder ist der Unterschied von Ueberlegung und Affekt ein so fundamentaler, daß bei dem schwersten Verbrechen das Recht über Tod und Leben darauf begründet worden ist — weswegen unterlaßt Ihr es denn, diesen fundamentalen Unterschied der Strafrechtspflege überhaupt zu Grunde zu legen, und bei allen wichtigeren Strafthaten durchzuführen? Weswegen wird bei dem Verbrechen des Kindesmordes oder der im Duell begangenen Tödtungen nicht zwischen Ueberlegung und Affekt unterschieden? Und wenn Ihr glaubt, daß dieser fundamentale Unterschied nur vom Richter mittelst des relativen Strafmaßes gewürdigt werden kann, weswegen bringt Ihr die vorsätzlichen Tödtungen nicht gleichfalls unter die Herrschaft eines relativ nach Maximum und Minimum bestimmten Gesetzes?

2) Oder der Unterschied zwischen Ueberlegung und Affekt ist nicht fundamental. Dann hättet Ihr ihn auch bei den vorsätzlichen Tödtungen nicht als willkürliche Singularität brauchen sollen. Vielleicht ist dieser Unterschied nichts anderes, als jenes unbestimmbare und geheimnißvolle Etwas, das in der landläufigen Strafrechtssprache in dem Gegensatze von mildernden und nicht mildernden Umständen ausgedrückt ist.[98]) Darnach wäre der eigentliche Text des Strafgesetzbuchs in harmonischer Weise anders auszudrücken gewesen, etwa wie folgt: „Wer vorsätzlich einen Menschen tödtet, wird wegen Mordes mit dem Tode bestraft. In minder schweren Fällen tritt an Stelle der Todesstrafe Zuchthaus nicht unter fünf Jahren ein. Sind mildernde Umstände vorhanden, so tritt Gefängnißstrafe nicht unter sechs Monaten ein." — Mit einer solchen Fassung wäre dann dasselbe, was die §§ 211—213 unseres Strafgesetzbuchs besagen, und zwar in einer für die Rechtspraxis sehr vortheilhaften Weise in juristisch klarer Weise ausgesprochen.

Die Unhaltbarkeit des Unterschiedes in der Strafbarkeitsstufe von Todesstrafe und zeitiger Freiheitsstrafe wird gleichsam durch einen logischen Kunstgriff verdeckt, der in der anscheinend einfachen Anthithese liegt: mit Ueberlegung einerseits, ohne Ueberlegung andererseits. Was scheint überzeugender als dies Entweder mit, oder ohne! Jene Fragestellung: ob Tödtungen mit oder ohne Ueberlegung ausgeführt worden, ist aber grundsätzlich falsch, weil sich die thatsächlich zwischen beiden psychologischen Endpunkten der Ueberlegung und des Affektes liegende Mittelklasse auf logischem Wege nicht beseitigen läßt. Ueberdies ist jene Fragestellung für den Rechtszweck gefährlich, denn sie kann zu dem bedenklichen Wahne führen, als ob der im Affekt handelnde, damit er einer milderen Strafe theilhaftig werde, nothwendig ohne jegliche Ueberlegung gehandelt haben müßte, was nicht einmal die Peinliche Halsgerichtsordnung im Jahre 1532 verlangt hat. Die Unhaltbarkeit des die Todesstrafe stützenden Unterschiedes von Ueberlegung und Nichtüberlegung des Vorsatzes ergiebt sich daraus, daß es weder der Gesetzgebung noch der Wissenschaft bisher gelungen ist, eine irgendwie brauchbare Definition von „Ueber= legung" zu geben.

Von vornherein wäre es gewiß Sache der Gesetzgebung, wo es sich um Tod und Leben handelt, das alles entscheidende Wort zu erläutern. Um so natürlicher wäre diese Pflicht, als das Gesetz in der absolut bestimmten Todesstrafe dem Richter eine Ge= wissenspein aufnöthigt, wenn diese Strafe auf ein völlig ar= biträres Moment der subjectiven Verschuldung angewendet werden soll. Kein geringer Widerspruch in unserer Strafgesetz= gebung ist es, zu sagen: absolute Strafe und daneben arbiträr dem Richter anheimgegebene Empfindung dessen, was sich auf psychologischem Gebiet etwa „wie Ueberlegung" anfühlt! In Frankreich hat der code pénal, in England das common law

bestimmte Definitionen der Ueberlegung oder der in England zum
Morde nothwendigen vorbedachten Bosheit (malice prepense,
malice aforethought) mit legaler Wirkung aufzustellen gesucht. Es
zeigt sich jedoch, daß dieser Begriff „der vorbedachten Bos=
heit" von den Richtern in den an die Geschworenen gerichteten
Rechtsbelehrungen verschiedenartig erläutert wird, denn es läßt
sich nicht verhindern, daß die Definition des Gesetzes hin=
wiederum ein Gegenstand der Interpretation wird. Dieselbe
Erfahrung kehrt in Nordamerikanischen Staaten wieder, wo man
Mord ersten und zweiten Grades unterschieden hat.

Zweiundzwanzigstes Kapitel.

Das Kriterium des Mordes in der Wissenschaft und der Strafrechtspflege. — Ueberlegung als Thatfrage kein Object einheitlicher Rechts-
sprechung. — Verschiedenheit sprachlicher Bezeichnung dessen, was in Deutschland Ueberlegung heißt. — Was wissenschaftlich zur Feststellung der Ueberlegung
erforderlich wäre: 1) Zeit der Ueberlegung; 2) Gegenstand der Ueberlegung. —
Berner's Definition. — Unbrauchbarkeit der wissenschaftlichen Erklärungen
für die Schwurgerichte. — Die Verdikte der Geschworenen in Mordprocessen
gestützt auf moralische Erwägungen. — Die psychologische Unterscheidung von
Mord und Todtschlag muß aufgegeben werden; sie beruht auf innerer Verwirrung
der Strafrechtswissenschaft.

Wenn die Gesetzgebung nicht im Stande ist, das Moment
der Ueberlegung im Morde zu definiren, so scheint es natürlich,
daß man der Wissenschaft die Aufgabe aufbürdet, den Richter zu
zu belehren und ihre Forschungen weiter auszudehnen. Hier ist
nun aber weiter zu fragen: Ist die Wissenschaft bisher zu einem
festen Abschluß gelangt? Wird sie voraussichtlich zu einem solchen
gelangen? Und, wenn dies der Fall wäre, folgen unsere Richter
erfahrungsgemäß der Wissenschaft? Oder bilden sie sich gelegentlich der glücklicherweise seltenen Mordfälle ihre eigene Ansicht?
Und aus wie vielen verschiedenen Fällen? Ist die Ansicht des
im Schwurgerichtsproceß entscheidenden, in dem Schlußvortrage
einwirkenden, Gerichtspräsidenten auch nothwendig die Ansicht der
Mehrzahl jener im Schwurgerichtshofe mitsitzenden Richter? Und
wie verhält sich die Meinung des Schwurgerichtspräsidenten zu

der Auffassung der Geschworenen, welche über das Vorhandensein der Ueberlegung, als über eine Thatfrage zu entscheiden haben?

Es ist unmöglich, auf die Gesammtheit dieser Fragen irgend eine zureichend bestimmte Antwort zu ertheilen. Zulässig erscheint es aber, zweierlei zu versichern:

Erstens: daß sich für den Grundbegriff des mit absoluter Todesstrafe bedrohten Verbrechens, eine einheitliche Norm in der Gerichtspraxis deswegen niemals ausbilden kann, weil die höchsten Gerichtshöfe nicht in die Lage kommen, über die Thatfrage der Ueberlegung eine bindende Erklärung zu geben; so daß in der Praxis indirekt die persönliche Auffassung des Schwurgerichtspräsidenten einwirkt, direkt nur der Instinct der Geschworenen durchgreift, über dessen Richtung wir in Ermangelung von Entscheidungsgründen nichts Gewisses erfahren.

Zweitens: ist es zweifellos, daß die Wissenschaft außer Stande ist, die von ihr gewünschte, gleichbedeutende Erklärung zu liefern. Die gelehrtesten Männer aller Zeiten und aller Völker sind völlig uneins in Beziehung auf die Bedeutung jenes Begriffs, der nach vermeintlich allgemein menschlichem Rechtsbewußtsein über Tod und Leben entscheiden soll.

Ungewiß ist in der wissenschaftlichen Doctrin, ob das Wort „Ueberlegung" das richtige ist, um jene Eigenthümlichkeit des seelischen Zustandes wiederzugeben, welche mit der denkbar schwersten Verschuldung zusammenfällt. Die Engländer erachten ein Wort nicht für ausreichend, denn sie brauchen zwei Worte: vorbedachte Bosheit. Die sprachlichen Bezeichnungen für „Ueberlegung" waren in den ehemaligen deutschen Strafgesetzbüchern vor dem Zustandekommen der einheitlichen Gesetzgebung verschieden, ein Zeichen dafür, daß trotz der Einheitlichkeit der Unterrichtsmethode an den deutschen Universitäten die Vertreter der Wissenschaft auseinandergingen. Der gegenwärtige österreichische Justiz

minister und ehemalige Rechtslehrer Glaser schlug vor, den Aus=
druck „vorbedachten Entschluß" für den Thatbestand des
Mordes zu verwerthen. Italien's erster Criminalist, Carrara,
will auf psychologischer Basis sogar vier Abstufungen unterscheiden:
1) „Vorbedacht als schwerste Stufe, 2) „Ueberlegung" demnächst
folgend, 3) vorgeplantes Unternehmen (predisposto) und 4) aus
unvorhergesehener Bewegung der Seele (modo improviso). Sein
berühmter Vorgänger Carmignani definirte die „Ueberlegung" im
Morde als „den Vorsatz zu tödten, gefaßt mit kaltem Blute und
ruhigen Geistes, mit hinreichendem Zeitablauf bis zu der gesuchten
Tödtung, so daß das Verbrechen wie ein langersehntes Endziel
erscheint." Dagegen lehrt für Belgien Haus, daß ein Verbrechen
überlegt sein kann, ohne deswegen vorbedacht sein zu müssen.

Ungewiß ist in der wissenschaftlichen Lehre von der Ueber=
legung eine Reihe von Punkten, vornehmlich diese:

1) Wann in der Seele des Thäters Ueberlegung
vorhanden gewesen sein muß, falls Mord angenommen
werden soll? Vor der Ausführung oder während der Ausfüh=
rung? Einige Criminalisten legen sogar Werth darauf, wie sich
der Thäter nach begangenem Verbrechen betrug. Und wenn wäh=
rend der Ausführung der Tödtung Ueberlegung vorhanden sein
soll, muß sie von dem ersten Anfang bis zum letzten Seufzer
des Erschlagenen gleichsam in Permanenz gewesen sein?
Oder kann sie für kürzere Zeit pausiren? Und wiederum auf
wie lange Zeit? Das in Deutschland weitaus am meisten ver=
breitete und durch die academische Jugend in den späteren Richter=
stand hinüberwirkende Lehrbuch Berner's sagt darüber: „Das
Entscheidende (nämlich für den Mord) ist, ob die Ausführung
in dem überlegten oder in dem nicht überlegten Vorsatze ihren
Ursprung habe? Im Verlaufe der Ausführung geräth auch
wohl der kaltblütigste Mörder in einen aufgeregten Zustand, der

aber nicht Ursache, sondern Wirkung der Ausführung ist, und
der daher die mit Ueberlegung unternommene Tödtung auch
nicht mehr zum bloßen Todtschlage herabsetzen kann. Man würde
indessen doch schon zu weit gehen, wenn man aufstellte, daß wäh=
rend der Ausführung einer bereits mit Ueberlegung unter=
nommenen Tödtung eintretender Affekt den Begriff des Mordes
nicht mehr aufhebe. Dies läßt sich vielmehr nur von solchen
Affekten behaupten, die durch das Schreckliche der That
selbst oder durch den Kampf mit dem Schlachtopfer geweckt
werden. Im Uebrigen hat man vielmehr zu erwägen, daß das
Gesetz, indem es schlechtweg sagt „ausgeführt“ die ganze Aus=
führung bezeichnet. Tritt also während des überlegten Unter=
nehmens ein anderweitiger Affekt ein, ohne welchen es
wohl nicht bis zur Vollendung der Tödtung gekommen wäre, so
läßt sich die ganze Ausführung nicht mehr mit Sicherheit auf
Ueberlegung zurückführen, und es ist dann nur Todtschlag er=
wiesen.“

Angenommen, daß Berner's Ausführungen von einer
Versammlung gelehrter Fachmänner einstimmig gebilligt wären,
würden drei Gelehrte sich über ihre Anwendung auf die ein=
zelnen Fälle vereinigen können? Man messe diese scharfsinnigen
Auseinandersetzungen an dem Begriffsvermögen eines begabten
Geschworenen und man wird zugeben müssen, daß sie unfaß=
bar bleiben. Wie wird es der Richter anfangen, um den Affekt
als Ursache oder als Wirkung einer unternommenen Tödtung zu
erkennen? Wo erhält er das Lichtbild von dem Seelenzustande
des Verbrechers im Augenblick der begonnenen Unternehmung?
Wo ist in der Praxis die Gränztafel, die uns im einzelnen Falle
sagt, ob wir „zu weit gehen“? Woher wissen wir, wann, wie
und womit Affekte „geweckt“ wurden? Wer kann sich jemals ge=

trauen, zu beurtheilen, welches „anderweitige Affekte" sind, ohne welche es wohl nicht zur Tödtung gekommen sein würde?

2) Worauf sich die Ueberlegung gerichtet habe, welche Gegenstände uud Thatsachen sie ergriffen und berührt haben muß? Auf Zeit der Ausführung, Ort und Mittel der Tödtung? Auf die Folgen der That? Soll das Denkvermögen lediglich soweit reichen, um zu wissen, wie und womit man tödtet? Einen Menschen, der die Folgen seiner That nicht einsieht, nannte man ehemals blödsinnig; und doch verlangt man wieder, daß derjenige als Mörder angesehen werde, welcher zwar die physischen Folgen des Erschießens, aber nicht die Rechts= folge einer Tödtung begriffen hat. Soll der schuldhaft Mor= dende auch über die Rechtswidrigkeit seines Thun's klare Begriffe besitzen, über die Strafwürdigkeit nachgedacht haben? Die Wissen= schaft versagt uns auch hier so sehr den Dienst, daß wir nicht einmal im Stande sind, überall eine straflose Tödtung von einem wirklichen Morde zu unterscheiden. Der Gouverneur Eyre, welcher während eines Negeraufstandes auf Jamaica unter gröbster Verletzung seiner Amtsbefugnisse „mit Ueberlegung" und vorsätzlich Gordon hängen ließ, ward von einer Anzahl der erleuchtesten Engländer (unter ihnen John Stuart Mill) als ein Mörder angeklagt und dennoch von dem Richter außer Verfolgung gesetzt, vermuthlich weil man annahm, daß er seine Competenz zum Aufhängen eines Unschuldigen nicht hin= reichend überlegt hatte. Ebenso ist es für den Mordbegriff durch= aus zweifelhaft, ob der überlegte Vorsatz nur auf die Hand= lung gehen soll, aus welcher der Tod hervorgegangen ist, oder außerdem auch auf die thatsächliche Endfolge des Todes. Ersteres nimmt das englische und französische, letzteres das deutsche und italiänische Recht an.

3) Woran das Vorhandensein der Ueberlegung zu erkennen und wie diese an sich beschaffen ist?[99])

Angesichts dieser Schwierigkeiten sollte zunächst die Rechtswissenschaft anerkennen, daß sie sich auf völlig falscher Bahn bewegte, als sie zu Anfang dieses Jahrhunderts das psychologische Moment „der Ueberlegung" in die Gesetzgebung und Praxis zu dem Zwecke einführte, um darauf eine Unterscheidung von Mord und Todtschlag zu begründen. Die praktische Folge dieser psychologischen Casuistik ist nämlich diese, daß wir von Zeit zu Zeit erfahren: wie gründlich die Rechtsbegriffe in Beziehung auf das schwerste Verbrechen zerfahren sind. Obwohl die Staatsanwaltschaft alle Erfahrung und allen Scharfsinn aufbietet, um die Geschworenen von dem Vorhandensein eines Mordes in ihren einzelnen Anklagen zu überzeugen, ereignet es sich dennoch nur zu oft, daß im Widerspruch mit der Anklage die Geschworenen den Mord verneinen, indem sie, außer den Fällen einer Freisprechung, den der Anklage zu Grunde liegenden Thatbestand als Todtschlag mit oder ohne mildernde Umstände, möglicherweise auch als vorsätzliche Körperverletzung mit tödtlichem Ausgange bezeichnen.

Ob die Geschworenen in jedem einzelnen Falle Recht haben, mag füglich bestritten sein. Das Urtheil über die Angemessenheit ihres Verfahrens kann jedenfalls nicht aus dem Munde der Staatsanwaltschaft oder der den Geschworenen widersprechenden Richtercollegien entnommen werden. Es gereicht den Geschworenen zur Ehre, daß Berner in seinem Lehrbuche von ihnen sagt:

> „Bei diesem Zustande der Gesetzgebung (nämlich der Androhung absoluter Todesstrafe) der nur durch Abschaffung der Todesstrafe berichtigt werden kann, ist es ganz ungehörig, und eine Verkennung der menschlichen Natur, wenn man die Geschworenen mit dem herbsten Tadel

überhäuft, weil sie ihren bejahenden Wahrspruch nur in den seltensten und schwersten Fällen auf Mord aus- dehnen, ihn aber in der Regel auf die Normalform, den Tobtschlag, beschränken."

Die Abschaffung der Todesstrafe würde sicherlich dazu bei- tragen, daß Ansehen des Schwurgerichts zu heben, wie anderer- seits die Gegner des Schwurgerichts, welche an dessen Abschaffung gedacht haben, möglicherweise sich vergegenwärtigten, wie der Streit über die Todeswürdigkeit gewisser Verbrechen und der daraus ent- springende Zwiespalt zwischen Anklage und Verdict ein sehr be- deutungsvolles Phänomen der heutigen Strafrechtspflege darbietet.

Die Geschworenen handeln als natürliches Gegengewicht gegen eine ungerechte Gesetzgebung und eine fehlerhafte Tendenz in der Rechtswissenschaft; während die gelehrte Justiz sich gegen beides, gegen innere Ungerechtigkeit der Gesetzgebung und die Ver- irrungen der Doctrin entweder gleichgültig oder sogar dann noch unterstützend verhält, wenn ihr Interesse der logischen Con- sequenz sie bestimmt, vorhandene Fehler durch „Gesetzesanalogie" weiter auszudehnen.

Was den Mord anbelangt, so traf die Ungerechtigkeit der Gesetzgebung, welche absolute Todesstrafe auf Grund unsicherer Merkmale androht, mit der durchaus fehlerhaften Doctrin zu- sammen, welche ein psychologisches Kriterium dem Mordbegriffe zu Grunde legte.[100]) Die Verirrung der Gesetzgebung und der sie ehemals zum Irrthum verführenden Doctrin liegt nämlich darin, daß man von dem gemeinrechtlichen Wege der dem moralischen Gebiet angehörenden Unterscheidungszeichen in der Be- handlung der Töbtungsverbrechen abging und die Bahn voreilig verließ, die man mit der Auszeichnung des Kindesmordes, ferner der im Zweikampf oder der im gerechten Zorn verübten Töbtungen beschritten hatte. Nachdem die Gesetzgebung einmal grundsätzlich das relative Strafmaß für die meisten Verbrechen angewendet hatte, war anerkannt, daß überall in der Ausmessung der Willensschuld, außer den juristischen Kategorien, auch die sittlichen Momente zu würdigen sind. Wer unsere Praxis in den gelehrten Gerichtshöfen kennt, weiß sehr genau, daß bei der Ausmessung der Strafe auf die sittliche Seite der That, nämlich die Beweggründe, überall Rücksicht genommen zu werden pflegt.

Die Geschworenen fühlen, was merkwürdiger Weise die Jurisprudenz bisher übersah, daß der Unterschied von Affekt und Ueberlegung durchaus nicht zusammenfällt mit den sittlichen Schuldgraden. Wo die Geschworenen in Gemäßheit der Anklage das Schuldig wegen Mordes aussprechen, thun sie dies meistentheils, weil in solchen Fällen die höchste Nichtswürdigkeit der Beweggründe in dem Thäter vorhanden war.

Umgekehrt ist es gewiß: Die Geschworenen geben trotz vorhandener Ueberlegung kein der Anklage entsprechendes Verdict, wenn die Ueberlegung mit edleren und besseren Motiven gepaart ist.

Die psychologische Unterscheidung ist für die Strafrechtspflege nicht zu brauchen, weil man damit wiederum von der moralischen Linie der Strafzumessungen sich entfernt, um sich dem Naturalismus oder gar dem Materialismus anzunähern. Die Seelenzustände des Affektes und der Ueberlegung wurzeln bei weitaus den meisten Menschen in leiblichen Verhältnissen der Krankheit oder der Gesundheit, der Reizbarkeit der Nerven oder der Regelmäßigkeit des Blutumlaufs. Deswegen sollte man in der Schnelligkeit oder Langsamkeit des Blutumlaufs, in Heißblütigkeit oder Kaltblütigkeit keinen letzten Maßstab der moralischen Schuld anerkennen. In moralischer Hinsicht ist vielmehr zu sagen: Wer mit innerer Ruhe aus einem edlen Beweggrund eine gesetzwidrige That

begeht, steht sittlich höher da, als der Heißblütige, der aus nichts=
würdigen Motiven zu derselben gesetzwidrigen That schreitet! In
einzelnen Anwendungen erkennt unser Gesetz dies an: Wer mit
völliger Kaltblütigkeit zur Herstellung seiner Ehre den Gegner im
Zweikampf tödtet, wird milder bestraft als wer, in einer Wirths=
hausstreitigkeit gereizt, plötzlich einen anderen ohne vorangegangene
Reizung erschlägt. Das Auseinanderfallen der juridischen und
moralischen Welt zeigt sich beim Morde vornehmlich dann, wenn
zu der Grundlage eines vorhandenen tieferen Affektes, z. B. der
Liebe, der Rachsucht, oder der Eifersucht die Ueberlegung
hinzutritt, die Mittel der Tödtung erwägt und hinterher zur Aus=
führung jener That schreitet, welche das Gesetz als Mord be=
zeichnet wissen will. Man vergleiche einfach dies: Ein von Eifer=
sucht gequälter Ehemann tödtet, durch einen besonderen Anlaß in
seinem Verdachte bestärkt, seinen Nebenbuhler übereilt ohne wirk=
lichen Grund und wird als Todtschläger mit geringerer Freiheit=
strafe belegt. Sein Naturell und Temperament waren
der heftigsten Art. Ein anderer, minder heftiger Ehemann
schöpft gegen seinen Nebenbuhler einen leisen Verdacht, der lang=
sam wächst. Andere Verdachtsmomente treten langsam hinzu.
Seine Eifersucht verwandelt sich in töblichen Haß; endlich über=
legt er die Mittel der Tödtung, nachdem er lange mit sich
gerungen; er glaubt nicht anders zu können. Im Sinne
des Gesetzes soll er mit dem Tode bestraft werden. Wenn beide
Ehemänner völlig gleichen Grund zur Eifersucht hatten, beide in
annähernd gleicher Weise die Tödtung ausführten, so wird kein
Geschworener anerkennen, daß der Eine wegen Ueberlegung todes=
würdig, der Andere wegen mangelnder Ueberlegung nicht todes=
würdig gehandelt habe. Wie sollte auch der Geschworene zugeben,
daß der plötzlich hervorbrechende, mit seiner That schnell fertige
Affekt moralisch genommen besser sei, als jener still um sich

greifende Kummer, der hin und her überlegt, ob er die vor seinem geistigen Horizont aufdämmernde That nicht lieber unterlassen soll, bis er endlich, von der Dauer einer langsam fressenden Leidenschaft geschwächt, zu jenem Gefühl der Willensohnmacht kommt, die zu sich selbst beichtet; „Ich kann nicht anders." Wäre der Geschworene nicht völlig im Rechte, wenn er seinerseits erklärte: Der langsam zum Siechthum des Willens herabsinkende Affekt, welcher mit der rechtlichen Ordnung innerlich einen Ringkampf unternimmt, in dem er unterlag, ist trotz des Ueberlegens, eine höhere Naturgewalt, als jener schnell hervorsprudelnde Affekt, der blindlings zuschlug. Und doch soll jener bei gleichen Motiven mit dem Tode bestraft werden und dieser nicht! Unbegreiflich!

Dreiundzwanzigstes Kapitel.

Mord und Todtschlag in der Schwurgerichtspflege. — Gleichheit
der moralischen Seite von Mord und Todtschlag als Regel in der Statistik erwiesen. — Die Motive des Verbrechers wirkend als Motive der Geschworenen
in Freisprechung und Verurtheilung. — Nachweisungen aus der französischen
und englischen Strafstatistik. — Der Todtschlag kann sittlich verwerflicher sein,
als der Mord. — Die psychologische Definition des Mordes häufig im Widerspruch mit der Rechtsüberzeugung der Geschworenen. — Die Aufgabe des deutschen Strafrechts ist Beseitigung dieses Widerspruchs. — Die Hervorhebung des
Motives der Gewinnsucht bei Tödtungen nothwendig. — John's Ansicht von
dem Unwerth der Ueberlegung. — Vorschläge zu einer anderweitigen Behandlung der Tödtungsverbrechen im deutschen Strafgesetzbuch.

Die Statistik zeigt, daß Mord und Todtschlag in sittlicher
Hinsicht durchaus nicht so weit auseinandergehen, wie dies nach
der psychologischen Theorie der Ueberlegung wohl scheinen
möchte. Beide werden aus gleichen Motiven verübt; ob mit
oder ohne Ueberlegung, ergiebt sich aus dem durchaus zufälligen
und materialistischen, der Verschuldung entzogenen Moment des
Naturells, des Temperaments und der vorangegangenen Erziehung.
Frankreich ergiebt die überraschende Wahrnehmung, daß im Jahre
1871 aus gleichen Motiven nahezu gleich viele Morde und Todt=
schlagsverbrechen verübt wurden. Man zählte nämlich 272 des
Mordes und 268 des Todtschlags angeklagte Personen.

Von höchster Wichtigkeit für die Psychologie des französischen
Schwurgerichts ist die Betrachtung seiner Verdikte unter dem Ge=
sichtspunkt der Einwirkungen, die die Verbrechensmotive auf Ver=

urtheilung und Freisprechung ausüben. Es zeigt sich: die Motive der Verbrecher sind je nach ihrer sittlichen oder unsittlichen Qualität auch gleichzeitig die Motive der Freisprechung oder Verurtheilung vor dem Schwurgericht.

Man nehme zunächst eine Reihe besserer, jedenfalls nicht ganz gemeiner, Beweggründe. Es muß sich nach der von uns gegebenen Regel dann herausstellen: Sowohl beim Morde wie beim Todtschlage werden die Freisprechungen besonders zahlreich sein; jedenfalls wird ein Geschworener bei solchen Motiven, wiederum ohne Rücksicht auf Prämeditation, mildernde Umstände bewilligen. Stellen wir dann der Reihe der edlen Motive die gemeinen Beweggründe gegenüber, so wird wiederum in annähernd gleicher Weise bei Mord und Todtschlag die Ziffer der Verurtheilung und der verweigerten Gunst mildernder Umstände vorhanden sein.

Als relativ edlere Motive sind anzuerkennen: Ehrgefühl, die durch vermeintliche oder wirkliche Kränkung entstandene, in Zorn oder Haß übergehende Empfindung tiefen Schmerzes, politische Leidenschaft.

Abgesehen vom Duell, wegen dessen in Frankreich, trotz aller Jurisprudenz, eine Verurtheilung bei den Geschworenen nicht durchzusetzen ist, offenbart sich das Ehrgefühl am stärken im Kindesmord, bei welchem das Moment der Ueberlegung während der Schwangerschaft stärker hervortritt als man gewöhnlich glaubt und meistentheils die Gelegenheit zur Ausführung sorgfältig vorbereitet wurde. Gegen 206 angeklagte Frauen ergingen 127 Verurtheilungen; doch ward in keinem einzigen Falle ein (nach französischem Recht zulässiges) Todesurtheil gefällt. Allen wurden mildernde Umstände bewilligt. Analog ist das Verhältniß der Blutrache, welche in Corsica aus dem Wahne entspringt, daß eine Verpflichtung zur Tödtung bestehe, und welche, was sehr bemerkenswerth ist, sowohl in dem juristischen Gewande des Todtschlags, wie in demjenigen des Mordes erscheint. Die Geschworenen sehen auch hier nicht auf den Unterschied zwischen Ueberlegung und Affekt, sondern auf das Motiv. Sämmtliche der Blutrache angeklagte Mörder wurden freigesprochen, von den aus demselben Grunde angeklagten sechs Todtschlägern einer (unter mildernden Umständen) verurtheilt.

Dasselbe Verhältniß tritt uns entgegen in solchen Fällen, in denen die beleidigte Geschlechtsehre durch Mord gerächt wird. Die fünf Angeklagten, welche den ehebrecherischen Zuhälter ihrer Frau ermordeten, wurden freigesprochen, von den fünf aus gleichem Grunde delinquirenden Todtschlägern einer verurtheilt. Die beiden angeklagten Mädchen, welche ihren untreuen Geliebten ermordeten, wurden freigesprochen, ebenso der Vater, der den Verführer seiner Tochter mit Ueberlegung tödtete. In den eilf Fällen, in denen Ehefrauen (wegen geschlechtlicher Kränkung?) ihre Gatten umbrachten, erfolgten sechs Freisprechungen; keine von den fünf Verurtheilten ward zum Tode condemnirt. Was die politischen Motive anbelangt, so wurden die beiden des Mordes Angeklagten, welche aus Nationalhaß Deutsche ermordeten, weil sie aus „exaltation patriotique“ handelten, freigesprochen. Die schwere Verantwortlichkeit, welche man deswegen den französischen Geschworenen auferlegen muß, wird ein wenig dadurch gemildert, daß von den siebzehn Angeklagten, welche aus Parteileidenschaft ihre politischen Gegner bei Gelegenheit von Wahlen mordeten, gleichfalls vierzehn freigesprochen wurden.

Und nun zur Kehrseite der gemeinen Motive. Hier sind vornehmlich zwei Richtungen zu würdigen: 1) Untreue eines Dieners, der seinen Herrn verrätherisch ermordet. Keiner von den sieben aus diesem Grunde Angeklagten ward von den Geschworenen freigesprochen. 2) Gewinnsucht und Habgier (cupidité). Von 41 Angeklagten sind nur 7 freigesprochen. Eine gleich große Anzahl (7) wurden durch die Geschworenen zum Tode verurtheilt und hinterher ausnahmelos hingerichtet.

Zwischen den besseren und den schlimmeren Motiven in der Mitte stehend erscheint der Haß gegen die Organe der Obrigkeit. Er kann zuweilen hervorgehen aus politischer Feindschaft, außerdem aus Schmerzempfindung wegen einer kränkenden Behandlungsweise, endlich aber auch aus Eigennutz, weil der Beamte die Verfolgung gewinnsüchtiger Zwecke verhindert, was beispielsweise vielfach bei Wilddieben der Fall ist, die gerade den aufmerksamsten Forstschutzbeamten am feindseligsten gesinnt sind. Daß hier bei der Ermordung von Beamten in der Ausübung ihres Berufes verschiedene Motive nebeneinander vorkommen, ergiebt die statistische Thatsache, daß von zehn Angeklagten immer noch vier freigesprochen wurden, also: mehr, als bei den aus klarer Gewinnsucht verübten Mordthaten, weniger, als bei den aus politischen Gründen begangenen Verbrechen.

Daß die schwersten Fälle des Todtschlags zuweilen nichtswürdiger sein können, als das in der Gesetzgebung am höchsten stehende Verbrechen des parricide, zeigt sich darin, daß auf vierzehn wegen parricide Verurtheilte kein Todesurtheil entfiel, wohl aber in zwei Todtschlagsfällen mildernde Umstände verweigert wurden, so daß auf Todesstrafe erkannt werden mußte.

Mancherlei mag in den Zahlen der neuesten französischen Strafstatistik auf Zufälligkeit beruhen, aber es ist dennoch unmöglich, das Vorhandensein jener starken moralischen Tendenz zu bestreiten, welche im Geschworenengericht, über die juristische Consequenz hinausgehend, hervortritt. Die Geschworenen rechnen in letzter Instanz die That nicht nur der rechtlichen, sondern auch der sittlichen Verschuldung zu. Trotz aller Verbote ist ihre Stellung in der Strafrechtspflege ähnlich derjenigen des römischen Prätors, welcher in seinem Edikt das starre Civilrecht corrigirte.

Es wäre durchaus ungerecht, gerade die französischen Ge= schworenen anklagen zu wollen. Die gleichen Erscheinungen treten auch in England hervor. Man muß sogar anerkennen, daß in einem Punkte die französischen Geschworenen ihre gesetz= liche Pflicht besser erfüllen, als die Engländer; jene verurtheilen immer noch über die Hälfte der angeklagten Kindesmörderinnen, während es in England unmöglich ist, ein verurtheilendes Verdikt gegen diese Kategorie zu erhalten; im günstigsten Falle kommt eine Verurtheilung auf hundert Anklagen. Die moralische Em= pfindung ist in den englischen Geschworenen gleichfalls zu stark, als daß sie die Todesstrafe für Kindesmord zulassen könnten. Ebenso wird in Deutschland trotz der verhältnißmäßig sehr ge= linden Strafe eine relativ große Ziffer von Kindesmörderinnen freigesprochen, was zum Theil aus moralischen Erwägungen, zum größten Theil aber aus den stets beim Kindesmord bestehenden Beweisschwierigkeiten zu erklären ist.

Es soll nicht geleugnet werden, daß im Schwurgericht eine zu weit gehende Rücksichtnahme auf die Motive des Thäters öfters zur moralischen Schwäche werden kann; aber man darf nicht ver= gessen, daß mit diesem Fehler der entgegenstehende Mangel stän= diger Criminalgerichte compensirt wird, vermöge dessen diese — unbekümmert um das Element der sittlichen Verschuldung — der Neigung zur abstracten juristischen Consequenz und Analogie folgen, so daß bei der Wahl zwischen zwei Uebelständen dennoch die Rechts= unsicherheit der zu weit gehenden Straflosigkeit als ein Mangel des Schwurgerichts, der Rechtsunsicherheit übertriebener Straf= barkeitserklärung, als einen Mangel der gelehrten Gerichtscollegien vorzuziehen ist.

Wenn man nun zugeben muß, daß unter allen Rechtsinteressen

der Gegenwart, soweit sie der Strafrechtspflege zufallen, der Schutz des menschlichen Lebens obenan steht, so ist es erlaubt, sich zu wundern, daß die Gesetzgebung den unzweifelhaft vorhandenen Widerspruch zwischen dem Schwurgericht und der alten psychologischen Definition von Mord und Todtschlag hartnäckig unbeachtet ließ. Sobald das Schwurgericht als Einrichtung angenommen ist, und aufgehört hat, ein Versuchsfeld zu sein, muß man Angesichts der Unmöglichkeit, die statistisch hervortretende Grundtendenz der Geschworenen zu ändern, das Strafgesetz in Einklang bringen mit dem im Schwurgericht wirkenden Rechtsgefühl des Volkes. Um so mehr ist dies zu verlangen, als auch die wissenschaftliche Unhaltbarkeit jener Unterscheidung von Ueberlegung und Nichtüberlegung dargethan werden kann, unter allen Umständen aber leicht zu beweisen ist, daß sie für die Organe des Schwurgerichts praktisch unbrauchbar ist.

Die Aufhebung der Todesstrafe und die Beseitigung der gegenwärtig für das Tödtungsverbrechen bestehenden Unterscheidungen wird, von allen anderen dafür sprechenden Gründen abgesehen, auch den Nutzen haben, daß das Schwurgericht, seiner wahren Natur entsprechend und ungehindert durch den jetzt noch bestehenden Zwiespalt zwischen den Tödtungsgesetzen und der sittlichen Grundanschauung des Volkes, erlöst wird aus seiner Zwangslage und befreit von der unerfüllbaren Anforderung, sich den ihm unverständlichen Definitionen psychischer Vorgänge anzubequemen.

Es ist ein Grundzug gerade der germanischen Völker, daß sie gesucht haben, in der Strafrechtspflege eine Versöhnung zu finden zwischen den objectiven Regeln des Rechts und den subjectiven Forderungen des sittlichen Bewußtseins, die moralische Empfindung umzusetzen in die Thatsache eines allgemeinen Rechtsgefühls. Oder wäre die Rechtswissenschaft im Volksleben Alles,

und das Rechtsgefühl Nichts? In der mittelalterlichen Plastik
der Strafmittel, in der Unterscheidung ehrloser, nichtswürdiger
Beweggründe und ihrer Ausprägung durch die Strafarten, trat
dieser Trieb hervor und gerade er war es, der auch zu der Auszeichnung des im Todtschlag aufwallenden Zornes gegenüber der
heimlichen Mordthat, zur Gegenüberstellung der offenen ehrlichen und versteckten heimlichen That geführt hat. Erst später hat
die Theorie die Beachtung der moralischen Momente aufgegeben,
um zu dem völlig unhaltbaren Schluß zu gelangen, daß die mit
Ueberlegung verübte Tödtung trotz der besseren Motive strafbarer
sein müsse, als die ohne Ueberlegung begangene That, ungeachtet
bei ihr die nichtswürdigsten Beweggründe im Spiele gewesen sein
mögen. Es ist möglich, daß auf gewissen Punkten die Moralität
der Beweggründe mit dem psychologischen Moment der Ueberlegung und des Affektes zusammenfällt, aber es ist keineswegs
regelmäßig der Fall. Im Gegentheil gehen sie häufiger auseinander, als man glaubt. Ein Zusammenfallen beider Momente
findet meistentheils Statt, wo der Beweggrund der Gewinnsucht und der Habgier wirksam war, also bei dem Raub-
und Banditenmord durch gedungene Miethlinge. Es zeugt,
im Sinne der modernen Theorie, zwar nicht von juristischer Consequenz, wenn die ältere gemeinrechtliche Praxis in Deutschland
diese Mordarten als besonders schwere hervorhob, aber eben dies
bewies die Fortwirkung jener sittlichen Volksanschauung, welche
das dabei vorhandene Motiv der Gewinnsucht betonte. Was
den Affekt anbelangt, so zeigt sich das gelegentliche Zusammenfallen
desselben mit den moralischen Triebfedern bei den Tödtungen, die
in leidenschaftlicher Aufregung des Ehrgefühls, beispielsweise gegenüber dem ertappten Ehebrecher ausgeführt werden. Dagegen muß
man aber auch anerkennen, daß der gegenwärtig sg. Mord, wenn
aus tief wühlendem Schmerze des tödlich verletzten Ehrgefühls

begangen, weitaus milder fein kann, als der in der leichtfinnigen Schnellfertigkeit bei einem Wirthshausstreit von raufluftigen, jeder Zeit mit dem Messer um fich stechenden Trinkern begangene Todt= schlag. Das Recht muß fich hier durchaus mit dem fittlichen Ge= fühl des Volkes in Einklang setzen und auch außerdem anerkennen, daß der Strafbarkeitsunterschied zwischen einem Mordversuche, der den schwer Verwundeten werthvoller Gliedmaßen beraubte, oder nach langem Krankenlager genesen ließ, und dem vollendeten Morde, welcher wegen mangelhafter Krankenpflege zum Tode des Opfers führte, keineswegs fich verhalten kann, wie die im § 44 unferes deutschen Strafgesetzbuchs mit einem Minimum von drei Jahren angedrohte zeitige Zuchthausstrafe zu der absoluten Todes= strafe.

Mit dem Ergebniß der hiermit durchgeführten Unterfuchung stimmt unter den neueren Criminalisten John überein, welcher bemerkt:

„Die Ueberlegung während der That, sowie die Ueberlegung vor der That find überhaupt nicht geeignet, den Thatbestand des generellen Begriffes der dolosen Tödtung zu specialifiren, am wenigsten aber ist, wenn diefes dennoch geschieht, von dem Mo= mente der Ueberlegung die Todesstrafe abhängig zu machen.“

Daß man John's scharffinnigen Ausführungen bei der Be= rathung des deutschen Strafgesetzbuchs keine größere Beachtung schenkte, hat offenbar darin feinen Grund, daß die Anhänger der Todesstrafe zuerst als Grundsatz die Beibehaltung des schwersten Strafübels beschlossen und dann hinterher in Gemäßheit der be= reits beschlossenen Strafe fich einen Mordbegriff zu construiren suchten. Wären fie den umgekehrten Weg gegangen und hätten fie den Werth der Unterscheidungsmerkmale von Ueberlegung und Nichtüberlegung geprüft, so hätten fie nicht zu dem gegenwärtig bestehenden Mißverhältniß der Strafdrohungen gelangen können.[101]

Auch Berner bemerkt, daß unzweifelhafte Erfahrung und Wissenschaft in Europa über den Standpunkt der deutschen Strafgesetzgebung, soweit die Auffassung der Tödtungsverbrechen in Betracht kommen, hinausgehe und berichtet die für die Psychologie gewiß bemerkenswerthe Thatsache, daß Mörder und Todtschläger auf Grund ihres Verhaltens in den Strafanstalten von einander nicht unterschieden werden können.[102])

Die gegenwärtig weitgehende Unsicherheit in der schwurgerichtlichen Aburtheilung von Mord und Todtschlag ist nur dann zu beseitigen, wenn man übereinstimmend mit der geschichtlichen Ueberlieferung der peinlichen Halsgerichtsordnung und der die moralischen Triebfedern beachtenden Volksansicht eine veränderte Begriffsbestimmung von Mord und Todtschlag in der Weise herstellen könnte, daß, wie früher der Fall, jede vorsätzliche Tödtung als Mord und den Ausnahmefall der im gerechten Zorn gegen den Getödteten auf der Stelle verübten Tödtung als Todtschlag auffassen wollte, dann aber auch zwischen Mord und Todtschlag ein hinreichend abgestuftes Strafmaß offen hielte. Wie der Kindesmord, die Ermordung eines den Tod Begehrenden und der im gerechten Zorn verübte Todtschlag mildere Qualificationen sind innerhalb der Klasse vorsätzlicher Vernichtung menschlichen Lebens, so würde es der Rechtsordnung durchaus dienlich sein, wenn mit Rücksicht auf das heimtückische und nichtswürdige Motiv der Gewinnsucht gewisse Mordfälle wiederum härter qualificirt und diesen schwersten Fällen auch diejenigen gleichgestellt würden, in denen der Thäter zur Erreichung eines unerlaubten Vortheils, in der Unternehmung strafbarer Handlungen und zur Verhinderung seiner Entdeckung oder Ergreifung einen Menschen tödtet. Man kann alsdann mit Sicherheit darauf rechnen, daß gerade für diese Fälle (Banditenmord, Raubmord, Ermordung von obrigkeitlichen

Personen während der Amtsausübung) die Geschworenen ihre Pflicht ebenso thun würden, wie bisher, ferner aber auch, besser als bisher, die Verurtheilungen sich stellen würden, wenn diejenige Klasse von Mördern, in denen das Motiv der Gewinnsucht nicht vorliegt, nach den concreten Umständen beurtheilt werden könnten, dergestalt, daß Affekt und Ueberlegung lediglich auf Grund quanti= tativer Verhältnisse neben den Motiven als Strafzumessungsgründe in Betracht kommen würden. Ohne hier auf Einzelheiten Gewicht zu legen, würde man im Anschluß an die gegenwärtigen gelinden Bestimmungen des deutschen Strafgesetzbuchs deren Verbesserung in nachstehenden Vorschlägen zusammenfassen können:

1) Wer vorsätzlich einen Menschen tödtet, wird wegen Mordes mit Zuchthaus von zehn bis zu fünfzehn Jahren bestraft.

2) Wer in gewinnsüchtiger Absicht oder um eines rechts= widrigen Vortheils willen, oder bei Unternehmung einer strafbaren Handlung, um sich der Entdeckung oder Er= greifung zu entziehen, vorsätzlich einen Menschen tödtet, wird mit lebenslänglicher Zuchthausstrafe, in minder schweren Fällen nicht unter zwölf Jahren bestraft. Die= selbe Strafe trifft denjenigen, der vorsätzlich einen Beamten in der rechtsmäßigen Ausübung seines Amtes tödtet.

3) Wer vorsätzlich einen Menschen tödtet, von welchem er schwer beleidigt wurde, ist mit Zuchthaus oder Gefängniß= strafe nicht unter drei Jahren zu bestrafen.

4) Wer, ohne eigene Schuld zum Zorn gereizt und auf der Stelle zur That hingerissen, vorsätzlich einen Menschen tödtet, der ihm oder einem Angehörigen oder einem Schutz= befohlenen eine Mißhandlung oder schwere Beleidigung zufügte, wird wegen Tobtschlags mit Gefängnißstrafe oder Festungshaft nicht unter sechs Monaten bestraft.

18*

Zwar würde durch die nach diesen Vorschlägen eintretende Veränderung bewirkt werden, daß einzelne Todtschläger, welche gegenwärtig mit der unbestimmten Klausel der mildernden Umstände beglückt werden, strenger, als bisher gestraft würden. Aber dieser Erfolg kann um so weniger beklagt werden, als die im deutschen Strafgesetzbuch zu weit gehende Wirkung unbestimmter Milderungsgründe und deren völlige Gleichstellung mit dem mildesten Specialfall der im gerechten Zorn verübten Tödtung durchaus bedenklich gefunden werden muß.

Vom psychologischen Standpunkte sowohl, wie vom moralischen scheint es wichtiger, die Strafen des Mordes weiter abzustufen, als diejenige des gegenwärtig sogenannten Todtschlags. Die Erscheinungsformen des Mordes sind viel mannigfaltiger in den Einzelheiten der Ausführungsweise schattirt, obwohl die Motive im Großen und Ganzen an sich nicht verschieden sind von denjenigen, die im sg. Todtschlage hervortreten. Das Hauptmerkmal, nach welchem die Geschworenen bisher, abgesehen von der moralischen Natur der Motive, über die Tödtungsverbrechen urtheilten, war immer dasjenige der größeren oder geringeren Langsamkeit in der Ausführungsweise.

Wie man übrigens über die Art und Weise, das gegenwärtige Gesetz zu verbessern, denken möge:

Angesichts der großen Unterschiede, welche in der Schuldhaftigkeit des Mordes hervortreten und ihrer großen Bedeutung für die Schwurgerichtspflege muß es auch vom Standpunkte der der Todesstrafe Zustimmenden als ein schwerstes Gebrechen des deutschen Strafgesetzbuchs angesehen werden, daß die Todesstrafe in ihrer absoluten Androhung alle Grundsätze der Allmähligkeit in der Progression der Strafsätze verleugnet; denn schon die Strafstatistik belehrt uns, daß es kein anderes Verbrechen giebt, welches unter einem und demselben Namen eine so große Mannigfaltigkeit der sittlichen und rechtlichen Schuldmomente vereinigte. Wenn man trotzdem an der absoluten Todesstrafe festhielt, so kann der Grund dafür nicht in der Natur des Rechts, sondern nur in der politischen Rücksichtnahme auf die Prärogative der Begnadigung gefunden werden.

———————

Vierundzwanzigstes Kapitel.

Die Gerechtigkeit der Todesstrafe vom Standpunkte der Genugthuung und Sühne. — Dreifache Richtung der Sühne auf Gott, auf die Person des Verbrechers, auf die Staatsgesellschaft. — Wie verhält sich die Todesstrafe zum Rechtsbewußtsein der gegenwärtigen Zeit? — Schwierigkeit der Entscheidung. — Die Todesstrafe keine Sache der Volksabstimmung. — Die Rücksicht auf die Rohheiten der Massen ist der Abschaffung nicht hinderlich. — Ueberreste der alten Blutrache übergegangen in die moderne Cultur. — Anhänger und Gegner in den mittleren Gesellschaftsklassen, in der Literatur, der Jurisprudenz. — Die Staatsanwaltschaft. — Generalstaatsanwalt Schwarze. — Der deutsche und der italiänische Juristentag. — Mancini. — Welche Rücksicht für den Gesetzgeber bei der Wägung der Stimmen für und wider die Todesstrafe entscheidend sein muß. — Die Abstimmung im norddeutschen Reichstage. — Es ist hohe Zeit, die Todesstrafe in Deutschland zu beseitigen, nicht aber eine sg. Zeitfrage. — Trendelenburg's Vertröstung auf bessere Zeiten. — Die Unsittlichkeit der Todesstrafe in Beziehung auf den Henker, welcher, nach seinen Motiven beurtheilt, ein Obermörder ist.

Die subjective Grundlage der Gerechtigkeitstheorie beruht auf denjenigen Wirkungen, welche die Strafe in dem Bewußtsein der gleichsam unparteiischen Staatsgesellschaft hervorruft. Damit ist ausgesprochen, daß die Gerechtigkeit nicht bemessen werden darf nach dem Maßstab derjenigen Forderungen, welche der unmittelbar durch eine Missethat Beschädigte aufstellen könnte. Rechtsgefühl ist dadurch unterschieden von Rachegefühl. Jene ethische Befriedigung, welche in der unbetheiligten, allgemeinen Rechtsgenossenschaft des Staatsverbandes durch eine gerechte Strafe hervorgerufen wird, heißt Genugthuung oder Sühne; wo sie vorhanden ist, wird vollständige Vergebung oder Verzeihung die Folge einer verbüßten Strafe sein.

Genugthuung und Sühne können auf verschiedenen Wegen in unser sittliches Bewußtsein eintreten. Entweder so, daß wir uns durch unser religiöses Gewissen leiten lassen und die Strafe als eine Versöhnung der göttlichen Ordnung und darum auch unserer selbst betrachten. Oder so, daß wir uns in die Seele des Verbrechers versetzen und die Strafe als seine Gewissens= forderung an den Staat uns aneignen, indem wir meinen, daß das Strafleiden den Verbrecher mit sich selbst versöhnt habe. Oder endlich so, daß wir aus dem Einklange unserer unmittel= baren und eigenen Genugthuung mit derselben Empfindung Anderer die Bestätigung und Gewißheit der Gerechtigkeit entnehmen.

Nach diesen drei verschiedenen Richtungen hin ist die Todes= strafe als sühnende und genugthuende Gerechtigkeit bezeichnet wor= den. Was die religiöse Sühne anbelangt, so ist sie, von ver= schwindenden Ausnahmen abgesehen, als Basis des staatlichen Strafrechts aus dem Bewußtsein der christlichen Völker verschwun= den, seitdem man aufgehört hat, die sg. Religionsverbrechen (Gottes= lästerung, Ketzerei, Kirchenraub, Sacrilegium, beziehungsweise auch Sodomie) mit dem Tode zu bestrafen, womit anerkannt ist, daß auch die schwersten Verbrechen gegen die göttliche Ordnung nicht mehr durch den Staat mit der Tödtung des Schuldigen gesühnt zu werden brauchen. Wenn wir von dem Gewissen eines Mörders ausgehen, so ist es unzulässig, den Verbrecher in den Reflex= wirkungen unserer eigenen sittlichen Empfindungen zu beschauen. Die Gewissensregung, welche wir selbst hypothetisch in uns tragen, wenn wir uns, von den Schwingen der Phantasie emporgehoben, das versteinernde Medusenhaupt der Blutschuld entgegenhalten, dürfen wir nicht auf den Verbrecher selbst übertragen. Im Ver= gleich zu der objectiven Abstufung der Strafen für Mord und

Todtschlag wird gerade das umgekehrte Verhältniß eintreten. Der
Todtschläger, von lebhafterer Reue über seine That ergriffen, wird
die äußere Wiedervergeltung viel eher als seine Gewissensforderung
erheben, also über unseren Maßstab der Genuthuung hinausgehen,
während der Mörder in den allerschwersten Verbrechensfällen sich
bereits. im Voraus während des psychologischen Stadiums der
langsameren Willensreife mit den nach der That zu erwartenden
Regungen seines Gewissens abgefunden und diesen meistentheils
gleichsam den Weg in sein Inneres verriegelt hat. Aus einer
der Wirklichkeit entsprechenden Gewissensvertretung läßt sich die
Todesstrafe somit weit eher für den Todtschläger, als für den
Mörder rechtfertigen.

Es bleibt für die Strafgesetzgebung, welche sich auf die genug-
thuenden Wirkungen der Todesstrafe stützen will, nur die Erwägung übrig: wie sich in einem bestimmten Zeitalter das lebendige
Rechtsbewußtsein zu ihr verhalte? Es ist ebenso schwer, die
oft gehörte Behauptung, das Volksrechtsbewußtsein fordere die
Todesstrafe, zu beweisen, wie durch die entgegenstehende Versicherung die Verneinung darzuthun. Zunächst würde es darauf ankommen, zu untersuchen, aus welchen Erscheinungen des jeweiligen
Volkslebens haltbare Schlußfolgerungen zu ziehen sind, welche
Elemente des Volkes als die berufensten Träger des Volksrechtsbewußtseins anzusehen sind, ob überhaupt von einem einheitlichen gemeinsamen Postulate desselben gesprochen werden
könne?

Wenn man die zuweilen beliebte Methode der Volksabstimmung auf die Beibehaltung oder Verwerfung der Todesstrafe
anwenden wollte, so würde man vermuthlich je nach der Fragestellung oder den Umständen eine verschiedene Antwort von den
Abstimmenden erhalten. Die große Mehrzahl der Schweizer Bürger
hat am 10. April 1874 die Bundesrevision gut geheißen, welche

die Todesstrafe aufhebt. Mit Gewißheit darf man aber annehmen, daß eine Sonderabstimmung über die Todesstrafe in einzelnen Kantonen ein anderes Resultat ergeben haben würde, und daß unter denjenigen, welche der Revision en bloc zustimmten, sich Anhänger der Todesstrafe befanden, während andererseits unter denjenigen, die die Bundesrevision verwerfen wollten, sich auch Gegner der Todesstrafe befunden haben mögen. Immerhin lehrt die Schweizer Abstimmung, daß die Todesstrafe in der Eidgenossenschaft keine Principienfrage ersten Ranges sein konnte; wessen Gewissen sie für unbedingt nothwendig hielt, der hätte um ihretwillen die Revision verwerfen müssen.

Als historisch festgestellt darf gelten, daß alle strafrechtlichen Reformen ohne Ausnahme: die Einstellung der Hexenprocesse, die Abschaffung der Prügelstrafe, die Beseitigung der Ketzerverfolgungen dem Stande des Massenbewußtseins vorangegangen sind. Man darf niemals vergessen, daß unter den radikalen Puritanern in Massachusetts die Hexen eifrig verfolgt wurden und daß in der Schweiz die letzte Hexe verbrannt, die letzte Folter in der Voruntersuchung angewendet und vielleicht auch der letzte Gotteslästerer öffentlich geprügelt worden ist. Wenn also wirklich, bei passender Fragestellung, eine Mehrheit unter den Abstimmenden gewonnen würde, so wäre damit nichts bewiesen. Nur das Eine bleibt zu verwundern, daß viele conservative Politiker, welche sonst den Begriff des Pöbels bis in die ihnen zunächst stehende Mittelklasse ausdehnen, bei dieser Gelegenheit wo es sich um Aufrechterhaltung der Todesstrafe handelt, die unter dem Galgen versammelt gewesenen Zuschauer als Beweiszeugen für ein vermeintliches Volksrechtsbewußtsein herbeirufen.

Der Wirklichkeit am nächsten wird man stehen, wenn man annimmt, daß die große Mehrzahl in der Bevölkerung der mitteleuropäischen Staaten der Todesstrafe ziemlich gleichgültig gegenübersteht, weil sie über diesen Gegenstand überhaupt nicht ernstlich nachgedacht hat. Unsere Zeit verzeichnet selten Hinrichtungen und vergißt vollendete Thatsachen meistentheils schon am nächsten Morgen, wenn die Erinnerung nicht durch persönliche Interessen oder wissenschaftlichen Sammlungseifer aufrecht erhalten wird. Die Zeiten, in denen Hinrichtungen, wie vor hundert Jahren außerordentlich häufig waren, haben das mit den Perioden sehr seltener Hinrichtung gemeinsam, daß die Masse wenig angeregt ist, über die Todesstrafe nachzusinnen. Es sind darum in der Geschichte des Strafrechts, die Uebergangsperioden von größerer Milde zur Härte und umgekehrt von gewohnter Grausamkeit zu einer auffallenden Milde, in denen sich die meisten Menschen mit den Aufgaben der strafenden Gerechtigkeit beschäftigen. Immerhin ist es ein Gewinn, daß die Menge nicht mehr den Tod des einzelnen Verbrechers verlangt, wie dies in früheren Zeiten vorkam, wenn man der aufgeregten Masse ein Opfer darzubringen veranlaßt war. Die Aufhebung der Todesstrafe würde in gegenwärtiger Zeit bei der großen Menge nicht die Aufmerksamkeit erregen, wie eine Veränderung in den Preisen der täglichen Nahrungsmittel.

Für die Beurtheilung des Volksrechtsbewußtseins ist es nicht ohne Wichtigkeit, die Stimmen und Meinungen, die gelegentlich eines schweren Mordfalles hervortreten, mit Rücksicht auf ihr zeitliches Verhältniß zur That, einzutheilen. Es zeigt sich dann, daß die erste urmenschliche Empfindung der Blutrache in ihren letzten Ausläufern noch bei hochgebildeten Menschen vorkommen kann. Manche sprechen in äußerster Empörung die Hoffnung aus, daß der Verbrecher das Leben verlieren werde, ohne im geringsten daran zu denken, daß er doch wohl auch unzurechnungsfähig gewesen sein könnte.[103]) Es gilt ihnen, wenn sie von der That hören, als ganz gewiß, daß er verurtheilt werden muß; sie würden sich in dieser ersten Aufregung vielleicht an seiner Vernichtung betheiligen, wenn der Mörder gegenwärtig wäre und augenblicklich von der Masse gewaltsam mißhandelt würde. In Zeiten revolutionärer Erregung kann man diese Symptome moderner Blutrache studiren. Auf ein bloßes Gerücht hin stürzt sich die Leidenschaft auf ihre Opfer; es ist völlig unmöglich, daß ein von der Volksmenge als verdächtig Ergriffener zu Wort komme.[104] Der Racheburst in seinem Fanatismus ist gläubig; der fanatische Glaube rachebürstig.[105] Anders werden die Aeußerungen des Gefühls, wenn die erste Hitze des Rache abgekühlt ist. Wenn nach monatelanger Untersuchung der Angeklagte vor Gericht erscheint, wird er mit anderen Augen betrachtet. Derselbe Zuschauer, der einen ergriffenen Mörder selbst zu tödten im Stande gewesen wäre, wird endlich von Mitleid ergriffen, wenn er den Delinquenten willenlos und geknebelt in der Erwartung des letzten Streiches niederknieen sieht. Es giebt theoretische Anhänger der Todesstrafe, welche in jedem einzelnen Falle einer Hinrichtung von Ekel und Entsetzen ergriffen werden und fragen, ob man den Verbrecher nicht wenigstens einfach, ohne daß er es vorher zu erfahren brauchte, vernichten könnte? Bei allen edleren Naturen vollendet sich das natürliche Gerechtigkeitsgefühl in dem Kreislauf vom aufwallenden Zorn gegen den eben ergriffenen Missethäter bis zum endlichen Mitleid mit dem völlig wehrlosen Dulder. Christi Erhabenheit zeigt sich darin, daß er dieses Gefühl des Erbarmens in seiner Person gleichzeitig als Anfang und Ende der Nächstenliebe bethätigte. Der Zeitablauf, welcher bei längerer Dauer durch die rechtliche Anerkennung der Verjährung Straflosigkeit auch für den Mörder erwirkt, hat thatsächlich für den Genugthuungszweck auch diese Bedeutung, daß von Anfangs rachsüchtigen Menschen, nachdem eine hinreichend lange Zwischenzeit verflossen ist, die Umwandlung der Todesstrafe befürwortet wird. Mir ist kein

Beispiel bekannt, daß die nach längerem Strafprozeßverfahren bewilligte Begnadigung eines verurtheilten
Mörders ernsthaft von der öffentlichen Meinung gerügt worden wäre. Stimmen, welche unmittelbar nach begangener That den Tod des Mörders befürworten, billigen späterhin Schonung und Milde. Jeder, der sich selbst aufmerksamer
beobachtet, weiß, daß jede unserer Empfindungen ihre Geschichte
hat und daß sich in der Brust jedes Einzelnen jener weltgeschichtliche Proceß der Strafmilderung in den allmächtig sinkenden Forderungen der Genugthuung wiederholt.

Zu den Zeichen der Zeit gehört es, daß in der Literatur, in
den Volksvertretungen, in den Gerichtshöfen und im öffentlichen
Leben die Zahl der gegen die Todesstrafe auftretenden Gegner
sich unleugbar und zusehends vermehrt. Nach der Natur der Dinge
ist der Eifer der Angreifenden, die sich vorwärts bewegen, immer
größer, als die Rüstigkeit der Vertheidiger, die eine starke Stellung
schützen. Allein es zeigt sich doch, daß selbst in richtiger Würdigung dieses Verhältnisses die Zahl der öffentlich auftretenden Anhänger der Todesstrafe sich mit der (in ihrer Meinung) wachsenden Gefahr der Abschaffung nicht gemehrt, sondern stetig vermindert
hat. Hetzel hat in sehr anschaulicher Weise ein Literaturverzeichniß ausgearbeitet, in welchem er chronologisch Vertheidiger und
Gegner der Todesstrafe, durch eine Spalte geschieden, einander
gegenüberstellt. Diese gleichsam graphische Liste läßt uns erkennen,
wie in dem Druck der Namen sich schwarz und weiß die Anhänger
und Gegner zu einander verhalten. Noch auffallender würde sich
diese Zeichnung gestalten, wenn man im Stande wäre, die in
Gelegenheitsschriften, in Zeitungen, fachwissenschaftlichen Arbeiten
und in der schönen Literatur geäußerten Ansichten zusammenzustellen, was gegenwärtig selbst dem Statistiker unmöglich sein
würde.[106]

Als eine in der Fortentwickelung des Volksrechtsbewußtseins bemerkenswerthe Thatsache ist auch dies anzuerkennen, daß die Ueberzeugungen der die Todesstrafe anfechtenden Gegner überall als die stärkeren erscheinen. Sie sind erworbene Güter des Geistes, welche schwerer wiegen, als „ererbter Glaube." Erweisbar ist dies daran, daß in der Literatur sich häufig der Uebergang von anfänglicher Vertheidigung der Todesstrafe zur schließlichen Gegnerschaft vollzogen hat, während es an Beispielen entgegengesetzter Art zwar nicht in der Praxis des Staatslebens, wohl aber in der Strafrechtswissenschaft fehlt. Denn die Fälle, daß ein theoretischer Gegner der Todesstrafe, wie der König Oscar I. von Schweden seine persönliche Meinung unterordnet und durch Staatsrücksichten gezwungen ist, ein Todesurtheil auszusprechen und vollziehen zu lassen, gehören nicht hierher. Vielleicht noch häufiger als andere sind Monarchen in der Lage, auf persönliche Wünsche und Meinungen verzichten zu müssen.

Jeder gewissenhafte Geschworene und jeder Richter kommt in die Zwangslage, Urtheile fällen zu müssen, die er mißbilligt. Wenn Richter und Geschworene gegenwärtig in Kapitalsachen nicht noch häufiger freisprechen, als wirklich geschieht, so darf man daraus nicht den Schluß ziehen, daß das Vorkommen von Todesurtheilen die bestehende Gesetzgebung rechtfertige und daß der Gesetzgeber seinerseits erst nachzuhinken habe, wenn alle Anklagen auf todeswürdigen Mord an dem Widerstande der Rechtspflege gescheitert sind. Diese Art der Beständigkeit in Festhaltung überlieferter Gewohnheiten wäre der allerverderblichsten Art.

Alle irgendwie nutzbaren Anzeichen weisen darauf hin, daß im Richterstande und in der Advokatur die die Todesstrafe mißbilligenden Stimmen sich mehren. Vorsichtiger Weise darf man nicht behaupten, daß die meisten Richter competent seien, ein entscheidendes Urtheil abzugeben. Manche Richter hatten wenig

Gelegenheit, mit schweren Verbrechern zu verkehren und criminal-
psychologische Studien von einiger Ausdehnung zu unternehmen.
Andere verzichten überall darauf, das Gesetz nach seinem inneren,
zumal ethischen Gehalte irgendwie zu prüfen; es im logischen
Sinne richtig anzuwenden, ist ihre oberste Sorge. Verhältnißmäßig nicht allzuzahlreich ist die Klasse derer, welche den Streit-
fragen der Strafvollstreckung und des Gefängnißwesens mit Aufmerksamkeit folgen. Vergleichungsweise am größten dürfte die
Ziffer der der Todesstrafe Anhängenden unter der Staatsanwaltschaft sein; Dutzende von solchen, die es für ihren Amtsberuf
halten, in ihren Strafanträgen viel zu verlangen, um vom Richter
wenig bewilligt zu erhalten, werden indessen aufgewogen durch
das Beispiel des Generalstaatsanwalts Dr. Schwarze, welcher
die reichste Lebenserfahrung aus der Anklagepraxis mit der gründ-
lichsten wissenschaftlichen Bildung verbindet.[107] Unter keinen Umständen ist es zu unterschätzen, daß aus der Mitte der deutschen
Rechtsverständigen überhaupt eine Collectiverklärung gegen die
Todesstrafe auf dem Juristentage zu Mainz erging; ein Beispiel
dem die zu Rom 1873 versammelt gewesenen italiänischen Juristen
gefolgt sind. Auf dem Kapitol zu Rom ward unter dem Vorsitz
von Mancini von den dort versammelten Juristen die Todesstrafe
verworfen. Dieser einstimmig gefaßte Beschluß bedeutet um so
mehr, als er offenbar nicht auf politischen Motiven beruht, sondern als wissenschaftliche Ueberzeugung hervorging aus der Arbeit
von einundzwanzig Rechtslehrern, die an den italiänischen Universitäten gegen die Todesstrafe wirken.[108]

Für das mit klarerem Bewußtsein am öffentlichen Leben Theil
nehmende Volk kann es und für den Gesetzgeber sollte es nicht gleichgültig sein, wie die Vertreter der Rechtslehre an den Universitäten,
die Advokatur und der Richterstand über das schwerste Strafübel
der Todesstrafe denken. Es muß auf die Dauer schlimm wirken,

wenn sich ernsthafte Zweifel an die Gerechtigkeit eines Straf=
mittels heften, noch schlimmer aber, wenn viele der besten und
berufensten Männer eines Volkes öffentlich aussprechen, daß vom
Standpunkte der sittlichen Genugthuung die Todes=
strafe geradezu zu verwerfen ist. Es war eine reife Frucht,
welche vom Baume der Erkenntniß fiel, als der Reichstag des
norddeutschen Bundes in der zweiten Lesung des deutschen Straf=
gesetzbuchs die Todesstrafe mit großer Mehrzahl verwarf, nachdem
zwei Jahre früher in Sachsen durch König Johann die Todes=
strafe, ohne jeden Zusammenhang mit politischen Parteibewegungen,
aus freiester Entschließung aufgehoben worden war.

Angenommen aber, eine Mehrheit von Richtern wäre der
Todesstrafe günstig gestimmt, wie dies in Italien der Fall zu sein
scheint, was folgt daraus?

In allen sittlichen Fragen ist der Werth mechanisch=arith=
metischer Majoritäten im Volke durchaus untergeordneter Art.
Die Dinge liegen hierbei völlig anders, als bei der Abwägung
von materiellen Interessen, in denen die Neigung, die Minderheit
einfach durch die von der Mehrheit gefällte Entscheidung zum
Schweigen zu bringen, dadurch entschulbbar wird, daß durch Ver=
letzung wichtiger Interessen die Majorität ihre Fortexistenz gleich=
sam selber auf das Spiel setzt und die Gesetze der parlamentari=
schen Talion anerkennen muß. In religiösen, sittlichen und wissen=
schaftlichen Fragen hat hingegen die Majorität der Meinungen
wenig Werth, außer demjenigen, daß sie das Verhältniß zum
wirklichen Leben veranschaulicht. Sobald man anerkennt, daß die
Todesstrafe in der Gegenwart keine Interessenfrage der Macht
mehr ist, sondern entweder eine Sache der ausnahmsweise ein=
tretenden Collision zwischen dem gesicherten Fortbestande des Ge=
meinwesens und dem Leben des sie angreifenden Verbrechers oder
eine mit dem Genugthuungszweck zusammenhängende Angelegenheit

der Gerechtigkeit, muß man nothwendig zugestehen, daß schon der von einer großen Minderheit sittlich ernster Männer gegen die Todesstrafe geäußerte Widerspruch von der Gesetzgebung beachtet werden muß. Das sittliche Gefühl der Anhänger der Todesstrafe kann niemals in dem Grade durch die Vollziehung derselben befriedigt werden, wie im Gegentheil die Gerechtigkeitsempfindung ihrer Gegner getränkt wird. Denn vom Standpunkt der Anhänger ist die Todesstrafe angesichts der Begnadigungsinstanz und ihres Verfahrens niemals eine innere Nothwendigkeit, sondern immer nur Möglichkeit und Zulässigkeit. Das psychologische Ergebniß, das die Vollziehung der Todesstrafe auf die Anhänger entgegengesetzter Standpunkte hervorbringt, ist also dieses: auf der einen Seite der Anhänger: der Eindruck eines Ereignisses, dessen moralische Möglichkeit in der Reflektion des Betrachtenden zugelassen wird, auf der anderen Seite der Gegner: der Eindruck eines Ereignisses, dessen Eintreten durch Verletzung sittlicher Grundanschauungen den Betrachtenden in peinliche Mitleidenschaft zieht.

Aehnlich wird es sich auch mit den subjectiven Empfindungen verhalten, die durch Nichtvollstreckung eines Todesurtheils hervorgerufen werden. Der Anhänger der Todesstrafe erblickt in der Begnadigung des Mörders eine ihm, sittlich betrachtet, gleichgültige Aeußerung politischer Machtvollkommenheit der Regierung. Ohne die Person eines verurtheilten Mörders von Ansehen zu kennen, wird der Gegner der Todesstrafe, weil das Leben eines Schuldigen erhalten bleibt, jene tiefgehende, lebendige, freudige Bewegung höchster sittlicher Genugthuung so empfinden, als ob ihm selber ein Segen widerfahren wäre.

Eine Strafe anzuwenden, welche aus sittlichen Gründen von einer starken Minderheit verworfen wird, kann in Wahrheit den letzten Endzweck eines sittlichen Gemeinwesens nicht fördern. Jede

Majorität, welche der Todesstrafe günstig gestimmt ist, sollte er=
wägen, daß sie mit einer milderen, unangefochtenen,
dem allgemeinen Rechtsbewußtsein entsprechenden
Strafe für die Gesammtheit mehr sittlich=rechtliche Er=
folge zu erzielen im Stande ist, als mit einer härteren
Strafe, die einem Theile der Staatsbevölkerung zweck=
mäßig und zulässig, einem anderen hingegen schädlich
und verwerflich erscheint.

Solche Erwägungen sind insbesondere den Staatsregierungen
vom criminalpolitischen Standpunkte aus nahe zu legen. Denn
unzweifelhaft ist es die Autorität der Regierungen, welche Schwan=
kende bestimmt, sich bei dem überlieferten Bestande der Todesstrafe
zu beruhigen. Es ist bedenklich und auf der Länge der Zeit nach=
theilig, fort und fort die Zulässigkeit oder Verwerflichkeit der
Todesstrafe in den öffentlichen Versammlungen und Volksvertre=
tungen zu discutiren, und hinterher auf dem Gebiete einer großen
sittlichen Frage den schroffen Gegensatz von Mehrheit und Minder=
heit immer von Neuem feststellen zu lassen. Unter Vorbehalt jener
bereits für den Kriegs= und Belagerungszustand gerechtfertigten
Ausnahmen ist die Abschaffung der Todesstrafe eine Angelegen=
heit, welche aus dem rechtzeitigen und freien Entschluß der Re=
gierenden hervorgehen muß. Rechtzeitig aber ist jeder Ent=
schluß, welcher gefaßt wurde, nachdem sich eine durch
Zahl und Achtungswürdigkeit der Mitglieder einfluß=
reiche Minderheit gegen die Todesstrafe gebildet hat
und die nothwendigen Anstalten zur anderweitigen Sicherung der
Rechtsordnung beschafft worden sind.

Für Deutschland war daher, wenn man diesen Grundsatz
als richtig anerkennt, bereits im Jahre 1848, unzweifelhaft aber
bei der Begründung der neuen Staatszustände nach 1866 jener
Augenblick gekommen. Jene Mehrheit, welche völlig frei im nord=

deutschen Reichstage bei der zweiten Lesung des Strafgesetzbuchs die Todesstrafe verwarf, hat der Todesstrafe selbst, was Deutschland anbelangt, das Todesurtheil gesprochen; denn unvergänglich bleibt in der Geschichte des ersten norddeutschen Reichstages die Thatsache bestehen: Die Todesstrafe mit großer Mehrheit verworfen, so lange der Reichstag nur aus sachlichen Gründen der Gerechtigkeit votirte, ist mit geringer Mehrheit genehmigt worden, als die Zweckmäßigkeitsfrage der einheitlichen Strafgesetzgebung in einen unlöslichen Conflikt mit der Abstimmung gegen die Todesstrafe gebracht worden war.[100])

Aus den gegebenen Darlegungen läßt sich auch ohne Schwierigkeit erkennen, welche Bewandtniß es mit dem Einwurfe derjenigen hat, welche den Augenblick zur Abschaffung der Todesstrafe noch nicht gekommen glauben, sondern die Welt und sich mit der Prophezeiung trösten, daß ihr dereinstiges Aufhören nur eine Frage der Zeit sein werde. Schwerlich sind diese im Stande, anzugeben, wann die Menschheit weit genug fortgeschritten ist, um eine solche Ordnung ohne Ohnmachtsanfälle ertragen zu können. Denken sie im Ernst daran, daß in Beziehung auf irgend welche Reform Einstimmigkeit erreicht werden wird? Oder wollen sie damit von sich selbst der Bequemlichkeit wegen die endliche Entscheidung auf kommende Geschlechter abwälzen? Es ist so gut, wie nichts gesagt, wenn Trendelenburg in seinem „Naturrecht" versichert: es sei die Aufgabe der sittlich strebenden Gemeinschaft, daß mit dem abnehmenden Verbrechen die Todesstrafe entbehrlich werde." Es klingt im Grunde ebenso, wie das Witzwort des Franzosen Karr: „daß die Herren Mörder zuerst anfangen möchten, das Tödten einzustellen."

Unser Zeitalter ist so beschaffen, daß ihm ein einheitliches Rechtsbewußtsein überall fehlt. Auf allen Gebieten, im wirthschaftlichen Leben, in der Stellung des Kapitals zur Arbeit, in dem Verhältniß der Kirche zum Staate, treten große und scharfe Gegensätze hervor. Unser Gerechtigkeitsgefühl wird nicht weit über den einfachen Satz hinauskommen: daß verschiedene Verbrechen nicht gleich, gleich schwere Verbrechen nicht verschiedenartig bestraft werden dürfen. Wie die Strafe positiv beschaffen sein soll, mit welcher ein bestimmtes Verbrechen bestraft werden soll, muß der Gesetzgeber aus einer Reihe von Vergleichungen bestimmen, ohne daß er darauf rechnen kann, die öffentliche Meinung werde ihm als Blindenführerin den Weg zeigen. Jedenfalls wäre es ganz verkehrt, darauf zu warten, daß die Tagespresse in Kapitalsachen vor jedem Mordfalle an die Geschworenengerichte die Streitfrage über Tod und Leben des Verbrechers zur Entscheidung verweise und entweder zur Härte oder zur Milde mahne. Zu lange hinaus geschoben, zu sehr verspätet, würde die Aufhebung der Todesstrafe mit schwer wiegenden Nachtheilen erkauft werden.

Trendelenburg wendet in Uebereinstimmung mit anderen Vertheidigern der Todesstrafe gegen die Aufhebung ein: es würde damit dem Verbrecher ein Recht zu leben oder auf das Leben zuerkannt sein. Von einem absoluten Recht zu leben kann aber um so weniger gesprochen werden, als der Staat von seinen Beamten, ganz besonders von den Wehrpflichtigen ver= langt, daß im Nothfalle ihr Leben freiwillig aufgeopfert werde. Wo es für den Staat nothwendig ist, sollen wir in den Tod gehen. An sich selbst aber muß umgekehrt der Staat die Forde= rung richten, ein menschliches Leben nur dann zu nehmen, wenn dessen Fortsetzung schlechthin unvereinbar geworden ist mit seinem gesicherten Fortbestand. Nicht vom Standpunkte des Verbrechers, sondern vom Standpunkte der sittlich denkenden Gemeinschaft ist zu urtheilen. Von einem absoluten Recht auf das Leben ist ohne= hin um so weniger zu reden, als der Staat außer Stande ist, das Leben, eine Naturthatsache, zu verbürgen oder für den Fall

der Störung in rechtliche Aequivalente umzusetzen, wie dies bei
der Verletzung der durch den Staat garantirten Rechte des Eigen=
thums der Fall ist. Von einem dem Verbrecher zustehenden Rechte,
fortzuleben, kann ebenso wenig gefabelt werden, wie von einem
Rechte auf die Nasen und Ohren, nachdem der Staat die ver=
stümmelnden Strafen des Nasen= oder Ohren=Abschneidens auf=
gegeben hat. Wenn jene Aufstellung Trendelenburg's richtig
wäre, dürfte man auch sagen, daß nach Abschaffung der Prügel=
strafe delinquirende Staatsbürger ein Grundrecht auf Integrität
der Sitzmuskeln oder der peripherischen Nerven eingeräumt worden
wäre. —

Jene Zweifel, welche den Anfang einer gegen die Todesstrafe
eintretenden Abwehr sittengeschichtlich darthun, zeigen sich in der
Volksmeinung schon dann, wenn sich diese gegen den Henker er=
hebt und dessen Person ein Gegenstand des Abscheus zu werden
beginnt. Als Anzeichen der sittlichen Grundanschauung des Volkes
ist diese Thatsache nicht zu übersehen. Mit dem Genugthuungs=
zweck der Gerechtigkeit steht die Todesstrafe nur so lange in völli=
gem Einklang, als die Tödtung eines Verbrechers entweder, wie
bei den alten Juden, durch die Steinigung der beleidigten Volks=
menge, oder, wie bei den alten Römern und Germanen, gegen den
frieblos Erklärten und Geächteten durch jeden freien Mann voll=
zogen wird. Es ist dann das Motiv der in uralten Zeiten wirk=
samen Rache auf Seiten der das Urtheil Vollstreckenden thätig.
Die Talion, auf Rache beruhend, ist so lange vollkommen natur=
getreu, als der Todtschläger wiederum unter dem Zorne seiner
Verfolger unterliegt; denn ohne Zorn würde weder die Volks=
menge noch der Einzelne eine Vollziehung bewerkstelligen. Anderer=
seits ist gegenüber dem im modernen Sinne vorgestellten Mörder
die uralte Wiedervergeltung darin milder, daß seine Vernichtung
nicht unter dem Bilde der kalten Ueberlegung, sondern gleichfalls

in dem Bilde der zornig zur Vollstreckung schreitenden Todtschlags-
handlung geschah. Mit Rücksicht auf das in der ältesten Zeit
hervortretende Motiv des strafenden Zornes ist es wohl erlaubt,
zu sagen: die Blutrache sei nach ihrer sittlichen Seite vollkommener
gewesen, als die heutige Abschlachtung eines Menschen, der pro-
cessualisch, medicinisch und theologisch regelrecht präparirt, in die
Hände des Scharfrichters übergeht, welcher ihn ohne irgend eine
sittliche Antheilnahme seines Gefühls, vielleicht sogar unter Regungen des Mitleides abthut, weil dies seine „Geschäftsangelegen-
heit" ist. In alten Zeiten fühlte man den Widerspruch, der sich
ergeben müßte, als die Volksmasse oder der durch ein Verbrechen
Gekränkte aufhörte, bei der Vollziehung der Todesurtheile mit-
zuwirken. In dem altgermanischen Rechte finden sich daher zahlreiche Andeutungen dafür, daß man das unbedingt Gehässige,
welches der Vernichtung eines Menschen ohne Zorngefühl auf
Seiten des Tödtenden innewohnt, auf Umwegen zu beseitigen trachtete
und deswegen öfters den jüngsten Schöffen die Vollstreckung der
Todesurtheile auftrug. Der Titel des Nachrichters erinnert
daran, daß man die Functionen des Vollstreckens in gewissem
Maße als gerichtliche anerkannt und geachtet sehen wollte. Schon
im Mittelalter hatte sich indessen der Beruf des geschäftsmäßigen
Henkerthums ausgebildet. Es waren unehrliche Leute, die sich
dazu bereit finden ließen, sie waren der Verachtung verfallen.
Zwar versuchte man, den Scharfrichter, welcher das Schwert hand-
habte, als einen ehrlichen Mann von dem Henker, der Galgen und
Strick besorgte, als einem unehrlichen Gewerbtreibenden, zu unterscheiden. Trotz aller Versicherungen der Juristen vom Gegentheil
hat sich aber die Volksansicht heidnischer und christlicher Völker
nicht beirren lassen. Denn wie verschaffte man sich überhaupt
jene Elenden, die man zur Vollziehung zahlreichster Todesurtheile
und grausamster Folterqualen bedurfte? Es waren meistentheils

zum Tode Verurtheilte, denen das Leben unter der Bedingung geschenkt wurde, daß sie sich zur Uebernahme des Henkeramtes verpflichteten.[110] Die Rollen waren somit also anders vertheilt worden, als vorhin. Der Verbrecher, der in uralter Zeit von dem Zorn der ehrlichen Rechtsgenossen vertilgt ward, verfiel nunmehr der halsbrecherischen Technik eines begnadigten anderen Verbrechers und Obermörders. Zu allen Zeiten des Mittelalters sind diese unreinen Menschen aus dem Antlitz der Sonne in die dunkelsten Winkel entlegenster Gassen verwiesen worden. Noch tiefer sank das Amt des Henkers und Scharfrichters, als es nicht mehr mit der Todesangst eines selbst zum Galgen bestimmten Verbrechers erkauft, sondern als ein einträgliches und gewinnbringendes Geschäft von Gewerbetreibenden gesucht ward. Das Abdeckereigewerbe bot die Handhabe, um durch Benutzung der niedrigsten Motive die Unmenschen zu gewinnen, deren der Staat zu seinem Zwecke bedurfte. Das Werk einer vermeintlich göttlichen Gerechtigkeit ward denjenigen überwiesen, welche in Schmutz starren und im Aasgestank stumpf wurden. So vollzog sich denn in der Vollstreckung der Todesstrafe jener tragische Verfall: Von einer That des Priesters, der der beleidigten Gottheit ein Opfer darbrachte, von der aufwallenden Leidenschaft der stürmisch aufgeregten Volksmenge, von dem Zorn des beleidigten Bluträchers, sank die gesetzliche Vernichtung menschlichen Lebens durch die Todesstrafe auf die äußerste Stufe desjenigen Motives herab, welches in den schwersten Mordfällen die tiefste Empörung des sittlichen Gefühls hervorruft: Gewinnsucht![111]

Freilich befinden sich in materieller Hinsicht die Nachrichter der heutigen Zeit weitaus besser, als ehemals. Sie sind nicht mehr gezwungen, in abgelegenen Höhlen zu hausen und, wo sie öffentlich erscheinen, in weithin sichtbarer Amtstracht vor ihrer unreinen Berührung zu warnen. Die persönliche Verantwortlichkeit ist heut geringer, seitdem die Scharfrichter nicht mehr öffentlich, sondern hinter Gefängnißmauern auftreten. Ihnen ist die Intramuranhinrichtung sehr zu Statten gekommen. Es ist möglich, daß diese aus Gewinnsucht legal tödtenden Menschenschlächter incognito in guter Gesellschaft, in Concerten, Theatern, bei öffentlichen Tanzbelustigungen, in Eisenbahnwagen neben uns Platz nehmen und in derselben Tracht auftreten, in welcher ich einen Scharfrichter zu Berlin ein Todesurtheil vollziehen sah: im schwarzen Frack und weißen Glacéehandschuhen. Warum sollte man heute nicht Henker werden, da es so leicht niemand merkt, und der Henker der Neuzeit unendlich viel feiger und niedriger sein muß, als jener mittelalterliche Dämon der Nacht, welcher im Voraus wußte, daß er die ungeheure Last, die entsetzliche Bürde der Verachtung und des allgemeinen Fluchs zu tragen hatte.

Fünfundzwanzigstes Kapitel.

Die Todesstrafe und der Justizmord. — Was die Gefahr des Justizmordes zu bedeuten hat. — Ob richterliche Irrthümer in Kapitalsachen mehr Beachtung verdienen, als in anderen Strafsachen. — Irrthum als moralische Schuld, wenn die Herstellung der Wahrheit verhindert wird. — Die Furcht der Geschworenen vor der Möglichkeit des Irrthums verwirrt die Strafrechtspflege in Kapitalsachen. — Verstärkte Proceßgarantien gegen den Irrthum nicht ausreichend: 1) Einlegung von Rechtsmitteln ex officio. — 2) Erforderniß der Geständigkeit. 3) Einstimmigkeit der Geschworenen und Richter. — Gründe für die Unvermeidlichkeit des Irrthums: Unerkennbarkeit des Momentes der Ueberlegung, Schwierigkeit der Zurechnungsfrage, Unsicherheit des Causalzusammenhangs auf Grund des Sachverständigenbeweises. — Zweifelhafte Verantwortlichkeit des Thäters beim Hinzutreten ärztlicher Kunstfehler in der Behandlung des Gemordeten. —

Die seit hundert Jahren mit Beccaria begonnene Bewegung gegen die Todesstrafe hatte ihren nächsten Anlaß in einem Justizmorde: Jean Calas war 1762 unschuldig in Toulouse hingerichtet worden. Zu allen Zeiten ist christlichen Völkern in der Nachempfindung des Kreuzes dieser Gedanke einer der schrecklichsten gewesen: unschuldig getödtet im heiligen Namen des Rechts durch die Obrigkeit, die ihr Schwert von Gott haben will! Die Größe dieses Gräuels tritt in dem Worte „Justizmord" hervor; denn nur die Uebermacht der sittlichen Ideen kann dies Wort hervorbringen; juristisch wäre es an sich nicht gerechtfertigt von „Mord" zu reden, weil eine im Irrthum verblendete, aber immer noch gutgläubige Justiz zwar fahrlässig, aber gesetzmäßig tödtet. Wenn das Volk in der Hinrichtung Unschuldiger einen Justizmord erkennt, so erklärt es damit in Gemäßheit seines sittlichen Gewissens, daß dieselbe That, welche einer Privatperson zur Fahrlässigkeit zugerechnet werden müßte, wenn unter den Formen des Gesetzes durch den Richter verordnet, als Mord denjenigen zugerechnet werden muß, von denen sie irgendwie verschuldet wurde.[112])

Die Gefahr des Justizmordes ist von der Todesstrafe un=zertrennlich. Streitig ist nur, wieviel diese Gefahr bedeute, wie schwer sie wiege? Die Gegner der Todesstrafe schlagen in ihrer Beweisführung den Hinweis auf die historische Thatsache des Justiz=mordes sehr hoch an; die Anhänger der Todesstrafe behaupten ihrerseits zur Abschwächung des Arguments, daß die Gefahr irriger Todesurtheile und ihrer Vollziehung eine außerordentlich geringe sei, andererseits auch bei allen anderen Strafen die völlige Wieder=herstellung eines ungerecht zugefügten Schadens nicht überall möglich sei.

Wie groß die Gefahr des Justizmordes sei, läßt sich niemals genau feststellen; immer wird es eine große Reihe bestrittener Fälle geben. In Beziehung auf bestehende Mängel ist die Obrig=keit im gegenwärtigen Zeitalter nicht mehr so offenherzig und wahrheitsliebend, wie zu jenen Zeiten, da man auf deutschen Reichstagen die Rechtspflege des 15. Jahrhunderts anklagte, zahl=reiche Unschuldige zu Tode gefoltert und gerichtet zu haben. Wer würde sich heute getrauen, in einem bestimmten Falle einen Justiz=mord zu behaupten? Sicherlich nicht die Regierung, welche die Unabhängigkeit und Selbständigkeit der Gerichte zu achten hat. Noch viel weniger richterliche Personen oder Staatsanwälte, die zur Entscheidung des angefochtenen Falles mitgewirkt haben und sich selbst dann noch sträuben werden, einen Justizmord anzu=erkennen, wenn er im höchsten Maße wahrscheinlich gemacht

worden wäre. Es bleibt also im Grunde als möglicher Kritiker
der Advokat, welcher einen Unschuldigen vertheidigt hat und sehr
wohl weiß, daß die bloße Behauptung eines ungerechten Todesurtheils ihm die allerschwersten Rechtsnachtheile zuziehen würde,
ohne daß er jemals in den Stand gesetzt sein könnte, seinen Vorwurf juristisch zu begründen.

Von wem erfahren wir etwas über vorkommende Justizmorde? Durch den unberechenbaren Zufall!

Man darf nicht vergessen, daß die unzweifelhafte Feststellung
eines Justizmordes nur in einer einzigen Form möglich ist,
nämlich dann, wenn nachträglich an Stelle des Verurtheilten die
wirklich Schuldigen ermittelt werden und sich nicht nur überführen
lassen wollen, sondern auch Richter finden, welche dazu geneigt
sind. Dabei ist zu erwägen, daß aus leicht erklärlichem Grunde
die größte Abneigung bestehen wird, auch dem stärksten Gegen-
beweis die Irrigkeit eines früheren Todesurtheils zuzugestehen.
Wer dies bezweifelt, ist an den Ausgang des Processes des
Lesurques zu erinnern, in welchem gegen die allgemeine Ueberzeugung und gegen das Votum des ausgezeichnetsten französischen
Criminalisten Faustin Hélie, seines hervorragendsten Mitgliedes,
der Pariser Cassationshof das Revisionsgesuch der Hinterbliebenen
des Lesurques abwies, obgleich seit der Hinrichtung siebenzig Jahre
verflossen waren. Man befürchtete von der Revision eine Verminderung der der Justiz gebührenden Achtung! Wenngleich es
also unmöglich ist, genau zu ermitteln, wie häufig oder wie selten
irrige Todesurtheile vorkommen, so wird jeder, der die wirklichen
Dinge unparteiisch betrachtet, zweierlei zugeben müssen:

Erstens, die wirklich vorgekommenen Irrthümer in der
Strafrechtspflege sind zahlreicher als die Fälle, in denen das Vorhandensein richterlicher Versehen förmlich im Wege des Processes
constatirt werden konnte, und zweitens, die Unwahrscheinlichkeit,

einen Justizmord zu erweisen, ist deswegen größer, als die Un= wahrscheinlichkeit eines Nachweises irriger Verurtheilung zur Frei= heitsstrafe, weil die zum Entlastungsbeweis wichtigste Person nach der Vollstreckung eines Todesurtheils verschwindet.

Die Gegner der Todesstrafe müssen daher, wenngleich sie sich von jeder Uebertreibung frei zu halten haben, und das Vorkom= men eines Justizmordes als seltene Ausnahme anerkennen sollten, mit Recht daran festhalten, daß irrige Todesurtheile doch nicht ganz so selten sind, wie die als völlig zweifellos anerkannten Fälle vermuthen lassen. Dabei darf man selbst dann verbleiben, wenn man einräumt, daß die Präsumtion in hohem Maße für die thatsächliche und rechtliche Begründung eines Todesurtheils spricht.

Allein schon ein seltenes Vorkommen einer Verurtheilung Unschuldiger genügt, um die Gewissen der Geschworenen und das allgemeine Rechtsgefühl in schwere Besorgniß zu versetzen. Ob= wohl es richtig ist, daß wir nicht vermögend sind, einen Ehren= mann für eine mehrjährige Zuchthausstrafe zu entschädigen, wenn seine Unschuld hinterher erkannt wird; so ist es doch völlig gewiß, daß die Perspektive auf den Tod Unschuldiger ganz anders auf den Richtenden einwirkt, als die Rücksicht auf eine ungerechte Freiheitsberaubung. Das Entscheidende vom moralischen Stand= punkt bleibt immer, daß der Mensch sich nicht selbst die Möglich= keit der Urtheilsberichtigung abschneiden darf. Die Möglichkeit des materiellen Schadenersatzes ist um so weniger entscheidend, als wir solchen auch demjenigen, der nach einem irrigen Todes= urtheile zu lebenslänglicher Zuchthausstrafe begnadigt wurde, nicht zu leisten im Stande sind, wenn sich seine völlige Unschuld heraus= stellen sollte.

Die Verzweiflung eines Menschen, der unschuldig auf das Schaffot geschleppt wird, ist an sich dem Grade nach unendlich

verschieden von dem Leiden derjenigen, die ungerecht eine Zucht=
hausstrafe erleiden. Diesen letzteren bleibt immer noch das mäch=
tige Trostmittel der Hoffnung, daß sie im Stande sein werden,
ihre Unschuld nachträglich zu beweisen. Ist es etwa keine Genug=
thuung, wenn einem unschuldig Verurtheilten, der die Strafanstalt
verläßt, gleichsam alle edel denkenden Richter, ja das ganze Volk,
im Stillen Abbitte leisten? Es ist unzulässig zu sagen: der Staat
dürfe bei der Todesstrafe vor der Möglichkeit des richterlichen
Irrthums nicht zurückschrecken, weil alsbann aus dem gleichen
Grunde die Rechtspflege schlechthin unmöglich gemacht werden
würde. Dann, wie bereits bemerkt worden ist, kann die mensch=
liche Fehlbarkeit und unser Irren in keiner Rechtshandlung ganz
vermieden werden, wohl aber wird ein schwere Verantwort=
lichkeit begründet, wenn wir ohne zwingende Noth die Be=
richtigung solcher Irrthümer selbst verhindern, bei denen sich
fortwirkende Nachtheile und Leiden an die falsch angenommene
Thatsache knüpfen. Vor allen Dingen hat der Staat zu be=
achten, daß die Aussicht auf mögliches Irren in Kapitalsachen
anders wirkt, als in Nichtkapitalsachen, daß die Furcht der Ge=
schworenen, ganz ohne Rücksicht auf das Maß der ihrer Furcht
beiwohnenden Berechtigung, jenen unbefangenen Blick trübt, dessen
die Strafrechtspflege nothwendig bedarf und endlich, daß er diese
Furcht als aus höchst achtungswerthen Beweggründen hervor=
gegangen, nicht etwa geringschätzig mit einem Verweise bedenken
darf. Gerade die Gewissenhaftesten unter den Geschworenen werden
die auf ihnen liegende Verantwortlichkeit am stärksten fühlen. Nicht
aus Gleichgültigkeit und Leichtfertigkeit, sondern aus den achtungs=
würdigsten Motiven werden daher objectiv unrichtige Freispre=
chungen in gewissen Fällen mit Bestimmtheit sich ergeben müssen,
während andererseits die Erwartung einer Verurtheilung zur Frei=
heitsstrafe in eben demselben Falle wahrscheinlich befriedigt worden

wäre. Je unersetzlicher ein Verlust ist, der uns bedroht, desto größer unsere Vorsicht, um ihn zu vermeiden. Es wäre ein ganz unbilliges Verlangen, wenn man von den Geschworenen erwartete, daß sie in derselben Stimmung, in demselben Gleichmuth, mit demselben Selbstvertrauen über die Rechtsfolge ewig unwiderruflicher Vernichtung und über die Rechtsfolge zeitiger Freiheitsbeschränkung urtheilen sollten. Und doch müßte hinwiederum der Staat wünschen, daß thatsächlich in den schwersten Verbrechensfällen nicht eine größere Unsicherheit der Urtheilsfällung zum Ausdruck komme und öffentlich wahrgenommen werde, wie bei minder schweren Verbrechen. Die hier vorhandene Collision ist nur durch die Aufhebung der Todesstrafe zu beseitigen. Wiederum ist es in diesem Falle nicht die, statistisch betrachtet, seltene Thatsache einer Hinrichtung Unschuldiger, sondern der psychologische Eindruck, den diese seltene Thatsache selbst in der Denkweise und Empfindung der Geschworen hervorruft, worauf der entschiedenste Nachdruck gelegt werden muß. Die Todesstrafe irritirt die Strafrechtspflege in der praktischen Lösung ihrer wichtigsten Aufgabe.

Zwischen solchen, welche die weit reichende Bedeutung des richterlichen Irrthums in Kapitalsachen anerkennen, und solchen, die über diesen Punkt leicht hinweggehen, steht eine mittlere Meinung. Manche sind der Ansicht, daß Irrthümer vermeiblich werden, wenn man nach besonderen Strafproceßgarantien greift. Als solche kommen in Betracht:

Erstens: Das Erforderniß der Stimmeneinhelligkeit der Geschworenen, welche über eine todeswürbige Anklage entscheiden.

Zweitens: Die gesetzliche Vorschrift, daß in Kapitalsachen auch ohne den Willen des Verurtheilten Rechtsmittel zum Zwecke nochmaliger Prüfung in einer höheren Instanz eingewendet werden sollen.

Drittens: Der Vorschlag, daß nur wirklich Geständige nicht
aber Leugnende hingerichtet werden sollen.

Viertens: Die von Amtswegen in der Begnadigungsinstanz
eintretende Prüfung des Belastungsbeweises.

Was das Verhältniß der Begnadigung zu den Todesurtheilen
anbelangt, so wird davon späterhin die Rede sein. Unbedingt zu
verwerfen ist der neuerdings auch von Oettingen gemachte Vor=
schlag, nur gegen Geständige ein Todesurtheil zu vollstrecken.
Damit würde zwar eine größere, aber keineswegs eine absolute
Sicherheit erreicht werden.

In der Geschichte der Strafrechtspflege finden sich Fälle, in
denen Unschuldige entweder sich selbst bei Gericht angezeigt haben
oder wahrheitswidrig ein todeswürdiges Verbrechen eingestanden.
Zwei Fälle, welche der neueren Zeit angehören, sind wiederholent=
lich angeführt worden: Ein in Schlesien eingesperrter Sträfling
gestand eine Brandstiftung, welche den Tod eines Menschen zur
Folge gehabt hatte, unter Angabe aller näheren Umstände ein
und wurde in Gemäßheit des Preußischen Strafgesetzbuchs rechts=
kräftig zum Tode verurtheilt. Ein Zufall führte zur Entdeckung
der in den Acten selbst verzeichneten Thatsache, daß der Ver=
urtheilte sich zur Zeit der That noch im Zuchthaus befunden hatte,
also außer Stande gewesen war, das Verbrechen an einem anderen
Orte zu verüben. Die Richter hatten diese actenmäßige
Feststellung übersehen! In Frankreich gestand, um der
drückenden Untersuchungshaft zu entgehen, eine Frau Doize einen
Vatermord ein. Ihre Unschuld ward noch rechtzeitig entdeckt.
Aus der Geschichte der Hexenprocesse ist bekannt, daß in zahl=
reichen Fällen Frauen sich selbst der Hexerei beschuldigten, oder
sogar alle möglichen Verbrechen eingestanden. Gewichtiger als
diese Thatsache, daß wahrheitswidrige Geständnisse vorkommen,
wäre aber die andere Rücksicht, daß in der großen Mehrzahl der

Fälle, durch die grundsätzliche Nichthinrichtung Leugnender, die Lüge in Kapitalsachen privilegirt werden würde. Das Ergebniß wäre also, daß die aufrichtig Reuigen, die trotz jenes Privilegiums ein Geständniß ablegten, hingerichtet, die hartnäckig Leugnenden andererseits verschont werden würden. Dieser Widerspruch würde das sittliche Gefühl des Volkes verletzen.

Hinsichtlich der nochmaligen Prüfung der Kapitalsachen in einer höheren Instanz ist anzuerkennen, daß sie unter allen Umständen vom Standpunkt des gegenwärtig geltenden Rechts empfehlenswerth ist, und dem bereits gegebenen Ausnahmecharacter der Todesstrafe entspricht. Manche Todesurtheile werden auch heute noch unter dem Einfluß einer starken localen Erregung, zumal in nicht großstädtischen Schwurgerichtsbezirken gefällt. Selbst in London hat die Tagespresse auf Franz Müller's Verurtheilung und Hinrichtung einen nicht abzuleugnenden Einfluß geübt. Das Verdikt wurde mit einer Schnelligkeit zu Stande gebracht, welche den damals vorhandenen und später geäußerten Zweifeln durchaus nicht entsprach.[118]) Wenn auch Geschworene häufiger freisprechen als gelehrte Gerichte, so darf doch nicht verkannt werden, daß auch ihre Verurtheilungen deswegen in Kapitalsachen bedenklicher sind, weil das moralische Element bei einer ausnahmsweise verabscheuungswürdigen That stärkeren Einfluß in der Beweiswürdigung haben kann, als ihm vom juristischen Standpunkt zukommt. Der Wegfall der Appellation vermindert ohnehin die Garantien eines zur Ueberführung ausreichenden Belastungsbeweises. Es ist nichts dagegen einzuwenden, daß in Kapitalsachen bei vorhandenen erheblichen Zweifeln das Verdikt durch eine höhere Instanz aufgehoben und die Sache zur nochmaligen Verhandlung an ein anderes Schwurgericht verwiesen, sogar schon von vornherein darauf Bedacht genommen würde, die erste Verhandlung niemals im nächsten Kreise derer zuzulassen, die durch ein besonders schweres Verbrechen aufgeregt und ihrer Unbefangenheit beraubt worden sind. Was indessen immer zur Vermehrung der Sicherheit in der Aburtheilung von Kapitalsachen geschehen möge, man darf die Bedeutung, die solchen Maßregeln und Vorschriften zukommt, nicht überschätzen. Eine höhere Instanz kann in der Beurtheilung des dem Beweismaterial zukommenden Werthes wenig leisten; in Ermangelung von Entscheidungsgründen weiß man nicht, welche Gründe für die Geschworenen leitend waren. Als Vortheil einer von Amtswegen eintretenden Nachprüfung bliebe nur die Beruhigung, daß in Kapitalsachen, auch unabhängig vom Willen der Verurtheilten, festzustellen wäre, ob die Proceßformen überall streng innegehalten worden sind und Anträge auf Erhebung wichtiger Entlastungsbeweise nicht ungehöriger Weise zurückgewiesen wurden.

Auch der **Einstimmigkeit der Geschworenen**, die an sich gewiß von hohem Werthe ist, darf man nicht zu viel zutrauen. Das Gewicht des Anschuldigungsbeweises wird nach außen erheblich verstärkt, wenn im Kreise der Geschworenen selbst anscheinend jeder Zweifel verschwunden ist. Allein es ist nicht zu erwarten, daß die Einstimmigkeit thatsächlich mehr leistet, als die alte Beweistheorie, welche verbot, in Ermangelung eines objectiv ausreichenden Beweises irgend Jemand zu einer ordentlichen Strafe zu verurtheilen. Und doch hat die objective Beweistheorie nicht zu verhindern vermocht, daß ungerechte Todesurtheile gefällt und vollstreckt worden sind. Man beachte, daß richterliche Irrthümer ihren Grund nicht allein in den intellectuellen oder moralischen Fehlern der Urtheilenden haben, sondern auch in dem Vorhandensein einer Täuschung, die den Eindruck des völlig Zweifellosen hinterläßt. Eine Anzahl irriger Todesurtheile trägt durchaus das Ansehen unbezweifelbarer Schuld an sich; ein Zufall war es, der hinterher die Entdeckung des begangenen Irrthums herbeiführte.

Natürlich steht uns gegenwärtig, da die Zahl der todeswürdigen Verbrechen im Vergleich zu ehemaligen Zeiten sehr vermindert worden ist, der Irrthum weit ferner. Andererseits aber ist es richtig, daß der seltenere Fall heute um so nachhaltiger wirkt, je stärker das Vertrauen geworden ist, das die Gegenwart auf eine unabhängige und im Ganzen bedeutend verbesserte Rechtspflege setzt. Es ist unberechenbar, welchen moralischen Nachtheil bei uns ein irriges Todesurtheil stiftet; im Interesse der Strafrechtspflege würden sich selbst Gegner der Todesstrafe bedenken, ob sie das Bekanntwerden eines wirklich entdeckten Irrthums wünschen sollen oder nicht. Vor der Hand haben wir allen Grund, uns durch das Beispiel Englands warnen zu lassen, wo trotz der Einstimmigkeit der Geschworenen und einer fest begründeten Beweispraxis häufiger, als man hoffen und glauben möchte, irrige Todesurtheile vorgekommen und sogar vollstreckt worden sind.[114])

Die bis zum Jahre 1836 in England vorgekommenen Irrthümer mögen deswegen als für uns nicht beweisend erachtet werden, weil bei Mördern die Hinrichtung binnen achtundvierzig Stunden nach der Urtheilsverkündigung gesetzlich vorgeschrieben war und keinerlei Aufschub von Rechtswegen gewährt wurde außer in dem Falle, wenn eine verurtheilte Frau Schwangerschaft behauptete und eine Jury von „sachverständigen" Matronen die Richtigkeit einer derartigen Angabe bestätigte. Die hohe Achtung, in der Englands Strafverfahren mit Recht steht, läßt befürchten, daß in anderen Ländern, in denen Einstimmigkeit und Beweisrecht dem Angeklagten minder günstig sind, irrige Todesurtheile wahrscheinlich noch leichter vorkommen werden.[115])

Wenn man die Todesurtheile, welche Jahr aus Jahr ein gefällt werden, nach dem Grade der processualischen Gewißheit abschätzt, so ist es sicher, daß in der überwiegenden Mehrzahl der Fälle der Thatbestand einer von dem Angeklagten ausgegangenen

Tödtung zur Zeit der Verurtheilung selbst zweifellos erscheint. Dagegen ist diesen zweifellosen Fällen, unter denen sich immer einige befinden können, in denen wir durch falsches Zeugniß oder Meineid, ohne es jemals zu erfahren, hintergangen wurden, in Beziehung auf die Momente subjectiver Verschuldung ein größeres Maß von Ungewißheit beigemischt, als irgend einer anderen Verbrechenskategorie. Niemand kann behaupten, daß das alles entscheidende Moment der Ueberlegung richtig erkannt wurde. Der Beweis, daß der Thäter sich während der Ausführung der That ohne jenen Grad der inneren Aufregung befand, welcher die Anwendung der Todesstrafe ausschließen würde, kann niemals mit Sicherheit erbracht werden. Sind wir wirklich berechtigt, in diesem Stücke unseren Schlußfolgerungen zu vertrauen? An wem lernten wir die bei Tödtungen in Betracht kommenden Seelenzustände beobachten? An uns selber etwa? Kann irgend eine Theorie oder irgend eine Rechtsbelehrung über die Nothwendigkeit sorgfältigster, individualisirender Beobachtung hinweghelfen? Ist es möglich, mit unzweifelhafter Sicherheit aus dem Verhalten des Thäters vor und nach der That auf seinen Gemüthszustand während der That zu schließen? Man sollte anerkennen, daß Vorhandensein und Abwesenheit der Ueberlegung während der That gar kein Gegenstand eines streng juristischen Beweises sein kann; es endigt hier alles in Schlußfolgerungen, nachdem Alles mit Vermuthungen begonnen hat, und niemand wird leugnen, daß die Geschworenen ehrlicher Weise sich ihr Urtheil nicht anders bilden können, als indem sie mit den erwiesenen Thatumständen die hinterher gemachten Aussagen des Angeklagten, seine Selbstzeugnisse oder Widersprüche und ganz vornehmlich den Eindruck vergleichen, den die auf der Anklagebank sitzende Person auf sie macht. Die naheliegende Folgerung, welche die Mehrzahl der Geschworenen annimmt, ist diese: Wie der Angeklagte sich

während der Verhandlung zeigt, so hat er sich auch
dem Getödteten gegenüber während der Mordthat be=
nommen! Diese Art von richterlichen Beurtheilungen kann
überhaupt niemals berichtigt werden! Wer vermag hier hinterher
irgend welche Aufschlüsse zu geben? Es bleibt nichts übrig, als
nach dem Schein zu urtheilen. Wenn man, um den Ange=
klagten der Ueberlegung zu zeihen, ihn durchaus mit sich selber
vergleichen will, so wird zugegeben werden müssen, daß kein
Augenblick seines wenig bekannten Lebens ungeeigneter ist zu einem
Vergleich mit der Verbrechensausführung, als derjenige, in dem
er vor Gericht alle Kraft seines Geistes aufbietet, um in Mitten
strenger Proceßformen jeden Vortheil wahrzunehmen, der sein be=
drohtes Leben retten kann. Weiß denn der Angeklagte nicht, daß
er ruhig bleiben muß, um dem Vorwurf zu entgehen, daß eine
leidenschaftliche Erregung als die Offenbarung eines schuldbeladenen
Gewissens gegen ihn gedeutet werden würde? Ebenso selten, wie
die Richter sich in der Würdigung der für den objectiven That=
bestand sprechenden Beweismittel irren, ebenso groß ist die Gefahr,
daß ihnen der wahre Seelenzustand eines Verbrechers verborgen
bleibe. Wer dies in Abrede stellt, befindet sich in einer Täuschung
über das Maß seiner eigenen Fähigkeiten oder über die Erkenn=
barkeit psychologischer Vorgänge. Wir gewinnen also Angesichts
der im Punkte der Ueberlegung bestehenden Beweisschwierigkeiten
eine Reihe von Todesurtheilen, von denen wir sagen müssen, daß
sie durchaus zweifelhafter Natur sind und einen star=
ken Zusatz des Problematischen an sich tragen. Es ist
genug, wenn der Richter sich zutraut, mit Sicherheit zu entscheiden:
ob eine Handlung vorsätzlich gegen das Leben eines Menschen ge=
richtet war und die Absicht wirklich dahin ging, mit einer be=
stimmten Handlung das Leben zu nehmen. Und das englische
Recht verlangt nicht einmal soviel, sondern forderte vom Richter

bisher nur, daß er sich über das Vorhandensein einer vorsätz=
lichen, voraussichtlich lebensgefährlichen Handlung in seinem Ur=
theil erkläre.

Ueberblickt man den Gang der wissenschaftlichen Forschungen,
so ist die Voraussage erlaubt: daß die Anzahl der zweifelhaften
Todesurtheile, soweit das Moment der Ueberlegung in Betracht
kommt, in Zukunft nicht vermindert, sondern sogar so lange ver=
mehrt werden wird, bis sich die Gesetzgebung entschließt anzu=
erkennen, daß eine im processualischen Beweisverfahren festzustellende
Gränzscheide zwischen Ueberlegung und Nichtüberlegung sich nicht
bestimmen läßt.

Eine zweite Klasse zweifelhafter Todesurtheile ergiebt sich
aus der Betrachtung der Zurechnungsfähigkeit, die
gerade in Kapitalsachen mit besonderer Genauigkeit und Gewissen=
haftigkeit geprüft zu werden pflegt. Nicht gering ist die Anzahl
derjenigen Mordprocesse, in denen trotz angefochtener Zurechnungs=
fähigkeit ein Todesurtheil ausgesprochen wurde. Wenn der Gesetz=
geber gegenwärtig den Richtern und Geschworenen das Urtheil
über Zurechnungsfähigkeit und Unzurechnungsfähigkeit überläßt,
so vertraut er darauf, daß der Richter eine theoretisch richtige
Definition und der Geschworene einen sicheren praktischen Jnstinct
besitzen wird. Er erwartet eine instinctive Gränzregulirung zwischen
rechtlicher Schuld und Unzurechnungsfähigkeit. Mißtrauisch be=
trachtet er den wissenschaftlichen Versuch, die Zurechnungslehre auf
der natürlichen Basis physiologischer und pathologischer Erfahrung
zu begründen. Er befürchtet davon eine der moralischen Ordnung
gefährliche Verschiebung aller Rechtsverhältnisse. So stehen wir
gegenwärtig vor einer Streitfrage ersten Ranges, welche ausge=
fochten werden muß, vor einer Streitfrage zwischen der neuen natur=
wissenschaftlichen Forschung und der juristischen Ueberlieferung.
Auf der einen Seite die Behauptung: daß die Anzahl der Geistes=

kranken weitaus größer ist, als der Richter anerkennen will; auf der anderen Seite die Versicherung, daß die Irrenärzte mit ihren Begriffen von Unzurechnungsfähigkeit die Grundprincipien der praktischen Moral über den Haufen werfen werden.

Alle Anzeichen sprechen dafür, daß langsam und sicher die wissenschaftliche Psychiatrie, wenn schon vielleicht nicht in dem ganzen von ihr gehofften Umfange, das Gebiet der Strafrechtspflege einschränken wird. Ob jene Irrenärzte Recht haben oder der Anspruch auf instinctive Bethätigung des sittlichen Gefühls in der Rechts- pflege, kann schließlich nur entschieden werden, wenn die nach- trägliche Beobachtung verurtheilter Verbrecher in den Zuchthäusern, ohne Rücksicht auf die für die Rechtspflege zu erwar- tenden Ergebnisse, in planmäßiger und wissenschaftlicher Weise betrieben wird, und wenn es gelingt, aus der wissenschaftlichen Voraussage der Geistesstörungen den Richter zu überzeugen, daß das Bild, welches er sich von der Unzurechnungsfähigkeit für den Selbstgebrauch construirt hat, einem verhältnißmäßig späteren Stadium in der Entwickelung der Psychosen entspricht. Wenige Processe sind eine so glänzende Rechtfertigung für die neuere Psychiatrie und erweisen deren Fortschritte so deutlich, wie der Proceß Chorinsky, dessen Ausgang in der Person des An- geklagten und zum Tode Verurtheilten der wissenschaftlichen Pro- gnose durchaus entsprach. Vom Standpunkte der medicinischen Wissenschaft muß eine Anzahl von Hinrichtungen als Justizmord bezeichnet werden, obwohl der Jurist dies wahrscheinlich auf seiner Seite nicht anerkennt. Durch die Vollstreckung der Todesurtheile verhindert der Staat zuweilen die Beweisführung, welche die sorg- fältige und andauernde Beobachtung des Delinquenten für das Vorhandensein der Unzurechnungsfähigkeit hätte erbringen können. Auf derjenigen Entwickelungsstufe, auf welcher wir uns befinden, wird unter allen Umständen anerkannt werden müssen, daß zu-

weilen Todesurtheile im Widerspruch mit den ärztlichen An=
schauungen über Zurechnungsfähigkeit vollzogen werden, und schwer=
lich läßt sich bestreiten, daß der Stand unserer Kenntnisse auf
dem Gebiet der Seelenkunde ein höchst unvollkommener ist, spätere
Jahrhunderte daher vielleicht auf unsere Strafpraxis in Gemüths=
untersuchungsfällen mit denselben Empfindungen herabschauen, mit
denen wir heute die Hexenprocesse früherer Zeiten betrachten.

Je schroffer in einzelnen Ländern die Gerichtspraxis sich zur
neueren Medicin stellt, desto größer die Gefahr voreiliger Hin=
richtungen. Beschleunigt man die Vollstreckung, ohne erhobenen
Zweifeln Gehör zu schenken, so ist die Nachwirkung eine beklagens=
werthe; schiebt man die Hinrichtung hinaus, so steigert man das
Mitleiden gegenüber solchen, die nach Ablauf einer längeren Zeit
zur Schlachtbank geführt werden.

Besonders beklagenswerth ist in dieser Hinsicht die alte Ueber=
lieferung der englischen Strafrechtspflege, welche bei der Prüfung
der Frage, ob Zurechnungsfähigkeit vorhanden ist oder nicht, von
der durchaus irrigen Unterscheidung ausgeht, ob der Angeklagte
zur Zeit der That Recht oder Unrecht von einander unterscheiden
konnte. Es ist kaum zu bezweifeln, daß die Hinrichtung Bura=
nellis 1854 als ein Justizmord von sehr vielen Einsichtigen an=
gesehen wird. Sie erfolgte, obwohl eine Anzahl von Irrenärzten,
unter ihnen die beiden bedeutendsten Autoritäten Englands (Conolly
und Winslow) den Staatssecretär vor der Hinrichtung zu über=
zeugen versucht hatten, daß der Verurtheilte nach den vorhandenen
Beweisstücken und auf Grund seiner ärztlichen Behandlung im
Hospital als geisteskrank angesehen werden müsse.[16]) Mit Be=
ziehung auf Deutschland bemerkte Dr. Delbrück in Halle, daß
die Zahl der Geistesgestörten in den Zuchthäusern größer sei, als
die Richter zu glauben geneigt wären.

Die Unsicherheit der richterlichen Urtheile in Mordfällen

beruht nicht blos auf der Schwierigkeit, die psychologischen Momente des Thatbestandes scharf zu begränzen, sondern auch auf
eigenthümliche Schwierigkeiten, die der Beweis des ursächlichen
Zusammenhanges zwischen Handlung und Erfolg darbietet. Neben
den völlig zweifellosen Tödtungsverbrechen giebt es Kategorien
solcher, in denen das Verhältniß von Ursache und Wirkung durch
einen höchst verwickelten und schwierigen Sachverständigen-Beweis
herzustellen ist. Veranlassung und Verursachung des
Todes sind nicht so leicht zu unterscheiden, wie gewöhnlich angenommen wird. Vor etwa zehn Jahren hat
die höchste wissenschaftliche Medicinalbehörde Preußens ein Todesurtheil als irrig nachgewiesen und die von dem gerichtlichen Sachverständigen gelieferte chemische Analyse, durch welche Arsenik in
der Leiche eines Verstorbenen nachgewiesen worden war, als unhaltbar dargethan. Wenn in der Mehrzahl der Fälle keine Zweifel
über die Todesursache in Folge äußerer Verletzungen geäußert
werden, so beruht dies auf den bedeutenden Fortschritten der
Chirurgie und pathologischen Anatomie, zuweilen aber auch darauf, daß bei den gerichtlichen Obbuctionen regelmäßig nur ein
Sachverständiger gegenwärtig ist. Erwägt man, wie oft in Fällen
des Kindesmordes die Gutachten der Experten auseinandergehen,
so ist auch die Annahme gerechtfertigt, daß in gewissen Fällen
Zweifel auftauchen könnten, wenn mehrere Sachverständige bei
der Prüfung der Obbuctionsergebnisse gegenwärtig gewesen wären.
Sehr schwierig ist insbesondere die Sonderung der dem Verbrecher zuzurechnenden Schuld von der ärztlichen Verantwortlichkeit
für die etwa begangenen Kunstfehler. Wenn der verbrecherisch
Verwundete nach längerer ärztlicher Behandlung stirbt, so befindet
sich die juristische Feststellung des ursächlichen Zusammenhangs in
schwieriger Lage. Die Aerzte bewegen sich als Sachverständige
in einer eigenthümlichen Zwangslage; ihre juristische Aufgabe

collibirt mit ihren Standesinteressen, welche dazu rathen, die recht=
liche Verantwortlichkeit für Kunstfehler möglichst zu beschränken,
und man wird dem ärztlichen Personal kein Unrecht zufügen, wenn
man annimmt, daß die Zahl der ärztlichen Versehen, Irrthümer
und Kunstfehler weitaus größer ist, als von den behandelnden
Aerzten selbst zugestanden wird oder in juristisch beweisender Art
dargethan werden kann. Keinen Augenblick ist zu bezweifeln, daß
mancher Verbrecher außer seiner eigenen Schuld auch einen Theil
jener Verantwortlichkeit getragen hat, welche der ärztlichen Behandlung und einem durchaus unzweckmäßigen Heilverfahren zur
Last gelegt werden müßte. Ob die Behandlung eines Arztes
einen Kunstfehler in sich schloß und darum als wirkliche und
nächste Todesursache anzusehen wäre, könnte nur von Aerzten
selbst beurtheilt werden, wenn diese rechtzeitig wegen des Verdachtes eines Kunstfehlers von den betheiligten Laien herbeigerufen
würden. Im Tödtungsprocesse fehlt jedoch meistentheils jede Gelegenheit zur Untersuchung dieser Nebenfrage; ohnehin ist es nur
zu natürlich, daß unter der Wucht des Hasses, der sich gegen einen
schweren Verbrecher richtet, die im Heilverfahren betheiligt gewesenen Personen wenig beachtet werden. [117])

Sir Fitzroy Kelly behauptet, daß in der englischen Strafrechts=
praxis während eines Zeitraums von 57 Jahren 49 irrige Todes=
urtheile nachgewiesen werden können. Ein Theil der den richter=
lichen Irrthum in England begünstigenden Umstände hat in dor=
tigen Verhältnissen und in Mängeln des Strafprocesses, zumal in
der unvollkommenen Ausbildung der Rechtsmittel, in der Ueber=
eilung der Hinrichtung, in den Schwierigkeiten des Entlastungs=
beweises seinen Grund. Andere Gründe des Irrthums sind all=
gemeiner Natur und gleichsam unvermeidlich, z. B. täuschende
Veranstaltungen des wirklichen Thäters, durch welche ein schwerer
Verdacht auf einen Unschuldigen gelenkt wird, eine falsche Aussage

meineidiger Zeugen, ein mißlungener, vom Vertheidiger nachlässig betriebener Entlastungsbeweis, eine von den Zeugen aus Miß= verständniß und Irrthum beschworene Identität der angeklagten Person mit derjenigen, welche am Orte der That bemerkt wurde. Von besonderem Gewicht für die öffentliche Meinung in England ist es gewesen, daß Pelizzioni vor zehn Jahren einstimmig zum Tode verurtheilt wurde und seine Unschuld anerkannt werden mußte, als einer seiner Landsleute sich hinterher meldete und seine Thäter= schaft überzeugend bewies. Seine Rettung war nur einem Zufall zu verdanken.

Was Deutschland anbelangt, so ist die Gefahr des Justiz= mordes als vorhanden vom Strafgesetzgeber selbst förmlich an= erkannt. Das Reichsstrafgesetzbuch bedroht mit besonders erhöhter Strafe das Zeugniß und das Gutachten derer, welche in einer Kapitalsache einen Meineid geschworen haben, wenn der Ange= schuldigte zum Tode oder zu einer anderen schweren Strafe ver= urtheilt wurde. Wenn wir auch glauben wollen, daß die deutsche Rechtspflege den Vergleich mit derjenigen aller anderen Länder ehrenvoll besteht, so müssen wir doch anerkennen, daß in der Gegenwart das Vorkommen zweifelhafter Todesurtheile von dem Gewissen der heutigen Zeit bereits schwerer empfunden wird, als die wirkliche Hinrichtung Unschuldiger in früheren Jahr= hunderten!

Sechsundzwanzigstes Kapitel.

Die Todesstrafe und das Begnadigungsrecht. — Die Begnadigung
hat grundsätzlich nicht die Aufgabe, Fehler und Versehen der Richter zu corri-
giren. — Lehrreiche Erfahrungen des englischen Begnadigungsverfahrens im
Gegensatz zur continentalen Praxis. — Verantwortlichkeit des englischen Staatssekretärs für das Innere. — Verantwortlichkeit der Krone in continentalen
Monarchie.n — Unmöglichkeit einer festen Begnadigungspraxis aus englischen
Erfahrungen nachgewiesen. — Die öffentliche Meinung als vermeintlicher Re-
gulator. — Die Entscheidung des Monarchen abhängig theils von Vorgängen,
die der Strafrechtspflege fremd sind, theils von unsichtbaren Factoren seiner
Umgebung, theils von den wechselnden Justizministerien, zumal in Italien. —
Gnade und Recht sollten für alle Verbrechensfälle in gleichem Verhältniß stehen.
— Die Todesstrafe durch Begnadigung zur Ausnahmestrafe geworden. — Die
öffentliche Meinung als kritische Instanz über die Blutgerichte. — Grundsätzliche
Begnadigung aller zum Tode Verurtheilten nur zu billigen als Vorbereitung
zu der beschlossenen Aufhebung der Todesstrafe. — Das deutsche Reich und die
Begnadigungsrechte der Landesherren. — Das Ansehen der deutschen Fürsten
durch den Fortbestand der Todesstrafe gefährdet. — Geschichte der Begnadigungen unter Friedrich Wilhelm IV. — Kaiser Wilhelm I. — Schluß.

Das eigenthümliche Verhältniß des Begnadigungsrechtes zur
Vollstreckung der Todesurtheile ist von Anhängern und Gegnern der
Kapitalstrafe zu völlig entgegengesetzten Zwecken ins Auge gefaßt
worden. Von der einen Seite hofft man, daß durch die Begnadigung irrige Todesurtheile corrigirt und Ungerechtigkeiten gemildert werden können. Von der anderen Seite erklärt man den
jeweiligen Gebrauch des Begnadigungsrechtes als in rechtlicher Hinsicht unerheblich. Einige Juristen würden völlig damit einverstan-
den sein, daß alle zum Tode verurtheilten Verbrecher begnadigt
würden, wofern nur das ihnen theure Princip der Todesstrafe
erhalten bliebe.[118])

Der Gang in der geschichtlichen Entwickelung des Begnadigungsrechts zeigt uns dessen Zusammenhang mit den Grundformen des Strafprocesses: Aeußerlich aufgefaßt, ist es die Macht, die Vollstreckung eines rechtskräftigen Urtheils zu hindern, oder eine gerichtliche Strafverfolgung zu verbieten. Von einer Begnadigung in unserem Sinne kann daher nicht die Rede sein, wo der urtheilende Richter gleichzeitig selbst untrennbar mit den Functionen der höchsten Staatsgewalt betraut ist oder wo die Vollstreckung eines Urtheils als berechtigte Privatrache erscheint. Die Begnadigung ist somit entweder vorbehaltene höchste Justiz, die ein die Justiz Delegirender von seiner Person nicht trennen will, oder es ist ein im Namen des Staates geübtes Recht der Verzeihung, welches sein urgeschichtliches Vorbild in dem Rechte des Bluträchers findet, unter Umständen eine Abfindung für das verwirkte Leben eines Missethäters anzunehmen.[119]

Völlig geschichtswidrig ist die Vorstellung, daß ein rechtskräftiges Urtheil hinterher durch eine Instanz verbessert oder berichtigt werden dürfe, welcher selbst keine höhere Gerichtsgewalt innewohnt. Auch heut zu Tage würde es jeder Vernunft widersprechen, wenn man in den Verfassungsurkunden feierlich erklärte, daß das Staatsoberhaupt in eigener Person niemals richten dürfe, andererseits gleichzeitig aussprechen wollte, daß man sich wegen der möglichen Berichtigung richterlicher Irrthümer auf die Begnadigungsinstanz verlassen müsse. Um so weniger ist diese Berichtigung thatsächlich zu erwarten, als entweder der Begnadiger auf das Urtheil solcher sich stützen muß, welche den Verhandlungen des Gerichts selbst nicht beiwohnten, oder wenn er dies nicht will, wiederum die in der Sache thätigen Richter zu hören hat, die bereits ihre Meinung ausgesprochen und voraussichtlich nicht ändern werden. Der begnadigende Souverän selbst kann aus eigener Anschauung die Thatfrage niemals beurtheilen; er bleibt immer

angewiesen auf die Gutachten derer, welche entweder durch amt=
liche Stellung zur Berichterstattung berufen oder durch besonderes
Vertrauen veranlaßt sind, sich über Gewährung oder Versagung
der Begnadigung auszusprechen. In Deutschland ist man auch
längst darüber klar geworden, daß der Hinweis auf die Begnadi=
gung niemals ein Mittel werden darf, um vorhandene Unvoll=
kommenheiten des Gesetzes zu beschönigen und gegen andrängende
Reformen zu vertheidigen. Die Aufgabe der Gesetzgebung ist
überall der Strafrechtspflege gegenüber diese, daß sie, das Be=
gnadigungsrecht aus ihren Erwägungen völlig ausscheidend, mit
allen verfügbaren Mitteln untersucht, ob es innerhalb der Gerichts=
verfassung sich erreichen läßt, daß fehlerfreie und gerechte Urtheile
zu Stande gebracht werden. Angesichts der überall unbestrittenen
Thatsache, daß irrige Urtheile vorkommen, wird also die einzig richtige
Forderung zu stellen sein, daß den Strafurtheilen eine absolute Rechts=
kraft in so weit nicht zukommen könne, daß zu irgend einer Zeit
der nachträgliche Beweis der Unschuld auf Seiten eines Ver=
urtheilten ausgeschlossen wäre. Ohne grundsätzliche Erschwerung
oder Erleichterung dieser Beweisführung ist die Wiederaufnahme
des Strafverfahrens oder die Revision zuzulassen, wo von irgend
einer Seite Beweisstücke vorgebracht werden, welche den Erfolg
haben können, die thatsächlichen Grundlagen eines verurtheilenden
Erkenntnisses zu beseitigen. Nicht das mindeste kann darauf an=
kommen, ob der Verurtheilte in eigener Person hinterher gegen
seine rechtskräftige Ueberführung Einwendung erhebt, oder ein
Dritter. Denn die Unschuld eines Verurtheilten zu erweisen, ist
ein höchstes menschheitliches Interesse, welches durch formale Rück=
sichten nirgends gehemmt werden darf. Angesichts eines Todes=
urtheils würde also die Vollstreckung bedeuten: daß die in Gemäß=
heit der neueren Proceßlehre zu gewährende Möglichkeit des nach=

träglichen Unschuldbeweises gewaltsam abgeschnitten wird. Wiederum ist es unmöglich, in der Begnadigungsinstanz gegenwärtig zu erkennen, in welchen Fällen eine Anfechtung denkbar bleibt, in welchen nicht. Es war ein richtiger Grundgedanke, der die alten Strafprozeßordnungen leitete, als sie bestimmten, daß der Verbrecher noch auf dem Richtplatze die Hinrichtung hemmen könne, wenn er etwas zu seiner Entschuldigung oder zur Entkräftung eines Urtheils vorzubringen hatte. Nur setzte man der eigenen Gebuld in naiver Weise eine Gränze, indem man einen solchen Aufschub nur einmal gestattete.

In Deutschland pflegt bei unserer, zuweilen bis zu einem Uebermaß gründlichen Voruntersuchung, bei dem Vorhandensein einer nothwendigen Vertheidigung, die ihre Ehre darin setzt, in Kapitalsachen alle ihre Kräfte aufzubieten, bei der Mäßigung der Staatsanwaltschaft, die auch dem Entlastungsbeweise nirgends hinderlich ist, bei der Möglichkeit eines Restitutionsgesuches, der Fall äußerst selten einzutreten, daß in der Begnadigungsinstanz irgend ein neues thatsächliches Verhältniß zur Sprache käme, das zu weiteren Ermittelungen Anlaß böte. Freilich wird dieser Vortheil relativ größerer Sicherheit mit den Qualen erkauft, die ein Verurtheilter zu erleiden hat, bis ihm Gewißheit über sein Schicksal zu Theil wird. In England hatte, in Ermangelung geordneter Rechtsmittel, der Staatssekretär des Innern einen Revisionshof zu ersetzen. Alles hängt dabei von der Persönlichkeit des jeweiligen Beamten ab.

Ein besonders erfahrener Mann, Dymond, urtheilt über Sir George Grey, wie folgt:

„Ich glaube nicht, daß man einen Staatssekretär des Innern ausfindig machen kann, welcher in einem Zeitraum von zwölf Jahren in einer weisen Justizverwaltung und in Gnadensachen weniger Beifall geerntet hat, als Sir George Grey, und dennoch halte ich es nicht für möglich (so widerspruchsvoll es scheinen mag) daß irgend ein Mann aufmerksamer, ausdauernder und sorgfältiger irgend einen Punkt beachten könnte, der in irgend einem einzelnen Falle im Wege eines Gnadengesuchs zu seiner Entscheidung gebracht wurde. Seine Stellung ist wirklich keine Sinecure. In London jagen ihn Deputationen par force wie einen Hirsch über den Haufen. Sie bewachen die Hinterthüren zu seinem Amtslocal, wie fiscalische Beamte die Schleichwege eines Falschmünzers. Sie beobachten den Ausgang am Hauptportale, wenn er sich von dort zu retten trachtet. Auf der Straße verfolgt ihn ihr Eifer, als ob irgendwo gerufen würde: „Haltet den Dieb.“ Sie umringen ihn, wenn er in das Parlament eintritt, halten ihn beim Knopfloch in den Corridoren fest. Ist er sicher im Sitzungssaal angelangt, so flüstert der parlamentarische Freund jener Deputationen ihm verführerische Lockungen ins Ohr. Entflieht er auf seinen Landsitz, so kann man eins gegen zehn wetten, daß seine Peiniger ihn dort leichter zu einer Unterredung zu bringen gedenken, als in der Verschanzung hinter den wohl eingeschulten Thürhütern von Whitehall. Sie hoffen dann, in vertraulichem Kreise der Familie empfangen zu werden und den Landedelmann sanftmüthiger und zugänglicher zu finden, als den Cabinetsminister in London.“

Von allen Seiten stürmen Petitionen auf den Staatssekretär des Innern ein. Bald sind es Frauen, welche sich für eine unglückliche Mitschwester verwenden, bald die grundsätzlichen Gegner der Todesstrafe, bald die Mitglieder wohlthätiger Vereine, oder die nächsten Freunde eines Verurtheilten, die Gnadengesuche einreichen. Die Localpresse nimmt Partei. Jedes Todesurtheil führt zu einem hartnäckigen Kampf zwischen der Partei des Mitleids und dem statistischen Gewissen des Staatssekretärs, welches ihm sagt, daß eine respectable Anzahl von Delinquenten gehängt werden muß, wenn er sich nicht schlimmen Rügen und heftigen Vorwürfen im Parlament aussetzen will.

Aus keinem Lande der Welt wissen wir soviel über die Schwächen und Irrthümer, die in der Behandlung von Gnadensachen vorkommen, wie aus England. Nirgends besteht eine so weit gehende Verantwortlichkeit vor der öffentlichen Meinung, wie dort, und nirgends wird die Frage, ob ein Urtheil vollzogen werden soll oder nicht, mit so großem Eifer besprochen. Man wird also annehmen dürfen, daß die in England bei der Entscheidung thätigen Beamten die größte Sorgfalt aufzuwenden bemüht sind und ihre Verantwortlichkeit nach außen hin mehr fühlen müssen, als die im geheimen Kabinet oder in den Ministerien thätigen Rathgeber continentaler Monarchen. Und dennoch ist das Endergebniß so großer Mühen kein anderes, als eine fortlaufend mißgünstige Kritik, eine peinliche Vergleichung solcher Fälle, in denen die Begnadigung verweigert wird, mit solchen, in denen sie gewährt wurde. Alle Punkte für und wider werden in der Presse erwogen; nicht selten hört man, daß der Staatssekretär in Ermangelung besonders schwerer Fälle, um seinen statistischen Jahresdurchschnitt an Hinrichtungen in den Tabellen zu erreichen, Delinquenten hinrichten ließ, die in gewöhnlichen Jahren verschont geblieben sein würden.

Wie der Staatssekretär in ausdrücklichen Worten bekannt hat, sucht er bei der Verwaltung der Gnadensachen die öffentliche Meinung zu befriedigen. Die öffentliche Meinung, welche in diesen Dingen so unberechenbar ist, wie das Wetter im April; bald, wie bei dem Müller'schen Morde, unglaublich schnell aufgebracht, bald, wenn gerade wichtige Gegenstände der Betrachtung vorliegen, gleichgültig, bald auch milde und weich.

Den Strömungen der öffentlichen Meinung folgend, wird der Minister abwarten, wie, wann und in welchen Blättern sie sich

äußert. Vor freundlichen und feindlichen Parteien muß er gleicher=
weise auf der Hut sein und auch einmal alle Erwartungen täuschen,
um damit den etwaigen Zweiflern seine völlige Unbefangenheit zu
beweisen. So geschah es, daß im Jahre 1864 Wright zur all=
gemeinen Ueberraschung und im entschiedenen Widerspruch gegen
die öffentliche Meinung hingerichtet ward.

Nach und nach hatte sich in England eine gewisse Ueberliefe=
rung in der Verwaltung der Gnadensachen gebildet. Zuvörderst
pflegt bereits bei der Verkündung des Todesurtheils der den
Assisen vorsitzende Richter öffentlich sein Gutachten abzugeben, ob
der Delinquent sich Hoffnung auf Gnade machen dürfe, oder nicht;
gleichsam eine indirekte Bewilligung von mildernden Umständen,
denn niemals ist es vorgekommen, daß entgegen der entschieden und
öffentlich ausgesprochenen Meinung des Richters eine Hinrichtung
vollzogen wurde. In umgekehrter Richtung, wenn der Richter
seine Ansicht gegen die Begnadigung öffentlich ausgesprochen, ent=
stehen die schwersten Bedenken. Der Staatssekretär kann durch
ein solches Gutachten erheblich beschränkt werden. Man kennt
eine Reihe von Fällen, in denen der Staatssekretär mit Rücksicht
auf die Stellung und den Widerspruch des Richters Gnadengesuche
zurückweist, die unter anderen Umständen genehmigt worden wären.
Erwägt man, wie ungemein getheilt die Meinungen über die Todes=
strafe gerade unter den englischen Richtern sind, und daß es eben
nur ein einziger Richter ist, der die Assisen in England leitet,
so wird man zugeben, daß schon auf diesem Wege der richterlichen
Schlußansprache an den Verurtheilten ein gefährliches Element
der Ungleichheit geschaffen wird und jene englische Praxis ent=
schieden gemißbilligt werden muß. Auch die Geschworenen
haben einen nicht unerheblichen Einfluß auf das Begnadigungs=
recht, wenn sie beschließen, ein Gesuch in eigenem Namen ein=
zureichen. Jedenfalls sind es aber nicht die richterliche Personen,

welche auf etwa im Beweispunkte vorhandene Zweifel aufmerksam machen. Im Gegentheil sind zuweilen die vom Staatssekretär nachträglich veranlaßten Beweiserhebungen an den Widerstand derjenigen gescheitert, welche im vorangegangenen Verfahren für eine Verurtheilung thätig gewesen waren.

Als eine ständige Kategorie, die aus sachlichen Gründen bei eingereichten Begnadigungsgesuchen immer berücksichtigt wird, erscheinen in England die Kindesmörderinnen. Seit 1849 ist keine mehr hingerichtet worden. Bis vor Kurzem glaubte man es als einen Grundsatz der Begnadigungspraxis ansehen zu dürfen, daß überhaupt keine Frau mehr hingerichtet werden würde. Das Tory-Ministerium, welches im Anfange des Jahres 1874 an das Ruder kam, fühlte indessen das Bedürfniß, sich von der vorangegangenen Verwaltung der Whigs auch bezüglich der Begnadigungspraxis zu unterscheiden. So ist es denn geschehen, daß nach langer Zeit zum erstenmale 1874 wiederum ein Weib gehängt wurde. [180])

Es ist von Wichtigkeit, daran zu erinnern, daß sich in England mit alleiniger Ausnahme der anderweitig auf dem Continent überhaupt nicht todeswürdigen Kindesmordfälle eine feste Begnadigungspraxis nicht bilden konnte, obwohl, abweichend von den staatsrechtlichen Grundsätzen anderer Länder, das Begnadigungsrecht unter dem Gesichtspunkt der direkten Minister-Verantwortlichkeit gestellt worden ist. Von Amtswegen findet eine Prüfung und Bestätigung der Todesurtheile durch die Krone nicht statt. Der Staatssekretär wartet ab, ob auf irgend einem Wege ein Antrag an ihn gestellt wird. Findet er den Fall seinerseits nicht geeignet, die Hinrichtung auszusetzen, so ertheilt er für seine eigene Person eine ablehnende Antwort, und der Galgen empfängt sein Opfer. Im entgegengesetzten Falle ergeht, immer nur in Gemäßheit eines vom Staatssekretär bei der Krone beantragten und von ihm zu verantwortenden Aktes, eine Umwandlung oder gänzliche Aufhebung des Todesurtheils. Es ist gut, daß die englische Praxis ministeriell zu verantwortender Begnadigung die allgemeine Ueberzeugung begründet und unwiderleglich darthut, daß die Gewährung und Versagung der Begnadigung dort nur auf der äußerlich geschäftsmäßigen und arithmetischen Berechnung beruht, deren Resultat dieses ist: Man darf nicht allzuviele Delinquenten und auch nicht allzuwenige begnadigen. Nur Eins wissen wir mit Bestimmtheit: Kein Staatssekretär würde die Verantwortlichkeit übernehmen, auf die Dauer sämmtliche Verbrecher zu begnadigen, oder sämmtliche hinrichten zu lassen. Er hat das unsichere Gefühl etwas thun oder lassen zu können, je nachdem die Spalten der Zeitungen etwas häufiger oder etwas seltener mit Verbrechensnachrichten angefüllt sind. Was in England nicht gelang, obwohl der Mordbegriff ein so viel ausgedehnterer ist, als in Deutschland und Italien, kann auch in anderen Ländern nicht gelingen. Und wenn es gelänge, einen neuen Maßstab für die Gewährung der Gnade zu begründen, wäre dann nicht der Augenblick gekommen, um die Merkmale der größeren oder geringeren Schuld in Form des Gesetzes zu definiren und zu einem regelmäßigen Bestandtheil der Rechtspflege zu erheben?

Es ist schwer, zu sagen: ob in Beziehung auf die Behandlung der Gnadensachen England oder die Continentalstaaten sich im Vortheil gegen einander befinden.

In England eine staatsrechtlich verantwortliche Stelle, welche für den Mißbrauch des Begnadigungsrechts der parlamentarischen Controle unterworfen ist; auf dem Continent der aus völlig freiem und selbstständigem Ermessen handelnden Souverän.

In England eine fortlaufende öffentliche Kritik der Begnadigungen zum Zwecke, ein annähernd gleichmäßiges Verfahren

zu sichern; in den continentalen Monarchien die schweigende Hin=
nahme der im geheimen Kabinet ergangenen Entschließungen.

In England ein mit den Ministerien wechselnder Staats=
sekretär als zunächst entscheidende Person; in den continentalen
Monarchien ein Erbfürst, welcher von den Parteien und den all=
gemeinen politischen Bewegungen weniger berührt ist und nach
dem Rath eines ständigen Amtspersonals zu verfügen pflegt.

Verhältnißmäßig leichter als in England ist die Aufgabe
eines Fürsten in solchen Ländern, in denen die Geschworenen sich
über das Vorhandensein mildernder Umstände aussprechen dürfen,
und es somit in der Hand haben, die Todesstrafe in jedem ein=
zelnen Fall zu beseitigen. Thun sie dies nicht und versagen sie
dem Angeklagten die mildernden Umstände, so weiß der Souverain
seinerseits, daß er es mit einem ausnahmsweise schweren Fall zu
thun hat und somit auch nur ausnahmsweise begnadigen kann,
es sei denn, daß der Angeklagte von einer ungerechten Härte
besonders ungünstig gestimmter Geschworenen zu leiden gehabt
hätte. [121])

Wie aber, wenn der Fürst sich Angesichts einer ausnahms=
los und absolut angedrohten Todesstrafe zu einer Entscheidung
gedrängt sieht? Das Gesetz hat dann ausgesprochen: Es giebt
keine deutlich erkennbaren Merkmale vergrößerter oder verringerter
Schuld; weil es an ihnen durchaus mangelt, wollte man dem
Richter keine Wahl zwischen der Todesstrafe und einem andern
Uebel lassen. Wie kann der begnadigende Fürst unterscheiden,
wenn weder das Gesetz noch der Richter dazu im Stande ist?
Er selbst wird bezweifeln, daß ihm eine übernatürliche Begabung
zu Hülfe kommt, um diese unlösbare Schwierigkeit entscheiden zu
können. Es bleibt nichts übrig, als einfach auszusprechen: nach
der moralischen Ueberzeugung und nach seinem Gewissen, jeden=
falls ohne objectiv leitende Gesichtspunkte, habe der Fürst zu ent=

scheiden, ob ein Mensch sterben soll oder nicht. Und doch ist es unbenkbar, daß irgenb ein Fürst gleichsam paar und unpaar mit dem Leben verurtheilter Menschen spielen sollte. Er wird nach irgenb einem leitenden Gesichtspunkte suchen und sicherlich unter ganz gleichen Verhältnissen der Schuld von zwei zum Tobe verurtheilten Missethätern nicht ben einen sterben, den andern leben lassen. Es ist unmöglich, aus biesen Irrgängen herauszufinden. Gewissenhafte Fürsten werden nicht leicht ohne den Rath einer Vertrauensperson handeln. Aber wer sind biese? Der Geistliche, welcher seine Auffassungen einer theologischen Schule entnimmt? Ober der Justizminister und ein bestimmter Decernent, welcher von Zeit zu Zeit wechselt? Ober Gerichte unb Staatsanwaltschaft, welche je nach ihrer Zusammensetzung von sehr verschiedenen Doctrinen der Strenge ober Milbe geleitet sein können unb zuweilen auch in Uebereinstimmung mit ber von ihnen vermutheten allgemeinen Denkweise bes Monarchen ihre Vorschläge möglichst so einzurichten suchen, baß ihnen bas Enbergebniß entspreche. [122])

An sich ist es burchaus zu billigen unb im Vergleich zu England als Vorzug anzuerkennen, baß sämmtliche Tobesurtheile von Amtswegen, selbst gegen den Willen eines Verurtheilten zur allerhöchsten Erklärung über sein Begnabigungsrecht dem Souverän vorgelegt werden müssen. Allein man kann grunbsätzlich nicht zugeben, baß bie Stellung bes Begnabigungsrechtes zur Criminaljustiz bei Tobesurtheilen eine völlig verschiedene sein müsse von berjenigen, welche in allen anderen Strafsachen festgehalten wird. Wenn auch jebes Tobesurtheil von Amtswegen vorgelegt wird, so läßt sich boch keinesfalls behaupten, baß bie Grünbe der Begnabigung in Kapitalsachen grunbsätzlich anbere sein müssen, als in anberen Kriminalangelegenheiten.

Dennoch lehrt bie Erfahrung aller Länber, baß proportional

Begnadigungen in Kapitalsachen häufiger sind, als bei Straf=
urtheilen, die auf geringere Strafübel lauten. Somit steigt die
Wahrscheinlichkeit der Gnade mit der Schwere der
Schuld, was den ethischen Grundprincipien wenig ent=
spricht. In der Klasse der Kapitalsachen selbst ist dann meistens
die Vollziehung der Todesurtheile zur Ausnahme, die Begnabi=
gung zur Regel geworden, womit anerkannt ist, daß die Todes=
strafe ein unbedingtes Erforderniß der Gerechtigkeit nicht mehr
ist, daß sie aufgehört hat, schlechthin nothwendige Vergeltung zu
bedeuten. Die absolute Vergeltungstheorie ist durch den Gang,
den das Begnadigungsrecht in seiner Anwendung genommen hat,
zwar nicht wissenschaftlich widerlegt, aber thatsächlich aus dem Rechts=
leben beseitigt. Bis in das vorige Jahrhundert behauptete die
protestantische Theologie und ein Theil der Rechtsgelehrten, daß
der Fürst in Fällen vorsätzlicher Tödtung nach göttlichem Recht
nicht begnadigen dürfe, was der Lehre von der göttlichen Ein=
setzung der Todesstrafe durchaus angemessen war. Gegenwärtig
ist diese Anschauung, von seltenen Ausnahmen abgesehen, bereits
unverständlich geworden. Kein Fürst wird sich in seinem Ge=
wissen behindert fühlen, so oft zu begnadigen, wie es ihm nützlich
erscheint. Wer sich auf jenen Standpunkt des XVI. Jahrhunderts
stellen wollte, würde dem Rufe ungewöhnlicher Grausamkeit nicht
entgehen.

Die Milde hat fast überall die Ueberhand gewonnen. Wir
dürfen annehmen, daß in unserem Zeitalter die Unterzeichnung
eines Todesurtheils nicht wie diejenige eines Beförderungsdekrets
geschieht, sondern manchen schweren Kampf kosten mag. Denn,
wenn die Vollstreckung einmal zur Ausnahme geworden ist, so
erscheint in der öffentlichen Meinung eben diese Voll=
streckung als ein Akt des besonders hervortretenden
persönlichen Willens im Monarchen. Der Schwerpunkt

der Justiz wird nicht mehr in das Richteramt, sondern in den Träger der Krone verlegt. So lange die Begnadigung eine seltene Ausnahme war, erschien diese als Ruhm der Milde. Wenn die Vollstreckung zur Ausnahme wird, erscheint diese als ein auffallender Vorgang persönlichen Eingreifens, und zwar um so mehr als Härte, je seltener Hinrichtungen vorkommen. Das Volk erfährt naturgemäß nichts von den zahlreichen Fällen, in denen Todesurtheile umgewandelt und gemildert werden; es hört nur von den Hinrichtungen, ohne sich nach längerem Zeitverlauf der besonderen Umstände zu erinnern, die einen Fürsten veranlassen konnten, die Bestätigung zu ertheilen.

Es ist auffallend, daß in der älteren juristischen Literatur so viele Schriftsteller vorhanden sind, welche glauben, daß das Volk den Purpur nur deswegen achte, weil er an die Farbe des Blutes erinnert. Für die absolute Monarchie, die nicht auf vernünftiger oder geschichtlicher Grundlage beruhte, sondern ihre Quelle in persönlicher Macht oder niedriger Furcht hatte, mag diese Symbolik dem Volksaberglauben angemessen gewesen sein. Es gab in der That Fürsten, in deren persönlichem Gefolge der zum Hofstaat gerechnete Henker einherschritt und Peter der Große gab eigenhändige Proben in der Kunstfertigkeit des Kopfabschlagens. Heute leben wir in einem Zeitalter der Kritik. Wenn diese bei uns in Begnadigungssachen auch dem Fürsten nicht leicht anders als in der einseitigen Gestalt des Lobes vernehmlich wird, so weiß doch jedermann, daß die Stärke seines Charakters nicht mehr nach dem Maßstabe der Härte beurtheilt wird.

Es ist keine richtige Einsicht, wenn man dazu räth, von Zeit zu Zeit einmal gelegentlich ein Todesurtheil vollstrecken zu lassen, um das Volk daran zu erinnern, daß der Galgen oder das Schaffot noch zu Recht besteht. Eine langsam fallende Skala der Hinrichtungen hat, so lange die Todesstrafe zu Recht besteht, nur dann einen wohlbegründeten Sinn, wenn sie als Uebergang zur endlichen Einstellung des Blutvergießens mit Bewußtsein und Planmäßigkeit angenommen worden ist, um allen Zweiflern die Beruhigung zu gewähren, daß die allgemeine Rechtssicherheit nicht durch Milde gefährdet wird. Endlich muß der Punkt kommen, wo der Fürst selbst die Ueberzeugung gewinnt, daß seine Regentenpflicht durch grundsätzliche Begnadignng aller zum Tode verurtheilten Delinquenten in keiner Weise verletzt wird. Ermuthigt durch die Billigung derer, welche, von jeder Schwärmerei entfernt, als treue Anhänger einer gesetzlichen Ordnung im öffentlichen Leben bekannt sind, befreien sie sich von dem ehemals weit verbreiteten Vorurtheil, als ob ihre rechtmäßige Macht in ungebühr= licher Weise gemindert werden würde, wenn sie aufhören, als per= sönliche Herren über Tod und Leben sich der Volksmenge in Erinnerung zu bringen. Vielleicht gab es eine Zeit, zu der man es mit einiger Aussicht auf Erfolg unternehmen konnte, die Gegner der Todesstrafe als persönliche Feinde des Fürsten zu bezeichnen, wie denn in der That ein Schriftsteller so verblendet gewesen, zu behaupten: diejenigen hätten die Todesstrafe zumeist angefochten, welche sie gerechter Weise verdient hatten. In den parlamenta= rischen Debatten früherer Zeiten gab es ein wirksames Mittel, Fürsten gegen die Abschaffung der Todesstrafe mißtrauisch zu stimmen. Man pflegte die Rechte der Krone als gefährdet dar= zustellen und behauptete, daß es den Gegnern der Todesstrafe im Grunde nur darauf ankomme, die heilsame Prärogative des Be= gnadigungsrechts anzugreifen und zu beseitigen. Je sorgfältiger gewisse Monarchen Gnadensachen prüften, desto empfindlicher waren sie gegen solche Andeutungen.

Von keinem Fürsten der Gegenwart kann angenommen wer= den, daß er so unwissend sei, um in dem Augenblick, wo er ein Todesurtheil unterzeichnet, nicht einiger glänzender Namen gedenken

sollte, die die größten Verdienste um den Staat mit der entschie=
densten sittlichen Mißbilligung der Todesstrafe verbunden haben.
Selten glaubt man gegenwärtig daran, daß ein Fürst aus völlig
freier Entschließung seines Herzens einen Menschen gleichsam eigen=
händig dem gewaltsamen Tode überliefern könnte. Ueberall suchen
die wohlwollenden Beurtheiler der Begnadigungspraxis den Grund
für die Bestätigung eines Todesurtheils in den Einflüssen der
persönlichen Umgebung, in den bringenden Vorstellungen hoher
Beamten, in dem Verlangen der Justizministerien, oder in irr=
thümlicher Vorspiegelung einer dem Regenten obliegenden Pflicht
der Strenge. Man hält es zur Ehre des Fürsten für wahr=
scheinlich, daß gegen jenen herrschenden Zug fürstlicher Milde
einzelne einflußreiche Personen in der fürstlichen Umgebung an=
kämpften und erkennt somit in der Bestätigung eines Todesurtheils
eher ein Anzeichen nachgiebigen Schwankens als vollbewußter
Entschiedenheit und Kraft.

Es giebt eine Anzahl von Juristen und Politikern, welche es
aus Gründen der Humanität für ausreichend erachten, wenn der
Standpunkt der grundsätzlichen Begnadigung dauernd festgehalten
und die Todesstrafe allmählig durch Nichtgebrauch der geschicht=
lichen Verjährung entgegengeführt wird. Diese Auffassung beruht
hingegen nicht auf klarer Erkenntniß der Verhältnisse, sondern auf
jener weit verbreiteten Scheu gegen einen letzten entscheidenden
Schritt. [123]) Dieser kann indessen nicht allzuschwer fallen, wenn
die Fälle einer ausnahmsweisen Zulassung der Todesstrafe zu
Zeiten des Kriegs= und Belagerungszustandes bereits im Voraus
gesetzlich bestimmt sind.

Vom Standpunkt des Rechts ist gegen die grundsätzliche Be=
gnadigung einzuwenden, daß die Rechtsregel dadurch dauernd
verletzt werden würde und außerdem keine Sicherheit zu erlangen
ist gegenüber der Veränderlichkeit der menschlichen Natur, die den

besten Vorsätzen und heiligsten Entschlüssen häufig untreu wird. Jenes wandelbare Element der öffentlichen Meinung kann sich selbst gelegentlich widersprechen und im Zustande vorübergehender Aufregung vom Fürsten die Bestätigung eines Todesurtheils verlangen.

Was die Monarchen betrifft, so müssen sie sich selbst überzeugen, daß gesetzliche Schranken gegen die Todesstrafe zur Beruhigung ihres Gewissens mehr beitragen, als ihr eigener guter Wille. So lange die Todesstrafe gesetzlich besteht, wird es immer Personen geben, die in geschickt gewählten Augenblicken den Fürsten zu belehren suchen, daß seine Regentenpflicht stärker sein sollte, als die Stimme seines Herzens. Der Monarch muß erkennen, daß der unvermeidliche Wechsel in den Justizministerien wahrscheinlich auch einen Wechsel in den Ansichten über die Todesstrafe herbeiführen kann. In Italien hat man dies erfahren. Es ist nicht möglich, die Person des Justizministers nur mit Rücksicht auf dessen individuelle Ansicht über die Todesstrafe auszuwählen. Gegenüber einem entschiedenen Anhänger der Todesstrafe, der das Justizministerium im Sinne der Strenge verwaltet, wird es schwer sein, durchgehends eine Bestätigung der Todesurtheile zu verweigern. Und wer vermag dem milde gesinnten Herrscher zu verbürgen, daß sein Nachfolger wie er denkt?

Eine eigenthümliche, nirgends wieder zu findende Gestalt gewinnt das Begnadigungsrecht im deutschen Reich. Ein einheitliches Strafgesetzbuch und fünfundzwanzig Landesregierungen, welche darüber entscheiden, ob Todesurtheile vollstreckt werden sollen oder nicht. Man wird von der Wahrheit nicht allzusehr abirren, wenn man annimmt, daß unter den zweiundzwanzig fürstlichen Inhabern des Begnadigungsrechts, bezüglich der Todesstrafe die drei Grundrichtungen vertreten sind und sich praktisch äußern werden: Grundsätzliche Gegner der Todesstrafe, welche überall begnadigen und kein Todesurtheil vollziehen lassen; grundsätzliche Anhänger der Todesstrafe, welche, mit Rücksicht auf das Gesetz nur ausnahmsweise begnadigen und endlich solche, welche die politischen Verhältnisse der Zeit über Strenge oder Milde in jedem einzelnen Falle zu Rathe ziehen. Welche Kritik wird hier heraufbeschworen, wenn die öffentliche Meinung wahrnimmt, daß in einzelnen Ländern thatsächlich die Todesstrafe aufgehoben ist, in anderen nicht? Welche Motive wird man den Fürsten unterschieben, die Todesstrafen vollstrecken lassen? In welche Lage käme der Kaiser als mächtigster Fürst, wenn er Todesurtheile bestätigte, obwohl man weiß, daß minder mächtige Landesherren überall auf die Ausführung der Todesstrafe verzichtet haben? Sind solche unvermeidliche Vergleichungen unter Deutschlands Fürsten dazu angethan, das Ansehen der Monarchie zu pflegen oder zu schonen? Wo ist die Rechtseinheit, wenn bei dem schwersten Strafmittel Alles im Schwanken bleibt? Hatte nicht gerade der Bundesrath, Angesichts dieser Verhältnisse, die dringendste Veranlassung, aus seiner Initiative heraus die Abschaffung der Todesstrafe vorzuschlagen?

Nichts ist für die Geschichte der Begnadigungen in Deutschland lehrreicher als die Regierung Friedrich Wilhelms IV. von Preußen. Dieser wahrhaft fromme und milde gesinnte Monarch, der mit der Weichheit seines Gemüths ein starkes religiöses Pflichtgefühl verband, unterlag während seiner Regierungszeit den bedeutendsten Schwankungen in der Ausübung des Begnadigungsrechtes, obwohl gerade auf diesem Gebiete, welches mit der Empfindungsweise des Monarchen zusammenhängt, nach dem Character des Königs mehr Beständigkeit hätte erwartet werden dürfen, als in der Verfolgung politischer Ziele.

Schon unter der Regierung Friedrich Wilhelms III., welcher 1840 starb, war in Preußen die Vollstreckung der Todesurtheile eine Ausnahme geworden. In seinem letzten Regierungsjahre waren von 17 nur 7 bestätigt worden. Eben zur Regierung gelangt, beharrte sein Nachfolger auf der Bahn der Milde bis zum Jahre 1844. In diesem letztgenannten Jahre ward ein hochverrätherischer Angriff auf das Leben des Monarchen unternommen. Es ist bekannt, daß der König das Leben des Schuldigen schonen wollte, durch die nachdrücklichsten Vorstellungen seiner Räthe hingegen bewogen ward, die Bestätigung des Todesurtheils nicht zu versagen. Dabei hatte es indessen nicht sein Bewenden. Strenge galt nun als nothwendig, die Zahl der Hinrichtungen verdoppelte sich im Vergleich zum vorangegangenen Jahre. Allmählig schwand jener Eindruck, welchen das Attentat hinterlassen hatte, der König ward in den drei folgenden Jahren wiederum milder gestimmt und bestätigte ungefähr nur den vierten Theil der Todesurtheile. Das Jahr 1848 und seine Erschütterungen bewirkten, daß Angesichts der erwarteten Beseitigung der Todesurtheile von 26 Verurtheilten nur Einer hingerichtet wurde, was vermuthlich vor dem Ausbruch der Märzbewegung geschah. Mit dem Beginn der Rückschrittsbewegung im Jahre 1849 tritt wiederum eine zunehmende Strenge ein. In dem Maße, in welchem die politische Reaction fortschreitet, wachsen die Hinrichtungen im Allgemeinen mit auffallender Schnelligkeit. Mit dem Jahre 1853 ist der Höhepunkt erreicht: von 40 Verurtheilten werden 31 hingerichtet, eine Thatsache, die Erstaunen verdient. Wenig verändert, dauert diese in Europa fast beispiellose Strenge bis zur Erkrankung des Königs im Jahre 1857. Hier beginnt ein plötzliches Fallen; es wird erkennbar, daß eine völlig veränderte Sinnesweise in der Prüfung der Todesurtheile waltet. Noch immer indessen erweist sich das Gewissen des königlichen Stellvertreters durch die Regierungsgrundsätze des Bruders gebunden. Schließlich tritt die Regentschaft ein, unter welcher im Jahre 1860 von

24 Todesurtheilen nur 2 vollstreckt werden. Während der Blüthe=
zeit der Reaction war es eine glaubenseifrige Orthodoxie, die
vorzugsweise bei Friedrich Wilhelm IV. Gehör fand. Sie war
es, die den König zur Bestätigung zahlreicher Todesurtheile drängte
und ihm, leider! mit zu großem Erfolge, die biblische Pflicht des
obrigkeitlichen Blutvergießens predigte. Einzelne Hinrichtungen
erregten ungewöhnliches Aufsehen in den richterlichen Kreisen.[124])

Deutschlands Kaiser, schon in dem Beginne der
preußischen Regentschaft zur Milde geneigt, hat seit
dem Jahre 1870 kein Todesurtheil bestätigt: eine That=
sache, deren Grund sich sowohl der Erläuterung wie auch den
Vermuthungen gegenwärtig noch entzieht. Aber es muß dar=
auf hingewiesen werden, daß der Monarch, der die blutigsten
Schlachten der neueren Zeit siegreich schlug und in den Kriegs=
lazarethen das Leben der edelsten Männer gleichsam selbst blutenden
Herzens massenhaft untergehen sah, den Werth des menschlichen
Lebens darum nicht geringer, sondern im Gegentheil nur um so
höher veranschlagt. Wenn die Schrecken der letzten deutschen
Kriege außer den unvergänglichen Lorbeeren, die unsere Krieger
einsammelten, und außer der kostbarsten Frucht deutscher Einheit,
auch noch Einiges dazu beigetragen haben, die Herzen der Men=
schen mit göttlicher Milde zu erfüllen und der endlichen Ab=
schaffung der Todesstrafe vorzuarbeiten, so werden spätere Ge=
schlechter auch aus diesem Grunde mehr und mehr erkennen, daß
Deutschlands Kampf zu den heiligen Befreiungskriegen der Mensch=
heit gezählt werden muß.

Anmerkungen und Beläge.

1. (Zu S. 5) Mittermaier, Die Todesstrafe nach den Ergebnissen der wissenschaftlichen Forschungen der Fortschritte der Gesetzgebung und der Erfahrung geprüft. Heidelberg 1862. — Die italienische Uebersetzung von Carrara veranlaßt, ist mir nicht zugänglich gewesen. Die französische ist veranstaltet und mit einer Einleitung versehen von N. Leven (1865). Eine freiere Bearbeitung ist die englische von John Macrae Moir (London 1865).

Nach dem Erscheinen seiner Schrift hat Mittermaier sehr ausführliche Berichte über die neueste Literatur zur Todesstrafe für die Allgemeine Deutsche Strafrechtszeitung geliefert. S. 1862 Sp. 733 ff., 749 ff. — 1863 Sp. 113 ff. — 1865 Sp. 1 ff., 73 ff. — 1866 Sp. 1 ff., 73 ff. — 1867 Sp. 1 ff., 57 ff., 245 ff., 273 ff. — Im Anschluß daran lieferte eine bis 1869 gehende Fortsetzung Walther in Pözl's Krit. Vierteljahrschrift 1869. Im Nachfolgenden wird, unter Verweisung auf den bibliographischen Apparat Mittermaier's, Walther's und Hetzel's, nur die neueste, seit 1870 herausgekommene Literatur berücksichtigt werden. — Eine sehr gute Uebersicht über den neuesten Stand giebt auch Rolin la peine de mort in der Revue de droit intern. 1870. (Ins Deutsche übersetzt von Teichmann, ins Italienische von Carrara.)

2. (Zu S. 5.) Oettingen, Moralstatistik. Erlangen. 2. Aufl. 1874.

3. (Zu S. 8.) Portugal: Ch. Lucas, de l'abolition de la peine de mort en Portugal. Paris 1869. — Pierantoni, in den Verhandlungen des italienischen Juristentages S. 13.

4. (Zu S. 8.) Sachsen. Die beiden bedeutendsten unter der damals gegen die Todesstrafe gerichteten Schriften sind: 1) Schwarze, Aphorismen über die Todesstrafe mit besonderer Berücksichtigung der Schrift des Dr. Kuntze über die Todesstrafe (1868). 2. Heinze, Votum für Aufhebung der Todesstrafe in der sächsischen ersten Kammer (Allgemeine Deutsche Straf-Rechts-Zeitung VIII. 525 ff.)

Niederlande: Ch. Lucas, Observations présentées à la séance du 23. avril 1870 à l'occasion de l'hommage à l'académie de plusieurs documents relatifs au projet de loi pour l'abolition de la peine de mort proposé à le seconde chambre des États-Généraux en Hollande

(compte rendu de l'Académie des sciences morales et politiques Vol. XLIII.)

5. (Zu S. 13.) S. Hetzel, Die Todesstrafe in ihrer culturgeschichtlichen Entwickelung. Berlin 1870: Neben Mittermaier die bedeutendste Leistung der Deutschen, auf die Todesstrafe bezüglichen Literatur. Es wäre zu wünschen, daß in gleicher Weise für Franzosen, Engländer und Italiäner eine Sammlung der strafrechtlichen Ideen, zusammengestellt würde.

6. (Zu S. 17.) **Lebenslängliche Zuchthausstrafe.** Sehr eingehende Ermittelungen über lebenslängliche Zuchthausstrafe (penal servitude) enthält der Report of the capital Punishment Comission London 1866. Summary XXXIX giebt die Uebersicht der Zeugenaussagen. — Mill bezeichnete in seiner Parlamentsrede die Todesstrafe als geringeres Uebel im Vergleich zu lebenslänglicher Strafarbeit. Gegen die Todesstrafe und die lebenslängliche Zuchthausstrafe Wahlberg (in den juristischen Blättern 1872 (No. 16).

7) (Zu S. 20). **Abschreckung durch die Todesstrafe.** Eine völlig ergebnißlose Beweisaufnahme über die bestrittene Thatsache der Abschreckung unternahm das englische Parlamentscomité (Report 1866). Ich gebe einen Auszug aus der Aussage der Sachverständigen.

1. Lord **Cranworth** für die Abschreckung: „aber Verbrecher denken überhaupt nicht über ihre Aussicht auf Leben oder Sterben nach."

2. Baron **Bramwell:** für eine gewisse Abschreckung (in some degree!)

3. Baron **Martin:** Die Verkündung des Urtheils schreckt die dabei Anwesenden!

4. Lord **Wensleydale:** für die Abschreckung, aber Mord wird oft im Augenblick der Gedankenlosigkeit verübt.

5. Spencer **Horatio Walpole** M. P.: Für die Abschreckung beim Morde.

6. G. **Denman,** M. P.: Im Ganzen ist die Todesstrafe mehr anstiftend, als abschreckend.

7. Oberstlieutenant **Henderson** (damals Generaldirektor der Gefängnisse): Die Todesstrafe ist das stärkste Abschreckungsmittel.

8. **Thomas Kittle** (Polizeiinspector): Für die Abschreckung.

9. **Richard Tanner** (Criminalpolizeiinspector in London): Für die Abschreckung, weil alte Diebe aus Furcht vor der Hinrichtung niemals ein schwereres Verbrechen, als Diebstahl begehen!

10. Sir **Fitzroy Kelly** (Generalstaatsanwalt und Generalprocurator): Gegen die Abschreckung: „wer nicht durch irgend eine schwere Strafe überhaupt abgeschreckt wird, wird es auch nicht durch Todesstrafe."

11. J. **Davis** (Gefängnißgeistlicher von Newgate): Für Abschreckung; denn unter anderen äußerte vor der Hinrichtung ein gewisser Hozler, er würde den Mord nicht begangen haben, wenn er gewußt hätte, daß er bestimmt hingerichtet werden würde!

12. William Tallack (Secretär der Howard Association): Keine Abschreckung:

13. Lord Hobart: „Keine Abschreckung".

14. Sir George Grey (Staatssecretär): In einigen Fällen des Mordes Abschreckung, in anderen nicht.

15. Nissen (Sheriff der City von London): Keine Abschreckung.

16. H. Avory (Clerk beim Central Criminal Court): Die schwerste Sorte von Dieben (burglars) wird abgeschreckt.

17. Leone Levi (Professor): Keine Abschreckung, wie die Zahl der Selbstmorde in der Verbrecherklasse beweist.

18. James Stephen (Criminalist): Für die specifische Abschreckung durch Todesstrafe.

19. Sir James Willes: Unbestimmt.

20. John Jessop (Geistlicher): Die Todesstrafe ist nicht abschreckend und zwar a) weil bei kühler Ueberlegung der Thäter der Bestrafung zu entgehen hofft; b) bei starken Leidenschaften der Gedanke an die Folgen nicht aufkommt.

21. Thomas Beggs (Secretair der Gesellschaft für Abschaffung der Todesstrafe): Keine Abschreckung!

22. Th. Harrington Tuke (Arzt): „Einige ·Geisteskranke werden abgeschreckt."

23. John H. Parry (Serjeant-at-Law): Die Todesstrafe ist nicht abschreckend.

24. Capt. Cartwright (Gefängnißdirector in Gloucester): Die Todesstrafe nicht abschreckender, als lebenswiriges Gefängniß.

25. Sir Lawrence Peel: In Indien ist die Todesstrafe nicht abschreckend, weil dort der Tod nicht gefürchtet wird.

26. James A. Lawson (Generalstaatsanwalt in Irland): Die Todesstrafe schreckt nicht mehr ab, als lebenslängliche Freiheitsstrafe.

27. Mr. Chedieu (seit 1834 Advokat in Frankreich): Die Todesstrafe schreckt nicht ab.

28. Lord Osborne: Bezweifelt die Abschreckung, da so viele Menschen, um eines geringen Gewinnes willen, so leichtsinnig ihr Leben wagen.

29. Osborne (Geistlicher im Gefängniß von Bath): Keine Abschreckung solcher, welche praktisch in Betracht kommen!

30. Sir Mordaunt Wells: Unbestimmt.

8. (Zu S. 21.) Barbaren. Sir John Lubbock meint in seinem bekannten Werke über den prähistorischen Menschen: Savages unite the character of childhood with the passions and strength of men. S. W. Bagehot, Physics and Politics S. 18.

9. (Zu S. 28.) Grausame Hinrichtungen früherer Zeiten. S. die Strafe von Damiens nach seinem lächerlichen, gegen Ludwig XV. verübten Attentate bei Cantù, Cesare Beccaria (1862) p. 16. Es erging da-

mals eine Anfrage bei Gerichtscollegien und Aerzten bezüglich der schmerzvollsten Art des Folterns. Dem Delinquenten ward ein Spiegel vorgehalten, in welchem er die schmerzhaften Verzerrungen seiner Gesichtszüge sehen sollte. — Die Hinrichtung dauerte fünf Viertelstunden. — Aehnlich die Execution von Gérard, Mörder Wilhelms von Oranien, beschrieben von Juste, Guillaume le Taciturne (1873).

10. (Zu S. 28). Sichere und schnelle Tödtung bewirkt vergleichungsweise am besten die Enthauptung durch Maschine. Noch immer ereignen sich in England mißlingende und qualvolle Hinrichtungen durch den Strang. S. darüber Dymond, The law on its, trial (1865) S. 194. Die Todesqualen Buranellis dauerten fünf Minuten. — Ein Mörder Bonsfield, der 1856 gehängt ward, zog sich mit den Händen am Strick empor und stützte mehrmals seinen Fuß auf die Leiter. Der Henker riß ihn dreimal von der Leiter zurück. Das vierte Mal hängte er sich selbst an den Leib des Delinquenten, um durch seine Schwere Erstickung zu bewirken (Dymond, p. 162). — Auch in Nord-Italien, wo die Strafe des Strangs besteht, haben italienische Aerzte wahrgenommen, daß die Todesqual durch Hängen öfters verlängert wird. S. Giuriati in den Verhandlungen des italienischen Juristentages von 1872. S. 228.

11. (Zu S. 32). Kerith. Ueber die Strafdrohung des Kerith ist von jeher viel Streit gewesen. „Ausrottung aus dem Volke Israel" wird sehr häufig angedroht und zwar entweder 1. neben der richterlich zu verhängenden Todesstrafe (so für Sabbathschändung, Götzendienst, Ehebruch, Sodomie, Blutschande). II. B. M. 31, 14. III. B. M. 18, 7, 8, 15, 17, 20, 21, 22, 23, 29, 20, 1—5; oder 2. selbständig ohne Concurrenz der richterlichen Strafe (wie für Zauberei, Verletzung der Opfer- und Speisegesetze, unreinen Geschlechtsverkehr und andere Fälle) III. B. M. 20, 6. 17, 3—9. 18, 19—29. 20, 18. II. B. M. 30, 33. 38. IV. B. M. 19, 13—20 und a. m. Die richtige Ansicht vertheidigt neuerdings, in Uebereinstimmung mit den Talmudisten, Thonissen in seinen Études sur l'histoire du droit criminel des peuples anciens (1869 Bruxelles) II, 50. Kerith, die Strafe der Ausrottung durch unmittelbares Eingreifen des göttlichen Zornes gegen den Schuldigen, soll die Hoffnung auf richterliche Milde und Volksgunst ausschließen; ist daher die denkbar stärkste Potenz alles Strafrechts, der Analogie zu dem Römischen sacratio capitis cum familia pecuniaque; der Ueberlieferung an die göttliche Rache. Das Verhältniß des hebräischen zu dem Römischen Strafrechte ist also wie die Androhung göttlicher Ausrottung aus dem Volke zur Ausstoßung durch das Volk. Wer die im Mosaischen Recht verzeichneten Fälle des Kerith aufmerksam betrachtet, wird finden, daß dieser Fluch wesentlich auf zwei Klassen von Fällen sich bezieht. Erstens solche, welche nicht leicht öffentlich entdeckt werden konnten, wie verbotener Geschlechtsverkehr und Verletzung der Speisegesetze; zweitens solche, in denen, ihrer Machtüberlegenheit vertrauend, und auf die Schwäche des Volkes zählend, Priester das Gesetz Mose verletzen würden.

12. (Zu S. 37.) Todtenbeschauer. Ueber die altengl. Einrichtung

welche einem Statut vom Jahre 1276 (4. Edw. I. a. 2.) entstammt, s. Stephen, a General view of the criminal law of England S. 26. — Ausführlich: Gneist, Selfgovernment (3. Aufl.) §. 10.

13. (Zu S. 41.) Körperl. Untersuchung der Kindesmörderinnen. Diese Auffassung des englischen Strafprozeßrechts erscheint aus dem Zusammenhang seiner Bestimmungen durchaus gerechtfertigt. Wer nicht gehalten ist, zur Aufklärung eines zweifelhaften Verhältnisses beizutragen, wer davor gewarnt wird, vor Gericht zu antworten (wie dies in England geschieht), weil daraus Prozeßnachtheile für ihn gefolgert werden könnten, der kann auch nicht gezwungen sein, seinen nackten Leib einer ärztlichen Untersuchung darzuleihen. Und ebenso wenig wie er zu einer Aussage vor Gericht gezwungen werden kann, kann er nach dem accusatorischen Princip gezwungen werden, sich körperlich untersuchen zu lassen. Die Untersuchung des nackten Leibes an einem Beschuldigten ist daher unzweifelhaft inquisitorisch; es fällt auf, daß die deutschen Juristen, welche die strengere accusatorische Maxime verfechten, die zwangsweise Untersuchung des Leibes bisher nicht angefochten haben. Andrerseits erkläre ich mir die seltene Erwähnung des gewiß in Wirklichkeit nicht so selten gewesenen Kindesmordes bei den Schriftstellern des klassischen Alterthums und die juristische Nichtbeachtung des Kindesmordes in den Römischen Rechtsquellen, mindestens zum Theil, aus der streng accusatorischen Natur des Römischen Strafprocesses. Ohne leibliche Untersuchung einer verdächtigen Person in Beziehung auf die Thatsache und die Zeit einer stattgehabten Entbindung wird der im Falle des Kindesmordes ohnehin schwere Beweis den Gränzen der Unbeweisbarkeit nahe gebracht.

14. (Zu S. 23.) Verhaftung von Mördern. Mit Rücksicht auf die besondere Wichtigkeit der Verhaftung wegen Mordverdachtes und andrerseits auf die Thatsache, daß von den niederen Polizeibeamten, zumal in kleinen Städten und auf dem flachen Lande, eine mittelmäßige Gabe psychologischer Beobachtung nicht erwartet werden kann, wäre es der Ueberlegung werth, ob nicht für die Vornahme der Verhaftung in Tödtungsprocessen überall, wo nicht Gefahr im Verzuge d. h. der dringende Verdacht der Flucht vorhanden ist, eine richterliche Person oder in deren Ermangelung ein Gemeindezeuge zuzuziehen wäre. Der Staatsanwalt wäre deswegen ungeeignet, weil er in seiner Eigenschaft als Ankläger von der Ablegung eines Zeugnisses ausgeschlossen scheint. So lange die Todesstrafe besteht, ist in Anbetracht des unwiderruflichen Resultats eine Specialgarantie auch im Vorstadium wünschenswerth. Soviel ich mich erinnere, wurde übrigens in Berlin die Verhaftung in besonders wichtigen Kapitalfällen der Regel nach höher gebildeten und erfahrenen Polizeibeamten anvertraut, worin mindestens das Anerkenntniß liegt, daß es sich um einen hochbedeutsamen Act der Rechtspflege handelt.

15. (Zu S. 44.) Anwendung täuschender Tödtungsmittel. Ich erinnere mich, in einer amerikanischen Zeitung die seltsame, aber freilich nicht unmögliche Nachricht gefunden zu haben, daß Jemand beschuldigt würde, mehrere besonders giftige Schlangen in das Bett seiner Frau gelegt zu haben, um sich dieser unter dem Scheine eines unglücklichen Zufalles zu entledigen. — Kinder

werden in England öfters straflos getödtet, indem man absichtlich in ihrem Be-
reiche schädliche Flüssigkeiten stehen läßt und berechnet, daß sie aus Naschhaftigkeit
davon in Abwesenheit der Eltern trinken werden.

16. (Zu S. 46.) Freisprechungen. Die Durchschnittsziffer der Freisprechungen beträgt in Italien für alle Streitfälle ohne Unterschied ein Drittel
der Anklagen vom Jahre 1870 d. h. von 348,948 wurden 234,869 verurtheilt.
(Statistica giudiziaria penale per l'anno 1870. Roma 1873.)

In Frankreich betrugen die Freisprechungen 1871: 27% der Verbrechens-
anklagen; im Verhältniß von 8% der Anklagen nahm die Jury ein geringeres
Verbrechen, in 10% derselben das Vorhandensein eines Vergehens an. In
Gemäßheit der Anklage ergingen 56% der Verdikte (sachlich und persönlich in
Beziehung auf sämmtliche in einer Sache Mitangeklagten). — In Preußen nach
der neuesten Statistik (1874 für 1872 u. 1873) zwischen 1/4 u. 1/5 der von den
Geschwornen contradictorisch entschiedenen Anklagen (ausschließlich also der durch
Geständniß erledigten Fälle).

17. (Zu S. 49.) Geschworene in Kapitalsachen. Eine besonders stark
getadelte Hinrichtung hat beispielsweise bewirkt, daß in Maidstone unter der
Bevölkerung die Abneigung gegen die Todesstrafe weit verbreitet ist. Dymond
berichtet, daß aus diesem Grunde die vor den Assisen der Grafschaft Kent auftretenden Ankläger die aus Maidstone erscheinenden Geschworenen in Kapitalsachen
zu recusiren pflegen (Law on its trial p. 308). — Ueber die Stellung der
Engl. Geschwornen zu den Anklagen auf Kindermord s. Capital Punishment
Commission Report, Summary XXIII. — Was Italien anbelangt s. Mangano,
La giuiria e la pena di morte. Catania 1874.

18. (Zu S. 50.) Rechtsmittel in Bayern. In Bayern wurden 1873
durch 14 Urtheile 16 Personen zum Tode verurtheilt. Eine Vernichtung des
Todesurtheils wurde nur in einem Falle vom höchsten Gerichtshof ausgesprochen.
Zwei durch ein Urtheil verurtheilte Delinquenten sind hingerichtet worden, 12
sind begnadigt, in Betreff der verbleibenden fehlte noch die königliche Entscheidung.
S. Sammlungen der Entscheidungen des obersten Gerichtshofes für Bayern in
Gegenständen des Strafrechts und Strafprocesses III, S. 618.

19. (Zu S. 58.) Begnadigungen im Verhältniß zum Abschreckungszweck und als Bedingung für die Verwirklichung der Strafdrohung. Die
Reihe der Bedingungen kann übrigens noch vermehrt werden. Beim Morde
nämlich noch dadurch, daß der ergriffene Mörder nicht noch hinterher auf dem
Transport zur Gerichtsstelle oder aus der Untersuchungshaft entspringe: was
zwar vorgekommen ist, aber doch so selten geschieht, daß darauf wenig Gewicht
zu legen ist.

Anders verhält es sich bei nicht todeswürdigen Verbrechen, wenn die Bedingung eines Strafantrages von Seiten gewisser Personen durch das Gesetz
als Erforderniß der Bestrafung vorgeschrieben ist (sog. Antragsverbrechen).

Die denkbar geringste Abschreckung ist endlich dann vorhanden, wenn außer
dem Erforderniß des Strafantrages noch anderweitige Bedingungen hinzukommen.
Dies ist beispielsweise nach § 172 des Reichsstrafgesetzbuchs der Fall:

„Der Ehebruch wird, wenn wegen desselben die Ehe geschieden ist, an dem schuldigen Ehegatten, sowie dessen Mitschuldigen mit Gefängniß bis zu sechs Monaten bestraft. Die Verfolgung tritt nur auf Antrag ein.“

Bedenkt man hier die Reihe von Bedingungen und mithin die ungewöhnliche Schwierigkeit der Entdeckung und des Beweises, so kann man sagen, daß die Bestrafung practisch denjenigen Grad der Unwahrscheinlichkeit erreicht hat, bei welcher die Abschreckung auf den Nullpunkt herabgesunken ist.

20. (Zu S. 59.) Panischer Schrecken in den Handelskrisen neuerdings anschaulich geschildert von Bagehot, Lombard Street. 1873. Deutsche Uebersetzung von Beta (Leipzig 1874).

21. (Zu S. 60.) Terrorismus der Revolutionstribunale. Der reichen Literatur über die französischen Revolutionstribunale, welche von Sybel gewürdigt worden ist treten aus neuerer Zeit hinzu: Campardon, R. Tribunal Révolutionaire de Paris 1866. — Vermorel, Oeuvres de Robespierre 1866. Fleury, Saint Juste et la Terreur (Bibliothèque académique). — Horace de Viel-Castel, Marie Antoinette et la Révolution française. Paris 1859.

Ueber den Terrorismus des Herzogs von Alba in den Niederlanden (außer den allgemeinen geschichtlichen Darstellungen von Juste uud Gachard): Altmeyer, une succursale du tribunal de sang. Bruxelles 1853. — Campan, Mémoires de Francesco de Enzinas. Bruxelles 1862.

22. (Zu S. 62). Gespött über den Terrorismus. Ich selbst hörte von Augenzeugen erzählen, daß französische Soldaten nach der Schlacht von Jena das Fallbeil als Spielzeug in ihren Tornistern nach Berlin brachten und Kinder damit ergötzten, daß sie Käfer, Würmer und allerlei Insecten unter der Guillotine sterben ließen.

23. (Zu S. 62.) Mittel des Mordes. Der Mörder wird immer seine Mittel aus dem Gesichtspunkte wählen, sicher zu tödten und selbst ungefährdet zu bleiben. Die gesellschaftlichen Verhältnisse wirken auf die Tödtungsmittel ein. Nicht ohne Interesse für die Völkerpsychologie wäre die Berücksichtigung der Wirkungsinstrumente; es ist dankenswerth, daß die Franzosen auch in dieser Hinsicht einen Anfang gemacht haben: Wir geben die Zahlen der französischen Strafstatistik für 1871.

	Mord.	Todtschlag.	Summe.
1. Schußwaffen:			
a) Gewehre 83	94	179	
b) Pistolen 51	47	98	
2. Blanke Waffen.			
(Säbel, Degen, erlaubte Waffen) 12	10	22	
3. Dolch, Stockdegen (verbotene Waffen) 1	6	7	
4. Messer 32	78	110	
5. Stöcke 4	11	15	
6. Andere Instrumente 74	31	105	
7. Gift 13	—	—	

In Italien zeigt sich andrerseits, daß die Schußwaffe hinter der kurzen Stoßwaffe der sicarii (Stilett, Messer, Dolch) noch immer zurücksteht. Nach der amtlichen Strafstatistik für 1870 wurde 707 mal die Schußwaffe, 784 mal Stilett und Dolch, 475 mal das zu häuslichen Zwecken bestimmte Messer zur Tödtung gebraucht.

24. (Zu S. 74.) **Gesetzgebung gegen den Zweikampf.** Eine übersichtliche Recapitulation siehe bei Teichmann iu v. Holtzendorff's Handbuch des deutschen Strafrechts B. III, 382. — Für **Frankreich** vornehmlich die geschichtlichen Nachweisungen von Cauchy, du duel (1846). Bd. I, p. 107 ff. Für **Italien:** Clem. Pellegrini, considerazioni della razionalità e punibilità del duello. Venezia 1868 u. Ellero, Opuscoli criminali 1874.

25. (Zu S. 75.) Ueber die alte Blutrache siehe Nöldeke in Schenkel's Bibellexicon. — Ueber Corsica, wo unter einer Bevölkerung von ungefähr 236,251 Einwohnern die Ziffer der vorsätzlichen Tödtungen eben so groß ist, wie in 30 anderen französischen Departements zusammengenommen, s. Bérenger, de la répression penale I, 9; II. 139. Der Corse achtet den, der aus pflichtmäßigem Rachegefühl tödtet: „Il y a encore cela de remarquable, que nonobstant cette égalité de la prison, qui place sous le même niveau ceux, que réunit une expiation commune, ces Corses conservent dans leurs rapports respectifs le respect des supériorités sociales.

Wichtiger, als die Strafbrohung wegen Mordes, ist ein Gesetz, welches die Gelegenheit zur Tödtung erschwert. Aus diesem Grunde erging das Gesetz, vom 15. Juni 1853, betreffend das Verbot des Waffentragens.

26. (Zu S. 75.) **Oeffentliche Meinung über den Zweikampf.** Vgl. auch die Ausführungen von Tommaseo (pena di morte S. 151) „l'infamia che dovrebbe serbarsi a chi lo provoca si riserva a chi lo ricusa."

27. (Zu S. 76.) **Irische Mörder.** Die Irische Statistik der Mordthaten zeigt besonders starke Schwankungen. S. appendix zum Report der Capital Punishment Commission 1866, p. 612. Daher folgender Jahresdurchschnitt der Todesurtheile auf Grund von Mord:

1. Periode von 1823—1832: 27,2 [Maximum 49, Minimum 17],
2. Periode　„　1833—1842: 24,2 [　„　49,　„　8],
3. Periode　„　1843—1S52: 15,6 [　„　44,　„　9],
4. Periode　„　1853—1862: 6,1 [　„　13,　„　1].

28. (Zu S. 80.) **Politische Prozesse in Frankreich.** Der Prozeß Bazaine ist eine neue Warnungstafel in der Geschichte der politischen Tendenzprozesse. Daß der Marschall, nachdem er Jahre lang völlig unbehelligt geblieben war, wegen der Kapitulation von Metz als „Verräther" zum Tode verurtheilt werden konnte und man ihn unter den Augen eines Präsidenten der Republik, der selbst in Seban „kapitulirt wurde", wegen Kapitulation im „offenen Felde" zur Rechenschaft zog, bedeutet in der Entstellung des Strafrechts und des allgemeinen Schicklichkeitsgefühls mindestens ebenso viel, wie die Reihe der Transportationsdecrete, welche die Gegner des Staatsstreichs nach

Cayenne befördert hatten. Jedenfalls zeigte der Prozeß Bazaine, daß auf die Bestimmungen der Militairstrafgesetzbücher, soweit diese sich auf die politischen Vergehungen der Militairbefehlshaber beziehen, um so größere Sorgfalt verwendet werden sollte, als militairische Besetzung der Urtheilsgerichte ohnehin die Garantien einer rechtlich zutreffenden Gesetzesauslegung vermindert.

Tommaseo della pena di morte (Firenze 1865, S. 94) sagt über die politischen Kapitalprocesse: La politica, sia colpa sua o colpa di chi non la insegna o di chi non la impara, rimane sovente più opinione che che coscienza; e gran mercè se non sia mestiere e mercato. Non è dunque giusto punire i fatti, che recansi a opinioni politiche come quelli che direttamente dipendono da principii morali. La questione tra il bene e il male politico non è spesso che questione di tempo e d'opportunità: e chi la sbaglia, potrebbe essere castigato come un individuo infelice o come un inesperto imprudente, piuttosto che come malfattore davvero.

29. (Zu S. 84.) Politische Attentate. Eine psychologisch lehrreiche Studie über den Character derjenigen, welche gegen Louis Philipp Mordversuche verübten, giebt Bérenger, de la répression pénale (1855) II, p. 117 ff.

30. (Zu S. 88.) Charlotte Corday. Die amtlichen Protocolle siehe bei Ch. Vatel, Dossiers du procès de Charlotte Corday devant le Tribunal révolutionnaire. — Extraits des Archives Impériales. Paris 1861.

31. (Zu S. 91). Mord an dem Verführer. Als typisch gehört hierher der romantische Fall der Annette Myers, welchen Dymond (The law on its trial S. 148 ff.) berichtet. Die französischen Geschworenen sprechen, indem sie Ehrennothwehr annehmen, in solchen Fällen meistentheils frei. Das gleiche geschieht in Nord-Amerika. — Vergl. außerdem über den Character verführter Mädchen: Despine, Psychologie naturelle III, 11.

32. (Zu S. 92.) Ueberlegung im Kindesmord. Bemerkenswerth ist die Aussage des ehemaligen irischen Attorney General James Lawson vor der Capital Punishment Commission von 1865, welcher läugnet, daß das Specialverbrechen des Kindesmordes juristisch auf der Basis des Affektes construirt werden könne, it may be committed under circumstances of great deliberation. (Frage 3070 im Berichte.) — Despine (Psychologie naturelle III, 11 ff., unterscheidet Infanticide des filles morales und Infanticide des filles immorales).

33. (Zu S. 92) Die Nationalität wird zum Theil durch das Vorwiegen und die größere Häufigkeit gewisser Verbrechensmotive characterisirt. Nach der italienischen Strafstatistik waren bei den von den Assisen und correctionellen Tribunalen abgeurtheilten Straffällen ermittelt worden: Zorn und Trunkenheit 6649mal, Noth und Gewinnsucht (indigenza) 4981mal, Haß und Rache 4076mal.

34. (Zu S. 93.) Statistik der Motive der Verbrechen: Mit Beziehung auf die Beweggründe zu Eigenthumsverletzungen siehe auch M. M. von Baumhauer, Crimes et delits contre et attentats à la propriété par cu-

pidité. Mémoire rédigé pour le neuvième Congrès International de statistique. La Haye 1874.

35. (Zu S. 94.) Unwirksamkeit der Abschreckung bei starken sexuellen Triebfedern. Entscheidend wirkt dabei meistens die Gelegenheit. Für solche Fälle gilt, was Lord Lytton sagt: „Circumstances make guilt. Let us endeavour to correct the circumstances before we rail against guilt."

36. (Zu S. 95.) Mord aus Gewinnsucht. Eine kleine Sammlung von Fällen giebt Despine (Psychologie naturelle II, 390) unter der Ueberschrift: Étude psychologique sur les voleurs assassins.

37. (Zu S. 97.) Mord aus Mordlust. Ein Individuum dieser Art beschreibt die französische Gerichtszeitung le Droit aus Veranlassung eines im November 1857 verhandelten Criminalprocesses, der eine Räuberbande betraf, in der einige Mitglieder Geschmack am Stehlen, andere an Brandstiftung und wiederum andere an Menschenschlächterei fanden: „Lemaire, une fois en train de tuer, était porté à exterminer par plaisir. Ainsi, après avoir tué Déchamp père, il voulait tuer le fils sans nécessité et même contre toute prudence, disant, — qu'il en tuerait mille comme ça. Il était paresseux, débauché, buveur et joueur. — Chez Prosper Viliet se trouvait aussi le penchant au meurtre. Il désirait le retour de 1793, pour tirer la ficelle à l'échafaud!

38. (Zu S. 101.) Motive des Mords. Die französ. Strafstatistik unterscheidet unter den Beweggründen von Vergiftung, Mord, Todtschlag und Brandstiftung folgende Gruppen. 1. Habsucht (cupidité). 2. Ehebruch. 3. Häusliche Zwistigkeiten. 4. Eifersucht und Ausschweifung. 5. Haß und Rache. 6. Verschiedene andere Motive. Unter letzterer Rubrik werden als Motive beispielsweise aufgeführt: um die Spuren eines anderen Verbrechens zu zerstören, um verhaftet zu werden und nach Cayenne zu kommen, in einer Strafanstalt von Gefangenen verübt, aus Verdruß darüber, daß ein nachgesuchtes Almosen verweigert worden war, aus Haß gegen die Reichen, aus keinem irgendwie erkennbaren Motive, bei Wirthshausstreitigkeiten, aus zufälligen Zwisten gelegentlich von Wahlagitationen, aus Nationalhaß. Diese Aufzählung ergiebt, daß Beweggründe und Veranlassungen zum Morde in Frankreich durcheinander gemischt werden. Die fünf Hauptrubriken zerfallen in der Statistik von 1871 (herausgegeben August 1873) beim Todtschlag (meurtre) in 30 Special-Abtheilungen. Die Uebersichtlichkeit für die Zwecke der Criminalpsychologie würde gewinnen, wenn man unterscheiden wollte I. Oeconomische Motive: a) Habsucht schlechthin, b) in Erbschaftsstreitigkeiten, c) in Nahrungssorgen, d) in Grenzstreitigkeiten. II. Geschlechtliche Motive: a) Ehebruch, b) Eifersucht c) verschmähte Liebe, d) Verführung, e) Verzweiflung Liebender, f) Liebesüberdruß, g) wollüstige Grausamkeit (Fälle in dem unmittelbar auf die geschlechtliche Vereinigung Tödtung folgt). III. Zorn, Haß und Rache und zwar a) politischer Mord aus Veranlassung von Wahlen,

aus Nationalhaß, gegen Beamte, b) nicht politischer Mord, c) Blutrache. IV. Mord in Verbindung mit anderen Verbechen, um deren
Entdeckung zu hindern, um sich der Bestrafung zu entziehen. V. Aus verschiedenen seltenen und nicht zu verallgemeinernden, individuellen Motiven.
VI. Aus nicht zu ermittelnden Motiven. Auch bei der Aufstellung
dieser Kategorien giebt es Uebergänge, es kann z. B. vorkommen, daß Ehebrecher
sich heirathen und außerdem das Vermögen eines umzubringenden Ehegatten an
sich nehmen wollen. Eine gleichmäßig durchgeführte Mordstatistik mit Unterscheidung der Motive würde einen werthvollen Beitrag zur Psychologie liefern.

Wenn ich in Gemäßheit der von mir gegebenen Aufstellung die Ziffern der
französischen Strafstatistik umrechne, so gelange ich für den Mord (assassinat)
zu folgenden (ungefähr) zutreffenden Ergebnissen. I. Oeconomische Motive: 70 Verbrechensfälle. Außer dem Raubmord ist von besonderer Wichtigkeit für die Gesellschaft die Zahl der aus Nahrungssorgen gegen eheliche oder
uneheliche Kinder begangenen Mordthaten. (Ganz sicher ist die ganze Rubrik
deswegen nicht festzustellen, weil sie in Frankreich die Ueberschrift führt: pour
commettre des vols ou en assurer l'impunité.) II. Geschlechtliche Motive: 35 (darunter 16 mal Ehebrecherische Verhältnisse, nächstdem am häufigsten
Ueberdruß d. h. Tödtung der Zuhälterin durch den Zuhalter). III. Haß und
Rache. a) politische Fälle 19; b) gemeine Verbrechen 113; eingeschlossen 53
unter Verwandten wegen zerrütteter Familienverhältnisse, zusammen 132. IV. Um
sich der Ergreifung oder Bestrafung zu entziehen: 14 Fälle. V. Verschiedene andere Motive: 2. VI. Unbekannt: 4.

Als specifisch Französisch dürfen davon die Fälle der Blutrache (Corsisch),
der in der Wahlaufregung gegen politische Gegner (17 Angeklagte) und der aus
Nationalhaß (gegen Deutsche) begangenen Missethaten betrachtet werden. Aehnlich sind die Erscheinungen beim Todtschlag (meurtre), nur daß hier die
öconomischen Motive zurücktreten müssen. Ich berechne auf Grund der franz.
Statistik wie folgt für Todtschlag:

I. Oeconomische Motive (pour faciliter un vol und Nahrungssorgen): 22 Fälle.

II. Geschlechtliche Motive: 25 Fälle.

III. Haß und Rache. a) politische Motive des Hasses gegen die Obrigkeit, rechtswidrige Tödtung eines Widersetzlichen durch den Beamten, Partei-
und Nationalhaß: 44 Fälle. b) nicht politische Motive: 197 Fälle.

IV. Um sich der Bestrafung zu entziehen: 1.

V. Verschiedene (singuläre) Motive: 1.

VI. Unbekannt: 4.

Ich wiederhole, daß diese Zusammenstellung nicht genau sein kann, sondern
nur ein ungefähres Bild geben solle; ich habe manche Fälle unter verschiedenen
Rubriken mehrmals eingetragen, weil ich nicht erkennen konnte, ob in ihnen das
öconomische oder geschlechtliche Motiv, wo beide vorhanden sind, das stärkere
war. Daher stimmt die Zusammenzählung nicht mit der Zahl der französischen

Statiſtik, welche für 1871 nachweiſt: 259 Mordfälle und 277 Todtſchlagsfälle. — Ueber die Motive der in Oeſterreich vorgekommenen Mordthaten ſ. Wahlberg's Aufſatz „die geſetzliche Herrſchaft der Todesſtrafe". (In den Juriſtiſchen Blättern 1872, No. 16)

39. (Zu S. 103.) Ueber Vollſtreckung der Todesurtheile ſ. die ausführlichen und eingehenden Erörterungen vor der Capital Punishment Commission, Summary p. XXXVI.

40. (Zu S. 104, wo druckfehlerhaft Anm. 63 ſteht.) Heimlichkeit des Franzöſ. Strafverfahrens. Gute Nachweiſungen bei A. Allard, Histoire de la justice criminelle au XVI. siècle. Gand 1868.

41. (Zu S. 107.) Hinrichtung von Frauen. Es finden ſich auch Beiſpiele großer Standhaftigkeit unter hinzurichtenden Frauen. Entgegen der neuern Praxis, iſt vor Kurzem (am 29. Juni 1874) in London eine Frau Namens Frances Stewart im Alter von 42 Jahren wegen Ermordung ihres einjährigen Enkelkindes hingerichtet worden. The Weeks News vom 4. Juli ſchreibt darüber: The learned judge who tried her, Mr. Justice Blackburn, appears to have considered that there were no substantial grounds for his recommandation, and the Home Secretary, acting upon this view of the case, decided that the law must have its course. During the last few days, when she had no longer any hope that her life would be spared, the prisoner is stated to have behaved in a becoming manner. She also wrote a very penitent letter to her daughter, the mother of the child, entreating her to forgive her. The office of executioner has been resigned by Calcraft for some weeks, and the person who is now performing the duty is a man named Merwood, who has for some time been engaged in a similar manner in the Midland Counties. The prisoner exhibited extraordinary firmness when brought from her cell, and she walked up the steps leading to the scaffold without the least assistance. There seems to have been some difficulty with the rope, and the woman struggled for two or three minutes before she died.

42. (Zu S. 108.) Betheuerung der Unſchuld auf dem Schaffot. Ein junger Beamter, J. Williams, betheuerte 1861 bei ſeiner Hinrichtung in Leakesville (Nord-Carolina), daß er an der ihm Schuld gegebenen Ermordung ſeiner Geliebten völlig unſchuldig ſei, ſich aber dennoch nicht beſchweren könne, weil der Schein ſo ſtark gegen ihn ſei, daß er ſelbſt, wenn er Geſchworner geweſen wäre, in einem gleichen Proceß das Schuldig über den Angeklagten ausgeſprochen haben würde, und hinterließ durch dieſe Wendung der Rede den peinlichſten Eindruck.

43. (Zu S. 109.) Der Geiſtliche auf dem Schaffot. Werthvolle Aufſchlüſſe über die Thätigkeit der engliſchen Strafanſtaltsgeiſtlichen giebt das Buch von Dymond, The Law on its trial or personal recollections of the death penalty and its opponents. London 1865. Bei Troppmann's Hinrichtung ſpielte auch der Scharfrichter ein wenig den Frommen. Er rief

unmittelbar vor dem Niederfallen des Beils dem Delinquenten einen Gruß zu: Adieu! mon ami, à revoir! f. den Hinrichtungsbericht bei Pierantoni in dessen Bericht an den italiän. Juristentag S. 45. Mehr als 20,000 Personen waren zugegen gewesen.

44. (Zu S. 113.) Hinrichtungseindrücke. Despine (Psychologie naturelle III, 258) citirt einen schönen Satz von Leonce Dupont: De quelque manière, que le condamné affronte le dernier supplice, en chantant ou palissant, il n'y a rien de moral, dans le spectacle d'une tête, qui tombe. Si l'homme pâlit, le peuple dit, c'est un lâche; s'il est ferme et calme, il dit: c'est un brave; s'il chante et s'il ricane comme J. Latour, le peuple ne comprend plus rien: tout dans son esprit se mêle et se confond, et la seule impression qu'il puisse ressentir, c'est l'impression immorale de la double outrage à la vie humaine, qui éclate dans le crime et le chatiment! —

Nicht blos der großstädtische Pöbel lieferte in England bei Hinrichtungen Proben seiner Leistungsfähigkeit. Eine sonst ruhige und anständige Landbevölkerung zeigte sich bei kleinstädtischen Hinrichtungen von der schlimmsten Seite, so daß man behaupten dürfte, die Vollstreckung von Todesurtheilen bezeuge nicht nur die bereits vorhandene Ausartung verdorbener Menschen, sondern verderbe auch bessere Elemente. Dymond bezeugt von einer in der kleinen Stadt Chelmsford vollzogenen Hinrichtung, daß unter der herbeigeströmten Landbevölkerung „ein wahrer Carneval" der Ausschweifung geherrscht habe. Dem Henker war in der Nacht vor der Hinrichtung ein Festessen in einem Wirthshaus gegeben worden, um ihn dabei seine Hinrichtungsgeschichten erzählen zu lassen. Aus dem Umkreise von zwanzig englischen Meilen kamen die Landleute herbei. Junge Männer und Mädchen vereinigten sich dabei zu „Picnics". Aehnliche Scenen kamen bei einer Hinrichtung zu Lausanne vor, so daß man nicht einmal in der verhältnißmäßig besser erzogenen Bevölkerung der Schweiz ein Anderes erwarten darf. Desgl. in Italien f. Domenico Giuriati, su i caratteri della pena di morte (in den Verh. des Ital. Juristentags S. 223).

45. (Zu S. 115.) Intramuranhinrichtung. Manche Gegner der Todesstrafe sind Anhänger der öffentlichen Hinrichtung, deren Uebelstände, ihrer Ansicht nach, die Abschaffung der Todesstrafe schneller begründen würden, z. B. Dymond, The law on its trial (1865). — Ausführliche Erörterungen darüber in der Capital Punishment Commission.

46. (Zu S. 116.) Verheimlichung der Hinrichtung in Frankreich. Als die Hinrichtung von Lapommerais erwartet wurde, fanden sich Tausende allabendlich auf dem Richtplatz ein, um dort bis zur Morgenstunde zu übernachten. Man war in Paris darauf gespannt, wie sich ein gebildeter Mann, und zwar ein Arzt, benehmen würde. — Auch in England hatte man versucht, in halb schamhafter Weise das traurige Schauspiel zu verhüllen und dem anwesenden Publikum gleichsam die Augen zu verbinden. In Newgate

bediente man sich eines Vorhanges, der den gehängten Delinquenten den Blicken der Menge entzog.

47. (Zu S. 116.) **Einflußlosigkeit der Intramuranhinrichtung auf die Todesurtheile.** Vergleicht man die fünf Jahre vor Einführung der Intramuranhinrichtung (1868) mit den fünf Jahren nachher, so erlangt man für England folgende Ziffern für die Todesurtheile:

$$
\begin{aligned}
&1863: \ 29, \\
&1864: \ 32, \\
&1865: \ 20, \\
&1866: \ 26, \\
&1867: \ 27, \\
&1868: \ 21, \\
&1869: \ 18, \\
&1870: \ 15, \\
&1871: \ 13, \\
&1872: \ 30.
\end{aligned}
$$

48. (Zu S. 123.) **Imitativer Selbstmord.** Dr. Winslow gedenkt eines Falles, in welchem ein Mensch sich an einer Thür auf dem Corridor des Invalidenhotels zu Paris aufhängte. In den darauf folgenden Wochen hängten sich genau an derselben Stelle fünf Invaliden auf, in Folge dessen der Gouverneur den Gang längere Zeit hindurch absperren ließ. Siehe William Tallack, Humanity and Humanitarianism. London 1871 p. 28.

49. (Zu S. 124.) **Verger** s. Étude psychologique sur Verger in Prosp. Despine, Psychologie naturelle II, p. 550.

50. (Zu S. 126.) **Mord zum Zwecke, hingerichtet zu werden.** Despine (Psychologie naturelle II. p. 579 berichtet vier Fälle von homicides pour encourir la peine de mort, par suite d'un profond dégoût de la vie, qui n'ont pas la force de se suicider. —

51. (Zu S. 128) **Nachwirkungen der Hexenprocesse** Auch in Deutschland fordert der Hexenglaube in der Landbevölkerung noch vereinzelte Opfer. Man kann sich darüber nicht wundern, wenn man erwägt, daß mit Wundererscheinungen aller Orten Unfug getrieben wird. Der Hexenglaube ist ebenso berechtigt, wie jede andre Art des Wunderglaubens und hängt mit ihm zusammen. Den Fall einer modernen Hexentödtung in Schottland berichtet Dymond, the law on its trial 1865.

52. (Zu S. 132.) **Einflußlosigkeit gesteigerter Abschreckung.** Als Verstärkung der durch eine öffentliche Hinrichtungsceremonie hervorzubringenden Eindrücke sollte ehemals auch die öffentliche Ausstellung der Cadaver dienen. Die Gehängten blieben häufig in Ketten am Galgen, eine Mahlzeit der Raben hängen. Cantù (Cesare Beccaria 1862 p. 13) berichtet, daß in der Türkei die Köpfe hingerichteter Beamten drei Tage lang ausgestellt blieben und ein Zettel den Grund der Hinrichtung den an der Unglücksstelle Vorübergehenden meldete, außerdem auch die Köpfe der in den Provinzen Hingerichteten

eingesalzen nach Konstantinopel gesendet worden seien. — Diese Steigerung
der Abschreckung blieb völlig wirkungslos. Die Gleichgültigkeit, welche Türken
bei den Hinrichtungen bezeigen, wird von vielen Berichterstattern erwähnt.

53. (Zu S. 135.) Allmählige Abschaffung der Todesstrafe.
Wenn man die Worte, welche der Preußische Justizminister Dr. Leonhardt
bei Berathung des Reichsstrafgesetzbuchs im Reichstag sprach, nach ihrem Ge-
sammtinhalt würdigt, so scheint es als ob der Justizminister des größten Deutschen Staates zu den grundsätzlichen Anhängern der Todesstrafe nicht gezählt
werden kann. Er sagte: „Gesetze, welche in heutiger Zeit erlassen werden, sind
nicht bestimmt für Jahrhunderte zu gelten. Man mag deshalb, wenn die Zeit
gekommen ist, die Resultate der Gesetzgebung und der Jurisprudenz zusammenfassen und dann nach einiger Zeit, vielleicht nach Ablauf von fünf Jahren, eine
Revision des Gesetzbuchs eintreten lassen; damit kommt man weiter.

54. (Zu S. 136.) Todesstrafe für Fälschungen. Henry Sparkes,
Theilhaber an einem Handlungsgeschäft in Exeter, lieferte ein merkwürdiges
Beispiel für die damalige Abneigung gegen die Verurtheilung eines Fälschers
zum Tode. Als Zeuge geladen, um die allerdings vorhandene Fälschung anzuerkennen, drückte er die ihm eingehändigte Banknote zu einer Papierpille zusammen
und verschluckte sie Angesichts des versammelten Gerichts, wodurch die Freisprechung
herbeigeführt wurde. — S. auch M. D. Hill, Suggestions for the suppression
of crime 1857 S. 42: Convictions and executions for forgery. —

55. (Zu S. 137.) Kapitalfälle in England. Das schottische und
irische Strafrecht stimmt nicht ganz mit dem englischen überein. In Schottland
besteht auf Grund sehr alter Gesetze noch eine größere Reihe von Kapitalfällen,
z. B. Einschleppung von Giften in das Land (auf Grund eines Gesetzes von
1450), Angriff auf Geistliche, in der Absicht diese zu tödten oder ihr Haus
zu plündern; Mißhandlung oder Fluchworte mit Beziehung auf die Eltern —
Mißhandlung von Richtern während der Gerichtssitzung (1593); Bestechung eines
Richters, der von Dieben Geschenke nimmt (s. g. Theftbote); rechtswidrige
Tödtung von fremden Rindern, Pferden u. s. w.; Abhauen von Bäumen oder
von Feldfrüchten, Blutschande und Sodomie, Aufruhr; Einreißung von Kirchen,
welche gesetzlich gebuldet sind, wenn in ihnen für den König und den Prinzen
von Wales gebetet wird (aus der Regierungszeit Georg's I.) — Anhören der
Messe (!) und Messelesen der Jesuiten, katholischer Priester, Zweikampf ohne Er-
laubniß der Regierung, Einbruch in ein Haus mit der Absicht, wollene Waaren
auf dem Webstuhl zu zerstören (Georg II.). Die Mehrzahl dieser Gesetze wird
trotz ihres nominellen Fortbestandes als obsolet anzusehen sein.

56. (Zu S. 138.) Einflußlosigkeit der Todesstrafe auf die
Verbrecherzahl. Mancini (Discorsi pronunziati nella camera dei
deputati nelle tornate del 24. e 25. febbrajo e 13. marzo 1865 S. 25)
sagt darüber:

Lo stato intellectuale, morale, economico o politico di
una nazione, le maggiore o minore imperfezioni della legislazione in

quanto può accrescere la probabilità e quindi le speranza dell' impunità
gli esempi di moralità o di abusi, che scendendo dall' alto vengano
offerti al popolo dal proprio governo, l'ordinamento ed il grado d'intel-
ligenza ed operosità degli istituti preventivi di vigilanza e di sicurezza
publica, sono i veri ed eminenti fattori della criminalità di un paese e
spiegano il numero esteso o ristretto de' grandi malfattori assai più che
la minaccia della pena di morte in pochi o molti articoli di un Codice
penale.

Wichtig ift unter den befonderen, auf die Verbrechensziffer einwirkenden
Verhältniffen der Krieg. Meiftentheils wird die Ziffer der Beftrafungen
kleiner, diejenige der wirklichen Verbrechen größer fein, als in Friedenszeiten,
und zwar deswegen, weil 1. Weniger Verbrechen entdeckt werden, da Polizei,
Gensdarmerie und Sicherheitsbeamte einen Theil der wehrhaften Mannschaft an
das Heer abgeben und 2. Weil die männliche Bevölkerung in derjenigen Altersklaffe, in welcher Verbrechen am häufigften vorkommen, zum großen Theil zur
Fahne einberufen wird und dann Angriffe gegen fremdes Eigenthum entweder
unter dem Mantel der Requifition ftraflos bleiben oder von Militärgerichten
abgeurtheilt werden. Alle diefe Verhältniffe find z. B. für die franzöfifche Kri-
minalftatiftik von 1870 und 1871 wohl zu beachten. Der Juftizminifter Ernoul
hebt in feinem Bericht für 1871 diefe Umftände hervor und erinnert auch daran,
daß nicht wenige Vergehen, die fonft in den Tabellen der civilen Strafrechtspflege erfcheinen würden, auch durch Verhängung des Belagerungszuftandes in
mehreren Departements den Militärbehörden zufielen. In Paris beifpielsweife
konnten die Affifenhöfe im Juni längere Perioden nicht fungiren; vom 16. Sept.
1870 bis zum 18. Febr. 1871 und nochmals vom 18. März bis 1. Juli 1871
waren fie außer Wirkfamkeit.

Die Einwirkungen des Kriegsjahres treten vornehmlich darin hervor:
verhältnißmäßige Verminderung der Verbrechen des männlichen Geschlechts
für die Altersklaffe von 20—41 Jahren, fowie der Unverheiratheten, welche durch
das Mobilifations-Dekret vom 2. Nov. 1870 betroffen waren. Verminderung
der Fälle des betrüglichen Bankerutts im Zufammenhann mit gefetzl. Moratorien.
Zunahme der relativen Ziffer der von ortsangehörigen Perfonen verübten
Verbrechen (weil die nicht ortsangehörigen durch Einberufung entfernt waren).
Relative Zunahme der Verbrechen der ländlichen Bevölkerung im Verhältniß
zur ftädtischen (in Folge verminderter Aufficht).

57. (Zu S. 139.) Abschaffung der Todesftrafe in Toscana.
Das Hiftorische darüber f. im Report of liv Capital-Punishment-Commission
Appendix S. 510. Nach einer Berechnung des ehemal. Juftizminifters Bacca
wurden vom 16. April 1852 (Wiedereinführung der Todesftrafe in Toscana)
bis 30. April 1859 (Abschaffung der Todesftrafe) 27 vorfätzliche Tödtungen be-
gangen, d. h. alfo während eines Zeitraums von 2310 Tagen (eine vorfätzliche
Tödtung auf 86 Tage), vom 1. Mai 1859 bis 31. Nov. 1864, während eines
Zeitraums von 2040 Tagen im Ganzen 22 Tödtungen (eine Tödtung auf

90 Tage). Der Unterschied ist hier völlig verschwindend; Bacca freilich meint, um die Todesstrafe zu rechtfertigen, es seien während der zweiten Periode manche schwere Verbrechen unentdeckt geblieben. — Nach Mancini (Primo Congresso Giuridico Italiano, Relazione sulla tesi: Abolizioni della pena di morte, Roma 1872, p. XVIII) hat sich auch in neuester Zeit eine Veränderung nicht gezeigt, obwohl die zeitweise geschehene Verlegung der Regierung nach Florenz, zahlreiche fremdartige Elemente aus anderen Theilen Italiens nach Toscana hingezogen hatte.

Auch in der kleinen Republik San Marino war 1848 die Todesstrafe abgeschafft worden. (Das Nähere bei Pierantoni S. 7 seines Berichtes in den Verh. des italienischen Juristentages.)

Die auch im neuesten Strafgesetzentwurfe des Ministers Vigliani beibehaltene Todesstrafe und deren seit längerer Zeit drohende Wiedereinführung in Toscana bewirkte, daß der angesehenste unter den italienischen Criminalisten, Carrara, sogar die Strafrechtseinheit selbst angreift. S. Carrara, lineamenti di pratica legislazione penale, esposti mediante svariate esemplificazioni (Torino 1874). — Baldassare Paoli, Sul progetto del nuovo codice penale pel regno d'Italia. (Estratto dagli Annali della Guirisprudenza Italiana 1874.) Die Leidenschaften der durch den Streitpunkt in Toscana erbitterten Kämpfer gehen so weit, daß die Anhänger der Todesstrafe als Freunde des Schinders, die Gegner als Freunde der Mörder titulirt werden. — Der Minister Vigliani selbst, der lange Zeit eine höhere Amtsstellung in Toscana bekleidete, nennt das Land: la piu mite e gentile provinzia d'Italia.

Ferner: Lucas, La peine de mort et l'unification pénale à l'occasion du projet de code pénal italien. Lettre à Mr. Mancini 1874.

58. (Zu S. 139) **Abschaffung der Todesstrafe im Kanton Zürich** seit dem Jahre 1869.

Todesurtheile 1864: 1.
1865: 1.
1866: —
1867: —
1868: 2.
Lebenslängliches Zuchthaus 1869: 1.
1870: —
1871: —
1872: 2.

59. (Zu S. 139.) **Abschaffung der Todesstrafe in Holland.** Durch die besondere Güte des im königl. Justizministerium zu Haag vortragenden Rathes Herrn de Pinto erhielt ich nachfolgende zwei Tabellen:

I.

Apperçu Statistique des accusés, condamnés et acquittés pour crimes entrainant la peine de mort pendant l'époque triennale 1868—1870.

Qualifications des Crimes.	1868.			1869.			1870.		
	Accusés.	Condamnés à mort.	Acquittés.	Accusés.	Condamnés à mort.	Acquittés.	Accusés.	Condamnés à mort.	Accusés.
Violences contre fonctionnaires ou agents de la force publique, ayant occasionné leur mort . . . . Art. 221. Code Pénal.	—	—	—	—	—	—	1	1[1]	—
Assassinats . . . . Art. 296. 302. Code Pénal.	5	4	1	3	2[2]	—	1	—[3]	—
Parricides . . . . Art. 299. 302. Code Pénal.	1	1	—	—	—	—	—	—	—
Empoissonnements . . . . . Art. 301. 302. Code Pénal.	1[*]	2[*]	—	—	—	—	—	—	—
Incendies volontaires . . . Art. 434. Code Pénal. Art. 13. 2b. 5 de la Loi du 29. Juin 1854.	16	1[4]	5[5]	22	8[6]	4	14	4[7]	2
Vols qualifiés commis avec la réunion de cinq circonstances aggravantes . . . . Art. 381. Code Pénal.	—	—	—	—	1	1	—	—	—
Total	22	8	6	25	11	5	16	5	2

[1]) L'arrêt fût annulé par la cour de cassation et l'affaire renvoyée a une au're cour, qui prononça la peine de réclusion.

[2]) Le troisième accusé fut condamné pour **blessures graves** (à 309 C. P.).

[3]) L'accusé fut condamné pour **meurtre** (à 295 C. P.).

[*]) Un accusé de **tentative** d'empoisonnement fut condamné pour le **fait consommé**.

[4]) A l'égard de **neuf** des **dix** autres accusés l'art. 13 No. 5 de la Loi du 29 Juin 1854 fut appliqué. Le dixième fut condamné à une **peine de police** (à 479 No. 1 C. P.).

[5]) Un des acquittés avait été condamné en l'année 1867 à la peine de mort par une autre cour, dont l'arrêt fut annulé.

[6]) A l'égard des **dix** autres accusés l'art. 13 No. 5 de la Loi du 29 Juin 1854 fut appliqué.

[7]) A l'égard des **huit** autres accusés l'art. 13 No. 5 de la Loi du 29 Juin 1854 fut appliqué.

IL

Apperçu Statistique des accusés, condamnés et acquittés pour crimes qui furent passibles de la peine de mort avant l'année 1870 pendant l'époque triennale 1871—1873.

Qualifications des Crimes.	1871.			1872.			1873.		
	Accusés.	Condamnés.	Acquittés.	Accusés.	Condamnés.	Acquittés.	Accusés.	Condamnés.	Acquittés.
Violences contre fonctionnaires ou agents de la force publique, ayant occasionné leur mort ... Art. 231. Code Pénal.	1	1[1])	—	—	—	—	—	—	—
Assassinats .... Art. 296. 302. Code Pénal.	11	5[2])	3	5	4[3])	—	7[4])	1[5])	1
Incendies volontaires ...... Art. 434. Code Pénal. Art. 132b. 5. de la Loi du 29 Juin 1854.	8	7[6])	—	16	11[7])	5	12[8])	9[9])	2
Total	20	13	3	21	15	5	19	10	3

Observations.

[1]) L'art. 3 al. 3 de la Loi du 17 Sept. 1870 fut appliqué.

[2]) Condamnés à la réclusion à vie pour le fait d'assassinat avec application de l'art. 3 al. 1 de la Loi du 17 Sept. 1870. Un cinquième accusé fut condamné pour meurtre (à 295 C. P.), un sixième pour violences graves (à 309 C. P.), un septième pour coups et blessures (à 311 C. P.).

[3]) Trois furent condamnés à la réclusion à vie pour le fait d'assassinat, avec application de l'art. 3 al. 1 de la Loi du 17 Sept. 1870. A l'égard d'un quatrième l'art. 4 de la même loi fut appliqué. Un cinquième accusé fut condamné pour meurtre.

[4]) Deux accusés ne furent jugés qu'après l'année 1873.

[5]) L'art. 3 al. 3 de la Loi du 17 Sept. 1870 fut appliqué pour le fait d'assassinat. Deux accusés furent condamnés pour meurtre, un troisième pour coups et blessures (à 311 C. P.).

[6]) L'art. 13 No. 5 de la Loi du 29 Juin 1854 fut appliqué à l'égard de six des condamnés. Un septième accusé fut condamné pour dommage volontaire aux propriétés mobiliaires d'autrui. Un huitième fut condamné avec application de l'art. 4 de la Loi du Sept. 1870.

[7]) L'art. 13 No. 5 de la Loi du 29 Juin 1854 fut appliqué à l'égard de sept des condamnés.

[8]) Un des accusés ne fut jugé qu'après l'année 1873.

[9]) L'art. 13 No 5 de la Loi du 29 Juin 1854 fut appliqué à l'égard de tous les condamnés.

60. (Zu S. 143.) Statistik der Todesurtheile und Hinrichtungen in England und Wales von 1833—1872 (aus dem Appendix to Report of Directors of Convict Prisons).

Year.	Sentenced to Death.		Total sentenced to Death.	Total executed.	Sentenced to		Total Life Sentences.
	Murder.	Other Crimes.			Transportation for Life.	Penal Servitude for Life.	
1833	9	922	931	33	783	—	783
1834	13	467	480	34	864	—	864
1835	24	499	523	34	746	—	746
1836	20	474	494	17	740	—	740
1837	11	427	438	8	636	—	636
1838	25	91	116	6	266	—	266
1839	12	44	56	11	205	—	205
1840	18	59	77	9	238	—	188
1841	20	60	80	10	156	—	256
1842	16	41	57	9	191	—	191
1843	22	75	97	13	225	—	225
1844	21	36	57	16	180	—	180
1845	19	30	49	12	79	—	79
1846	13	43	56	6	101	—	101
1847	19	32	51	8	46	—	46
1848	23	37	60	12	67	—	67
1849	19	47	66	15	60	—	60
1850	11	38	49	6	84	—	84
1851	16	54	70	10	124	—	124
1852	16	45	61	9	43	—	43
1853	17	38	55	8	38	10	48
1854	11	38	49	5	29	2	31
1855	11	39	50	17	48	—	48
1856	31	38	69	16	57	2	59
1857	20	34	54	13	19	16	35
1858	16	37	53	1	—	17	17
1859	18	34	52	19	—	17	17
1860	16	32	48	12	—	21	21
1861	26	24	50	15	—	16	16
1862 *)	28	1	29	15	—	25	25
1863	29	—	29	22	—	20	20
1864	32	—	32	19	—	12	12
1865	20	—	20	7	—	4	4
1866	26	—	26	12	—	2	2
1867	27	—	27	10	—	3	3
1868 **)	21	—	21	12	—	18	18
1869	18	—	18	10	—	12	12
1870	15	—	15	6	—	6	6
1871	13	—	13	4	—	4	4
1872	30	—	30	15	—	14	14

*) Seit 1862 ist nur vollendeter Mord todeswürdig, nicht mehr Mordversuch wie vorher.

**) Einführung der nicht öffentlichen Hinrichtung.

61. (Zu S. 146.) Sicherungszweck. Die neueste Untersuchung ist von Consiglio, Il sistema preventivo come fattore di sicurezza e di ordinamento sociale, Palermo 1874.

62. (Zu S. 147.) Gewohnheitsverbrecher sind Gegenstand besonderer gesetzgeberischer Behandlung in England seit der Habitual-Criminals-Act von 1868. — Für Frankreich s. Yvernès, la Recidive 1874.

63. (Zu S. 149.) Galgenprocessionen s. darüber: Ch. F. G. Meister's Vollständige Einleitung zur Peinlichen Rechtsgelehrsamkeit in Deutschland (1776). I. S. 119, 114.

64. (Zu S. 150.) Verhältniß der Todesurtheile zur Bevölkerung. In Norwegen, wo das Strafgesetzbuch vom 20. August 1842 auf 27 Verbrechensfälle den Tod androht, sind in den Zeitraum von 1859—1868 24 Personen zum Tode verurtheilt worden. (Hingerichtet wurden davon 7.) Es kommt somit im Durchschnitt jährlich ein Todesurtheil auf 708,902 Seelen. — In Irland verhalten sich die wegen Mord ergangenen Todesurtheile in dem vierzigjährigen Zeitraume von 1823—1862 sehr ungleich. Erste Delade (1823 bis 1862): 1:267,816. Zweite Delade: 1:329,390. Dritte Delade: 1:472,035. Vierte Delade: 1:1,210,916, was einen ganz ungewöhnlichen Fortschritt in der Cultur bezeichnet. Merkwürdig ist das Zusammentreffen einer Verminderung der Todesurtheile mit der Einführung des Irischen Gefängnißsystems. 1853 dem letzten Jahre der alten schlechten Gefängnißverwaltung wurden noch 13 Todesurtheile wegen Mord gefällt; im folgenden Jahre nur 4; in den bis 1863 folgenden Jahren niemals wieder über 6. — In Schottland kam während des gleichen vierzigjährigen Zeitraums 1 Todesurtheil wegen Mord während der ersten Delade auf 518,128 Seelen; in der zweiten auf 655,864; in der dritten auf 1,311,650; in der vierten auf 1,062,685. Im Jahre 1864 waren noch 27 Verbrechen in Schottland mit dem Tode bedroht.

65. (Zu S. 152.) Rückfälligkeit. Die neuesten Arbeiten über den Rückfall sind: G. Friedländer, der Rückfall im gemeinen Deutschen Strafrecht. I. Die Entwickelung der Lehre mit Einschluß der Carolina. 1872. — K. Olivecrona, Om orsakerna till återfall till Brott och om medlen att minska dessa orsakers skadliga verkningar. Stockholm 1872. (Auch ins Französische übersetzt: Des causes de la ricidive etc.) Eine kriminalpolitisch höchst werthvolle Untersuchung — Yvernès, De la recidive et du régime pénitentiaire en Europe, Paris 1874.

66. (Zu S. 153.) Persönliche Beziehung des Mörders zum Ermordeten. Die Thorheit einiger Schriftsteller und Parlamentsredner geht soweit, zu glauben, daß dasjenige Land, in dem die Todesstrafe abgeschafft würde, der Sammelplatz ausländischer Mörder werden würde, die gleichsam durch die Sehnsucht nach lebenslänglichem Zuchthaus herbeigezogen werden würden! S. darüber auch Webler, Ueber die Todesstrafe (1872, S. 28).

67. (Zu S. 158.) Beccaria. Außer der bekannten, auch ins Deutsche übersetzten, 1862 erschienenen Biographie von Cantù, s. Amato Amati, la

vita e le opere di Cesare Beccaria (in dem Rendiconto des Mailänder Denkmalcomitees).

68. (Zu S. 158.) Howard, außer den zahlreichen älteren Schriften über Howard die neueste Abhandlung von Dr. Bellows, John Howard, his life, character and services. London 1872 (In den Verhandl. des Internat. Gefängniß-Congresses.)

69. (Zu S. 160.) Todesstrafe in Rußland. Ueber das Russische Strafr. f. Engelmann in meinem Handb. des deutschen Strafrechts, I. Band. Nachweise über die Todesstrafe im Appendix zu dem Capital-Punishment-Commission-Report. 537. — Nach einer darin enthaltenen Notiz wird dem Delinquenten, nachdem ihm die Bestätigung des rechtskräftigen Todesurtheils verkündet worden ist, eine Woche Zeit gelassen, um zu beichten und das heilige Abendmahl zu empfangen. Ist dies geschehen, so darf ihn der Priester nicht mehr allein lassen, damit der Delinquent von dem Wege des Heils nicht wiederum abgehe! — Ein ausführliches zweibändiges Werk über die Tödtungsverbrechen verfaßte Herr Taganscheff zu Petersburg 1871 (in russischer Sprache).

70. (Zu S. 160.) Deportationsprojecte in Italien. Auf dem internationalen Gefängnißcongreß zu London brachte der italienische Delegirte, Graf de Foresta die Deportationsfrage zur Besprechung (f. Prisons and Reformatories at home and abroad. Being the transactions of the Internat. Prison Congress. Lond. 1872; p. 401). Die neueste, sehr gründliche Arbeit über die Deportationsstrafe lieferte der Generalinspector der ital. Gefängnisse Herr Beltrani-Scaliá: La deportazione. Roma 1874.

71. (Zu S. 160.) Specialstrafanstalten für Mörder. Die englischen Gegner der Todesstrafe bringen nachdrücklich auf Herstellung besonders sicherer Strafanstalten zur Detention von Mördern, f. darüber Report of the Capital-Punishment-Commission, Summary p. 39 ff.

72. (Zu S. 164.) Die Rechte der Invasionsarmee in Feindesland erörtert ausführlich: Platon de Waxel: L'armée d'invasion. Leurs rapports pendant la guerre. Leipzig 1874.

73. (Zu S. 170.) Ausnahmerecht der Todesstrafe. Zu der Aufzählung der Fälle, scheint das Einführungsgesetz im deutschen Strafgesetzbuch einen wichtigen Thatbestand vergessen zu haben: denjenigen des § 251 bezüglich der Räuber, welche einen Menschen martern oder eine schwere Körperverletzung oder den Tod zuziehen. Gegen bewaffnete Banden erscheint hier ein stärkeres Eingreifen ebenso geboten, wie in den übrigen durch das Einführungsgesetz im § 4 erwähnten Fällen. — Nach Art. 441 des Bayrischen Strafgesetzbuches von 1813, Th. II, gehört Raub zu denjenigen Verbrechen, gegen welche im Falle des Ueberhandnehmens das Standrecht verkündet werden kann.

74. (Zu S. 170.) Analogie des Krieges für den Belagerungszustand. Wie Cantu berichtet, sprach sich sogar Beccaria 1792 in einem Gutachten dahin aus, daß für gefährliche Conspirationen die Todesstrafe beibehalten werden dürfe. Aehnlich in der französischen Revolution Condorcet. Ein

Theil der die Todesstrafe anfechtenden Gegner geht so weit, auch den Krieg (schlechthin auf beiden Seiten) Barbarei zu nennen. Diese „Schwarmgeister" können selbstverständlich keine Ausnahmen für den Kriegszustand bewilligen.

75. (Zu S. 171.) **Moderne Sicherungsanstalten.** Ueberall galten bisher die itallen. Gefängnisse als besonders unsicher. Die Entweichungen aus den italienischen Gefängnissen haben sich aber neuerdings sehr vermindert. Ausweislich der vortrefflichen Statistica delle carceri per l'anno 1872 (Roma 1874) betrug sie aus den bagni und case di pena während des Jahres 1872: 36. Von diesen wurden 29 wieder ergriffen. Bemerkenswerth sind außerdem folgende Thatsachen:

1. Von **lebenslänglich** Verurtheilten sind nur 5 entsprungen.
2. Nur bei 2 Entweichungen ward Gewalt gegen Gefängnißwärter angewendet.
3. Von den in offener Luft arbeitenden entsprangen: 19; aus geschlossenen Räumen: 17.

Die Zahl der Lebenslänglich Verurtheilten betrug 327.

76. (Zu S. 171.) **Angriffe auf Gefängnißwärter.** Die Gefahr, der sich ein Wärter in Irrenanstalten gegenüber einzelnen Tobsüchtigen aussetzt, ist jedenfalls größer, als die Gefahr des Gefangenwärters. Dennoch giebt es ausreichende Sicherungsmittel. Mr. Beggs führte vor der Capital-Punishment-Commission an, daß in der Anstalt von Broadmoor 450 „irrsinnige Mörder" (insane murderers) gefahrlos detinirt werden. Die beiden Autoritäten des englischen Gefängnißwesens Oberst Henderson und Capitain Cartwright bemerken, daß die zum Tode verurtheilten oder lebenslänglich inhaftirten Delinquenten den Wärter weniger gefährlich sind, als andere. Morrish Gouverneur der größten englischen Strafanstalt' sagt: As a general rule the life men, do not give so much trouble as the habitual criminals.

77. (Zu S. 171.) **Todesstrafe und Besserungszweck.** Tommaseo (della pena di morte p. 118) begründet das Strafrecht in folgender Reihe von Schlüssen: La società ha diritto di punire it colpevole in quanto il colpevole ha dovere di punire si stesso, e questi ha dovere di punire se stesso in quanto ha dovere di correggersi! Darnach würde also doch die Todesstrafe gerechtfertigt werden können, wenn (wie von einigen Moralisten gar behauptet wird) jemand unter Umständen das Recht hätte, Selbstmord an sich zu vollstrecken. — Den Besserungszweck auf religiöser Basis vertheidigt auch: A. Steffanucci-Ala, La pena di morte e la società odierna Roma 1874.

78. (Zu S. 172.) **Berner: Abschaffung der Todesstrafe.** Dresden 1861. Recensirt von Glaser 1862. (Siehe dessen kleine Schriften I, 180.)

79. (Zu S. 177.) **Kindesmord.** Ausführliche Erörterungen über die criminalpol. Seite des Kindesmordes in der Capital-Punishment-Commission 1865. S. Summary, p. XIII.

80. (Zu S. 178.) **Fälle der Besserung bei Mördern** haben

Mittermaier und Hetzel gesammelt. Wegen Annette Myers f. Dymond
The law ou its trial p. 148

81. (Zu S. 184.) Bußfertigkeit und Reue auf dem Schaffot.
Ein guter französischer Beobachter, Despine (Psychologie naturelle II,
S. 585 ff.) nennt die Reue des Delinquenten sehr treffend regrets de conve-
nances, mais non ressentis dans le but d'être pardonnés dans l'autre vie.

82. (Zu S. 189.) Die Todesstrafe vom religiösen Standpunkte
aus: Neueste Literatur (außer den bereits bei Hetzel für den Zeitraum von
1848—1869 auf S. 505 ff. seines Buchs verzeichneten Autoren):
Petit de Latour, Abolition de la peine de mort (Paris 1869). Der
Verfasser ist ein reformirter Geistlicher der streng orthodoxen Richtung. Sein
Buch ist (auf Vorschlag von Victor Hugo) dem Herrn Jesu Christo gewidmet!

83. (Zu S. 189.) Mosaisches Strafrecht. Nördlinger übersetzt die
Stelle 1. Mos. 9, 6: Wer Menschenblut vergießt vor Menschen, dessen Blut
wird wieder vergossen werden und meint, es handle sich um öffentliche Tödtungen
im Gegensatz zu geheimen. Ob diese Uebersetzung sprachlich zulässig ist, vermag
ich nicht zu beurtheilen; aber sie hat einige innerliche Wahrscheinlichkeit für sich,
da sich die Unterscheidungen zwischen öffentlichen und geheimen Missethaten häufiger
im mosaischen Recht vorfinden. Diese Unterscheidung entspricht dem inneren
Wesen der Blutrache, da bei geheimen Tödtungen in altersgrauen Zeiten die
Blutrache auf Verdacht eintreten mußte und endlich würde auch erklärt sein,
warum der Todtschlag, den Moses selbst beging, ohne eine göttliche Strafe
blieb. S. Weiteres bei Hetzel, Todesstrafe S. 43, der Nördlinger's Uebersetzung
verwirft.

Unter den neuesten jüdischen Gelehrten vertheidigt Duschak (Das Mosaisch-
Talmudische Strafrecht S. 87) die Todesstrafe mit Gründen, die durchaus
modern-philosophisch genannt werden können. Er schwankt zwischen neueren
Doctrinen der Vergeltung und altrabbinistischer Casuistik. S. 88 sagt er:

„Es ist daher weder gerecht, noch zweckmäßig, die Todesstrafe ganz
abzuschaffen, nur diene uns (!) der Talmud als Leitstern. Man beschränke die
Todesstrafe, reducire sie auf ein Minimum, man erwäge und ermesse
genau, ob das Leben des Ermordeten nicht ohnedies bald aufgehört
hätte (!), man prüfe genau die Umstände und Verhältnisse".

Das nennt Duschak Gerechtigkeit!

Ueber die Grundsätze des Talmud und seiner Ausleger und die processualischen
Beschränkungen der Todesstrafe s. Loven in seiner Vorrede zur (französischen)
Uebersetzung des Mittermaier'schen Buches S. XVII.

84. (Zu S. 190.) Härte der mosaischen Gesetzgebung. In neuerer
Zeit ist bei vielen jüdischen Gelehrten Sitte geworden, den culturgeschichtlichen
Werth der mosaischen Strafgesetzgebung bedeutend zu übertreiben. Auch Duschak
(„Das Mosaisch-Talmudische Strafrecht" S. 3) versichert: sie habe sich vor
anderen Strafgesetzgebungen des Alterthums durch große Milde vortheilhaft
ausgezeichnet und begründet dies unter anderm auch durch die curiose Behauptung,

daß sie keine „niederdrückende Isolirung" gekannt habe, als ob Einzelhaft irgend wo im Alterthum vorgekommen wäre. Im Vergleich zu den übrigen orientalischen Gesetzgebungen mag die Milde der jüdischen Vollstreckungsweise in der Ausführung der Todesstrafe anerkannt werden. Jedenfalls war die Zahl der todeswürdigen Verbrechensfälle eine sehr hohe und unbedingt muß anerkannt werden, daß das altrömische Strafrecht der XII Tafel-Gesetzgebung weitaus milder war, als das jüdische. Ob die altherkömmliche Steinigung als einfache oder qualvolle Todesart gelten soll, ist ohnehin nicht auszumachen. Je nach den dabei obwaltenden Zufällen mag sie bald das eine, bald das andere gewesen sein. Das „Verbrennen", welches für gewisse Unzuchtsfälle vorgeschrieben war, gehört sicherlich zu den qualvollsten Todesarten. Duschak selbst erkennt an: die Mischna statuirt: daß man den zu Verbrennenden bis zum Knie in Mist einsetze, sodann ihm ein Tuch um den Hals lege, und damit würge, bis der Delinquent den Mund öffnet, in welchen geschmolzenes Blei gegossen wird. Es ist nicht unwahrscheinlich, daß aus der Mischna dieses Eingießen von Blei in die Gesetzgebung christlicher Kaiser als „göttliche Strafe" übergegangen ist. Man findet sie im Codex Theodosianus wieder.

85. (Zu S. 191.) Die Rache im mosaischen Recht kann übrigens im Verhältniß zu einer vorangegangenen Zeit größerer Verwilderung insofern als ein Fortschritt angesehen werden, als ihr in den göttlichen Vorschriften eine Grenze gesetzt ist. Auge um Auge, Zahn um Zahn heißt zweierlei: einmal eine Drohung an den Uebelthäter und dann eine Schranke für den Rachsüchtigen: Nicht mehr als das Auge, nicht mehr als den Zahn für das Auge und den Zahn! — Andererseits trägt die Pflicht der Talion dazu bei, die sittlichen Grundbegriffe dadurch zu klären, daß für schwerste Verbrechen keine gewinnsüchtige Geldabfindung zugelassen wird.

86. (Zu S. 195.) Erlaubte Tödtungen bei den Juden. Wenn ich Duschak (Mos.-Talm. Strafrecht S. 21) richtig verstehe, wäre es auch gestattet gewesen, außerhalb der gegenwärtig geltenden Begriffsbestimmung der Nothwehr denjenigen umzubringen, der (nach der Meinung des Tödtenden!) den Mord eines andren Menschen beabsichtigt.

87. (Zu S. 198) Die Bibel und katholische Laien. Auch italiänische Juristen beginnen gegenwärtig, unbeirrt durch die katholische Tradition, die Quellen des neuen Testaments selbständig zu untersuchen und den geschichtlichen Charakter Christi zu würdigen. Eine interessante Untersuchung über den politischen Charakter der christlichen Lehre giebt neuerdings Ellero in Bologna: La questione sociale (1874, Florenz) S. 176—222. S. 196: Rammento, che bisogna immedesimarsi con le aspettazioni, i timori, le speranze, le idee, le credenze di que' tempi e luoghi e figurarsi di essere con quella gente, per trovare tutti ciò naturalissimo.

88. (Zu S. 212.) Die Todesstrafe und die Reformatoren. S. Hetzel, Die Todesstrafe S. 111 ff. — Hengstenberg sagt in der Evangelischen Kirchenzeitung (1869, S. 83): Das Gebiet des feinen Mordes ist ein

unendlich weites; die große Mehrzahl der Menschen stirbt keines natürlichen Todes; sie wird ein Opfer des feinen Mordes, fährt dahin durch Kummer und Aerger, die ihnen durch ihre Nächsten bereitet werden und durch Entziehung der zum Leben nothwendigen Liebe. — Es ist nicht ganz klar, wen Hengstenberg mit dieser Anschuldigung des feinen Mordes treffen wollte; sich selbst, seine nächsten Parteigenossen oder seine kirchlichen Gegner. Schwerlich wird sich leugnen lassen, daß er unter den protestantischen Großinquisitoren ein Höchstcommandirender und in seinem Verfolgungseifer unübertrefflich war, seinerseits auch häufiger Activum als Passivum des Aergerns war. — Auch Dettingen (Socialethik S. 891) nimmt außer dem „akuten Mord" noch einen „chronischen Mord" an. Uebrigens dissentirt dieser Schriftsteller von Hengstenberg und seiner Aeußerung: Blut müsse durch Blut gesühnt werden (Socialethik S. 895.) — Hetzel (Todesstrafe S. 474) berichtet, daß auf einer (protestantischen) Pastoral-conferenz der Prediger Engel in seiner Begeisterung für die Todesstrafe ausgerufen habe: „Wenn ich nicht Prediger Engel wäre, so möchte ich wohl Scharfrichter sein". (Uebrigens wäre in Preußen das Nebengeschäft des Köpfens, soweit die dazu nöthige Zeit in Betracht käme, mit den geistlichen Amtsverrichtungen vereinbar, so daß der Pastor E. von dieser Seite kein Hinderniß für die Erfüllung seines Wunsches zu besorgen hatte.) — Uebrigens stimmen auch die Reformirten der streng lutherischen Auffassung bei. S. van Bemmelen, doodstraf-polemik (Alkmaar 1866 S. 66—108). — Von hervorragender Wichtigkeit sind auch: Die Schrift von Mehring (württemb. Prälaten), Die Frage von der Todesstrafe 1867 und Kohler, die Bibel und die Todesstrafe 1868 und Bitzius, welcher die gekrönte Preisschrift: „Die Todesstrafe vom Standpunkt der Religion und der theologischen Wissenschaft" 1870 in Berlin erscheinen ließ, eine Arbeit, die Niemand ungelesen lassen sollte.

89. (Zu S. 212.) Altkatholisches Strafrecht. S. darüber die sehr gehaltvolle Erläuterung von Buccellati: Cesare Beccaria e l'abolizione della pena di morte S. 273 („evoluzione storica delle espiazione cristiana".) Wenn er dagegen sagt: Mancano prove, che il diritto canonico abbia giustificata espressamente la pena di morte, so wird dem nicht völlig beigestimmt werden können, wenn er nicht den Begriff „canonisches Recht" lediglich auf die alten canones der vorgratianischen Kirche beziehen sollte. Denn Gratian sagt in der (auch von Buccellati angeführten) Stelle des Decretum caus. XXIII. can. 41 potest tamen occidi aliquando sine peccato. Non et miles hostem et judex vel minister ejus nocentem — non mihi videntur peccare, cum hominem occidant. Cum juste homo occiditur lex enim occidit, non tu! —

90. (Zu S. 217.) Gerechtigkeit und Ungerechtigkeit der Todesstrafe. Unter den kürzeren Arbeiten der neuesten Zeit ist hervorzuheben: Geyer, Ueber die Todesstrafe 1869 (auf Carrara's Veranlassung in's Italienische übersetzt).

91. (Zu S. 224.) Schwankender Werth des Lebens. Einige Völker fürchten noch heute Freiheitsstrafen mehr als den Tod. Dymond berichtet,

unter Berufung auf Dr. Elliot, in seinem Buch The law on its trial, daß
die Bewohner der Insel Ceylon den Tod der Einsperrung vorziehen. Es ist
dies deswegen nicht ganz unglaubwürdig, weil auch andere Beobachter aus Ost-
indien berichten, daß Verbrecher dem Tode mit großer Gleichgültigkeit und
Seelenruhe entgegengehen. — Da viele Indier gegen den Tod gleichgültig sind,
hat die Deportation nach den Adamanen-Inseln an Bedeutung für die indische
Strafrechtspflege gewonnen. Vergl. die Aussagen des Verfassers des neuen
indischen Strafgesetzbuchs Fitzjames Stephen vor der Capital Punishment
Commission qu. 2111—2191; und einen von demselben Juristen verfaßten
Aufsatz in Fraser's Magazine, Juni 1864.

92. (Zu S. 226.) Zehnjähriges Maximum der Zuchthausstrafe.
S. die als Anlage zu den Motiven des Strafgesetzentwurfes für den Norddeutschen
Bund 1869 über die höchste Dauer zeitiger Zuchthausstrafe veröffentlichte Denk-
schrift S. 6—63. —

93. (Zu S. 228.) Selbstmord: S. die bemerkenswerthen an Ad. Wagner
anknüpfenden Studien von Oettinger, Socialethik (I. Aufl.) S. 943 ff. —
Ferner Despine, Psychologie naturelle III, pag. 74 ff.

94. (Zu S. 240.) Selbstmordversuche vor der Hinrichtung. Ein
solcher Fall trat bei dem Berliner Mörder Grothe ein. Er verletzte sich
in der Untersuchungshaft lebensgefährlich am Halse, um sein Leben zu beendigen,
ward mit großer Mühe wiederhergestellt und dann hingerichtet. Dieser Contrast
der Humanität, welche rettet mit der berechnenden Ueberlegung, welche das Opfer
pflegt, um es bequem tödten zu können, ist fürchterlich! — Despine (psychologie naturelle III, 113) macht darauf aufmerksam, daß während der franz.
Revolution viele von den Revolutionstribunalen Verurtheilten sich den Tod gaben. Sie zogen den schmerzhaften Tod durch Selbstmord dem weniger schmerzhaften durch die Guillotine vor: ils préfèrent une mort douloureuse à celle,
qu'ils recevraient publiquement par une main maudite, les membres
attachés, comme un animal, que l'on immole. Il y a dans une telle
mort quelque chose, qui blesse profondément la dignité humaine et que
certaines personnes ne peuvent supporter.

Ebenso verletzt es jedes menschliche Gefühl, wenn man die Hinrichtung
einer Schwangeren aufschiebt, sie kunstgerecht in der Entbindung behandelt, sorg-
sam pflegt und nach überstandener Todesgefahr im Wochenbette von ihrem Kinde
wegschleppt, um ihr den Kopf abzuschlagen: eine Bluttaufe des Kindes durch
den Henker!

95. (Zu S. 241.) Die Ueberlegung des Henkers und des die Hinrichtung anordnenden Richters geht immer weiter, als diejenige des Mörders.
Dies fühlt man unwillkürlich, und es entsteht die Frage: würde der Mörder,
wenn er eine so völlig schrankenloseste Gewalt über sein Opfer gehabt hätte, wie
der Henker auch dann noch getödtet haben? Wenn der Mörder von dem Leben-
lassen des völlig willenlos gewordenen Opfers ebenso wenig Nachtheil zu besorgen gehabt hätte, wie der Henker von der Tödtung — hätte der Mörder

auch dann getödtet? Die ungeheure Mehrzahl der Mörder unterliegt der Leidenschaft des nächtlich dahinschleichenden Hasses gegen das Opfer ihrer That. Dem Henker, der im Strahl der aufgehenden Morgensonne pünktlich den Arm zum tödtenden Streich erhebt, ist Leben und Tod des vor ihm knieenden Menschen ganz gleichgültig. Aus dieser Verschiedenheit erkläre ich mir die völkerpsychologische Abneigung der Italiener gegen den Scharfrichter. Die italienische Strafstatistik verzeichnet für 1869 3000 Tödtungsverbrechen einschließlich der Körperverletzungen, welche den Tod zur Folge hatten (darunter 22 mal Elternmörder, 16 Gattenmörder, 18 Verwandtenmörder, 52 Kindesmörderinnen). Die Zahl der als Mord qualificirten Tödtungen betrug 442. Die Tabellen für 1870 ergaben 2700 Tödtungsverbrechen (32 Elternmörder, 41 Gattenmörder, 31 Brudermörder, 59 Kindesmörderinnen) mit 377 Mordthaten. Trotz dieser ungeheuer hohen Ziffer herrscht bei den besten Männern und Rechtsgelehrten unbezwinglich Abscheu gegen den Henker. Die Italiener scheinen, bei ihrer lebhaften Empfindung stärker als andere zu fühlen, daß zwischen amtlichem und verbrecherischem Blutvergießen nach Seite der Ueberlegung ein bedeutender Unterschied besteht.

96. (Zu S. 247.) Mord nach englischem Recht vergl. meine Nachweisungen im Handbuch des Deutschen Strafrechts III, S. 431. Ferner: Report of the Capital-Punishment-Commission: Summary of the Evidence upon the Expediency of altering the present definition and of Classifying the crime of murder pag. XIX. Die Stimmen der ersten Juristen gingen völlig auseinander. Hier einige Proben:

1. Lord Cranworth: gegen jede Unterscheidung von Mord und Todtschlag.
2. Baron Bramwell: Affect und Leidenschaft erfordern zu ihrer Hemmung bei Tödtungen die Todesstrafe ebenso sehr, wie Ueberlegung!
3. Baron Martin: Indirecter Mord (Constructive murder) sollte wegfallen.
4. Lord Wensleydale: Wegen Mordversuch sollte unter Umständen mit dem Tode bestraft werden, leichtere Mordfälle mit Transportation.
5. Spencer Walpole gegen jede Aenderung mit Ausnahme der Bestimmungen über Kindesmord.
6. G. Denman: Todtschlag kann von Mord nicht getrennt werden, muß also capital bleiben.
7. Sir George Grey: Für die amerikanische Unterscheidung in Mord ersten und zweiten Grades.
8. Fitzjames Stephen: Für die Annahme des von ihm in das indische Strafgesetzbuch gebrachten Definitum.

Die Aussage von Stephen, die sich auf eine Reihe von Mordfällen aus der engl. Praxis stützt, ist sehr beachtenswerth. Trotz der ungeheuren Ausdehnung, den der Begriff des Mordes in England erlangt hat, spricht er doch von cases, hovering between murder and manslaughter. Eine von Stephen verfaßte Homicide Law Amendment Bill wurde 1874 ins Parlament gebracht und ist Gegenstand eines besonderen Berichtes geworden. (Ordered by The House of Commons to be printed 21. July 1874.) Gleichzeitig damit wurde eine Infanticide Bill eingebracht. Aus Angst vor den Consequenzen partieller Modificationsversuche hat das Committee gegen die Bill berichtet. Merkwürdig ist aber das Anerkenntniß, daß gegenwärtig in England eigentlich Niemand genau weiß, was Mord ist: Your committee earnestly recommend, that the attention of the Government and of Parliament should be directed to the present imperfect state of the definition of the law of Murder — they are convinced, that such a definition is urgently needed, not only to rescue the law from its present discretitable state, but to give clear notions to the public at large of the real nature and extent of this crime — it is on this very occasion, that the law is most evasive and most sophistical.

97. (Zu S. 247.) Tödtung im gerechten Zorn. Das englische Recht ist auch hier strenger, als das deutsche, in sofern jenes Provocation des Todtschlägers durch Thätlichkeiten verlangt, wörtliche Beleidigung also nicht genügt. — Eine neue Monographie liefert D. Feroci, Dell' omicidio scusato per giusto dolore. Pisa 1872.

98. (Zu S. 253.) Mildernde Umstände. Außerordentlich getheilt ist selbst unter solchen, welche die absolute Androhung der Todesstrafe verwerfen, die Würdigung der den Geschworenen zustehenden Befugniß, mildernde Umstände bei todeswürdigen Verbrechen zu erklären. Wie John in Deutschland, so ist Carrara in Italien besonders nachdrücklich gegen das den Geschworenen zustehende Milderungsrecht aufgetreten. (S. dessen Abhandl. in den Schriften des italienischen Juristentages, S. 105 ff.): „Il più irragionevole che potessi idearsi perche impedisce sempre al popolo la conoscenza del gran dilemma se siasi amministrata od usata pietà. — Auch die große Mehrzahl der von der Engl. Capital-Punishment-Commission 1865 vernommenen Zeugen war dagegen, obgleich sie theilweise für ein richterliches Milderungsrecht stimmten. (S. Summary of the Evidence p. XXX ff.)

99. (Zu S. 261.) Ueberlegung, wissenschaftlich unhaltbar. In meiner Abhandlung über die Tödtungsverbrechen (Handbuch des Strafrechts III, S. 431) habe ich versucht, die verschiedenen Kriterien, die in der Wissenschaft und Praxis der Ueberlegung beigelegt worden sind, zusammenzustellen. Es sind:

1. Das Kriterium der vorhandenen Motive (Raubmord, Banditenmord).
2. Das Kriterium der angewendeten Mittel (Hinterhalt, Meuchelmord, Vergiftung).
3. Das Kriterium der Zeit in der relativen langsamen Ausführung.
4. Das physiologische Kriterium: Blutwärme.
5. Das ethische Kriterium: Verstocktheit nach der That.
6. Psychologische Kriterium im e. S.: Vorherrschaft der intellectuellen Kräfte über Gemüth und Willensvermögen.

Ein namhafter holländischer Jurist van Bemmelen, bekannt durch zahlreiche Schriften gegen die Todesstrafe und als Herausgeber der Zeitschrift Metis sagt: (La peine et la peine de mort 1870) l'assassinat et au contraire un crime vague aux contours indécis. Ce n'est qu'un meurtre grave et le meurtre n'est point punissable de mort. La préméditation, qui élève le meurtre à la qualité d'assassinat est une notice juridique et psychologique difficile et contestée, incertaine.

100. (Zu S. 262.) Absolute Androhung der Todesstrafe. S. darüber den Bericht des Norwegischen Odelthings 1872, No. 10, S. 2: „Staar Balg saalabes haves mellem Livstraf og Strafarbeide, vil der tilföer Komiteen, forsaavidt Anskuelserne under tiltagende Mildhed; Sanderne komm til at forme sig berhen, at Livstraf ansees mere og mere ufornöben, for en saaban fremab-stribende Anskuelserne vaere Anledning till at laegge sin Opinion ind i Anwen-bellen af be tilfigtebe Bestemmelser, saaledes at alternativet Livsstraf under be forubsatte Omstaendigheber vil blive mer og mer forsvindenbe og Straf-seloven blive tilfredsstillende so rethvert Humanitätshensyn naar samme ille gaar saavidt som at bestride Retmaessigheben af selve Livsstraffeus Tilvaarelse."

Gegen die absolute Androhung s. auch Wahlberg, in dem Handbuch des deutschen Strafrechts II, 467 ff.

101. (Zu S. 273.) John, vergl. dessen, eine Reform anbahnenden Auf-satz: Die Bestimmungen der deutschen Strafgesetzgebungen über Mord und Todtschlag in der allgemeinen deutschen Strafrechtszeitung 1866. S. 321. — Ferner desselben Entwurf mit Motiven zu einem Norddeutschen Strafgesetzbuch. S. 43 ff.

102. (Zu S. 274.) Berner, s. Lehrbuch S. 481, Note 1. (7. Auflage. Was die dem deutschen Strafgesetzbuch widersprechende Erfahrung anbelangt, so ist ihm beizustimmen. Was die Wissenschaft anbelangt, so ist zwar richtig, daß sie, von Ausnahmen abgesehen, die Todesstrafe verwirft; allein sie hat keine klare Durchbildung in dem Unterschied von Mord und Todtschlag. Irrig ist, wenn Berner in derselben Note annimmt, daß der deutsche Mordbegriff mit dem englischen übereinstimme; letzterer ist vielmehr, wie im Text bereits ausge-führt wurde, ein viel weiterer und nimmt sogar affectvolle Tödtungen als Mord mit Ausnahme des Falles schwerer thatsächlicher Reizung des Tödtenden, wel-cher Fall manslaughter ist. Im übrigen bedeutet manslaughter als Regel nicht affectvolle, sondern fahrlässige Tödtung. Viele nicht englische Schriftsteller nehmen irriger Weise an, daß manslaughter bei den Engländern mit un-serm Todtschlag zusammenfalle, was dann bei statistischen Vergleichungen zu großen Fehlern führen muß. — Nicht in Uebereinstimmung mit dem englischen common Law ist das ältere schwedische Recht. Jede vorsetzliche Tödtung ohne Unterschied heißt drap, wohingegen Mord nur die mit Hinterlist und Auflauern bewerkstelligte Tödtung heißt. S. Olivecrona, peine de mort (1868) S. 26.

Ueber Nordamerika s. neuerdings: The Law of Homicide in The Law American Law Review. October 1873, p. 42.

103. (Zu S. 282.) Die Volksmeinung über die Todesstrafe. Die Urtheile darüber, was das „Volk" meint, sind meistentheils generalisirende Wahrnehmungen solcher, welche darüber berichten. Als das italienische Parlament (2. Kammer) vornehmlich in Folge von Mancinis Rede am 13. März 1865 die Todesstrafe mit 127 gegen 96 Stimmen abzuschaffen beschlossen hatte, befragte die Regierung die Präfecten: welche Eindrücke das Votum der Kammer in der Bevölkerung hervorgebracht habe. Die Antwort der Präfecten meldete: in 20 Provinzen einen günstigen, in 25 Provinzen einen ungünstigen, und endlich in 4 Provinzen gar keinen. — S. Progetto del Codice penale del Regno d'Italia (Vigliani) 1874. S. 25.

104. (Zu S. 283.) Zeichen des Zornes gegen ergriffene Verbrecher. Sogar in hochgebildeter Gesellschaft kommen Ausschreitungen vor. Schwerlich wird irgendwo ein gebildeteres Publikum auf der Straße versammelt sein, als am 13. Juli zu Kissingen vor dem Hause des Reichskanzlers. In der ersten Aufwallung des Zornes ward der Mörder Kullmann nach seiner Ergreifung gemißhandelt. Man dachte nicht daran, daß er möglicherweise irrsinnig sein konnte. Ebenso war der wegen Verdachtes der Theilnahme verhaftete Pfarrer Hauthaler Gegenstand unbesonnener und ungerechter Kundgebungen. Wenn solche Ausschreitungen unter solchen vorkommen, die auf höhere Bildung Anspruch machen, wird man die Wuth des Straßenpöbels begreifen, die sich gelegentlich in Aufständen gegen ergriffene Volksfeinde austobt. — Völkerpsychologisch betrachtet, war es ganz natürlich und nothwendig, daß das mosaische Strafrecht sich auf den Zorn Gottes gründete, indem der Volkszorn sich selbst in die Region religiöser Empfindungsweise erhob. Das Strafrecht der ältesten Zeiten entstammt niemals der klaren Einsicht in das Wesen des Rechts, sondern der Aufregung des Zornes. Sein culturgeschichtlicher Entwickelungsgang führt vom Affekte im Volksgemüth zur allmählig obsiegenden „Ueberlegung" des Gesetzgebers.

105. (Zu S. 283.) Psychologie des Fanatismus. S. Prosper Despines (Psychol. natur. II, 585), Analyse psychologique de fanatisme.

106. (Zu S. 284.) Populäre Polemik gegen die Todesstrafe. Da die Todesstrafe gegenwärtig viel weniger durch klare Einsicht, als durch direkte Empfindungen der Furcht gestützt wird, haben diejenigen Vereinigungen eine große Aufgabe, welche in gemeinverständlicher Form die Todesstrafe bekämpfen, das Volk zum Nachdenken anregen und zu edleren Empfindungen anleiten. In diesem Sinne ist der Kampf gegen die Todesstrafe zu einer Aufgabe christlicher Volkserziehung geworden. Es giebt kein Problem, in welchem sich die christliche Gesinnung der Gegenwart so sehr bethätigen könnte, wie in der gesellschaftlichen Antheilnahme an der Unterdrückung des Verbrechens vermittelst der Emporrichtung des Verbrechers; denn, was die Freiheitsstrafe anbelangt, so überdauert die von der Gesellschaft beschlossene Verstoßung des Bestraften immer noch die Zeitgrenze des vom Staate in der Dauer der Freiheitsstraf normirten Genugthuungszweckes.

107. (Zu S. 286.) Die Staatsanwaltschaft u. die Todesstrafe. Die Stellung der Staatsanwaltschaft wird, was Italien anbelangt, in erkennbarer Weise von der Meinung der Justizministerien beeinflußt. Wie sehr hintereinander die italienischen Justizminister in ihrer Stellung zur Todesstrafe abwechseln, zeigte Pierantoni in seinem Bericht an den italienischen Juristentag S. 83 ff.

108. (Zu S. 286.) Die Verhandlungen des italienischen Juristentages gegen die Todesstrafe sind in Rom unter folgendem Titel erschienen: Primo Congresso Giuridico in Roma. Relazione sulla pena di morte. Der einleitende Bericht ist von Mancini. Der sehr stattliche Band enthält Abhandlungen und Gutachten von Pierantoni (Geschichte der Todesstrafe seit 1867), Carrara (bogmatisch-juristisch), Giuriati (über den Character der Todesstrafe), Nocito (über das Begnadigungsrecht), Tancredi Canonico (über den Ersatz der Todesstrafe durch lebenslängliches Zuchthaus), Paoli (gegen die von italienischen Gerichten über die Todesstrafe erstatteten Gutachten), G. Curcio (italienische Strafstatistik), außerdem Mancini's in der Deputirtenkammer 1865 zu Turin gehaltene Reden.

109. (Zu S. 290) Petition an den Norddeutschen Reichstag wegen Abschaffung der Todesstrafe. Die von mir eingereichte Petition war von Hunderten der angesehensten Männer, zuerst von B. Auerbach unterzeichnet. Die große Mehrzahl der an den deutschen Universitäten lehrenden Criminalisten, viele Richter, Advokaten, Schriftsteller hatten sich baran betheiligt. Jeder Name war nach seiner socialen Bedeutung von Gewicht. — Uebrigens hat man keinen Grund, diejenigen mit Schmähungen zu überhäufen, welche, obwohl Gegner der Todesstrafe, in der Schlußabstimmung dennoch von ihrem verneinenden Botum abgingen. Selbst Carrara, der entschiedenste Gegner der Todesstrafe erkennt an, baß der Werth der Strafgesetzbücher nicht lediglich von dem Borhandensein der Todesstrafe abhängt. „Mit der Todesstrafe kann ein Gesetzbuch doch gut, ohne dieselbe dennoch schlecht sein". Es handelte sich damals barum, ein einheitliches, sonst im Großen vortreffliches Gesetzbuch an die Stelle zahlreicher schlechterer Gesetzbücher zu setzen und burchgängig Strafmilderungen für alle Berbrechen durchzuführen. Es war baher durchaus charactervoll und ehrenwerth gehandelt, wenn manche mit schwerem Herzen für das Strafgesetzbuch in seiner Totalität, trotz ihrer Bebenken in Beziehung auf zwei Paragraphen stimmten. Was die Ansicht der Italiener über die Deutschen Reichstagsverhandlungen anbelangt s. Pierantoni in seinen Berichten an den italien. Juristentag S. 74 ff. Ferner Ellero in seinen Opuscoli criminali (Bologna 1874) S. 441.

110. (Zu S. 294.) Henkerwesen. Interessante Mittheilungen über das Henkeramt im Mittelalter giebt Kriegk: „Deutsches Bürgerthum im Mittelalter". Bis zum Jahre 1446 wurde der Henker für jede einzelne Berrichtung bezahlt. Später erhielt er ein Fixum von 1 Gulden wöchentlich, weil der Rath durch die Besoldung für einzelne Handlungen eine Mitschuld auf sich zu laden fürchtete. Das Amt galt als entehrend; die Berührung der Gegenstände, mit denen der Henker handtirte, machte unrein. Am häufigsten waren die Hinrichtungen

zu Frankfurt a. M. im XV. Jahrhundert: von 1401 bis 1500: 317. — Merkwürdig ist auch die von Kriegk verzeichnete Thatsache, daß Henker mehrmals wegen Mordes selbst hingerichtet wurden: was gleichfalls zu weiterem Nachdenken über den Abschreckungszweck anregt.

111. (Zu S. 294.) Hinrichtungskosten. Eine interessante Berechnung enthält der französ. Justizministerialbericht vom 7. October 1832. Es bestanden damals in Frankreich 86 Scharfrichter und 146 Gehülfen. Die letzteren kosteten jährlich 107,600 Francs, die ersteren 224,000 Fr. Damals sollten die Gesammt-kosten auf 155,600 Fr. reducirt werden. Nach Petit de Latour (Abolition de la peine de mort (Paris 1869) p. 174) würde eine Hinrichtung im Jahre 1866 dem Staat 17,288 Fr. 88 C. gekostet haben. — Das Gewerbe des englischen Henkers ist gleichfalls einträglich. Der oft genannte Calcraft hatte sein „Amt" in diesem Jahre niedergelegt. Die öffentlich ausgeschriebene Bewerbung (des Mindestfordernden?) soll eine große Anzahl von Meldungen hervorgerufen haben.

112. (Zu S. 297.) Irrige Todesurtheile und richterliche Irr-thümer. Die bemerkenswerthesten Fälle aus der neueren Geschichte bei Man-cini in seiner 1865 gehaltenen Parlamentsrede (Verhandlungen des italienischen Juristentages über die Todesstrafe S. 161). Besonders gereicht es Carl Albert zu hoher Ehre, daß er in dem offenen Briefe vom 18. Juli 1845 in königlichem Freimuth seinen Schmerz darüber ausspricht, daß zwei Unschuldige, die Gebrü-der Tola hingerichtet worden waren.

Lucas berichtet, daß im Jahre 1836 Frankreich 8 anerkannt irrige Todesfälle zu verzeichnen hatte.

Als ein wahrscheinlicher Justizmord ist die zu Rom am 21. Septem-ber 1861 erfolgte Hinrichtung Locatellis anzusehen. Selbiger war wegen eines völlig unzureichenden Verdachtes schuldig befunden worden, den päpstlichen Gensdarm Velluti in Mitten eines aufrührerischen Getümmels in dunkler Nachtzeit durch einen Messerstich getödtet zu haben. Obwohl von der Sacra Consulta der päpstlichen Gnade empfohlen, ließ ihn der Stellvertreter Christi hinrichten. Später meldete sich ein gewisser Castrucci zu Protocoll als Thäter in Florenz. Vergl. Allgemeine Strafrechtszeitung 1861. S. 687.

Ebenso die Hinrichtung zweier Verbrecher in Belgien zu Charleroi, s. Allgem. deutsche Strafrechtszeitung 1862. S. 63.

113. (Zu S. 303.) Franz Müller's Verurtheilung. Selbst in Eng-land sind vielfach Zweifel an der Schuld Müller's geäußert worden. Stadt-gerichtsrath Loos in Berlin versuchte sie in ausführlicher Weise zu begründen. (S. Strafrechtszeitung 1872.)

114. (Zu S. 305.) Irrige Todesurtheile in England. Für die neueste Zeit s. Report of the Howard Association September 1873. Der unermüdliche, für alle Strafreformen thätige Secretär Tallak berichtet für 1873 fünf höchst zweifelhafte Verurtheilungen in einer einzigen Grafschaft Durham: fives cases of reasonably doubtful capital conviction. Three of these have been commuted to penal servitude. Of the two hanged, one died

protesting his innocence to the last. His solicitor informed Mr. Tallack, that te was really innocent and has been mistaken for an another man, who is now at large. — Der Bericht erinnert auch an den wegen Mord verhafteten Geistlichen Hessel, den mehrere vereidigte Zeugen als Mörder irrthümlich recognoscirt hatten. Ein Alibibeweis rettete ihn.

115. (Zu S. 305.) Irrthümer der deutschen Gerichte verzeichnet Geyer. (Ueber die Todesstrafe S. 18.) Wenn oft behauptet wird, es könne nicht vorkommen, daß Unschuldige wirklich zum Tode gebracht würden, so ist daran 'zu erinnern, daß ein unschuldig zum Tode Verurtheilter sich 1856 in Hannover das Leben aus Verzweiflung nahm (s. Neuer Pitaval 27. Th. „Der Stillwächter von Eldagsen"). — Es fehlt in Deutschland leider an einer geeigneten Stelle, welche sich die planmäßige Sammlung richterlicher Irrthümer zur Aufgabe machte; meistentheils gerathen die einzelnen Fälle in zu frühe Vergessenheit! Man kann der Justiz nicht oft genug sagen, wie sehr sie der Gefahr des Irrens ausgesetzt ist.

116. (Zu S. 310.) Einrichtung und Verurtheilung Irrsinniger. In allen Kapitalsachen spielt die Zurechnungsfähigkeit eine hervorragende Frage. Häufiger, als in anderen Criminalsachen wird sie bestritten. Aus der von Grey veröffentlichten, auf einen dreißigjährigen Zeitraum gehenden Bearbeitung der Englischen Criminalstatistik ergiebt sich, daß von 1811 in England und Wales des Mordes Angeklagten 263 oder 14½ Procent wahnsinnig befunden wurden (insane). Dagegen wurden von allen andern im gleichen Zeitraume criminell Angeklagten, deren Ziffer 637,301 betrug, nur 1 auf 1000 wahnsinnig befunden (im Ganzen 864). Erwägt man nun, daß sich fehlerhafte Weise das Merkmal der Geisteskrankheit nach der juristischen Praxis der Engländer lediglich darauf gründet: ob jemand Recht von Unrecht unterscheiden konnte, so wird anzunehmen sein, daß unter Zugrundelegung des ·richtigen, von der neueren Psychiatrie festgehaltenen Begriffs des Irrseins, mindestens die vierfache Anzahl Unzurechnungsfähiger sich ergeben haben würde.

Ueber eine Reihe zweifelhafter Fälle s. Piednoir, in den Annales médico-psychologiques Mai 1871. — Journal of mental Science Octob. 1871.

Unter den neuesten deutschen Arbeiten über Zurechnungsfähigkeit ist für Juristen durch Kürze und Klarheit besonders beachtungswürdig: v. Krafft-Ebing, Grundzüge der Criminalpsychologie, Erlangen 1872.

Neueste englische Arbeiten: Gorton, An essay on the principles of Mental Hygiene 1873. — Henry Maudsley, Responsality in Mental Disease, New-York 1874. — Wm. B. Carpenter, Principles of Mental Physiology 1874.

117. (Zu S. 312.) Sachverständigenbeweis. Für England: Belfour Brown, Medical Experts, in The Law Magazine and Review vol. II, no. V (May 1874)·

118. (Zu S. 314.) Die Todesstrafe und das Begnadigungsrecht ist zuerst in ausführlicher und (damals) erschöpfender Weise von Mittermaier

in seiner Hauptschrift erörtert worden. — Höchst wichtig sind die Materialien der Capital Punishment Commission von 1865: Summary of the Evidence as to the Home Office p. XVII. Eine interessante Liste der Hinrichtungen und Begnadigungen giebt Appendix p 644. Man ersieht daraus mit einiger Sicherheit, daß die in England wegen Mordes verurtheilten Ausländer besonders geringe Aussicht auf Gnade haben. — Vgl. ferner: Wahlberg's höchst interessante Nachweisungen über Oesterreich in dem Aufsatze: „Die gesetzliche Herrschaft der Todesstrafe und die Begnadigungspraxis" in den Burian's und Johanny's Jurist. Blättern 1872 Nr. 16.

119. (Zu S. 315.) Ursprung des Begnadigungsrechtes. Es ist nahezu als gewiß anzunehmen, daß die Begnadigung von Todesurtheilen daraus entsprang, daß nach geschehener Fällung des Urtheils der Ankläger einen Antrag auf Nichtvollstreckung stellte, weil in der Zwischenzeit die Verwandten des Delinquenten oder dieser selbst Lösegeld geboten hatten. Begnadigung war daher ursprünglich nichts anderes als eine obrigkeitliche Zulassung des Loskaufs. Eine interessante Mittheilung berichtet Olivecrona (peine de mort, 29), wonach unter König Gustav I. (Wasa) Todesurtheile dem Könige dann zur Bestätigung unterbreitet wurden, wenn der Ankläger die Nichtvollstreckung des Urtheils beantragte. In solchen Fällen wurde feierlich und förmlich die Abfindungssumme festgesetzt.

Todesstrafe und Geldbuße vicariiren lange Zeit hindurch. Daher auch die Thatsache, daß nach mittelalterlichen Statuten italienischer Städte, z. B. von San Giminiano bei Florenz die Nichtzahlung einer Geldbuße Todesstrafe nach sich ziehen konnte. Im Jahre 1258 wurden dort zwei Personen aufgehängt, welche 30 Lire als Geldbuße zu erlegen außer Stande waren. Pecori, Storia della terra di San Giminiano 1853 (citirt bei Cantù, C. Beccaria p. 15).

120. (Zu S. 321.) Verweigerte Gnade im Toryministerium Disraeli's. Es ist dies der oben bei Note 41 erwähnte Fall. —

121. (Zu S. 323.) Begnadigung und mildernde Umstände. Das Milderungsrecht der französischen Geschwornen — meistentheils nichts anderes, als eine anticipirte Begnadigung — erklärt, daß in Frankreich die Zahl der vollzogenen Todesurtheile relativ größer ist, als anderwärts. — Uebrigens können bei der Zulassung mildernder Umstände auch äußerliche Zufälligkeiten mitspielen. Von der Staatsanwaltschaft werden zuweilen Geschworene lediglich aus dem Grunde recusirt, weil man sie als besonders milde gesinnt kennen lernte.

122. (Zu S. 324.) Einfluß der fürstlichen Umgebung auf die Bestätigung und Nichtbestätigung der Todesurtheile. — In Italien werden solche Einflüsse ohne jede Zurückhaltung erörtert. — Die als Raubmörder fürchterlichen Gebrüder La Gala wurden auf Grund einer von Frankreich ausgegangenen diplomatischen Vorstellung begnadigt und waren wahrscheinlich gegen die im voraus zugesicherte Begnadigung ausgeliefert worden. — Manch' Einer dürfte es eben nicht tactvoll finden, daß sogar Lamarmora als Ministerpräsident dies Thema öffentlich in der Kammer besprach. Er sagt (nach Nocito, S.

245 der italien. Juristentagsverhandlungen von 1871): Die Begnadigungen sollten möglichst selten vorkommen; Thatsache ist, daß davon abwechselnd ein nützlicher und schädlicher Gebrauch gemacht wird, wobei die Minister, die oftmals getäuscht werden, unschuldig sind. Dies zu bemerken hatte ich in Neapel Gelegenheit. Dort besteht, wie Sie wissen, die Camorra. — Außer der Camorra der Straße giebt es noch eine andere wohl organisirte Camorra. Man deponirt an einem bestimmten Platze eine Summe Geldes, zuweilen bis zu 20,000 oder 30,000 Francs. Wenn der Camorrist die Begnadigung dessen, um den es sich handelt, durchsetzt, nimmt er die deponirte Summe in Empfang; wenn er die Begnadigung nicht erlangt, zieht der Deponent die Summe zurück.

123. (Zu S. 828.) Vollstreckung der Todesstrafe als seltene Ausnahme, Begnadigung als Regel findet sich in der Mehrzahl der Europäischen Staaten, soweit diese die Todesstrafe beibehalten haben. Eine seltenste, an grundsätzliche Nichtvollstreckung heranstreifende Ausnahme liegt vor: in Rußland, Schweden, Dänemark, Belgien, Oesterreich und Italien. —

Ueber Oesterreich s. Wahlberg in den Jurist. Blättern vom 16. Juni 1872. In dem Zeitraum von 1866—1871 wurden von 282 Todesurtheilen 83 vollstreckt. Sieht man von dem Kriegsjahre 1866 ab, so wurden von 201 Todesurtheilen nur 6 vollstreckt.

124. (Zu S. 832.) Preußische Todesurtheile von 1838—1862.

Jahr.	Todesurth.	Hinrichtungen.
1838 ..	17	7
1839 ..	24	8
1840 ..	23	5
1841 ..	14	2
1842 ..	39	8
1843 ..	29	5
1844 ..	25	10
1845 ..	27	7
1846 ..	23	6
1847 ..	28	7
1848 ..	26	1
1849 ..	26	7
1850 ..	41	15
1851 ..	60	20
1852 ..	40	19
1853 ..	40	31
1854 ..	37	28
1855 ..	45	28
1856 ..	36	26
1857 ..	42	14
1858 ..	38	4
1859 ..	25	4
1860 ..	24	2
1861 ..	37	5

Druck von E. Bernstein in Berlin.

Gedenkbuch für das Leben. Der Erinnerung an wichtige Ereignisse des Familienlebens gewidmet. Mit Zeichnungen von W. Menzel. 3. Aufl. II. Folio. In eleg. Einbande mit Goldschnitt. 1 Thlr. 15 Sgr.

Genrebilder von **Robert Alexander.** Eleg. geb. mit Goldschnitt. 28 Sgr.

Gradière, Caroline, Zwei belgische Novellen aus der socialen Welt. Von der Verfasserin autorisirte Uebersetzung. 8. 1873. 1 Thlr.

Henschke, Ulrike, Zur Frauen-Unterrichts-Frage in Preußen. gr. 8. 1870. 6 Sgr.

v. Holtzendorff, Franz, Die Verbesserungen in der gesellschaftlichen und wirthschaftlichen Stellung der Frauen. (Sammlung, Heft 40) gr. 8. 1867. 10 Sgr.

Kamcke, H. F., Verfasser des Schnellrechners 2c. Die neuen Reichs-Goldmünzen und die deutsche Mark als Rechnungseinheit. 6 Sgr.

— „ — Ausführliche Zinstabellen für die neue deutsche Mark. 10 Sgr.

— „ — Metrische Fundamentalzahlen zur augenblicklichen Ermittelung des Quadratinhaltes jeder Kreisfläche und zur schnellen und leichten Berechnung des sehr genauen Kubikinhaltes aller vollen und hohlen Cylinder von Eisen, Holz, Stein u. s w., zum Gebrauch für Lehrer, Mathematiker, Ingenieure, Techniker, Baumeister, Maschinenbauer, Forstbeamte, Oekonome, Brauer, Brenner, Eisen- und Zinkgießer u. s. w. 8. 1873. 10 Sgr.

Kuhn, Dr. F. W. E., Das Meter-Maaß in seiner Anwendung für Deutschland. Darstellung des decimalen metrischen Systems. Zweite Auflage. 6 Sgr.

Racine's Werke, zum ersten Male vollständig übersetzt von **Heinrich Bichoff.** Classiker-Format. Band I—IV à 12 Sgr.
    Es enthält: Band I. Iphigenia in Aulis; Berenice; Phädra.
        " II. Athalia; Bajacet; Britannicus.
        " III. Alexander; Esther; die feindlichen Brüder.
        " IV. Mithridat; Andromache; die Prozeßkrämer.

Runge, Dr. F., Die Krankenpflege als Feld weiblicher Erwerbsthätigkeit gegenüber den religiösen Genossenschaften. — Im Anhange zu den Verhandlungen der Berliner Frauen-Vereins-Conferenz dargestellt. gr. 8. 1870. 6 Sgr.

Schweichel, Rob., Redacteur der Roman-Zeitung, Novellen aus der romantischen Schweiz. I., II., III. Sammlung. Preis für alle drei zusammen 3 Thlr.
    I. In Gebirg und Thal. Drei Novellen. Preis 1 Thlr. 21 Sgr.
    II. Jura und Genfersee. Zwei Novellen. Preis 1 Thlr. 15 Sgr.
    III. Im Hochland. Drei Novellen. Preis 1 Thlr. 15 Sgr.

Taubert, E., Neue Gedichte. Eleg. geb. mit Goldschnitt 1 Thlr. 10 Sgr.

Druck von G. Bernstein in Berlin